GUIA DO ASTRÓLOGO INICIANTE

Dados Internacionais de Catalogação na Publicação (CIP)
(Câmara Brasileira do Livro, SP, Brasil)

Cunningham, Donna
  Guia do astrólogo iniciante: como enfrentar a prática profissional. / Donna Cunningham; tradução Maria Lúcia G. Cavinato. – São Paulo: Ágora, 1997. – (Coleção Astrologia Contemporânea)

  Título original: The consulting astrologer's guidebook

  Bibliografia.
  ISBN 978-85-7183-516-0

  1. Prática astrológica 2. Treinamento de astrólogos I. Título. II. Série

97-0675   CDD-133.5023

Índice para catálogo sistemático:

1. Astrólogos : Treinamento   133.5023

Compre em lugar de fotocopiar.
Cada real que você dá por um livro recompensa seus autores
e os convida a produzir mais sobre o tema;
incentiva seus editores a encomendar, traduzir e publicar
outras obras sobre o assunto;
e paga aos livreiros por estocar e levar até você livros
para a sua informação e o seu entretenimento.
Cada real que você dá pela fotocópia não autorizada de um livro
financia o crime
e ajuda a matar a produção intelectual de seu país.

Guia do astrólogo iniciante

Como enfrentar a prática profissional

Donna Cunningham

Do original em língua inglesa
THE CONSULTING ASTROLOGER'S GUIDE
Copyright © 1994 by Donna Cunningham
Direitos para a língua portuguesa adquiridos
por Summus Editorial

Tradução: **Maria Lúcia G. Cavinato**
Revisão técnica: **Cláudia Hollander**
Capa: **Nelson Mielnik/Acqua Estúdio Gráfico**

Editora Ágora
Departamento editorial:
Rua Itapicuru, 613 – 7º andar
05006-000 – São Paulo – SP
Fone: (11) 3872-3322
Fax: (11) 3872-7476
http://www.editoraagora.com.br
e-mail: agora@editoraagora.com.br

Atendimento ao consumidor:
Summus Editorial
Fone: (11) 3865-9890

Vendas por atacado:
Fone: (11) 3873-8638
Fax: (11) 3873-7085
e-mail: vendas@summus.com.br

Impresso no Brasil

Este livro é dedicado à minha Lista A particular — precursores e colegas pelos quais tenho o maior respeito por suas contribuições para a nossa área. Peço desculpas pela americocentricidade de minha visão — como astróloga, cresci com esta gente!

Evangeline Adams	Tracy Marks
Edith Custer	Joan McEvers
Doris Chase Doane	Neil Michelsen
Zipporah Dobyns	Buz Myers
Charles Emerson	Ingrid Naiman
Françoise Gauquelin	Eillen Nauman
Michel Gauquelin	Joan Negus
Jeff Green	Ken Negus
Liz Greene	Alan Oaken
Rob Hand	Maritha Pottenger
Doris Hebel	Lois Rodden
Isabel Hickey	Dane Rudhyar
Richard Idemon	John Ruskell
Jeff Jawer	Howard Sasportas
Jim Lewis	Erin Sullivan
Betty Lundsted	Noel Tyl
Michael Lutin	Donna Van Toen
Marion March	

SUMÁRIO

Lista de mapas astrológicos 10

Agradecimentos 11

Apresentação à edição brasileira 13

Introdução: Por que Jenny não consegue ler? 15

Por que muitos estudam astrologia por muitos anos e ainda se consideram sem condições de fazer leituras? A falta de apoio para fazer a transição de estudante para profissional. Como este livro intenciona servir de início para o desenvolvimento de um programa de estudo para a transição. Aprendizado como marca de uma profissão. Uma visão do futuro da profissão.

Capítulo 1: Leitura eficiente de um mapa começando
— e terminando — bem 21

Os méritos de se estabelecer um contrato. Primeiro contato — Lidar com o questionário do cliente. Selecionando os que não devem se tornar clientes. Encerrando o telefonema e marcando a consulta. Dia da consulta — Antes de o cliente chegar. Quando o cliente chega — Primeiras impressões. Com o melhor amigo, somos três. Conduzir leituras casadas. E se você não gostar do cliente? Quando o cliente é mais do que um cliente. Criando o ambiente para a leitura. Gravando a sessão. Começando a sessão. Ler para ostras. Mantendo o enfoque durante a leitura. Qual deveria ser a duração da leitura? Conclusão da leitura do mapa — Tudo está bem quando termina bem. Preparando o caminho para futuras leituras. Uma última coisa. Depois que a festa acabou. Concluindo.

Capítulo 2: Português para astrólogos —
Por favor, sem "astrologês" 45

Astro-psico-blablablá: outro erro. Você tem certeza de que eles entendem? Como se diz isso em português? Particularidades de um mapa para colocar em prática. Usos produtivos do estilo verbal do cliente. Falando para vários tipos planetários. Comunicação *versus* manipulação. E o Mercúrio do cliente? Nossa meta — evitar a mistificação.

Capítulo 3: Aconselhando clientes em crise 65

Por que eles estão vindo a um astrólogo? Entendendo e acompanhando suas próprias reações. Culpar a vítima — Estilo Nova Era. Crise de aconselhamento durante a leitura do mapa. De quem é a crise? Será muito ruim? Quando irá terminar? Os efeitos das crises nos relacionamentos. O que, em nome dos céus, é uma crise normal? Quando a crise da meia-idade atinge o lar. O cliente suicida. A crise da lembrança ou o confronto com a violência. Relembrando abusos sexuais. As implicações da prática astrológica. Quando os clientes perguntam se foram violentados. Emergência espiritual. Experência de quase-morte e suas conseqüências. Reações emocionais dos contatados por OVNI. E isto é apenas uma amostra!

Capítulo 4: Encontrando outros recursos para seus clientes 101

Tipos de informações indicadas pelos vários trânsitos. Motivar o cliente a procurar tratamento. Entendendo os sentimentos do cliente quanto a procurar ajuda. Quando o cliente resiste à indicação. Entendendo o conceito de ganho secundário. Respeitando as escolhas dos clientes. Controlando seus próprios julgamentos sobre os problemas dos clientes. Vergonha tóxica como barreira para mudar. Obtendo a história de tentativas anteriores de mudança. Terapias indicadas para os vários tipos astrológicos. Como obter informações. Por que é importante o conhecimento pessoal dos recursos adicionais. Acrescente essa nova função ao *curriculum*.

Capítulo 5: Relações arriscadas — Co-dependência, a síndrome
de filhos adultos e suas implicações para os astrólogos 125

O que é co-dependência? Os FAA ocultos na população de seus clientes. Por que os FAA são atraídos para a astrologia. Por que os astrólogos devem conhecer a co-dependência. Características comuns de co-dependentes e de FAA. Indicadores astrológicos da síndrome do FAA. Exemplos de mapas de FAA. Configurações de mapas que indicam co-dependência. O show de Liza e Judy — um estudo de caso. Como antecedentes de FAA podem afetar sua prática. A síndrome do filho adulto e a política de grupos. Como as condições do momento intensificam a necessidade de recuperação.

Capítulo 6: Astrologia vocacional — Atualizando a tradição 151

Onde obter informações sobre carreiras. O mapa como potencial — A vida como realidade. Encontrando aptidões *e* atitudes no mapa. Indicadores adicionais de vocação. Adequando a carreira à pessoa inteira. Um exemplo de mapa de astrologia vocacional. Riscos pessoais que dificultam a carreira. Por que uma leitura vocacional não é psicoterapia? Como a história pessoal afeta a vocação. O astrólogo FAA e o conselho vocacional. Povos de planetas externos e carreiras. Aconselhamento vocacional com um PPE. A crise da meia-idade do PPE. Como as mudanças no mundo afetam a orientação vocacional.

Capítulo 7: Leitura de mapas de crianças e adolescentes 175

Quem é seu cliente nesta sessão? Avaliando o motivo parental — Por que está sendo feita a leitura? A criança deve estar presente à leitura? A relação do astrólogo com os pais e o filho. Como sua própria infância pode atuar na leitura. A necessidade de conhecer o desenvolvimento de uma criança. Apresentando os pais à criança. Deve-se contar o futuro da criança? Iluminando o mundo da criança. Aspectos preventivos da leitura de mapas de crianças. Problemas no mapa da criança. Mapas de relacionamentos para a conexão pais-filhos. Trabalhando com adolescentes e seus mapas. Quando os pais lhe pedem para ver o mapa de um adolescente. Avaliando os motivos e as expectativas dos pais. A questão da confidencialidade e seu cliente adolescente. A sessão real com um adolescente. Sexo e os anos da adolescência. Adolescência — A época da formação da identidade. Deve-se dizer o futuro de um adolescente? Uma palavra final.

Capítulo 8: Montando sua prática astrológica 203

A psicologia do dinheiro em nossa cultura. Dinheiro e as áreas de ajuda. Crenças e atitudes que se colocam no caminho. Como o condicionamento cultural afeta as astrólogas. Antecedentes disfuncionais e dinheiro. O que você deve cobrar? Falando com clientes sobre preços. Confronto com outra palavra — Vendas. Venda ou educação? A tênue linha entre promoção e publicidade exagerada. Os mitos da escassez e da competição. Prestando atenção à lei da oferta e da procura. Lidando com as objeções dos clientes. O que você precisa saber para criar um anúncio. Simplesmente envie seu *curriculum...* As porcas e os parafusos para se escrever um *curriculum*. Moldando o *curriculum* a diferentes situacões. Opções financeiras a serem consideradas para seus clientes. Você deve deixar seu emprego fixo?

Um último desejo 232

Sugestões de leitura 233

Bibliografia para astrologia vocacional 235

Leia também 237

LISTA DE MAPAS ASTROLÓGICOS

Mapa 1. Roseanne Arnold 86

Mapa 2. Experiência de quase-morte 95

Mapa 3. Rapto de Whitley Strieber 99

Mapa 4. Drew Barrymore 134

Mapa 5. Suzanne Somers 138

Mapa 6. Liza Minelli 140

Mapa 7. Judy Garland 141

Mapa 8. Mapa composto para Judy Garland e Liza Minelli 143

Mapa 9. Análise para aconselhamento vocacional feminino 159

Mapa 10. Cliente masculino à procura de
aconselhamento vocacional 166

Mapa 11. Exemplo de mapa vocacional 171

AGRADECIMENTOS

A Betty Lundsted, por ter aceitado ser minha editora neste projeto, dando-nos, assim, a contribuição de seus próprios anos de prática astrológica. A Samuel Weiser, Inc., por ter tornado este texto possível.

A *The mountain astrologer*, pela permissão de reeditar os vários artigos da minha série para astrólogos profissionais. Às outras publicações mundiais sobre astrologia, muito numerosas para serem citadas, que também publicaram breves artigos sobre este material como forma de semear a idéia de um currículo para astrólogos profissionais.

A Llewellyn Publications, pela permissão para reeditar meus capítulos de duas de suas antologias da Série sobre Astrologia do Novo Mundo, "Atualizando a Tradição", de *How to use vocational astrology for success in the workplace* (Como usar astrologia vocacional para sucesso no trabalho), editado por Noel Tyl, e "Co-dependência, a síndrome do adulto infantil e como isto afeta a prática vocacional", de *Astrological Counseling* (Aconselhamento astrológico), editado por Joan McEvers.

A *Dell Horoscope Magazine*, pela permissão para reeditar meu artigo "O que, em nome dos céus, é uma crise NORMAL?", do número 10/92.

A Gail Fairfield, pela permissão para reeditar um excerto de meu prefácio de seu excelente livro *Choice-Centered Astrology* (Astrologia baseada na escolha).

11

A Bill Baeckler, um excelente conselheiro vocacional e colega em astrologia, por seu adendo no capítulo sobre astrologia vocacional, assim como por seus comentários perspicazes em outros capítulos.

APRESENTAÇÃO À EDIÇÃO BRASILEIRA

Ao colocar à nossa disposição toda sua enorme e frutífera experiência de mais de 25 anos na área de atendimento astrológico, Donna Cunningham torna a leitura deste guia imprescindível a todos que se proponham, profissional ou amadoristicamente, a realizar análises de cartas astrológicas.

Donna tece extensas, profundas e precisas considerações sobre o assunto e aborda desde a timidez que acomete e paralisa os iniciantes até as delicadas questões do preço e da publicidade.

A autora nos ensina o quanto é essencial evitar uma linguagem pretenciosa e pretensamente "astrológica" que, além de não explicar nada, pode até mesmo confundir ainda mais o cliente, que geralmente está passando por um momento de crise.

Aliás, ela ressalta com maestria a imensa responsabilidade que assume quem analisa um mapa astrológico, inclusive em função do caráter mágico de que se reveste toda consulta.

Donna mostra também o quanto a pessoa cuja carta é analisada é passível de se deixar influenciar por nossas palavras, a ponto de passar a agir em função delas.

A necessidade de contratos, de lidar e auxiliar pessoas em crise, o problema dos adultos infantilizados, a orientação vocacional e mapas de adolescentes são outros ítens abordados nesse guia bastante completo.

Exatamente por isso, ele é de valor inestimável para quem deseja realmente ajudar o outro a enriquecer espiritualmente por meio da análise astrológica.

Cláudia Hollander
Astróloga

INTRODUÇÃO

POR QUE JENNY NÃO CONSEGUE LER?

Você está estudando astrologia há vários anos e ainda sente-se sem condições de ler um mapa? Ou, você está realizando leituras já há algum tempo, mas ainda não se considera capaz de confrontar com os problemas dos clientes? Se for assim, você não está só. Ao conduzir *workshops* para várias organizações astrológicas ao redor do mundo, fico intrigada ao ver tantos estudantes brilhantes e dedicados que parecem ter muito a oferecer, mas que empacam no limiar da prática astrológica. Muitas vezes eles param por cinco, seis ou até dez anos sem conseguir cruzar este limite. Grande parte dos outros fazem leituras ocasionais de mapas, mas não estão satisfeitos com seu desempenho, ou ainda não têm a confiança necessária para ir em frente e desenvolver uma prática profissional.

Após observar por um tempo esse fenômeno, achei que um grupo de estudos poderia ajudar; então comecei a conduzir debates em conferências e *workshops* sob o título "Por que Jenny não consegue ler?". As salas ficaram superlotadas com alunos adiantados e profissionais iniciantes que precisavam de uma tribuna onde expressar suas preocupações e incertezas. Neste livro iremos examinar os assuntos que esses grupos abordaram repetidamente, pois não há dúvidas de que muitos deles têm perturbado outras pessoas.

Ao ouvi-los, o que ficou mais claro para mim é que EXISTE UMA RAZÃO PRINCIPAL POR QUE JENNY NÃO CONSEGUE LER — É

QUE NÃO A ESTAMOS ENSINANDO COMO ELA DEVE LER. Embora suas dúvidas pessoais sejam sempre agoniantes, a falha não está tanto no estudante, mas no currículo. Existem muitos cursos, *workshops* e conferências sobre vários ramos e técnicas da astrologia. Mesmo em áreas isoladas onde não existem grupos, há uma enorme quantidade de livros de todas as áreas de interesses. Após cinco, sete ou até dez anos de estudo, certamente não lhes faltam conhecimentos em astrologia.

O que falta aos estudantes adiantados é o conhecimento de como falar com as pessoas sobre o que eles sabem — a dimensão de aconselhamento da prática astrológica. Felizmente, há muitos anos existem livros e *workshops* com abordagem psicológica, deste modo podemos adquirir entendimento da motivação humana.

Dois livros especialmente úteis pertencem à Série sobre Astrologia do Novo Mundo da Llewellyn News — *Astrological Counseling: The Path of Self-Actualization*, editado por Joan McEvers, e *How to Use Vocational Astrology for Success in the Workplace*, editado por Noel Tyl. Llewellyn foi bastante gentil em me permitir reeditar meus próprios capítulos desses dois livros em forma dos Capítulos 5 e 6 deste livro, de modo que este ficasse completo.

Ao levantar a literatura disponível, ficou claro para mim que o que estava faltando era um modo de conduzir uma leitura astrológica de forma a aprofundar a autopercepção do cliente — um texto sobre como-realizar-leituras para astrólogos. Sem um currículo de nível profissional, não poderemos ter uma profissão reconhecida e conseguir o respeito público. Quando essa importante lacuna se tornou clara, decidi que era tempo de partilhar meu conhecimento. Tenho um passado — mestrado em Serviço Social e mais de 25 anos de experiência em aconselhamento. Em vez de brigar e lamentar sobre a falta de profissionalismo, talvez eu devesse fazer algo. Assim, comecei a trabalhar. Dizer o que fazer em uma leitura de mapa foi tão difícil quanto explicar como andar. O processo me forçou a pensar tomando por base os princípios que aprendi no Serviço Social. Eu precisava adaptar o que sabia de modo a aplicá-lo nas leituras astrológicas, e aprendi muito nesse processo!

O resultado foi uma série de palestras sobre aconselhamento astrológico. [Também fui a um estúdio de gravação e produzi uma série de fitas para treinamento profissional.] Quando o material foi desenvolvido, ele se tranformou em artigos para a *The Mountain Astrologer* e outras revistas. Alguns desses artigos foram aqui publicados com mais detalhes do que foi possível no espaço limitado dos artigos, ou em palestras e *workshops* com limite de tempo disponível.

Assim, o que dizem os estudantes de astrologia que não lêem mapas? As principais razões para hesitarem podem ser resumidas da seguinte forma:

"Não sei suficientemente."

"É muita responsabilidade."

"Sinto-me oprimido pelos problemas dos clientes."

"Não sei como ajudá-los."

"Há muita coisa em um mapa, e não sei por onde começar."

"Não sei como explicar o mapa para eles."

"Não sinto que poderia cobrar por isto."

"Não posso viver desse modo."

Os capítulos deste livro estão destinados a explorar esses assuntos em profundidade. Forneço informações e exercícios para ajudá-lo a chegar a algumas resoluções. Por exemplo, o Capítulo 1 explica um meio de encontrar um ângulo eficiente de leitura; o Capítulo 2 é um guia para traduzir astrologês em português claro, de forma que os astrólogos possam se comunicar com os clientes; o Capítulo 3 ensina como lidar com situações de crise; e o Capítulo 4 explora fontes de ajuda para os problemas geralmente complexos que os clientes trazem para as leituras. Resolver a ambigüidade comum em relação à cobrança das leituras e ter uma vida decente como astrólogo são o enfoque do Capítulo 8.

Ao longo deste livro, irão surgir muitas perguntas para as quais não forneço respostas. Quando você estiver na linha de frente realizando leituras, é preciso que seja capaz de resolver sozinho perguntas como essas. Nesse estágio da evolução da astrologia como profissão, é prematuro para qualquer um de nós estabelecer regras rápidas e rígidas. Além do mais, não tenho todas as respostas. É verdade. Nem você as terá. Os melhores terapeutas e médicos no mundo não têm todas as respostas. Eles simplesmente vão em frente, quase agonizando no começo, do mesmo modo que você. Mas, auspiciosamente, este livro lhe fornecerá algumas ferramentas para que você também possa ir em frente.

Ele também irá apresentar alguns padrões que parecerão amedrontadores para serem empregados. Muitos deles são ideais a serem almejados, e certamente não posso querer pô-los em prática o tempo todo, também. Todos cometemos erros durante o aprendizado de um ofício, e muitos desses princípios tirei dos erros cometidos ao trabalhar com clientes. Todos aprendemos as coisas fazendo-as, mas minha esperança é que este livro o ajude a evitar alguns erros desnecessários.

Quando pensamos nos vários assuntos relativos a aconselhamento, surgem muitas semelhanças com profissões bem estabelecidas como a psicoterapia. O que fazemos não é a mesma coisa, mas estamos lidando igualmente com as emoções e as dificuldades das pessoas. Sendo assim, pode ser útil verificar se o que os psicoterapeutas aprenderam, com uma história mais longa de treino profissional, pode esclarecer o assunto para nós.

Um aspecto útil que as profissões estabelecidas oferecem aos seus estudantes, é uma estrutura de aprendizado. Um médico em treinamento completa um longo período de internação e residência, o estudante de enfermagem também percorre várias alas, o estudante de assistência social passa dois a três dias por semana em campo, e o estudante de magistério passa um semestre ou mais nas escolas. Esta é uma exigência de seus cursos, e completar o programa é um pré-requisito para o diploma.

O aprendizado consiste em um período de observação e reduzida responsabilidade, em que um professor ou mentor supervisiona o aluno de perto. Sob a orientação de um profissional bastante experiente, o aluno será capaz de experimentar, em um pequeno grupo cuidadosamente selecionado, as técnicas aprendidas em classe. Conforme o aluno vai adquirindo habilidade e experiência, vão aumentando a carga de trabalho e a responsabilidade, até que o novo profissional possa ser capaz de atuar independentemente.

Até o momento desta edição, quase não se ouviu falar de programas de aprendizado em astrologia, existindo apenas algumas exceções. Este fato e a ausência de um conjunto de padrões mínimos a serem seguidos pelos astrólogos em sua prática são os critérios principais de uma profissão, os quais a astrologia ainda deve adquirir. Sem tais modelos, é difícil para uma disciplina ser reconhecida e aceita — e com toda razão. O sistema de aprendizado é o símbolo de qualidade de uma verdadeira profissão, e protege tanto o aluno como as pessoas que a profissão está destinada a atender.

Por que existem poucos programas de aprendizado para auxiliar os alunos a atravessarem a ponte para a prática profissional? Em parte é porque nós, astrólogos, tendemos a ser tipos uranianos. Somos muito bem-dotados com as qualidades uranianas, como igualitarismo, inventividade, uma perspectiva especial de vida e humanitarismo. Infelizmente, como grupo também compartilhamos, e bastante, de outras qualidades uranianas que tornam difícil aceitarmos uma supervisão e o sistema de aprendizado. Tendemos a ser extremamente independentes, arrogantes, voluntariosos, melindrosos — até desdenhosos — em relação à autoridade, convencidos de que sabemos mais do que qualquer um, e certos de que as regras não se aplicam a nós porque somos muito especiais.

Este livro está sendo escrito enquanto Urano transita por Capricórnio, e tem sido gratificante ver o aumento do clima de receptividade aos materiais de treinamento profissional e ao conceito de padrões. Embora tenhamos ainda um longo caminho pela frente, esta passagem de Urano (o regente da astrologia) por Capricórnio (o signo das profissões, responsabilidade, autodisciplina e maturidade) é um sinal cheio de esperança. Coletivamente, estamos começando a plantar as sementes de uma nova era na astrologia, sementes que irão amadurecer em uma verdadeira profissão, e este livro nasceu do meu desejo de contribuir para esse desenvolvimento profissional.

Tenho um sonho. Minha esperança é que este livro fique rapidamente ultrapassado ou perdido numa profusão de livros semelhantes — que irão estimular meus vários colegas astrólogos com um respaldo de aconselhamento para desenvolver seu próprio material de treinamento. Meu desejo é que daqui a vinte anos — ou, de modo mais otimista, daqui a dez anos — ele terá uma espécie de singularidade histórica. O primeiro livro sobre como-fazer-leituras, mas tão rapidamente sobrepujado por tantos saltos quânticos em treinamento para astrólogos profissionais, que não merecerá mais do que uma nota de rodapé. Meu sonho é que, em um futuro distante, os alunos lerão estas palavras em um curso obrigatório de História da Astrologia e dirão: "Não havia sistema de aprendizado? Que estranho! Como eles se viravam?".

Donna Cunningham

CAPÍTULO

1

LEITURA EFICIENTE DE UM MAPA COMEÇANDO — E TERMINANDO — BEM

O que você precisa obter de um livro dessa natureza? O que poderia ajudá-lo a se sentir mais à vontade e habilitado na leitura de mapas? Em que ponto você está de seu desenvolvimento profissional — está começando a fazer leituras, ou já as está fazendo há algum tempo? Qual é a situação mais difícil que você enfrenta ao lidar com clientes? Quais os assuntos que poderemos estudar, que iriam satisfazer suas necessidades como astrólogo? Ao me sentar para escrever isto, espero poder responder às suas perguntas. Seria útil saber de que você precisa. Se, por acaso, ainda restarem dúvidas importantes ao terminar este livro, você poderá escrever dizendo o que gostaria de ver em um outro, no futuro.

Um livro não pode ser interativo — você não pode me dizer de que precisa, para eu tomar como base para tal livro —, mas uma consulta de mapa *pode e deve ser* interativa. O modo como este capítulo começou — perguntando o que você precisa obter do livro — é uma boa maneira de começar uma sessão. Pergunte algo como: "O que você precisa obter de uma leitura desta vez?" ou "Por que você quer uma leitura astrológica, agora?". Perguntas desse tipo têm duas finalidades. Primeiro, elas fazem com que o cliente saiba que você tem interesse em ouvir suas necessidades de modo a atendê-los melhor. Segundo, elas ajudam a enfocar a sessão de modo que você possa organizá-la em torno das dúvidas mais importantes do cliente.

O velho adágio "Se for bem começado, metade já está feito" também se aplica às leituras astrológicas. O tom da sessão é dado pelo modo como você estrutura seus primeiros contatos com um cliente. Quando você está focado e direcionado nesses primeiros encontros, a própria leitura tende a ser mais objetiva e específica. Quanto mais específico, mais eficiente você será, e mais irá agradar o cliente. Em vez de percorrer meandros por várias horas, irá cobrir necessidades definidas em um tempo razoável. Isto presume que você e seu cliente irão se preparar para o encontro. Este capítulo abordará a chamada telefônica ou a conversa, quando é marcada a consulta, e os primeiros dez a quinze minutos cruciais da sessão. Iremos, também, estudar como manter o enfoque e como terminar bem a sessão, proporcionando um encerramento para o cliente e montando uma base para futuras leituras.

Os méritos de se estabelecer um contrato

No Serviço Social, que é a minha área, é comum estabelecer-se um contrato antes do início do trabalho. O que é um contrato? É um acordo, entre o cliente e a pessoa que presta serviço, referente à natureza do trabalho que executarão juntos. Ele indica a finalidade da reunião e os problemas ou assuntos que serão abordados. Estabelece as metas, combina um plano de operação e determina o que o prestador de serviço deverá fazer e qual será o papel do cliente. Em alguns casos, o contrato é formal, com os acordos por escrito e com metas determinadas. Essas metas são resultados mensuráveis — suficientemente especificados para que se possa determinar se foram atingidos ou não.

Embora não precisemos ser tão formais em uma consulta astrológica única, alguns desses princípios podem ser úteis. Um contrato é uma negociação sobre o conteúdo da sessão e o tipo de relação. Você não pode satisfazer as necessidades nem as expectativas do cliente se não souber quais são elas! Contratos superficiais podem resultar em sessões inconclusivas, e os clientes posteriormente sentirão que não obtiveram o que precisavam. Ou eles poderão voltar algumas vezes para obter informações que não tiveram porque você não determinou com clareza a finalidade do encontro.

Por sermos tipos uranianos, podemos colocar nossa característica especial na prática astrológica, assim como um conjunto de dons pessoais, geralmente incomuns. Todos temos nossos próprios pontos de vista, filosofia de vida, conjunto de heróis, e uma história anterior. Cada um de nós tem contribuições especiais a dar para a evolução e a cura de nossos clientes. Uma professora aposentada pode fazer um trabalho excelente lendo mapas de crianças com problemas escolares. Um empresário pode estar em uma boa posição para aconselhar clientes em assuntos de negócios. Iremos abordar como você poderá encontrar seu próprio segmento no Capítulo 8. Sendo assim, a forma e o conteúdo de uma leitura astrológica variam muito. Nada do que for dito aqui tem por finalidade desviá-lo de seu próprio estilo pessoal. O que é apresentado é um método derivado dos princípios do trabalho social que funciona bem com os tipos de problemas trazidos por meus clientes.

Esta é uma boa ocasião para mencionar que este livro foi escrito através de minhas próprias lentes. Sou uma consultora astrológica com interesse especial no entendimento da psicologia do indivíduo e na solução de assuntos emocionais. Uma consulta com um astrólogo especializado em astrologia horária ou médica, ou mesmo um astrólogo que enfoque investimentos financeiros, sem dúvida terá alguma semelhança com o processo estudado aqui — e também diferenças importantes. Caso seus interesses sejam somente sobre predição, por exemplo, algumas partes deste livro talvez não se apliquem ao seu trabalho. No entanto, outras partes, como uma boa comunicação com o cliente ou como manter um enfoque constante durante a sessão, podem ajudá-lo a trabalhar com maior eficiência independentemente da sua especialidade. E, onde os mecanismos para a obtenção de especialidade divergirem muito deste método, você pode ajudar desenvolvendo — ou pedindo a seus professores para desenvolver — material de estudo mais apropriado.

Primeiro contato —
Lidar com o questionário do cliente

O telefonema inicial ou a conversa pessoal, quando você discute a possibilidade de fazer uma leitura, é muito importante. Isto inicia a relação e estabelece o tom do trabalho em conjunto. Se o primeiro contato for em uma reunião social, é mais profissional fazer com que a pessoa lhe telefone posteriormente. Dessa forma vocês poderão conversar com privacidade e de modo mais profundo com relação à consulta. Vejamos algumas cenas que podem surgir nesse primeiro contato e como lidar com elas.

Para a finalidade deste capítulo, iremos assumir que a pessoa que está telefonando já contratou nossos serviços e quer simplesmente marcar uma consulta. Na realidade, no entanto, essa suposição em geral não é garantida. Assim, parte do primeiro contato geralmente é vender nossos serviços para os clientes potenciais. Como você é em relação a vendas? (Abordaremos a negociação no Capítulo 8.)

Suponhamos que você começou perguntando o que a pessoa precisa obter da sessão. Na conversa subseqüente, você entende quais são as expectativas e se será capaz de preenchê-las. Você saberá o que está incomodando o cliente, e quais são os assuntos a serem abordados. Ao acertar as preocupações do cliente, ele ou ela percebem que você será capaz de entender suas necessidades. Essas perguntas ajudarão tanto você como seu cliente a se prepararem para a consulta. Elas estabelecem um clima profissional, embora centrado no cliente, e também farão com que ele ou ela pensem sobre o encontro. Ao saber o que é necessário, você pode preparar a consulta de modo organizado, e será capaz de abranger a área que o cliente quer que seja analisada.

Algumas vezes os interessados dizem que estão apenas curiosos ou que não têm idéia do que querem. Isto é mais comum com os "virgens astrológicos" — pessoas que nunca fizeram seu mapa. É preciso perguntar se a pessoa já fez algum mapa anteriormente, ou se já estudou astrologia. Se não, será preciso mostrar-lhe o modo como você acha que uma leitura astrológica poderá ser útil. Muitos desses "virgens" não sabem o que querem porque não têm a mínima idéia do que uma leitura pode realizar. Talvez tudo o que viram até então tenha sido as colunas de signos solares nos jornais. Eles não conhecem trânsitos, progressões, mapas compostos, mapas de eleição ou revoluções solares — ou quaisquer outras técnicas que usamos no campo da astrologia.

Cabe a você explicar essas possibilidades aos clientes de primeira viagem. Em geral é suficiente mencionar as áreas cobertas pelas casas e falar a respeito das várias aplicações, como comparação de mapas ou trânsitos. Em linguagem simples, sem usar jargões, explique o que a astrologia pode fazer. Para não bombardeá-los, limite sua explicação às possibilidades que estejam de acordo com as necessidades que eles têm no momento.

Na prática astrológica freqüentemente você conhece a pessoa que o procura sob um outro contexto. Principalmente quando você começa a praticar, o contato pessoal é decorrente de como você encontrou esses clientes pela primeira vez. Talvez você os conheça do trabalho, de um grupo social, através de amigos, ou de alguma organização. Ao decidir se pode ler para esses indivíduos, considere cuidadosamente os efeitos que a vivência que vocês compartilham pode ter em seu trabalho. Se resolver atendê-los, continue ciente de que essa sessão não estará se dando em um isolamento puramente freudiano. É bom saber isso e até perguntar como essas pessoas se sentem quanto ao fato de o estarem vendo sob um outro contexto.

Muitos profissionais no campo de "ajuda" perceberam que, quando alguém conhecido se torna cliente, é difícil continuarem sendo amigos devido ao modo como a relação se transforma. Mas esta é uma outra questão — bastante válida — e para a qual não existem respostas definitivas. Talvez você queira ter uma fita de Michael Lutin[1] sobre o assunto. Por enquanto é importante reconhecer que existe a preocupação de que essa mudança na relação pode aparecer.

Alguns futuros clientes têm expectativas inadequadas. Por exemplo, alguns querem tudo em uma sessão — trânsitos e progressões, assim como a análise dos mapas de vários entes queridos para saber o que você pode afirmar sobre determinada pessoa e sobre o relacionamento. Isto é, sem dúvida, muita coisa para se avaliar com uma profundidade adequada. Explique por que a profundidade é preferível a respostas rápidas, ou do tipo sim ou não. Com todos os clientes, você irá evitar muita dor de cabeça se começar a estabelecer limites e fronteiras a partir da primeira conversa. Antes de concluir, informe a eles o tempo de duração da sessão, o que está incluído, quanto custa, e como você prefere ser pago.

Pessoas carentes tentarão ocupá-lo ao telefone por um bom tempo. Por várias razões, é melhor não ouvir toda a história de suas vidas. Por exemplo, clientes que revelam muita coisa pelo telefone podem atribuir a sua precisão de leitura ao fato de que você já sabia tudo antes. Algumas pessoas que o procuram quando estão em crise se apresentarão sofrendo e lamentando seus problemas, e você não ficará insensível a isto. No entanto, deixar que futuros clientes falem por muito tempo pode ser exaustivo e talvez estabelecer uma relação na qual eles o procurem em busca de um terapeuta grátis. Mostre preocupação e calor humano, atenda-os rapidamente, mas sugira que tratará desses assuntos na sessão.

Tanto no contato inicial como durante a sessão, é conveniente recusar palpites todas as vezes em que o assunto esteja fora de sua área de competência profissional, e isto significa quando você dá algum conselho sobre as decisões que os clientes estejam tomando. A necessidade de se recusar a dar opiniões é importante quando lhe perguntam sobre processos judiciais, imobiliários, mercado de ações, ou qualquer outra questão para a qual já exista uma profissão legalmente reconhecida e licenciada que trate do assunto. Quando a preocupação mais importante é saúde, é preciso que você seja muito cauteloso de forma a não ser acusado de prática ilegal de medicina. Mesmo que a astrologia médica seja uma de suas especialidades, deixe bem claro a seus clientes que você não é médico, nem um profissional da saúde. Deixe claro que o que diz sobre saúde é baseado apenas no mapa astrológico. Enfatize que isso não deve ser encarado como diagnóstico médico. Sugira a seus clientes que consultem profissionais sobre quaisquer assuntos médicos.

---

[1] Michael Lutin abordou esse assunto em várias palestras, como "Aconselhamento com Astrologia" ou "A Verdadeira Prática Viva da Astrologia". Para obter uma lista completa da disponibilidade de fitas gravadas por vários bons locutores astrológicos, escreva para o National Council of Geocosmic Research, c/o Nan Milman, 15 Fordham Street, City Island, Bronx, NY 10464.

Selecionando os que não devem se tornar clientes

Ao trabalharmos por conta própria nós, astrólogos, estamos vulneráveis ao público. É preciso que selecionemos cuidadosamente nossas chamadas, pois algumas pessoas podem não ser clientes apropriados. Algumas são difíceis ou até perturbadas; outras procuram serviços que você pessoalmente não pode oferecer; outras ainda querem respostas que a astrologia não foi feita para dar. Ao identificar clientes inadequados, você estará prestando um serviço tanto para as pessoas que telefonam como para si próprio. Ao dispensar aqueles que querem algo que você não pode dar, estará se protegendo de vir a ter clientes desapontados. Na pior das hipóteses, clientes desapontados não são bons para sua reputação; no mínimo, eles não lhe indicarão ninguém.

Ao fazer perguntas antes de marcar uma consulta, você identificará as pessoas que procuram algo que a astrologia, na realidade, não pode oferecer. Por exemplo, pode ficar claro que algumas pessoas querem uma leitura sensitiva e não um horóscopo. Querem detalhes específicos que você não pode obter do mapa. Explique a diferença entre o trabalho de um bom sensitivo e a informação que a astrologia pode realmente dar. Ou, olhando mais fundo, elas podem querer saber sobre suas vidas passadas com seus atuais relacionamentos amorosos. Explique a diferença entre uma leitura de vidas passadas e um mapa de relacionamento.

Você também os esclarecerá, para uma referência futura, sobre qual é a função da astrologia. Talvez seja preciso que defina exatamente o que você faz e o que a astrologia pode fazer. Muitas vezes, quando você termina de explicar por que uma leitura astrológica não pode fornecer o que elas querem, e o que faz a astrologia, elas acabam escolhendo você, de qualquer modo!

Suponha que a pessoa que lhe telefona precise de algo sobre o que você ainda não está bom. É aconselhável fazer uma avaliação periódica do que você está ou não pronto para executar. Assim como existem áreas em que somos brilhantes, há aquelas nas quais temos limitações. Há uma espécie de alívio quando não é preciso fingir que somos bons em tudo. No começo talvez você queira limitar seu trabalho a áreas nas quais se sente mais confortável. Você pode sempre acrescentar novas áreas de especialidade quando se sentir mais apto.

Se os clientes lhe pedem algo que você não se julga capaz de dar, é mais sábio indicar-lhes alguém que seja especialista na área. Por exemplo, aconselhamento financeiro é algo que não sei fazer direito, e algumas vezes há muito dinheiro em jogo. Simplesmente digo: "Esta não é minha especialidade. Posso sugerir alguns especialistas nesta área?". As pessoas apreciam esse tipo de honestidade. Elas também se lembrarão de você, e voltarão.

Alguns clientes criam esperanças mágicas sobre o que acontecerá na sessão — quer eles as expressem quer não. Isto é verdade até em profissões seculares como a medicina e a psicoterapia, mas que acontece principalmente conosco devido à dimensão divina de nosso trabalho. Por exemplo, você pode ler o mapa para uma mulher que esteja satisfeita com a sessão, sobretudo com o que é dito sobre seu casamento. Então ela arrasta o marido para uma consulta a fim de que você dê um jeito nele. Ou alguém pode lhe pedir que atenda um amigo ou um membro da família que seja suicida ou esteja seriamente envolvido com drogas.

É importante que você aponte diretamente expectativas não realistas e esclareça o que as pessoas podem e não podem esperar de seus serviços. Mesmo pessoas aparentemente sofisticadas podem, no fundo, acreditar que você faz milagres. Por mais que você esteja consciente disto, elas poderão se desapontar com o resultado. Caso existam expectativas nesse sentido, é melhor que você não faça a leitura.

A conversa preliminar serve para se fazer uma triagem das pessoas que estão muito doentes. Mesmo que não esteja treinado para aconselhamento, você já sabe, por instinto, quando alguém está perturbado. As pessoas na rua sabem disso, e também as crianças. Na presença de perturbações sérias, é possível que você tenha reações viscerais — tremores, arrepios ou frio no estômago. Talvez você sinta um ligeiro desconforto e um desejo de se afastar da pessoa. Respeite e cultive esses instintos em vez de desprezá-los no desejo compreensível de ajudar pessoas ou de praticar sua profissão. Por exemplo, você percebe que existe muita raiva em sua conversa sobre o problema — a catarse se tranforma em desvario. Ouvir pessoas assim irá sem dúvida disparar o sinal de alarme, que seria insensatez ignorar.

É lógico que essas pessoas merecem ajuda, mas mesmo terapeutas em sua prática particular tomam cuidado com aqueles que atendem. Eles reconhecem a necessidade de apoio psiquiátrico ao lidar com pessoas mentalmente doentes ou com depressão séria. Esses terapeutas também entendem que, em situações complexas, talvez sejam necessários outros tratamentos além da psicoterapia — como internação clínica, ajuda legal, ou ajuda financeira — pois ao atenderem pessoas assim em seus consultórios ou em casa, eles ficam física e legalmente vulneráveis.

Nós, astrólogos, estamos ainda mais vulneráveis porque não temos uma estabilidade legal, e nossas percepções não são levadas a sério por outras profissões. Portanto, se você perceber que está fora de sua área, é melhor não marcar a consulta. Você pode dizer que este é um assunto que a astrologia não consegue resolver, que seria necessário uma série de sessões para formar um aconselhamento, e que você não é conselheiro. E, *não* dê meu número de telefone! Na realidade, se você quiser manter um bom relacionamento dentro de sua comunidade astrológica, não indique pessoas difíceis ou aparentemente perturbadas para outros astrólogos só porque eles são mais experientes.

Por falar em vulnerabilidade, suponha que você seja uma astróloga. Um homem lhe telefona marcando uma consulta e flerta com você de modo não apropriado ou insiste em vê-la, talvez fazendo pressão para ser atendido imediatamente. Você mora sozinha ou estará sozinha durante o horário da consulta. Embora você se sinta segura em relação a homens, sente-se ameaçada diante da possibilidade de atender este homem em especial. Logicamente, há sempre a possibilidade de que você esteja errada, mas as pessoas que ignoram seus próprios sinais geralmente se arrependem profundamente. A não ser que consiga ter alguém por perto durante a leitura, é melhor sair fora e dizer que não tem horário disponível. O maior problema com a mídia tradicional como jornais ou lista telefônica, em vez de listas ou periódicos New Age, é que aparecem dessas chamadas indesejáveis. O público ainda nos confunde com aquele tipo de negócio que anuncia videntes como uma "fachada", mas que fornece também favores sexuais. Astrólogos legítimos, pessoas que lêem folhas de chá ou cartomantes autênticos não merecem esse tipo de classificação, mas, mesmo assim, alguns segmentos do público ainda têm essa opinião a nosso respeito. A lei também ainda nos confunde com videntes de porta de loja. Em muitas cidades e estados, nosso trabalho enquadra-se nos antigos estatutos contra adivinhos. Embora tais leis sejam raramente aplicadas, elas ainda são invocadas o suficiente para preocupar os profissionais de nossa área. Sendo assim, ao fazer a triagem de seus clientes, você estará se poupando de problemas legais. Basta apenas um cliente perturbado, descontente e litigioso, e o astrólogo pode ir parar em um tribunal. Fui testemunha em um julgamento desses em San José, Califórnia. Foi espantoso ver uma efeméride e um mapa natal serem apresentados como provas, da mesma forma que um revólver ou um cachimbo de crack. O Comitê de Informações Legais da AFAN, presidido por Jayj Jacobs, tem feito intervenções eficientes em comunidades onde tais leis foram invocadas contra astrólogos ou sensitivos. (Para maiores detalhes, escreva para Jayj a/c AFAN, 216, Reed Street, Mill Valley, CA 94941.)

Encerrando o telefonema e marcando a consulta

Suponhamos que você tenha passado por esse processo e determinado que as necessidades do cliente são apropriadas e que poderá atendê-las. Os assuntos foram esclarecidos e foi explicado exatamente como a sessão irá abordá-los. Para clientes informados na área astrológica, talvez você tenha discutido as técnicas que irá usar — por exemplo, um mapa composto para assuntos de relacionamento. Você confirmou a consulta, e a data de nascimento, sobretudo se Mercúrio estiver retrógrado. Esse procedimento também assegura ao cliente que você é rigoroso no que se refere a precisão. Você indica como chegar ao seu consultório, e diz ao cliente o que ele deverá trazer — por exemplo, talvez você queira que o cliente traga uma fita para gravar a sessão.

Você pode terminar sugerindo à(ao) cliente que se prepare, e pense mais sobre o que ele ou ela querem. O cliente pode trazer uma lista de perguntas; se ele estudou astrologia, estimule-o a perguntar sobre indicadores ou aspectos astrológicos específicos etc. Ou, digamos que seja uma leitura sobre relacionamento. Peça ao cliente para adiantar o trabalho definindo as áreas de conflito que precisam de esclarecimento. Se ambos refletiram sobre a finalidade da leitura, a sessão será mais direcionada e, desse modo, mais satisfatória.

Exercícios

Imagine as seguintes situações, que poderão surgir em contatos telefônicos. Você poderá ensaiar com um amigo ou colega de estudo.

1) Suponha que o eventual cliente esteja preocupado com um relacionamento, mas não sabe nada sobre astrologia. Explique seu trabalho com mapas de relacionamento, e confirme as datas de nascimento necessárias.

2) É janeiro, o terapeuta da pessoa está de férias, e tudo o que esse cliente potencial sabe é que precisa de alguma perspectiva sobre assuntos emocionais que surgiram de repente, na ausência do terapeuta. Como você explicaria o que uma leitura de mapa pode oferecer a essa pessoa nesse momento? Como você pode saber se seria aconselhável atender essa pessoa?

3) O cliente potencial está em crise no trabalho, mas a hora de nascimento é apenas aproximada, em mais ou menos meia hora. Explique o que a retificação pode fazer pela pessoa, e quais as informações adicionais que você necessitaria.

Dia da consulta — Antes de o cliente chegar

Chegou o dia da consulta. Você se preparou de acordo com os interesses do cliente. Logicamente, isto não quer dizer que não se tenha de estudar o mapa todo, pois a lista de perguntas trazida pelo cliente poderá incluir áreas para as quais você não se acha preparado. Além disso, uma abordagem holística de um determinado assunto geralmente exige que se tenha uma compreensão da pessoa como um todo. Uma pergunta sobre escolha de carreira pode significar a análise do horóscopo inteiro, embora através das lentes da vocação. Uma comparação de mapas exige entendimento completo do caráter e das necessidades de ambas as partes.

Veja como você se sente. Está nervoso em relação à leitura? Uma preparação completa diminui a ansiedade, mas há sempre os que nunca se sentem preparados e sofrem de medo do palco antes de cada consulta. Meditação e exercícios de autocentramento podem ajudá-lo a sair dos assuntos relativos a si próprio e levá-lo a uma forma de conexão divina. Outros acham que algumas gotas de Rescue, dos florais de Bach, um remédio floral que pode ser encontrado em várias lojas de produtos alternativos, acalma imediatamente e os deixa centrados. O nervosismo é comum nas primeiras leituras, quando o novo profissional, compreensivelmente, não tem autoconfiança. Se o medo ainda persistir e incomodar, talvez você tenha de procurar um médico ou um terapeuta. Ainda assim, uma dúvida saudável sobre si próprio pode ser uma tentativa do Eu Superior para nos manter humildes e dispostos a aprender.

No entanto, digamos que você normalmente costuma estar calmo antes das consultas, e gosta de dá-las. De repente, percebe que está apavorado mais ou menos uma hora antes de seu cliente chegar. Tenha em mente que algumas das sensações que você tem pouco antes podem ser as preocupações da pessoa em relação à sessão, e que você está captando telepaticamente. Nesse caso, pode ser que ele ou ela estejam com medo de saber o que o mapa dirá sobre o futuro. Quando você percebe que tais reações podem pertencer realmente ao cliente, isto geralmente dissipa emoções que não são suas. Assim, no início você pode perguntar: "Como você está se sentindo em relação a esta leitura? Está nervoso?". Falar sobre medos e fantasias a respeito do que irá acontecer geralmente põe fim à ansiedade do cliente.

Muitos astrólogos têm uma rotina ou ritual que executam antes de o cliente chegar. Tais rotinas fazem parte de sua preparação mental e emocional e os ajudam a ficarem centrados. O simples fato de arrumar a sala para a consulta poderá ser parte do processo. Alguns meditam e invocam seus guias. Outros acendem velas ou purificam a energia do consultório, queimando folhas. Esse tipo de processo é um poderoso sinal para o superconsciente de que algo extraordinário está para acontecer, algo que invoca a parte mais elevada do ser de alguém, em lugar da sua personalidade.

Quando o cliente chega — primeiras impressões

A primeira impressão que os clientes têm de você é muito importante. Eles precisam saber, principalmente, que você não é sobrenatural, dada a reputação que têm as ciências ocultas. Uma aparência agradável e uma atitude profissional ajudam a estabelecer o tom do trabalho. Os clientes também irão conferir se você é uma pessoa atenciosa, que irá se concentrar nos problemas deles, ou se é cheio de si e de sua própria importância.

Dedique esses primeiros momentos para estabelecer um contato e deixar os clientes à vontade. Reconheça que a maioria das pessoas ao procurar ajuda, mesmo que de um astrólogo, mostra-se ambivalente. Elas podem ficar nervosas por encontrá-lo e por estar revelando suas preocupações mais íntimas. Talvez estejam apreensivas com o que irão ouvir. Você pode mostrar interesse perguntando sobre o caminho que fizeram, ou se elas precisam de um momento para tomar fôlego ou usar o banheiro. Não fale muito sobre si próprio. Mesmo quando os clientes perguntam, considere isto geralmente apenas como um gesto polido; na verdade eles estão lá por causa de si próprios.

Por seu lado, você estará avaliando os clientes para ver com quem está lidando. Terá uma idéia de sua inteligência e nível de educação, que irão lhe fornecer dicas sobre como se comunicar. A idade e o estágio de vida de seus clientes podem lhe dar uma noção do possível grau de maturidade deles e das principais lições de vida que estejam enfrentando. Quem sabe você queira ter uma idéia do nível de sofisticação deles sobre assuntos emocionais e espirituais. Com que disposição eles estão assumindo a responsabilidade por suas dificuldades ou deixando que os astros levem a culpa? Esse tipo de informação pode fornecer percepções valiosas para sua abordagem da leitura.

Com o melhor amigo, somos três...

Eventualmente os clientes manifestam vontade de levar alguém junto para a leitura. Às vezes eles pedem permissão no telefonema inicial. É mais freqüente que eles simplesmente apareçam com seu melhor amigo a tiracolo, esperando que a pessoa assista à leitura. É preciso que você saiba por que o outro veio. Se for simplesmente uma questão de condução, o amigo poderá esperar na outra sala, se você tiver uma que seja adequada. Caso contrário, ele ou ela poderão voltar para buscar o cliente no fim da sessão.

Se, no entanto, a intenção for que o amigo ou parente estejam presentes na sessão, é aconselhável que você não permita. Não é adequado nem profissional. Você não levaria um amigo para uma sessão de terapia — nem o convidaria para uma "lavagem de roupa" com alguém. A participação de uma terceira pessoa na leitura, a não ser que o enfoque seja naquele relacionamento, distorce enormemente o trabalho. Você geralmente será alvo de risadinhas, brincadeiras e piadas maliciosas. O cliente se concentra mais na amizade do que na leitura. As defesas e disfarces são muitos, e é pouco provável que o cliente consiga ser profundamente honesto. Ocasionalmente fiz exceções para jovens latinas acanhadas que vieram acompanhadas por suas mães. Pode também ter sido errado fazer isto, mas você deve fazer concessões às diferenças culturais.

Às vezes, dois amigos querem fazer seu mapa astral juntos por diversão, como se estivessem indo à tenda de um adivinho em uma feira do interior. Essa má compreensão da astrologia como diversão ainda faz, infelizmente, parte de nossa imagem. Continuamos a ser tratados como recreadores pela mídia e somos até classificados dessa forma em algumas listas de profissionais. Por exemplo, em seu Catálogo de Títulos Ocupacionais, o governo dos EUA nos classifica sob lazer e recreação, ao lado de animadores e artistas de circo. Nosso problema de imagem é tanto culpa nossa como do público — há muito venho dizendo que só obteremos o respeito do público quando o merecermos.

No entanto, o momento de enfrentar nossa pobre imagem não é quando estamos na linha de frente. Você lida com ela em parte informando ao cliente sobre astrologia durante o telefonema inicial. Você também lida apresentando-se de modo profissional durante a consulta. No final de uma boa consulta, o cliente deverá saber a diferença entre um astrólogo profissional e uma pessoa que lê a sorte. Quando os amigos que não se desgrudam aparecerem na sua porta, simplesmente diga *não*.

Às vezes um amigo vem acompanhando porque é inexperiente em artes ocultas e está extremamente ansioso em relação à primeira consulta com um oráculo. O amigo — talvez um antigo cliente seu — é mais experiente e veio junto para dar segurança. Nesse caso, você terá de se esforçar um pouco mais para deixar seu cliente à vontade. Algumas vezes é possível aliviar a tensão com humor. Outras vezes é suficiente observar quão ansioso ele ou ela estão em relação a essa primeira leitura. Explique, então, que o amigo será bem-vindo ao trazer seu cliente e vir buscá-lo depois, mas não poderá participar da consulta.

Quando nenhuma das situações acima funcionar, a presença do amigo, primo, ou quem quer que seja, sugere uma simbiose potencialmente doentia entre os dois. Talvez seu cliente seja um indivíduo altamente dependente ou com tendência a relações co-dependentes — e ambos os casos poderão ser um fator a se considerar conforme você for procurando soluções para os problemas revelados pelo mapa.

Muitas vezes, os clientes fazem objeções a essa regra. ("Oh, a Betty é minha melhor amiga. Não temos segredos uma para a outra.") Permaneço dizendo que a leitura é particular e que seremos capazes de nos aprofundar melhor dessa forma. Sugiro que, se for importante para a amiga ouvir a conversa, a cliente poderá ouvir junto com ela a fita que for gravada. No fim da sessão, a maioria dos clientes parece secretamente aliviada de o amigo não ter estado presente, pois essa experiência é na verdade muito mais íntima do que tinha imaginado.

Conduzir leituras casadas

A questão já é outra quando a pessoa está presente porque a consulta se refere ao relacionamento. Do mesmo modo que em aconselhamento conjugal, leituras casadas exigem um alto grau de habilidade — ou muitos planetas em Libra. Não é fácil ser imparcial e manter um equilíbrio entre as necessidades e interesses de ambas as partes, principalmente se um dos dois já é seu cliente. Por essa razão, terapeutas prudentes geralmente não aceitam um casal para aconselhamento se um deles já é cliente.

Embora um astrólogo não deva ser um conselheiro conjugal, a astrologia tem muito a oferecer em um rápido entendimento da relação. O estudo de ambos os mapas lança luz sobre o tipo de cada pessoa, e o que cada um espera do relacionamento. O horóscopo cria certa imparcialidade, na qual a natureza do indivíduo é descoberta sem que hajam culpas, nem que se considere de modo pessoal caraterísticas conflitivas. Uma hábil interpretação de um mapa, que dê espaço para que cada parceiro possa refletir e falar, poderá facilitar a comunicação sobre assuntos que não ficariam esclarecidos de outro modo. Além disso, a sinastria e/ou o mapa composto irão elucidar as partes fortes e fracas da união.

Embora as leituras casadas sejam complexas, elas podem ser uma das experiências profissionais mais compensadoras. Você desenvolve e cresce em suas próprias habilidades, e vê um impacto imediato no relacionamento. Além disso, seus próprios pressupostos astrológicos e dificuldades nos relacionamentos poderão entrar em sua interpretação do mapa e em sua abordagem da sessão, talvez de modo mais forte do que na leitura para uma pessoa. A autopercepção nesses assuntos é uma importante responsabilidade do profissional.

Além disso, sempre que você e seu cliente estudarem o mapa de uma terceira pessoa ausente, você inevitavelmente ouvirá apenas um lado da história. O quadro é montado e ornamentado para mostrar o cliente sob a melhor luz possível. Considere que os clientes estão provavelmente agindo de modo impecável — pelo menos dando o melhor de suas possibilidades — para impressioná-lo. Na vida real, suas atitudes podem, de fato, estar igualmente contribuindo para as dificuldades de relacionamento das quais eles se queixam.

Como uma jovem assistente social ingênua, fiquei muitas vezes surpresa quando aquela terrível figura do marido ou da mulher ou pais, que

33

estava arruinando a vida de meu cliente, finalmente veio para uma sessão. Não apenas não eram, afinal, os monstros desumanos, como também meu pobre cliente martirizado revelou-se não ser tão santo como eu anteriormente havia imaginado. A experiência me levou a ser mais desconfiada em relação a tais quadros unilaterais. Quando você vê ambas as partes na leitura de mapas, é menos provável que uma delas pareça o vilão. Finalmente, leituras casadas são uma solução clara para o velho problema ético de quanto um cliente tem o direito de saber sobre o mapa de outra pessoa.

E se você não gostar do cliente?

Sem dúvida, logo ficará evidente se você e seu cliente irão gostar um do outro. Você tenderá a gostar mais de alguns clientes do que de outros, e é bom ter clientes de quem você goste. Não obstante, parte do profissionalismo é saber lidar com suas próprias preferências e preconceitos — *tanto pessoais como astrológicas* — e não impô-las aos clientes. Você poderá evitar muitos clientes difíceis se fizer uma boa triagem, conforme discutido anteriormente. Apesar disso, alguns deles irão passar pelo crivo.

Algumas pessoas desagradáveis que me procuram são, apesar de tudo, clientes altamente satisfatórios porque são bastante sérios no uso do instrumental. Em algum nível metafísico misterioso, atraímos os clientes que necessitam exatamente daquilo que temos para lhes ensinar — e, de modo recíproco, nos ensinam exatamente o que precisamos aprender. Os clientes geralmente espelham o processo pelo qual você mesmo está passando e embora de um modo exageradamente rude, esta é uma lição objetiva. ("Pela graça de...") Nos últimos anos parece que venho me especializando em —desculpem-me — baixas prostitutas e mulheres selvagens, de tal forma que isto me faz refletir sobre mim mesma.

O que fazer se o cliente chega e você não gosta dele? REZO! SINCERAMENTE! Então, conscientemente mando a parte de mim que não gosta dele para fazer algo que aprecie. Mais tarde, pergunto a ela o que estava acontecendo, a fim de entender essas reações negativas. (Não, caro leitor, caso você tenha sido um cliente meu, isto não tem nada a ver com você. Sério!)

Quando o cliente é mais do que um cliente

Mencionamos as preocupações que surgem quando você conhece o cliente de algum outro lugar. Considere que, quanto melhor você conhecer a pessoa, mais complicações esse relacionamento poderá trazer para a leitura — e a leitura pode criar na relação. Ratifique essas preocupações para seu cliente/amigo tanto no começo, como no fim da sessão. Por exemplo, com qualquer cliente, você gostará de conversar confidencialmente no início da sessão. É ainda mais importante que você discuta e respeite a questão da confidencialidade.

Você gostaria de estabelecer uma fronteira em torno desta sessão de modo a diferenciá-la de outro ambiente, de onde vocês se conhecem. Às vezes faço isso de forma bem-humorada — por exemplo, cumprimentando-os seriamente, mas de brincadeira, como se fossem completamente estranhos. Certa vez, no final de um seminário de uma semana, meus alunos pediram uma consulta como exemplo. Eles realizaram um sorteio para ver quem teria a leitura feita na presença da classe. Fiz a vencedora sair e bater à porta. Iniciamos uma conversa com que comumente abrimos a sessão, e então ela sentou-se de costas para a classe. Logo estávamos tão envolvidas, que nos surpreendemos quando a classe riu de algo que disséramos. Não posso sugerir o modo correto para estabelecer os limites em nenhum caso. No entanto, saber que você precisa estabelecê-los, e fazer com que a pessoa saiba disto, já é um começo.

Criando o ambiente para a leitura

Em seguida, você determinará uma estrutura para a sessão. Faça o cliente entrar no consultório, instalem-se confortavelmente, explique o procedimento, e coloque a fita. Os astrólogos variam em suas rotinas — por exemplo, alguns servem chá para seus clientes, enquanto outros sentem-se melhor num ambiente formal. As rotinas atuam como um redutor de ansiedade, e também como indutoras do estado especial de consciência no qual você ingressa ao fazer esse trabalho. Se você souber o que fazer nos primeiros minutos, será mais fácil do que enfrentar uma situação totalmente desconhecida. Isso também dará, à outra pessoa, a segurança de que você sabe o que está fazendo.

A maioria dos clientes irá aceitar qualquer procedimento com o qual você esteja acostumado, desde que ele não seja muito estranho. Na escola de Serviço Social, tínhamos de gravar um disquete sobre cada entrevista. Como não conseguia me lembrar sempre de tudo o que havia se passado durante uma sessão eu fazia muitas anotações, mas ficava preocupada com o fato de que isto poderia deixar os clientes pouco à vontade. Certa vez eu estava trabalhando com uma jovem, e o trabalho consistia em recomendá-la a uma agência muito conceituada, especializada no tratamento de adolescentes. Ao voltar à clínica, após suas primeiras sessões naquela agência, perguntei se ela havia gostado. Ela reclamou pelo fato de que o terapeuta não havia anotado nada do que ela dissera!

É uma boa idéia descobrir o que os clientes sabem sobre astrologia. Pergunte o que eles leram ou estudaram e com quem, e que outras leituras de mapas foram feitas e há quanto tempo. Para um principiante no assunto, uma aula rápida de astrologia, indicando as casas e os símbolos no mapa astral dele. Um indivíduo ingênuo atribuirá demasiado poder às suas interpretações, a não ser que você lhe demonstre que elas provêm do diagrama, e não de uma revelação divina. Como veremos a seguir no Capítulo 2, suas explicações devem ser em linguagem simples, e não através de um mundo de jargões mistificadores sobre aspectos, meios pontos e arco solar. Caso contrário, o que você estará transmitindo a eles é que você não sabe se comunicar. Durante a sessão, assegure-se de que os clientes estão entendendo o que você diz e que suas interpretações não estão se perdendo em meio a um excesso de jargões. Perto do final, talvez você queira fazer especificamente esta pergunta.

Gravando a sessão

Antes de começar, pergunte se o cliente quer uma fita gravada. Muitos astrólogos, especialmente os principiantes, hesitam em gravar a sessão. Eles receiam cometer algum erro ou que uma outra pessoa possa ouvir e criticá-los. É importante superar essa preocupação, pois a fita é uma gravação da sessão que muitos clientes costumam ouvir inúmeras vezes. Quando você estiver iniciando, mesmo quando praticando com amigos, trabalhe bastante com o gravador para superar a timidez. Muitas pessoas não gostam do som de suas próprias vozes gravadas, por ser diferente do som que repercute na caixa craniana. Para superar isto, ouça sua própria voz na gravação — com o tempo você nem irá se importar mais com esse detalhe. (Ouvir o que você disse durante a sessão é, também, um excelente meio de aprendizado.)

A fita pode ser um instrumento valioso para os clientes, uma contínua fonte de ajuda. Em geral, é muito material para ser absorvido de uma só vez. Além disso, muitos clientes que vêm pela primeira vez ficam tão ansiosos, que não conseguem se concentrar adequadamente. Em geral eles se esquecem do que você falou na sessão; e quando você grava eles poderão ouvir quantas vezes quiserem. As pessoas podem precisar antes de captarem o que está sendo dito. Por exemplo, quando você diz coisas positivas a respeito das pessoas para alguém com baixa auto-estima, talvez elas tenham de ouvir várias vezes o que foi dito, para poderem acreditar. Muitos clientes ouvem apenas o que suas mentes estão preparadas para ouvir, portanto é extremamente valioso que possam voltar atrás e

36

descobrir o que você realmente disse na sessão. Finalmente, sua interpretação sobre trânsitos e progressões que estão por vir pode não ter muito sentido para os clientes no momento da sessão. Quando o aspecto se manifestar, suas palavras serão muito mais úteis se eles puderem ouvi-las novamente.

Instale o gravador e ajuste o som antes que o cliente chegue, assim haverá um mínimo de interrupção. Você poderá colar seu cartão na tampa da fita de modo que o cliente tenha seu número de telefone à mão, para futuras leituras. Coloque a data da consulta, tanto para determinar o espaço de tempo de qualquer previsão como para que o cliente saiba quando será necessária uma atualização. É também uma boa idéia colocar os dados de nascimento na fita, assim você pode conferir se a data está correta antes de começar e qual a data usada como referência, no caso de discrepâncias posteriores.

Começando a sessão

Ao iniciar a sessão, fale sobre os mesmos pontos que foram abordados ao telefone. É importante repeti-los para poder enfocar adequadamente a leitura; rever a finalidade da consulta irá ajudar você e o cliente a se situarem. É útil gravar este assunto em fita, pois, posteriormente, quando o cliente ouvir a gravação, ele terá condições de saber em que estágio se encontrava na época da consulta e observar o progresso que fez desde então.

Como quando do contato inicial, defina a finalidade da consulta. Pergunte novamente: "O que você deseja desta sessão?" (Ou "Quais são os assuntos principais que o preocupam no momento?".) É o momento em que os clientes costumam fazer as perguntas adicionais. Certifique-se de que você está em condições de lidar adequadamente com esses assuntos adicionais em uma única sessão. Vocês dois devem estabelecer prioridades. Muitos clientes trazem mapas de outras pessoas e perguntam se você "pode dar só uma olhada". Nesses casos, é você quem deve decidir se está em condições ou não de atender ao pedido.

Esse procedimento inicial é útil também por uma outra razão. Leituras que se concentram nas preocupações específicas dos clientes são mais eficientes para ajudá-los a mudar padrões inadequados. Você quer que a consulta provoque uma mudança, que seja um ponto de apoio para um crescimento. Uma consulta torna-se mais eficaz para motivar os clientes a mudar, quando você a direciona para áreas nas quais eles estão se sentindo confortáveis.

Isto significa que você não irá abordar um tema que vê no mapa, se a pessoa não perguntar sobre ele? No caso de trânsitos ou progressões, você tem um certo dever de fazê-lo. Aspectos que se aproximam podem sugerir problemas futuros dos quais o cliente ainda não tem qualquer noção. Será parte de seu trabalho incluir essas áreas, assim como um médico deve avisar um paciente de um distúrbio insuspeitado, que tenha surgido em um exame.

No entanto, em um mapa natal, em vez de afligir — e indispor — as pessoas dizendo-lhes tudo o que você vê de errado, limite-se ao que as está perturbando no momento. Desse modo, será mais fácil ter clientes receptivos, com participação ativa, em vez de tê-los resistentes e insatisfeitos. Agir de outro modo é invasivo, é atuar como juiz e jurado em seus estilos de vida.

Suponha que você esteja vendo um grande problema com relação à mãe — como os astrólogos geralmente fazem — e não seja isto o que o cliente queira abordar. Você não irá trazer à tona o complexo materno e fazer um estudo psicanalítico completo, a não ser que possa provar a relevância deste assunto para o caso em questão. Se um homem estiver se queixando de seus relacionamentos com mulheres, então suas experiências com a mãe serão claramente pertinentes. Ou, digamos que você veja problemas com autoridade baseados na relação com o pai. Essa história será relevante se a dificuldade for com um chefe do sexo masculino. Quando você apontar de que forma específica tal história influi nas dificuldades atuais, os clientes estarão receptivos para ouvir.

Nem todos os que o procuram para uma leitura têm problemas profundos; eles querem que você os ajude a resolver. É comum alunos de astrologia — principalmente os seus — pedirem leituras para poderem entender aspectos de seus próprios mapas natais. Essa descrição detalhada faz parte de seu aprendizado. Alunos adiantados, que estejam pensando em começar a praticar, podem pedir leituras de vários astrólogos para aprender como elas são feitas. Com seus próprios alunos, talvez não seja adequado, em seu papel de professor, agir como psicoterapeuta. Isso poderá significar uma invasão dos limites da outra pessoa.

De imediato, pode não ser a melhor estratégia nos assuntos mais pesados e dolorosos. Os clientes precisam conhecê-lo e confiar em você, aos poucos, antes de se abrirem. Antes de abordar questões mais difíceis e ameaçadoras, talvez você tenha primeiro de responder a algumas perguntas simples como; "Vou viajar este ano?", ou "Quando irá sair meu aumento?".

Ler para ostras

Uma dificuldade que pode surgir no começo da sessão é o cliente que se recusa a dizer muita coisa. Você conhece o tipo — braços cruzados, boca fechada. Essas pessoas querem ter certeza de que você é realmente competente e irão testá-lo. Ou, talvez sejam fechadas e não queiram revelar nada de si mesmo além do necessário. Isso geralmente acontece com ascendentes em Escorpião ou Capricórnio.

Seduzir esses tipos ajuda bastante. E isso nem é muito difícil de fazer. Eles são os que nunca fizeram um mapa natal, assim não têm a mínima idéia de como a astrologia pode ser reveladora. Você poderá reconstituir algumas das tendências mais importantes do ano anterior, ou pinçar as áreas mais difíceis de suas vidas através da posição dos planetas externos.

Diga, então, que eles obterão melhor resultado da sessão se esta for baseada no diálogo. Você poderá lhes dizer que não é sensitivo — às vezes brinco, dizendo que minha bola de cristal está com defeito. Ou pergunte-lhes se esperam que um médico descubra o que está errado sem fazer perguntas. Explique que o mapa apenas sugere os tipos de situação em geral que irão enfrentar. Juntos vocês poderão apontar os efeitos de modo mais específico, mas para isso é preciso que eles lhe forneçam alguns detalhes. Eles nunca irão deixá-lo ver seu mapa total, mas em geral relaxam um pouco nesse ponto.

Mantendo o enfoque durante a leitura

Uma vez estabelecido o enfoque, você não deve se afastar muito dele, ou a leitura perderá sua eficiência. Gentilmente, faça o cliente voltar ao assunto em pauta. ("Vamos ficar na questão que você levantou. No final, se houver tempo, voltaremos a ela".) É seu direito e também sua responsabilidade manter a sessão sob um determinado enfoque. Eles ficarão decepcionados se a sessão terminar, e você não tiver abordado os assuntos estabelecidos.

Você pode ter particular necessidade de redirecionar os clientes com predominância de Mercúrio e que querem falar a respeito de tudo o que há sob o sol. Tente aguçar sua curiosidade: "É um assunto interessante, mas há tanta coisa que quero lhe dizer a respeito do que o trouxe". Muitos clientes irão matraquear se estiverem ansiosos, então você precisará acalmá-los. Outros, no entanto, são faladores compulsivos, que são internamente pressionados para falar e não conseguem ouvir. Isso é quase uma doença. Eles bombardeiam as pessoas com palavras para mantê-las à distância, ou para evitar entrar em contato com seus sentimentos. Parece ser particularmente verdadeiro quando Mercúrio está a até $10°$ do Ascendente, mesmo nos graus pertencentes à casa. Como é impossível conter os faladores verdadeiramente compulsivos, você terá de deixá-los matraquear.

Quando os clientes quiserem se estender em assuntos paralelos, talvez você possa sugerir uma segunda consulta. No entanto, somente através da experiência é que você poderá saber o que é profundo, e o que é importante. O que dizer de clientes que enrolam e saem pela tangente — é resistência ou *modus operandi*? Seus mapas dirão — mutáveis tendem a enrolar, signos fixos a resistir. Com a experiência, você irá aprender a estabelecer prioridades e saber quais são os tipos de questões que exigem mais tempo para serem examinadas. (Isto varia de acordo com o astrólogo. Há assuntos sobre os quais cada um de nós pode esclarecer bastante, e outros a respeito dos quais temos pouco a dizer.)

Qual deveria ser a duração da leitura?

Quanto tempo deve durar uma leitura? Novamente, este é um assunto pessoal e está relacionado com sua forma de transmitir e com o tipo de assunto. Alguns astrólogos fazem sessões tipo maratona, que são uma forma de cura. Outros adotam a hora de 50 minutos da psicanálise. A duração normal de sua sessão pode também ser modificada dependendo das exigências específicas do cliente — ser de outra cidade, por exemplo, ou precisar de várias comparações de mapas de imediato. Mesmo que prefira não fixar o tempo de duração, em um determinado ponto você sentirá cansaço e deverá encerrar a sessão.

Quando definimos os assuntos e, portanto, estamos ambos bem preparados, e quando nos concentramos nesses assuntos, eu geralmente respondo a todas as perguntas feitas pelo cliente em uma hora e quinze minutos. Os "alôs" e "até logos" levam outros quinze minutos. Quando misturo os florais relacionados com a conversa, isso leva outros quinze ou vinte minutos. Reservo um intervalo de meia hora entre uma consulta e outra, para o caso de passarmos do horário, de o metrô quebrar, ou de o cliente se atrasar.

Nos primeiros estágios da prática de leitura é normal que ela dure três horas ou mais. Às vezes o profissional iniciante fica tão contente por ter alguém real para entrevistar sobre todos os significados do mapa, que a sessão se torna um modo de aprender. Consultas longas podem ser uma experiência legítima de aprendizado, mas com o tempo tornam-se exaustivas tanto para o cliente como para o astrólogo. Muitos novos astrólogos em princípio de carreira, por falta de confiança, crêem que devem abordar tudo no mapa, para justificar o que cobram. No começo também leva tempo para se identificar e determinar o que significa uma posição no mapa. Conforme for desenvolvndo suas habilidades, você se tornará mais rápido para discernir o que é importante, assim suas leituras serão mais curtas porém mais eficientes.

Conclusão da leitura do mapa — tudo está bem quando termina bem

Terminar bem é tão importante quanto começar bem. Quando estiver perto do final da consulta, pergunte aos clientes se você abordou tudo o que eles tinham na lista. A conversa respondeu às perguntas colocadas no início, e ela satisfez as necessidades apresentadas? Em outras palavras, vocês dois cumpriram o contrato? Comece a fazer perguntas cerca de 15 minutos antes do fim da sessão, assim haverá tempo para lidar com necessidades que não foram satisfeitas. Esse tipo de encerramento pode ser a diferença entre um cliente satisfeito e um que sai dizendo: "Em nenhum momento chegamos ao ponto que eu queria".

Talvez você queira fazer um resumo de encerramento sobre o tipo de ano que eles estão enfrentando, e sobre os assuntos principais que foram discutidos. Não minimize a dor de trânsitos e progressões. Você só chegará a alguma conclusão do que pode ser conseguido se os clientes usarem essas condições astrológicas para abordar assuntos principais em vez de evitá-los. Talvez você queira repetir algumas idéias construtivas que ambos estudaram sobre como encarar os desafios que o cliente está enfrentando. É bom terminar com uma nota positiva — principalmente com uma pessoa oprimida ou desencorajada —, mas não com um tom meloso e falso.

Quando o tempo estipulado tiver se encerrado, dependerá de você terminar a sessão de modo agradável. Felizmente, ao marcar a consulta, você informou ao cliente o tempo aproximado de duração da sessão, assim eles sabem o que esperar. Lembre-se, no entanto, que os clientes não estão olhando para o relógio, eles estão vendo você. Provavelmente não sabem que horas são, e ficariam para sempre ouvindo-o falar sobre seu assunto predileto — eles mesmos!

Dê sinais de que a sessão está terminando. Cerca de dez a quinze minutos antes do final, você pode perguntar quais as últimas perguntas que eles têm para fazer. Para mim, a fita é um marcador de tempo e de limites — meu despertador toca alto quando a fita desliga. Isto indica que nós dois basicamente chegamos ao fim. Quando isto não funciona, eu fecho a pasta, coloco-a de lado, então meu gato se aproxima e pula sobre ela. Se você não tem esse tipo de harmonia com alguém íntimo seu, ou se você não tem ninguém para isso, apenas terá de dizer de modo direto, mas gentil, que o tempo terminou.

Você não deve dispensar o cliente se ainda houver assuntos prementes que não foram abordados — ou se ele estiver muito emocionado. No entanto, se vocês dois definirem antes o que pode ser realmente conseguido em uma sessão, e se você abordar as necessidades expressas em vez de ficar divagando pelo universo, não sobrarão assuntos prementes. Organização e concentração são elementos-chave. Quando esses elementos estão presentes, a leitura irá satisfazer em vez de oprimir o cliente.

Preparando o caminho para futuras leituras

Embora a abordagem educacional de um futuro cliente seja muito importante, ela é ainda mais relevante e frutífera no fim de uma leitura. A não ser que você dispense aos clientes sessões de três horas cobrindo sua vida inteira e todas as pessoas que lhes são importantes, há sempre alguma coisa a mais que a astrologia pode oferecer. Nesse momento, felizmente, eles se renderam, como nunca, tanto à astrologia como a você, que acabou de lhes dar uma demonstração do valor deste instrumento. Enquanto isto está fresco em suas memórias, e enquanto você ainda tem um quadro de suas vidas e necessidades, fale sobre outros serviços possíveis. Isto é feito não só para que você lhes venda algo mais de imediato, mas para informá-los sobre futuras aplicações.

Por exemplo, algum pai ou mãe lhe falou sobre um filho problemático? Sugira a leitura do mapa dessa criança e uma comparação com o do genitor com o qual ele se aborrece, para que se possa entender como poderão se dar melhor. Existe um namorado que lhes está causando tristeza? Uma comparação de mapas poderá ajudar a esclarecer o que está acontecendo. O cliente falou sobre uma mudança? Sugira uma Astro-Carto-Grafia. E assim por diante.

Acima de tudo, fale sobre atualizações. Muitos clientes que vão pela primeira vez saem acreditando que uma leitura é para o resto da vida — "Agora está pronto! Fiz meu mapa astral". Se as pessoas não souberem que há mais coisas que você poderá fazer por elas e não entenderem que as condições astrológicas se alteram, é pouco provável que elas voltem. Estes poucos minutos extras, dedicados para informar o cliente no final da sessão, podem fazer uma diferença na construção de uma rotina.

Uma última coisa

Uma última coisa — você deve saber sobre a "declaração da soleira da porta". Esta é a declaração provocante ou a pergunta de peso que às vezes brota da boca do cliente no caminho da saída. A declaração da soleira da porta pode ser o ponto principal de toda a leitura — a verdadeira razão pela qual eles o procuraram em primeiro lugar. Durante toda a sessão eles ficaram sentados com essa pergunta altamente ameaçadora parada na garganta, que eles deveriam fazer à sibila, mas que não conseguiram pôr para fora. Agora é a última chance — e se não gostarem de sua resposta, eles poderão fugir sem expor seus sentimentos.

Por exemplo, eu fiz uma atualização aparentemente normal para o ex-namorado de um amigo meu. Tudo correu bem. Rimos algumas vezes, e a sessão pareceu bastante produtiva. Quando atravessou a porta, ele engoliu em seco, olhou para o chão e perguntou como era o mapa de meu amigo. Embora não estivesse em estágio crítico, o amigo tinha Aids. O que ele queria realmente perguntar era se eu achava que meu amigo iria morrer — e, sem dúvida, se ele próprio também iria morrer.

Quando você deparar com uma pergunta desse tipo, peça ao cliente para sentar-se novamente e dê um tempo antes de responder. A pergunta da soleira da porta é aquela que geralmente vai tão fundo, e era tão difícil de ser formulada, que sua resposta terá, sem dúvida, um forte impacto.

Depois que a festa acabou

Agora o cliente saiu. Como você se sente? No início, muitos ficam prostrados após a leitura de um mapa — tão exaustos que têm de ir direto para a cama. Esse tipo de reação é geralmente um sinal de que você esteve distribuindo energia de cura para o cliente, sem se dar conta disso. No entanto, sua energia pessoal não pode ajudar o cliente — somente a energia divina pode fazê-lo.

Muitos ledores e curadores fazem um ritual de encerramento para recuperar sua própria energia, e liberar qualquer energia do cliente que possam ter absorvido. (Alguns fazem isto verbalmente enquanto o cliente ainda está presente, mas é preciso que você considere se isto é ou não uma boa idéia.) Para desligar-se de seu cliente, você pode imaginar que você e ele estão em bolhas de luz branca separadas. Cada bolha tem um enorme ímã do lado de fora. Primeiro imagine que seu ímã está puxando para fora a energia que você absorveu. Se estiver relutante em fazer o cliente reabsorver qualquer negatividade, imagine a bolha girando, de modo que a energia simplesmente escoa sob os pés dele ou dela.

Como muitos profissionais, posteriormente limpo a energia da sala queimando artemísia ou pulverizando o ambiente com uma mistura de florais e água. Você pode comprar a artemísia em casas de produtos naturais ou em livrarias esotéricas. Queime a artemísia e deixe que a fumaça se desprenda, então espalhe-a pela sala. Para espargir os florais, encha um pulverizador com água, adicione quatro gotas de florais como Yarrow, para proteção psíquica, Pennyroyal, para proteger contra a negatividade, e talvez Lotus para percepção espiritual.[2] Eu também pulverizo entre as sessões, de modo que um cliente não mergulhe na negatividade psíquica de outro. Pelos padrões de Virgem, não sou muito boa dona de casa, mas tenho compulsão a purificar a energia de meu espaço de trabalho.

Você poderá notar uma variedade de reações quando a pessoa tiver saído. Se você não se desligar psiquicamente, lembre-se que algumas das sensações que está sentindo podem ser as do cliente. Caso comece a suspeitar que seja assim, faça um ritual de encerramento, como o exercício da bolha. Às vezes, o melhor a fazer é simplesmente sair de casa para um passeio ou empenhar-se em alguma tarefa mental.

Uma leitura de mapa bem-feita é uma troca incrivelmente intensa e íntima, muito diferente da maioria dos encontros que conhecemos. Às vezes, você pode sentir uma sensação de perda ou de solidão depois de ter atingido um nível especialmente profundo de intimidade. Um telefonema para um amigo ou para um ente querido pode aliviar essa súbita sensação de isolamento.

Nas primeiras leituras de mapas, talvez você precise questionar sobre o que houve durante a consulta. Talvez haja a necessidade de partilhar o que aconteceu com um mentor, ou com um colega astrólogo que também dê consultas. Evidentemente você respeitará a privacidade do cliente, mas discutir suas dúvidas sobre o modo como conduziu a leitura com um astrólogo mais experiente pode ser importante. Se houver falhas, será mais fácil corrigi-las nesse estágio do que quando elas estiverem arraigadas. Esse procedimento também serve para que você identifique o que fez de bom, a fim de se valer desses acertos para futuras leituras.

Concluindo

Então, como estamos indo? Este capítulo respondeu algumas de suas perguntas sobre consultas de mapas? Você achou fácil entender? Ele lhe sugeriu alguma idéia de como manter a sessão dentro de um determinado enfoque? Você, agora, sente-se mais preparado para fazer leituras eficientes? Existem outros assuntos e questões que você gostaria que fossem abordados? Diga-nos quais são suas dúvidas, pois talvez você possa nos ajudar em uma futura atualização!

---

[2] Para obter um catálogo, escreva para a Flower Essence Society, Box 1769, Nevada City, CA 95959.

CAPÍTULO

2

PORTUGUÊS PARA ASTRÓLOGOS — POR FAVOR, SEM "ASTROLOGÊS"

Recentemente, perguntei a uma cliente se ela já fizera uma leitura astrológica. Ela disse: "Bem, fui àquele fulano mas, afinal, ele não falou comigo! Não consegui entender sequer uma palavra do que disse. Posso dizer que ele gostou, e que achou que foi uma boa leitura. Mas no fundo ele não estava realmente conversando comigo".

Sem dúvida, o astrólogo devia acreditar que estava se comunicando de modo muito fluente naquele dia. No entanto, longas listas de jargão astrológico como quincúncio, trígono, arco solar, retrógrado e *t-square não* são comunicação, eles são obscurecimento. Blablablá astrológico cria mistificação e ansiedade desnecessárias. Perdidos em meio a termos sem sentido, tudo o que os clientes apreendem são o tom de voz e a expressão facial, que eles poderão interpretar como sinistros. Se nos concentramos franzindo o rosto, os clientes poderão concluir que as coisas estão más para eles. Nossa primeira responsabilidade durante uma leitura é nos certificarmos de que o cliente nos entende. Somente através do diálogo inteligível é que poderemos ajudá-los a adquirir novas perspectivas de vida.

Esquecemos rapidamente como os termos astrológicos nos pareciam confusos no começo. Para nós, é difícil imaginar como é complicado para os clientes quando falamos o blablablá astrológico. Tive um lampejo de que seria engraçado substituir nossos jargão por termos não familiares e irrelevantes, e então ler o mapa de astrólogos usanto essa lin-

45

guagem. Desse modo, eles poderiam ter uma experiência viva do que acontece quando bombardeiam os clientes com seus jargões.[1]

Encontrei algumas palavras engraçadas no dicionário e as adaptei para o blablablá astrológico. Elas são palavras inteiramente portuguesas, mas o significado que lhes é atribuído é arbitrário, apenas a título de demonstração. Chamemos isto de Neo-Astrologês. Imagine que você vai a uma consulta e o astrólogo diz:

> Você está preocupado com seu emprego? Eu diria que você tem motivo para se preocupar. Saturno está aspirando seu Palanquim — está nauseando da sexta. Ele está parado de modo holofrástico, mas em dezembro o *frenzel* estará sensível. Em janeiro Saturno se torna planetocêntrico, ainda nauseando o Palanquim, e estará catracando até agosto. Você não estará fora de perigo enquanto ele não flechar e fizer seu nauseamento em novembro do próximo ano.

Foi difícil entender, não? Nem tanto, porém. Palavras como Saturno, Marte e Plutão têm inúmeros significados para nós, que o leigo não chega a compreender. Quando uma pessoa ouve a palavra Saturno, isso para ela significa virtualmente nada, apesar de os astrólogos terem escrito inúmeros livros sobre Saturno. Sendo assim, vamos novamente mudar de termos, para que em sua mente você não venha a empregar tais associações.

Chamemos o Sol de SOL, e os planetas por sua denominação astronômica. Mercúrio é SOL 1, Vênus é SOL 2. A Lua, estritamente falando, é o satélite de SOL 3. Saturno é SOL 6. Continue até Netuno, que deverá ser SOL 8, e Plutão, que será SOL 9. No entanto, por mais de uma década, Plutão esteve dentro da órbita de Netuno. Assim, uma designação mais precisa para Plutão seria SOL 8, e para Netuno, SOL 9.

Agora vamos tentar de novo. Para recriar com melhor precisão a angústia do cliente, primeiro trabalhe seu próprio futuro de modo atemorizante. Então peça para alguém ler em voz alta o parágrafo seguinte, balançando a cabeça e franzindo a cara de modo adequado, enquanto você se contorce na cadeira, com as mãos suadas e uma dor estúpida de pavor na boca do estômago:

> Bem, o problema em seu relacionamento vem desta ausência de arco entre SOL 2 e SOL 7 na sua sétima casa. Logicamente, o diedro de SOL 6 também não ajuda. Agora SOL 9 está aspirando sua Bicúspide, acima de tudo. Não é nauseante, e não

---

[1] Pelas muitas inspirações ao longo deste capítulo, eu gostaria de agradecer a Coyote, pois sem sua ajuda eu jamais o teria escrito.

será até o próximo verão. Antes disso, ele vai raquetar duplamente e formar um outro côndilo com SOL 5, e isto poderá ajudar um pouco.

Isso soa amedrontador e terrível, não? Todas essas forças alienígenas incompreensíveis e aparentemente pouco amistosas estão criando confusão em sua vida, e não há nada que você possa fazer. Sem dúvida, você desejaria nunca ter vindo. Pelo menos não saberia com antecipação da existência de todo este "nauseamento" e "raqueteamento duplo". Você não tinha mais nada com que se preocupar!

Astro-psico-blablablá: outro erro

Mudar de blablablá astrológico para blablablá psicológico também não é se comunicar. A maioria dos astrólogos, inclusive eu, usa percepções adquiridas da psicologia para melhorar seu entendimento sobre os clientes. Apesar de ser essencial uma abordagem psicológica do mapa, existe um problema com os psicoterapeutas — eles falam de um modo engraçado. Por exemplo, eles estão sempre se referindo a relações objeto. O que querem dizer com relações *objeto*? Não é sua simbiose com seu computador. Não, eles querem dizer relações com pessoas! Suponho que qualquer grupo que confunda relações com objetos e relações com pessoas tem problemas com relações objeto.

Colocando o blablablá psicológico acima do blablablá astrológico, o que o astrólogo com orientação psicológica escreve pode se tornar especialmente denso. Dane Rudhyar estabeleceu o padrão impenetrável de lingüística astropsicológica alguns anos atrás e, desde então, nós temos lutado para viver em função dele. Por mais erudito que o astro-psico-blablablá possa soar, os clientes não irão entender, a não ser que eles tenham tido dez anos ou mais de análise junguiana.

Em nossa busca para servir melhor, não queremos imitar os psicólogos, queremos falar a linguagem daqueles que estamos tentando ajudar. Para nos lembrarmos de falar em bom português, talvez devêssemos instituir um prêmio especial. Poderíamos dar o nome de Prêmio Dane Rudhyar por Excelência em Astro-Ofuscamento. (Posso pensar em vários astrólogos qualificados de modo vitalício a prêmios dessa categoria!)

Você tem certeza de que eles entendem?

Talvez você pense que os clientes não têm nenhuma dificuldade em relação à sua terminologia. Não pressuponha que eles estejam entendendo apenas porque não fazem perguntas sobre o que você está falando. Muitos ficam intimidados para fazer perguntas. Talvez estejam com sua auto-estima em baixa, principalmente em relação à sua inteligência ou educação. Pode ser que estejam convencidos de que são ignorantes, sobretudo quando confrontados com torrentes de uma terminologia pouco familiar vinda de alguém que parece ser um especialista. Se forem muito inseguros, talvez possam concordar discretamente com a cabeça enquanto você vai falando, para que você não perceba como eles são ignorantes.

Essas são as mesmas pessoas que têm medo de pedir ao médico que lhes explique todos aqueles termos médicos. Quando eu trabalhava em um hospital, uma ocasião foi admitido um paciente com o diagnóstico de borborigmo. O que você iria pensar se o médico lhe dissesse que você tem borborigmo? "Há quanto tempo eu tenho isso, doutor?" Certo? Quando procuramos o significado em um dicionário, ficamos sabendo que o termo quer dizer que seu estômago faz ruídos. Como aquele sujeito foi admitido, é algo confuso, mas aconteceu. As coisas incompreensíveis que os astrólogos dizem aos clientes sobre seus mapas podem ser tão alarmantes quanto um diagnóstico de borborigmo.

Para ter certeza de que os clientes irão entender, deixe claro que você é acessível. Encoraje-os a perguntar sobre tudo o que não estiver claro. Meu comportamento padrão com os clientes, especialmente com os principiantes em assuntos astrológicos, é: "Por favor, interrompa-me se eu estiver sendo muito técnica. Eu também falo português". Confirme com eles durante a leitura, se achar que está usando muito jargão.

Enquanto alguns clientes não suportam quando você usa muito jargão, outros se sentirão traídos se você não soltar algum termo mistificador. Desse modo, eles terão certeza de que procuraram o especialista certo, e de que valeu a pena pagar. É inteiramente possível realizar uma sessão completa sem nenhuma conversão para o astrologês. No entanto, introduza alguns termos astrológicos na conversa. Se você não fizer nenhuma referência ao mapa, eles podem pensar que toda essa informação tão íntima está vindo de sua bola de cristal, ou de seus guias espirituais. É também conveniente que você indique, no mapa, de onde está vindo a informação.

Por mais estranho que possa parecer, no caso de clientes mais sofisticados em assuntos astrológicos, você terá de trabalhar mais ainda para se comunicar. A tentação de não resistir ao uso do jargão é muito forte. Eles poderão entrar em trígono, quincúncio e arco solar junto com você, a fim de criar a ilusão confortadora de duas mentes percorrendo o mesmo caminho. Porém, se você lhes fizer alguma pergunta, eles poderão estar fazendo associações intelectuais e emocionais dos vários planetas, signos e aspectos bem diferentes das suas. Baseados em nossos professores, em livros que lemos, conferências a que assistimos e experiências pessoais, cada astrófilo tem diferentes percepções e crenças em relação aos vários fatores dos mapas.

Por exemplo, suponha que você diga a esse cliente mais sofisticado na área astrológica que Plutão em trânsito está para fazer uma quadratura com seu Sol natal. Você está apenas tentando dizer que haverá uma transformação em seu conceito sobre si próprio. No entanto, o que ele ouve pode ser algo bem parecido com o que ouviu do paciente com borborigmo: "Há quanto tempo eu tenho isto?". Talvez você esteja apenas tentando dizer que ele poderá se beneficiar com psicoterapia, mas ele conclui que a quimioterapia se avizinha pesadamente em seu futuro. É possível que tenha sido isso que aconteceu com sua avó, quando se formou esse aspecto.

Assim, ao lidar com alguém que tenha uma base astrológica, assegure-se de que você está se comunicando. Explique precisamente o que você quer dizer com cada aspecto que mencionar. Quando o cliente lançar jargões sobre você, diga algo como: "Vamos nos certificar de que estamos nos entendendo. Sei mais ou menos o que este trânsito significa, mas eu gostaria de saber como você o interpreta".

Como se diz isso em português?

Agora você deverá estar, sem dúvida, convencido da necessidade de evitar o ofuscamento quando fala com o cliente. Alguns praticantes do ocultismo usam deliberadamente jargões mistificadores para aumentar seus poderes e influências. Não creio que muitos astrólogos usem jargões propositadamente, como jogo de poder — exceto, talvez, em um nível inconsciente. Muitos estudantes e profissionais principiantes, no entanto, simplesmente não sabem COMO traduzir essa linguagem simbólica que aprenderam a falar de modo tão fluente.

Como se pode mudar o blablablá astrológico para a linguagem normal das pessoas? Do mesmo modo que se faz para chegar ao Carnegie Hall. Prática, prática, prática! Se você está apenas começando, pode praticar fazendo traduções para uma linguagem mais compreensível entre amigos e familiares. Escolha aqueles mais irreverentes que poderão interromper as expressões de astrologês com comentários do tipo: "Isto é fácil para você dizer", ou, "seja lá o que isto possa significar".

Alguns estudantes de astrologia já disseram que precisam citar os fatores astrológicos em voz alta, para começar a entender o que está acontecendo. É mais ou menos como começar a aprender um idioma estrangeiro e precisar traduzir palavra por palavra interiormente antes de se aventurar a dizer uma frase. Isto costuma funcionar até você ir se tornando mais fluente em português. No entanto, acompanhe o que disser com "e, o que isso significa é...".

Nos primeiros dias, cuide desse estágio durante a preparação do mapa. Não faça isto diante do cliente, faça-o antes de ele chegar. Começar trabalhando com a tradução faz parte dos preparativos. Anote rapidamente os dados mais importantes do mapa, acompanhados por notas sobre seus eventuais significados. Por exemplo, suponha que o cliente esteja preocupado com a falta de relacionamentos, e o mapa astral apresente Vênus em quadratura com Saturno. Você poderá anotar: "Vênus em quadratura com Saturno: obstáculos para estabelecer relações? Perguntar ao cliente".

Se você ficar confuso sobre o método de mudar uma frase como "Vênus em quadratura com Saturno" para o português, talvez seja porque não há, em português, uma palavra equivalente. A interpretação de um aspecto não significa ter de traduzi-lo para o português, deve-se apenas traduzi-lo para comportamentos, emoções e história. Ao descobrir os tipos de sensações e ações que essa combinação produz, você poderá descobrir e transmitir seu significado. Em outras palavras, traduza isso para a experiência de vida que realmente tenha um significado para o cliente.

Na tradução para um vocabulário conhecido, o astrólogo orientado para acontecimentos pode se fixar apenas nos efeitos externos. Por exemplo, Vênus em quadratura com Saturno às vezes se manifesta em uma experiência de ser repetidamente amado e abandonado. O cliente talvez concorde avidamente com essa explicação: "Sim, sim, elas sempre me abandonam! Então é Saturno que causa isto?".

Não queremos traduzir apenas em termos de acontecimentos externos, deixando os clientes com a suspeita de que Saturno é responsável por seus problemas. Essa abordagem não considera os estados interiores que criam o padrão — a história do cliente e os tipos de decisões e escolhas derivados dessa história. Para se chegar ao verdadeiro significado de modo a ajudar os clientes a entender e mudar seus padrões, procure as causas internas e exponha-as claramente.

É usual fazer a si mesmo perguntas sobre a história do cliente, seu comportamento e escolhas ao preparar a carta e os aspectos marcantes.

Logicamente, você nunca terá certeza das respostas enquanto não fizer as perguntas diretamente ao cliente, mas você pode, no mínimo, começar a especular. As perguntas irão variar conforme o aspecto, mas para Vênus em quadratura com Saturno, eis algumas que poderão ser úteis:

1) Quais experiências repetitivas no amor poderá ter alguém com uma quadratura de Vênus e Saturno?

2) Quais tipos de relações ela escolhe para que acabem dessa forma?

3) Que história poderá ter levado a essas escolhas?

4) Quais tipos de comportamento que ele (ela) assume que podem levá-lo(a) a ser amado(a) e abandonado(a)?

5) Que sentimentos poderiam levar a esses comportamentos?

Embora cada aspecto no mapa tenha vários efeitos, um cenário possível para Vênus em quadratura com Saturno é que, quando um relacionamento chega perto de um compromisso, uma das partes, ou ambas, se torna ambivalente ou amedrontada e acaba rompendo a relação. Isso pode acontecer porque a pessoa escolhe parceiros que têm medo de se comprometer e constroem barreiras para se proteger da intimidade. Tais escolhas geralmente surgem de um histórico referente à relação com o genitor do sexo oposto, que talvez alternasse períodos de presença e ausência. Por exemplo, em um momento, a filha era a menininha do papai, e, no momento seguinte, o papai se tornava ausente e silencioso. Um ou ambos os genitores podem ter estabelecido condições difíceis para a criança enfrentar a fim de obter amor. Na vida adulta, a pessoa é atraída para parceiros potenciais que agem de modo semelhante ao daquele genitor na questão do amor, e também poderão estar alternadamente presentes e ausentes.

Por que a possibilidade de um compromisso ocasiona uma crise de ambivalência na relação? Em primeiro lugar, a pessoa, intimamente, tem tanto medo de se comprometer quanto o parceiro em potencial, ou então ela não teria escolhido alguém tão ambivalente para começar um relacionamento. Em segundo, quando surge um compromisso formal, o tipo Vênus/Saturno poderá mudar repentinamente as regras da relação para algo mais formalizado, tradicional, e até mesmo adotar um conjunto rigoroso de expectativas e comportamentos. Não sendo isto o que o outro espera, ele ou ela podem sentir-se encurralados e partir. Além disto, a possibilidade de um compromisso traz o medo de perda ou de abandono, e também poderá trazer a lembrança de perdas dolorosas do passado. Assim, a pessoa pode de repente sentir-se amedrontada, demasiado apegada e até deprimida. O parceiro é geralmente do tipo emocionalmente não disponível, que não reage bem a exigências como essas e pode tornar-se ainda mais distante e fechado.

Estas são algumas respostas possíveis às perguntas apresentadas acima. Durante a preparação, você pode especular sobre as possíveis causas e efeitos de um problema, mas não terá certeza sem ter uma confirmação durante a leitura. Você precisará de contexto e de história para poder encontrar o significado individualizado do aspecto. Se analisar cem pessoas com Vênus em quadratura com Saturno, você obterá cem histórias diferentes de Vênus em quadratura com Saturno.Você nunca conseguirá apontar as experiências particulares de um cliente na análise de um mapa, isto somente será possível se perguntar diretamente a ele. Poderá ter uma visão superficial, mas somente o cliente irá fornecer o contexto. ("Vejo que você tem Vênus em quadratura com Saturno. Muitos indivíduos com esse aspecto passam por épocas difíceis no amor. Eles parecem escolher pessoas que os restringem de algum modo ou que se sentem restringidas por eles. Isto aconteceu em sua vida? Como?")

Por questão de clareza, enfocamos apenas uma parte da tradução de Vênus em quadratura com Saturno. Em uma análise de fato do mapa, você pode destacar o aspecto completo. Em que casa e signo está Vênus, e como isto esclarece o comportamento, as sensações e a história por trás dos padrões da pessoa em relação ao amor? Em que casa e signo está Saturno, e como isto modifica o quadro? Vênus em Áries em quadratura com Saturno em Câncer se comporta de modo diferente, e por diferentes razões, de Vênus em Escorpião em quadratura com Saturno em Aquário. Vênus na 12ª casa em quadratura com Saturno na 3ª tem uma história e um conjunto de preocupações diferentes de Vênus na 8ª casa em quadratura com Saturno na 11ª. O quadro total torna-se mais complexo quando se incluem essas características, e você poderá obter informações mais precisas e analisar todas juntas e, finalmente, ao perguntar ao cliente.

Particularidades de um mapa para colocar em prática

Partes de um mapa servem como um ponto por onde se pode começar a aprender como falar sobre aspectos e posicionamentos astrológicos. Em primeiro lugar, traduza frases simples, depois frases mais complexas e, então, o mapa todo. Logicamente, em uma leitura, será necessário considerar todo o mapa para responder tais questões. Aqui apenas desejamos iniciar o aprendizado de verbalizar o que vemos.

A surgir temos duas partes de mapas para podermos praticar, com exemplos dos tipos de problemas que os clientes poderão levantar. Não são partes de mapas verdadeiros. Não é correto usar desnecessariamente mapas de clientes, e não sei se acontece o mesmo com você, mas estou cansada de ler longas interpretações de mapas do filho ou da ex-namorada de astrólogos. Os exemplos utilizados não estão astronomicamente corretos. Estão no Sistema Arbitrário de Casas e no Zodíaco Especulativo, mas não são diferentes dos mapas que se vêem na prática.

No exemplo de particularidade 1 um homem reclama: "Acabei de ser despedido DE NOVO! Por que meus patrões estão sempre envolvidos em meus problemas?".

Os itens relevantes são a conjunção Sol/Júpiter/Urano no Meio-Céu, em quadratura com Netuno no Ascendente e Marte em Libra na 12ª casa. Em relação a esses aspectos, faça as seguintes perguntas:

1) Por que esses patrões mesquinhos são um problema para ele?
2) Por que ele é constantemente despedido?
3) Como este homem se vê diante do mundo e do seu mundo de trabalho em particular?
4) Quais os modelos de papéis que ele teve em termos de autoridade e de carreira?
5) Que tipo de história se reflete em seu comportamento?
6) Quais tipos de situações de trabalho serão melhores para ele?

Digamos que a consulta tenha sido em 5 de maio de 1992, com Saturno a 18° de Aquário, Urano a 17° de Capricórnio, Netuno a 18° de Capricórnio e Plutão a 21° de Escorpião. O trânsito da conjunção Urano/Netuno em Capricórnio está começando a acionar todos os aspectos, um por um. Faça as perguntas:

1) Seus patrões irão despedi-lo novamente?
2) Você antevê alguma crise que o impediria de mudar?
3) O que ele poderá fazer para mudar seu padrão?
4) Que tipo de carreira a longo prazo você o aconselharia a seguir?

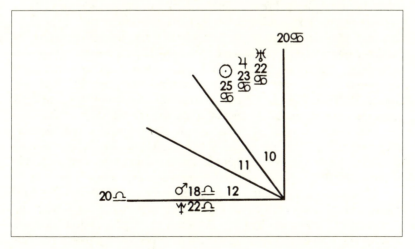

Exemplo de particularidade 1: "Por que sou constantemente demitido?".

Embora este seja um mapa fictício, esse homem é tão real quanto qualquer um que viesse a uma consulta. Ele existe — ou alguém muito parecido com ele. É um perito em computação, e é tão brilhante que, se colocasse sua mente em ação, ele poderia programar uma vaca para fornecer leite achocolatado. Ele vive em Silicon Valley com uma mulher atraente, porém dominadora e seus dois filhos. É bonitão e charmoso, e conseguiu manter em segredo vários casos com garotas perdidamente apaixonadas, que ele foi conhecendo em seus vários empregos.

Onde isto tudo aparece no mapa? A conjunção de Sol, Júpiter e Urano no Meio-Céu sugere um perito em computação — até a quadratura de Netuno enriquece o gênio criativo. Libra ascendendo, com Netuno, e Marte da 12ª casa em Libra, em conjunção com o Ascendente sugerem a aparência, o charme e a procura compulsiva de romance. No entanto, Libra tende a se casar. E Câncer quer as crianças, daí a mulher dominadora. Ele tem Áries na 7ª casa, Marte guardado na 12ª, e Netuno em Libra no Ascendente. Tudo isto sugere que ele é o parceiro passivo à procura de alguém que possa liderar/tiranizar.

Tudo isto é especulação, e quando o cliente chegar é possível que descubramos que estávamos totalmente errados. Com o mesmo mapa ele poderia ser um professor radical de direito, com uma mulher atraente e dominadora e dois livros aclamados pela crítica mas esgotados; que destrói corações em bares *gays* quando, supostamente, deveria estar em reuniões políticas. Na vida real, não iríamos especular. No telefonema inicial, deveríamos perguntar qual a sua ocupação, já que o problema mencionado foi com relação a carreira.

No entanto, suponhamos que seja o perito em computação, e vamos especular um pouco sobre o problema com seus patrões, já que ele ainda não chegou. (Você sabia que ele chegaria atrasado, não? Ele já cancelou uma vez, na última hora.) Um motivo das dificuldades com os patrões é que o sujeito que aparece na entrevista para o emprego não é o mesmo que aparece no trabalho. Com toda aquela Libra no Ascendente, a impressão inicial é de alguém agradável, acomodado e maleável. Em Silicon Valley, o CEO tem lutado com tantos inconformistas com egos enormes, que será um alívio encontrar alguém tão brilhante e flexível.

Mas olhe e note, ele se instala no trabalho e prova, afinal, ser o inconformista com o enorme ego. Sol/Júpiter/Urano no Meio-Céu mostram não só o brilho, mas também a rebelião contra a autoridade. Se ele se mostrasse desafiante, o CEO talvez se dispusesse a lidar com isso.

No entanto, ele é do tipo passivo/agressivo — Marte em Libra e todos aqueles planetas em Câncer. Ele diz que irá, sem dúvida, fazer o que o patrão pede, mas antes terá de... Amanhã, no máximo, retomará aquele relatório. Não consegue imaginar como se perderam aquelas estatísticas. Aquela idéia brilhante que apresentara detalhadamente na entrevista para o emprego? Oh, ainda está sendo desenvolvida — mas será apresentada em breve. Logo. O homem poderia escrever um livro sobre desculpas, mas você não consegue ficar furioso, pois ele é muito cativante.

Embora o CEO não possa acusar, ele suspeita que este sujeito fuma um bocado de entorpecente. O que poderia sugerir isto? O Netuno forte, com todos os aspectos difíceis, sugere a possibilidade do abuso de drogas. Não existem estatísticas ou declarações que substanciem a conclusão de que ele fuma em vez de beber. No entanto, já fiz tantos desses mapas, que o cheiro de maconha emana do papel. Possivelmente é a combinação daquela passividade de Marte/Netuno em quadratura com o grandioso autoconceito de Sol/Júpiter/Urano/Meio-Céu. Em minha prática, porém, Urano tem provado ser mais implicado no abuso de cocaína do que Netuno; e Silicon Valley está mergulhado nela. Com Urano em quadratura com Netuno, talvez ele use cocaína no trabalho para se sentir estimulado, e depois do trabalho fume maconha para se acalmar.

Você já começa a ter uma idéia da causa de ele ser periodicamente despedido. Que história poderá estar por trás desse padrão? Pela predominância de planetas "masculinos" e por sua relação com o Meio-Céu, poderíamos concluir que seu padrão de comportamento está baseado na figura do seu pai. Papai também era um dissidente indomável, dono da própria lei — talvez literalmente um fora-da-lei. Brilhante mas fraco, nunca usou todo seu potencial, mas era encantador. É certo que o velho nunca foi muito presente, mas, cara, sua presença sempre foi marcante. Para o cliente, ele foi um herói, alguém a ser imitado.

Como você poderá abordá-lo? Sinceramente, será bem difícil não se deixar atrair por seu jogo. Se você for um conselheiro de 7ª casa, será o Descendente Áries de seu Marte/Netuno em Libra. Você o incita para uma mudança; ele lhe diz "sim, mas…" até que, frustrado, você desiste. Então, você poderá ser a figura de autoridade de 10ª casa, e detonar sua arrogância e grandiosidade. Seria difícil não ficar saltando entre os dois papéis. Por mais que se esforce em se manter afastado e objetivo, o mapa tende muito para aquelas direções.

A prioridade, como conselheiro, será determinar se o abuso de drogas é, realmente, algo a se considerar. Este não deve ser o primeiro tópico a ser abordado — você deve estabelecer, primeiro, uma aproximação. No entanto, se ele estiver usando muita erva ou cocaína, serão poucas as chances de ele conseguir mudar para um comportamento profissional mais saudável. O abuso de drogas leva ao (ou, talvez, seja resultado de) que o pessoal que lida com dependência de drogas chama de "síndrome de falta de motivação". Depois de anos de uso, é muito mais fácil para os dependentes se limitarem a sonhar grandes sonhos do que realizar muita coisa. A dependência de cocaína infla o ego e o senso de infalibilidade, mas isto é como um pequeno escorregão para que se incorra na dependência e nas conseqüências físicas destrutivas.

Se o cliente admitir o uso de drogas, será difícil criar um impacto. Você terá de se manter o mais distante possível e evitar convertê-lo ou salvá-lo. Você não irá conseguir muita coisa, a não ser sugerir que as drogas poderão estar contribuindo para o problema relativo à carreira dele. Ele não mudará enquanto não se der uma crise em sua carreira profissional, ocasionada pela droga, que o leve ao fundo do poço. Lembre-se, porém, que ele veio principalmente porque foi despedido. Pode ser que esteja ocorrendo aquele tipo de crise — ou, se ele ainda não tiver atingido o fundo do poço, você talvez poderá, ao menos, plantar algumas sementes úteis, pois, com o trânsito Urano-Netuno assomando, este fundo de poço poderá ocorrer a qualquer momento nos próximos anos.

Se não houver implicação de drogas (embora os dependentes raramente digam a verdade a esse respeito), então você deve se concentrar nas metas de carreira. Ele não pediu — nem irá querer saber — que lhe fosse indicado um psicoterapeuta. Afinal, ele é um tipo uraniano independente, e, assim, evidentemente, não precisa de ajuda. É tudo culpa *deles*. *Eles* não valorizam sua genialidade. Sem dúvida, o melhor para ele será trabalhar por conta própria, ou em um grupo de consultoria. Ainda assim, os mesmos problemas com passividade e desafio poderiam surgir na consultoria a clientes e com sócios nos negócios. Novamente, você poderá plantar suas sementes e falar a respeito de como o padrão que lhe foi transmitido por seu pai influencia em sua relação com figuras de autoridade.

Espera-se que o tempo, os trânsitos e mais alguns trancos na vida o conduzam a uma posição de maior clareza, e talvez até uma pitada de humildade. Estou sendo dura com o jovem de cabelos dourados? É claro e, felizmente, se ele estivesse agora diante de mim, seria mais fácil ser complacente. (Espere até ter lidado com uma dúzia desses tipos e verá que você também sentirá que eles são decepcionantes!)

Dar-lhe outros vários exemplos desse processo significaria alterar o enfoque deste capítulo sobre interpretação de mapas, e o propósito não é este. No entanto, aqui está um exemplo adicional dos tipos de perguntas que são produtivas na transposição da astrologia para comportamento e emoção. No exemplo da particularidade 2, uma mãe está lhe contando, em lágrimas: "Agora que meus filhos cresceram, eles recusam minha ajuda e meus conselhos. Como posso lidar melhor com isso?".

As indicações-chave são Ascendente em Câncer com Plutão em Leão apenas a dois graus de distância, e a Lua em Escorpião na 4ª casa, com Marte em Sagitário formando uma conjunção em dois signos na 5ª casa. Faça a si mesmo as seguintes perguntas em relação a essas localizações:

1) Como essa mãe se relacionou com seus filhos no passado?

2) A que tipos de comportamento os filhos estão colocando objeção?

3) Quais emoções podem estar criando ou acompanhando seu comportamento?

4) Por que você supõe, baseado em sua história, que ela tenha desenvolvido esse estilo materno?

Digamos que a consulta tenha sido em 1º de novembro de 1992, com Saturno a 12° de Aquário, Urano a 14° de Capricórnio, Netuno a 16° de Capricórnio, e Plutão a 22° de Escorpião. O trânsito importante a seguir será a conjunção de Plutão com a Lua de Escorpião.

1) Conforme esse trânsito se desenvolve, o que você acha que irá acontecer se ela continuar em seu estilo maternal anterior?

2) Que tipo de trabalho curativo ela precisará desenvolver para mudar seu relacionamento com os filhos?

Para que não tenhamos de ir muito longe na interpretação de mapas, você deverá responder estas perguntas e traduzir para o português por conta própria. No entanto, este método — fazendo a si mesmo perguntas para identificar os equivalentes emocionais, comportamentais e históricos das características principais do mapa — é um modo útil para começar a traduzir. Pratique fazendo perguntas durante os próximos mapas que você vier a analisar, até que este tipo de raciocínio se torne uma segunda natureza.

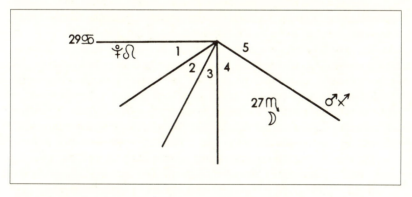

Exemplo de particularidade 2: "Como posso melhorar o relacionamento com meus filhos?".

Usos produtivos do estilo verbal do cliente

Voltando ao nosso tema de comunicação eficiente, um recurso é refletir o padrão de linguagem do cliente, usando algumas de sua próprias palavras, ou seu próprio estilo de falar. Se você for alguém que tem um falar erudito, não irá convencer muito se começar a usar uma gíria de malandro. "Olha, cara! Você tá com Plutão na parada", não irá dar certo. Porém, com contrastes menos extremos, é conveniente que você adapte o seu padrão de linguagem ao do cliente, ou que use o vocabulário dele. Se um homem se referir à sua namorada como sendo sua cara-metade ou sua amante, é bom que você faça o mesmo. Eu não a chamaria de "sua senhora", mas todos temos nossos limites.

Além disso, ao atentar para as palavras exatas usadas pelos clientes, você irá descobrir muita coisa sobre seu mundo interior. Que termos eles empregam para amor, sexo, dinheiro, ou outros assuntos importantes da vida? Há várias expressões de gíria para sexo ou dinheiro, assim como muitas referências pessoais, mas aquelas que as pessoas escolhem são reveladoras. Com o tempo, você se tornará adepto de entrar no significado preciso das palavras do cliente, mas nenhuma frase é escolhida ao acaso. Cada uma tem um significado.

Por exemplo, quais diferenças subjacentes podem ser detectadas no caso de eles falarem sobre estar com dificuldades financeiras *versus* terem um problema de fluxo de caixa? Quem fala sobre estar com dificuldades financeiras está basicamente preocupado com as aparências e com o que os outros possam pensar — uma característica de Libra ou de Leão, geralmente. Aquele que fala sobre um problema de fluxo de caixa está sem dúvida inserido em padrões e valores empresariais — Capricórnio ou Saturno poderão estar implicados.

Apanhar uma frase usada pelo cliente e mostrar como esta se presta a esclarecer o problema pode ser outra técnica bastante eficiente. Retornando ao exemplo de Vênus em quadratura com Saturno, uma cliente com esse aspecto perguntou se algum dia ela viria a ter um relacionamento amoroso bem-sucedido. Ela se surpreendeu quando sugeri que pensar em amor em termos de sucesso ou fracasso poderia ser parte do problema. Analisar o que ela queria dizer com "sucesso" em questões de amor se revelou um dos momentos mais produtivos da sessão. Devido a um conjunto quase impossível de critérios predeterminados e inegociáveis que ela sentia dever reunir, que o homem de seus sonhos deveria possuir, e que a relação deveria atingir, suas chances de "sucesso" no amor eram praticamente nulas. À medida que íamos conversando, ela começou a perceber que, se mudasse suas atitudes e abandonasse seu perfeccionismo, poderia aumentar suas chances de viver uma relação feliz e espontânea.

Você muitas vezes se surpreenderá ao descobrir que as pessoas costumam falar de acordo com seus mapas. Uma cliente com Netuno em quadratura com o Sol natal tinha Netuno em trânsito sobre seu Sol, e em quadratura com Netuno natal. Ela disse: "Gosto de pensar que estou nadando conforme a corrente, mas na realidade apenas estou indo inconscientemente". Tivemos uma conversa produtiva sobre como descobrir quando ela estava caminhando conforme a corrente e quando estava agindo de modo inconsciente. No final, ela concluiu que ser inconsciente era mais natural para ela. Mas, no entanto, havia momentos em que ela ia conforme a corrente, e era valioso aumentar esta qualidade.

Falando para vários tipos planetários

Com o tempo, quando iniciar um diálogo você irá também aprender como os vários tipos astrológicos pensam e reagem. Ao compreender como pensam, você poderá explicar o problema de modo a aumentar o potencial da consulta a fim de catalizar uma mudança. Você não deve conversar com um saturnino do mesmo modo que fala com um netuniano. A linguagem de Urano é um dialeto, muito diferente do de Plutão.[2]

Você é mais persuasivo e atinge as pessoas em um nível mais profundo, se falar a linguagem delas. Isto é, usar palavras e argumentos que tenham relevância para o seu modo de vida. Dessa forma você pode ter mais sucesso em motivá-las a mudar as coisas que não estejam funcionando em suas vidas. (Mesmo assim, você não será bem-sucedido em motivá-las a mudar aquilo que para *você* parece não funcionar bem; entretanto, julgar seu estilo de vida não é sua função.)

Você deve conduzir seu diálogo usando palavras que tenham um apelo, em vez de outras que possam afastar os clientes. Por exemplo, você não usaria os termos que estimulam um taurino — como dinheiro, estabilidade e segurança — ao falar com um tipo aquariano ou uraniano. De modo inverso, você não usaria palavras vibrantes do tipo aquariano — como novo, tendência, mudança e revolucionário — com alguém de Touro. (Até mesmo o número de sílabas em suas palavras provavelmente será diferente. Os uranianos podem assimilar palavras de quatro síla-

---

[2] Como identificar o tipo planetário dos clientes? Deverá haver uma ênfase em um determinado planeta ou no signo que ele rege, ou na casa associada a este signo. Por exemplo, Sol, Lua, Ascendente, ou Meio-Céu — ou especialmente mais de um — faz um aspecto com um planeta específico ou está no signo regido pelo planeta. Uma ênfase adicional é criada por um *stellium* nesse signo ou casa, ou por muitos aspectos com esse planeta. Um planeta também se destacará se estiver nos setores Gauquelin — isto é, na área de dez graus de ambos os lados dos ângulos. A maioria pode ser caracterizada por, no mínimo, dois planetas.

bas e repetir algumas de volta para você, enquanto os taurinos desligam após algumas palavras de três sílabas.)

Coloque-se no lugar do cliente e pense em palavras que tenham valor positivo para aquele signo ou planeta. Os venusianos querem ouvir sobre amor e reciprocidade e se mostrarão preocupados em saber como a mudança que você apresenta irá afetá-los em suas relações. Os arianos ou a turma de Marte poderão responder a sugestões colocadas em termos que signifiquem agir, fazer algo em relação a suas dificuldades, ou vencer, mesmo que estejam apenas competindo consigo mesmos por um melhor desempenho.

Pessoas de Mercúrio adoram ouvir sobre variedade, experiências novas e estimulantes, boa conversa, e aprender. O problema em relação a mercurianos não é tanto como devemos lhes falar, mas como conseguir interrompê-los. Para trabalhar com tagarelas com Mercúrio proeminente, você deve evitar que mudem o rumo da conversa, procurando trazê-los de volta para o mapa. De outro modo, eles ainda estarão lá quando você for colocar o gato para fora, à noite.

Outra coisa a prestar atenção é não confundir *informação* com *comunicação*. É possível que eles o bombardeiem com informações, piadas, observações espirituosas e perguntas. Vocês dois podem terminar a sessão acreditando que esta foi altamente satisfatória, quando de fato ela foi somente divertida. Não há nada errado com isto, e talvez tudo o que esse tipo de cliente desejasse fosse uma outra experiência interessante para agregar ao seu repertório de histórias. No entanto, se o cliente lhe pediu para esclarecer problemas ou disfunções sérias, então a barreira de entretenimento pode ser uma defesa para evitar que sentimentos difíceis e dificuldades sérias sejam abordados.

Capricornianos ou saturninos gostam de ouvir sobre sucesso e realização, mesmo que você esteja estudando sua vida espiritual. Com eles, fale sobre reconhecimento, autodisciplina, paciência, realizar trabalho de qualidade e sobre coisas que tomam tempo. Descreva seu passado como sendo de dificuldades, ou que assumiram uma grande carga de responsabilidade quando crianças. Como adultos eles desabrocham tarde, ficando prontos na maturidade.

Comunicação com netunianos é, na melhor das hipóteses, difusa. Muito do que eles sentem, querem, acreditam e experimentam não pode ser colocado em palavras. Como *Alice no país das maravilhas*, as palavras podem significar o que eles desejam que signifiquem no momento. Eles podem demonstrar falta de clareza e sentimento de negação, especialmente quando isto se refere aos seus sentimentos. A fantasia pode ter um papel preponderante em suas vidas. Além disso, eles gostam de ouvir sobre espiritualidade, criatividade, dedicação, sobre como têm sofrido e como tudo isto é cármico.

Para entrar em mais detalhes sobre um tipo, como você irá falar para um plutoniano? Eles gostam de ouvir sobre profundidade, análises, conquistas, razões subjacentes, curas. Comece a especular sobre com que tipo de pessoas você está lidando. Como você espera que elas pensem? Antes de mais nada, os plutonianos típicos são desconfiados e não acreditarão facilmente no que você diz. São cínicos, irão procurar inconsistências e desonestidade naquilo que você diz. Assim, você deve ser honesto sobre suas percepções em relação aos seus mapas.

Além disso, a interpretação que eles farão sobre aquilo que você diz sobre seus mapas será negativa — vista sob a pior luz possível, antecipando as conseqüências mais catastróficas. Assim, você deve procurar ser equilibrado e positivo, mas não cegamente otimista. Um dos seus pontos fortes é que eles vêem além da superfície, analisando a si próprios e aos outros, e não vacilam em falar sobre assuntos intrincados. De fato, esse pessoal não sentirá que você fez um bom trabalho a não ser que você se aprofunde nas situações difíceis que eles vivenciaram. (Leia meu livro *Healing Pluto Problems*[3], para mais dicas úteis de como trabalhar com plutonianos.)

Não é meu propósito apresentar, aqui um vocabulário completo de plutonês e linguagem uraniana — quero apenas alertar para o fato de eles existirem e que você deverá falar de modo diferente para os diferentes tipos planetários. Você aprenderá o vocabulário falando com eles e, mais importante, OUVINDO com atenção e tentando entrar em suas cabeças.

Para aprender como pensam os vários tipos, as técnicas de astrologia experimental podem ser mais úteis do que qualquer coisa que você possa ler. Se não encontrar um *workshop* sobre astrodrama, pratique com um amigo astrólogo. Crie uma situação típica do dia-a-dia, como mudança de trabalho ou de carreira, um debate interior sobre um novo relacionamento, ou um problema de família. Então, tente conversar sobre a situação, com você no papel de Urano e a outra pessoa no de Plutão — ou seja Netuno e o outro, Saturno. Se você for um lobo astrológico solitário em algum canto remoto, sem um grupo de astrologia, tente escrever um diálogo entre os dois planetas em um aspecto. Não se surpreenda se eles começarem a falar e explicar seus pontos de vista.

Comunicação *versus* manipulação

Esta abordagem dos vários planetas parece manipulação? Eu gostaria de pensar como sendo persuasão, mas, em um certo sentido, *agentes*

---

[3] *Healing Pluto Problems* (York Beach, ME, Samuel Weiser, 1986).

transformadores são manipuladores. Agentes transformadores podem ser terapeutas, curadores, astrólogos — e vendedores. Todos tentam influenciar os clientes para alguma direção em particular. O fato de ser manipulador no sentido negativo irá depender da sua motivação — supondo que você tenha predeterminado como o cliente deverá se comportar, pensar, sentir ou ser, baseado em seus próprios valores. Neste caso, se você estiver usando seu instrumental de persuasão para controlar o cliente, isto é manipulação.

É diferente quando a sessão está voltada para o cliente — isto é, se você direcioná-la para os problemas que o cliente identificou como sendo o foco da sessão. Se você estiver trabalhando para ajudar os clientes a mudarem para a direção que eles desejam, então provavelmente não é manipulação, mas intervenção habilidosa. No entanto, a qualquer momento, quando os próprios botões do astrólogo forem acionados, haverá necessidade de controle e, desta forma, manipular pode aquecer. Esta é uma das razões pelas quais devemos estar constantemente vigilantes sobre nós mesmos durante a sessão.

E o Mercúrio do cliente?

Você deve estar pensando por que até aqui não houve ainda nenhuma referência a Mercúrio. Comecei também a pensar nisto durante dois terços do tempo em que estava escrevendo este texto. Certamente, a análise do signo, da casa e dos aspectos de Mercúrio poderia ajudá-lo a se adequar ao estilo verbal dos clientes, não? Sim, poderia, mas num nível superficial. Suponha que um indivíduo ativo e ambicioso tenha Sol, Marte e Vênus em Áries, mas Mercúrio em Peixes. Falar de modo netuniano vai funcionar? Ou, suponha alguém infeliz que tenha Mercúrio em Sagitário, mas o Sol e a Lua em Capricórnio. Será que falar de modo entusiasmado, otimista, fútil, irá penetrar no âmago da depressão?

Igualar-se às pessoas de Mercúrio é como fazer imitações — comediantes fazem isso o tempo todo. Eles *soam* como a pessoa que imitam, e é por isto que são engraçados, mas geralmente não revelam nada profundo sobre ela. E, sem dúvida, a pessoa que é imitada sente-se mais ridicularizada do que compreendida.

Não queremos ser cômicos, queremos ser cármicos ou dármicos. Não queremos fazer apenas imitações, queremos penetrar no íntimo da pessoa e nos comunicar nesse nível. Para que o diálogo profundo ocorra, a totalidade do mapa e da pessoa deverá ser apreendida, entendida e aceita. Sem aceitação não pode haver real compreensão nem comunicação franca. Poderá haver pregação, remissão, mas não haverá intercâmbio significativo. É por isso que conhecer a psicologia do tipo planetário e o modo como este tipo vê a vida é mais importante do que a análise do Mercúrio da pessoa.

Nossa meta — evitar a mistificação

Espero que este capítulo o tenha ajudado a começar a traduzir do astrologês para o português — ou melhor, para experiências e emoções que sejam significativas para os clientes. A comunicação com o cliente é uma importante responsabilidade para o astrólogo. De outro modo, todo o conhecimento astrológico do mundo será inútil para ajudar as pessoas a encontrar sentido em suas vidas. Sem dúvida, acredito nisto devido à minha múltipla concentração em Gêmeos, incluindo Sol 1. No entanto, muitos clientes têm relatado o embaraço que sentiram quando um outro astrólogo se excedeu no uso de jargões mistificadores. De agora em diante, vamos fazer o máximo para evitar confusão — ao menos nas leituras astrológicas. Entre nós poderemos empregar tantas náuseas triplas e duplos diedros quanto quisermos, mas, POR FAVOR, NÃO NA FRENTE DO CLIENTE!

CAPÍTULO

3

ACONSELHANDO CLIENTES EM CRISE

Como *aster*, na palavra *disaster* se refere literalmente às estrelas, podemos deduzir que os imprevistos são geralmente provocados pelos trânsitos dos planetas exteriores. Assim, os astrólogos profissionais, cujos recursos são os trânsitos dos planetas exteriores, geralmente lidam com clientes em crise. Um evento ou condição que apresente uma ameaça iminente ao cliente ou a algum ente querido pode precipitar uma crise. Geralmente aí está envolvida uma perda, ou a antecipação dela. Às vezes, condições que talvez sejam difíceis mas suportáveis tornam-se repentinamente intoleráveis devido a uma nova tensão. Por exemplo, um casamento não-funcional poderá manter-se por vários anos, com ambos os parceiros infelizes, mas muito apáticos para tomarem uma atitude. Então um deles fica doente ou perde o emprego, e a pressão resultante no relacionamento destrói o equilíbrio.

Clientes em crise costumam se mostrar ansiosos, confusos e inseguros sobre o que fazer. Eles sentem-se oprimidos, desordenados e incapazes de enfrentar as exigências do dia-a-dia. A capacidade de julgamento pode estar comprometida, e muitos têm dificuldades para fazer escolhas simples, e menos capacidade ainda para tomar decisões importantes na vida. Eles irão lhe pedir conselhos e se mostrarão vulneráveis quanto às suas sugestões. Muitos são bastante dependentes, embora outros resistam a qualquer ajuda e conselho.

A crise tem seu lado positivo. Em uma das línguas orientais o ideograma para crise consiste de dois caracteres, um para perigo e outro para oportunidade. Ao mesmo tempo em que existe o perigo, há também a oportunidade para mudar padrões indesejáveis. Em situações de emergência, as pessoas questionam velhas defesas e se tornam aptas a tentar um novo caminho. Geralmente, nos estágios iniciais, elas simplesmente repetem o que já funcionou antes. Quando isto falha, procuram fazer melhor. Somente quando os mecanismos antigos e conhecidos falham, é que estarão prontas para ir em busca de uma nova solução. Elas vão estar, também, mais abertas para receber ajuda externa, portanto, a crise é um momento fundamental para uma intervenção.

Como muitos que rejeitam a idéia de ir a um terapeuta vão antes à procura de um astrólogo, geralmente estamos em posição-chave para plantar as sementes de uma mudança. Neste capítulo veremos como os astrólogos podem responder a clientes que aparecem durante uma emergência. Falaremos de situações específicas — como o cliente suicida, a crise da meia-idade e emergências espirituais como Experiência de Quase Morte. Já que não podemos abarcar todos os tipos com os quais você irá se defrontar ao longo de sua prática profissional, serão apresentados alguns princípios gerais de aconselhamento.

Por que eles estão vindo a um astrólogo?

Quando você pensa sobre isto, faz algum sentido correr para um astrólogo em uma emergência? Por que não recorrer a um médico, advogado, psiquiatra, administrador financeiro, ou à polícia? É claro que muitos fazem exatamente isto, mas a pessoa cujo primeiro pensamento é chamar um astrólogo é um tipo especial. Possivelmente não é tão rígida como aqueles que correm para administradores financeiros ou advogados; tais pessoas encaram a vida de um modo especial e, sem dúvida, diferente. Resumindo, elas pensam como nós.

Há dois tipos que vêm em tais ocasiões. Primeiro, há os que estão espiritualmente abertos e que desejam entender as implicações do que está acontecendo no crescimento cármico e pessoal. Em segundo lugar, existem pessoas dependentes e sem sofisticação que querem jogar a culpa de seus problemas nos astros e saber como agir. O tipo número um é mais verbal e recompensador, mas quase sempre revela ser o tipo número dois disfarçado.

Neste momento, você é uma figura arquetípica — a sibila que poderá predizer o futuro e aplacar os deuses que eles possam ter ofendido. Eles têm a esperança de que você os ajudará a controlar seus destinos. Com clientes em tal estado mental, é muito importante que você evite dar conselhos específicos. Nesse estado vulnerável, onde podem considerá-lo como um canal dos deuses, eles vão levar a sério tudo o que você disser. Em um determinado momento, esses clientes irão querer jogar sobre você a responsabilidade por suas vidas. Caso sigam seus conselhos e os resultados forem desastrosos, você poderá levar parte da culpa — ao menos na opinião deles. (Há, inclusive, uma corrente de pensamento que diz que você tem responsabilidade cármica sobre qualquer conselho dado. Pelo bem de todos nós, espero que os que fazem parte dela estejam errados!)

Pessoas *in extremis* são especialmente vulneráveis ao conceito de que os planetas estão causando esta erupção. "Está nos astros", produz um conforto estranho e sedutor. "Ah, não fui EU, foi Saturno!" Assim, é importante evitar falar deste modo; você deve fazer com que vejam concretamente o que foi que gerou este acontecimento, e qual o papel que eles, clientes, desempenharam para tal. Por outro lado, o sentimento de impotência que geralmente acompanha uma situação de emergência forma-se pela crença de que os astros estão no controle de seus destinos — e no momento não estão sendo muito amistosos.

Entendendo e acompanhando suas próprias reações

O sentimento de impotência do cliente pode surgir devido às reações do astrólogo. Mesmo que você possa sentir um pouco do mesmo pânico e da perturbação do cliente, é importante que permaneça calmo mas não compassivo. Entrar em pânico ou mostrar negatividade não irá ajudar. A maioria dos astrólogos é um pouco sensitivo, até mesmo aqueles que negam ser. Você poderá estar captando as sensações do cliente e reagindo a elas como se fossem suas. O mero reconhecimento dessa possibilidade poderá ajudá-lo a se desligar; outros irão precisar conscientemente trabalhar em proteção psíquica com técnicas semelhantes às apresentadas no Capítulo 1.

Se você se deixa afetar quando os clientes ficam perturbados, certifique-se de que não está enxugando suas lágrimas ou acalmando sua raiva apenas porque isto o está incomodando de modo pessoal. Se lhe for difícil lidar com a tempestade emocional, respire fundo e mantenha-se centrado. Os sentimentos que toleramos mais rapidamente nos clientes têm a ver com o signo e com os aspectos da nossa Lua. Parte do profissionalismo é adquirir autopercepção em relação a essas resistências emocionais, e exercitar autodisciplina ao lidar com emoções desconfortáveis. Os sentimentos tendem a se intensificar durante uma crise, portanto, acima de tudo, precisamos de autopercepção.

Conforme discutiremos detalhadamente no Capítulo 5, um grande número de astrólogos veio de famílias disfuncionais. Muitos cresceram em lares de alcoólicos, onde o Natal era em geral uma catástrofe, e o dia do pagamento não necessariamente um dia para se comemorar. Em vez disto, essas ocasiões assinalavam uma bebedeira devastadora e uma briga familiar. Pessoas com tais antecedentes aprendem a esconder seus sentimentos e a manter a todos calmos, para poder sobreviver. A livre expressão de sentimentos poderia aumentar a crise, assim os membros da família começam a considerar perigoso ter sentimentos.

Esses mecanismos de defesa ajudaram a sobrevivência dos filhos adultos de alcoólicos (FAA) e de outros com antecedentes disfuncionais. Os FAA que trabalham em áreas de ajuda precisam opor-se e livrar-se desses condicionamentos para poderem apoiar os clientes em épocas de dificuldades. Alguns poderão estar muito traumatizados para conseguirem lidar confortavelmente com clientes em crise. Outras características comuns aos FAA, que são pertinentes ao aconselhamento de pessoas em crise, são a busca de excitação, necessidade de salvar e recuperar e necessidade de controlar, especialmente quando a vida do cliente estiver fora de controle.

Culpar a vítima — estilo Nova Era

Os clientes são especialmente sensíveis a qualquer atitude subjacente de culpa. É humano culpar a vítima pelo que aconteceu, e os astrólogos não estão isentos dessa tendência. Vítimas de estupro são freqüentemente acusadas de terem pedido por isso, mulheres que apanham são acusadas de terem provocado a agressão e de continuar com quem lhes bate devido a alguma necessidade masoquista. Pensa-se que as vítimas de um crime foram descuidadas por estarem precisamente naquele lugar e naquela hora. Diz-se que as vítimas de incesto usam de sedução.

Um adágio da Nova Era, com o qual os praticantes da metafísica muitas vezes costumam ameaçar seus clientes, é que indivíduos doentes muitas vezes causaram suas doenças. Essa idéia faz com que os clientes (ou pesquisadores espirituais), que ficam gravemente doentes, acabem se sentindo mal — e também envergonhados, culpados e sentindo-se metafisicamente incompetentes. A 12ª casa aponta muitos caminhos para o crescimento espiritual, e a doença é um deles. O tempo que um paciente permanece na cama geralmente é uma época de meditar sobre o rumo de sua vida e sobre seus erros. Como os convênios de saúde não cobrem estadas em *ashrams*, somente em hospitais, os propósitos da 12ª casa podem ser mais atingidos através da doença do que por meio de retiros espirituais.

É humano sentir que a vítima foi, de certo modo, responsável. Fazemos isto a fim de nos proteger da própria ansiedade de nos tornarmos vítimas, também. Culpar a vítima faz com que nos sintamos mais poderosos e com maior controle sobre nossas vidas. Logicamente — raciocinamos — somos mais espertos, mais fortes, mais saudáveis, temos mais sorte, e vivemos de modo mais inteiro, portanto nada disso irá nos acontecer.

Culpar a vítima é também um outro modo de ajudar os profissionais a evitar a sensação de impotência quando a vida dos clientes está em crise. É um modo de se lidar com a frustração de não se ter certeza de poder ajudá-los. No entanto, quando os clientes saem correndo, apavorados dizendo que o céu está caindo, você não ajudará nada se lhes disser que isto é culpa deles.

Embora as vítimas fiquem irritadas com as pessoas que as culpam, poderão aceitar a acusação, sentindo-se culpadas e envergonhadas. A vítima pode ter sido assaltada em plena luz do dia, mas decide murmurar que a falha foi dela. Ou, o menininho tinha três anos quando seu irmão mais velho começou a molestá-lo sexualmente, mas ele conclui que deve ter merecido esse abuso porque era mau.

Por que a vítima aceita a responsabilidade? Essa atitude é menos ameaçadora do que ter que enfrentar sua real impotência. É menos opressivo pensar que ele ou ela atraíram seu próprio infortúnio e, sendo assim, isto poderia de alguma forma, ter sido evitado. Essa atitude dá, à vítima, uma estranha sensação de estar no controle. No entanto, a aceitação da culpa faz com que a vítima sinta-se ainda mais culpada e envergonhada, alienando-se das pessoas que poderiam ter lhe dado conforto e apoio.

O ato de culpar a vítima reveste-se de um caráter especialmente detestável quando essa atitude é reforçada pelos chavões empolados da Nova Era. No caso, a justificativa dada é que você é mais sábio, mais iluminado, mais puro do que a vítima e, porque pensa apenas em termos positivos, esse tipo de coisa nunca lhe acontecerá.

É ainda pior quando se ouve que é carma. Esta linha de raciocínio conclui que a vítima deve ter sido uma pessoa terrível em vidas passadas, caso contrário estas coisas não estariam acontecendo. Sabe-se de profissionais insensíveis da Nova Era que têm dito à vítima que, se ela foi estuprada nesta vida, é porque foi um estuprador em uma vida anterior. Um sobrevivente de incesto envolvido em estudos espirituais poderá entrar em uma linha semelhante de raciocínio. É uma outra forma de se dizer que a vítima pediu por isso e mereceu o que houve, mas a acusação está envolta em julgamentos pseudo-espirituais.

Assim sendo, você pode acreditar que tais eventos são cármicos. Talvez até acredite que possa ver o carma no mapa. Suas crenças são suas crenças mas, como profissional, você não as deve impor sobre seus clientes confusos, abalados e lamentosos. Essa atitude vem da necessidade jupiteriana de ter todas as respostas, de sentir-se superior, e de uma necessidade nem um pouco iluminada de culpar a vítima.

Crise de aconselhamento durante a leitura do mapa

A não ser que tenha experiência em aconselhamento e em astrologia, você se torna particularmente vulnerável em uma emergência. Quando as coisas vão mal, as pessoas gostam de culpar alguém — fato comprovado pelo alto custo do seguro sobre tratamento médico inadequado. Assim, seria bom que você gravasse alguns desmentidos na fita. ("Não sou médico/advogado/qualquer outra coisa; posso somente lhe dizer o que leio no mapa.") Sugira ao cliente para procurar um profissional qualificado em uma determinada área, antes de tomar alguma atitude.

Conforme foi apresentado no Capítulo 1, é bom fazer uma certa triagem. Pergunte ao cliente qual o motivo da leitura. Se a emergência pertencer a uma área da qual você tem pouco conhecimento, talvez seja melhor passar esse cliente para alguém que saiba melhor sobre o assunto. Por exemplo, se você não consegue lidar com um cliente extremamente perturbado, envie a pessoa para um outro lugar — como um instituto de saúde mental. Essa política protegerá tanto você como o cliente. Refira-se a isto de modo delicado, explicando que esta não é sua especialidade e que você quer que a pessoa tenha a melhor ajuda possível. Caso contrário, ela poderá sentir isso como uma rejeição ao seu pedido de ajuda e irá concluir que você, o mensageiro dos deuses, o está desvalorizando e que seu pedido é sem esperança.

Quando alguém em crise vai a uma consulta, talvez você tenha de prestar primeiros socorros emocionais. O Rescue Remedy de Bach é um bom instrumento para qualquer profissional ter à mão. É uma essência floral, e poderá ser encontrada em forma concentrada em qualquer loja de produtos naturais. Algumas gotas do concentrado em um copo de água ou uma xícara de chá ajudarão a acalmar o cliente. (Você próprio poderá tomar o Rescue Remedy, caso se sinta muito deprimido.) Poderá, também, diluir quatro gotas do concentrado em uma garrafa pequena de água mineral para que o cliente leve para casa e continue tomando alguns goles por vez, até que a crise tenha passado.

Um modo para se acalmar é envolver, com os dedos de uma mão, o dedo indicador da outra. O indicador corresponde ao medo no Jhin Shin Jyutsu, um antigo método oriental de cura relacionado à acupuntura. Segure o dedo por alguns minutos, até que a pulsação fique forte, então troque para o mesmo dedo da outra mão por alguns minutos. Repita o processo com o polegar que, neste sistema, está relacionado com a preocupação. Os bebês descobrem bem cedo como isto acalma, e é por esse motivo que eles chupam seus polegares.

Os clientes poderão falar depressa, de modo quase incoerente, chorando ou em fúria. Peça-lhes que parem e respirem fundo por um momento, antes de continuarem. No entanto, a catarse libera o estresse e estimula a cura. Portanto, certifique-se de que eles não ficaram quietos somente porque você está desconfortável. A chance de expressar sentimentos reprimidos e falar com alguém compassivo, mas sem envolvimento, é bastante útil. Concordar ajuda — dizer que sim, o que eles estão passando é duro e triste, e que não estão loucos por estarem se sentindo desse modo.

Em seguida, avalie a seriedade do problema e o que está em risco. O acontecimento que precipitou a crise poderá não parecer tão catastrófico para você, mas é assim que o cliente o considera. Obtenha informações fazendo perguntas como estas:

1) O cliente ou alguma outra pessoa está correndo algum perigo real?

2) Quais são as possíveis conseqüências? Qual a melhor coisa que poderá acontecer? E a pior?

3) Quais são as opções possíveis? (Quando o cliente sente que não existem opções, nenhuma saída, então a situação é muito séria.)

4) Quais são as fontes de apoio? A quem o cliente poderá pedir ajuda? Quais são os recursos disponíveis?

5) Quem mais está envolvido, e como se espera que irão reagir? Como essas pessoas poderiam ajudar? Como elas poderiam magoar?

6) O que o cliente está pensando sobre o assunto, e o que ele planeja fazer?

7) O que o cliente já tentou fazer? O que funcionou, e o que não funcionou?

8) Como o cliente reagiu em situações semelhantes no passado? Se, por exemplo, a pessoa tendeu a agir de modo impulsivo, sem pensar nas conseqüências, há uma grande chance de ela repetir esse procedimento.

Ao considerar tais questões com alguém alheio à situação, os clientes começam a entender o que aconteceu e como deverão lidar com os fatos. A confusão e o pavor inominável tornam-se menos ameaçadores, porque eles começam a ver a realidade em vez da ameaça disforme. (Resumindo, as perguntas os moverão de Netuno para Saturno.) Às vezes a consideração das possíveis conseqüências, opções e fontes de apoio lhes permitirá tomar uma decisão.

Ao ouvir suas perguntas, confira o mapa para saber qual será o padrão de respostas, e para ver o resultado das várias possibilidades. A Lua mostra as respostas instintivas e como as pessoas lidam com as emoções.

Aqui é importante limitar e enfocar a discussão; assim, você os ajudará a se manterem concentrados. Você não irá querer abranger o mapa todo, uma vez que eles não o apreenderiam. Limite seus comentários a partes importantes do mapa e trânsitos em curso. Logicamente, você irá preparar o mapa inteiro, como em qualquer leitura, pois terá de pensar e reagir rápido. Monte, no mínimo, o mapa solar de outras pessoas que estejam envolvidas, para ver onde se encaixam. É muito importante que você evite o fatalismo e que percorra o horóscopo em busca de fontes de energia e aptidões. Mesmo aqueles que têm uma boa opinião sobre si mesmos, diante de um sério problema poderão esquecer das coisas nas quais são fortes. O fato de você acreditar que eles serão capazes de se sair bem, se não for transmitido de maneira fútil, será encorajador.

Finalmente, conforme discutiremos no Capítulo 4, sugira aonde a pessoa poderá se dirigir se precisar de ajuda. Um amplo conhecimento de agências e pessoas na área de cura é um item importante na prática da astrologia. Durante uma crise, as pessoas estão mais abertas para procurar ajuda de fora, pois os mecanismos normais de relacionamento são insuficientes para lidar com o novo nível de tensão. A familiaridade com recursos será tranquilizadora, especialmente para aqueles que acham que não existe nenhuma saída. Quando recebem sugestões completas, os clientes têm condições de se acalmar e pensar sobre como prosseguir, a partir de então.

De quem é a crise?

As pessoas vêem de modo muito diferente aquilo que é vitalmente importante e o que sentem ser uma perda catastrófica. Uma crise para uma pessoa pode ser um modo de vida para outra. As pessoas variam em sua capacidade para lidar com a tensão. Além disso, aquilo que um indivíduo poderia enfrentar facilmente em um determinado momento poderá causar uma ruptura em outro, após uma série de golpes. É importante que você não imponha suas percepções sobre o que é ou não é uma crise, ou sobre a gravidade da ameaça. Em vez disso, julgue a gravidade através das reações do cliente e daquilo que ele diz. A reação e o resultado também serão diferentes para diferentes pessoas. Portanto, você deve aprender a conhecer seus clientes. O que essa perda ou essa ameaça representam? Como irão reagir? Quais são suas forças e suas vulnerabilidades?

O horóscopo é uma inestimável fonte de respostas para tais perguntas, fornecendo uma quantidade de informações que o conselheiro comum de crises não possui. Para um tipo mais forte de Urano ou Aquário, o fato de ser despedido talvez seja sem importância, ou sirva como um exemplo do padrão que confirma como os patrões são estúpidos ou famintos de poder. Para um indivíduo altamente saturnino ou capricorniano, por outro lado, ser despedido é um golpe, podendo ser encarado como um fracasso e uma humilhação. Isso poderá desencadear uma profunda depressão. Para os saturninos, o sucesso pode representar também uma crise — eles são vulneráveis a depressões, mesmo após realizações. Ajude-os a valorizar e apreciar a conquista, mas também a encontrar uma outra montanha para escalarem.

Para um canceriano, a morte de um dos pais pode ser devastadora, não importando se o relacionamento fosse bom ou mau. Para alguém intensamente sagitariano, pode ser uma fase já prevista do ciclo da vida, eventualmente algo para se filosofar em cima. No entanto, o sagitariano pode ter uma forte reação de tristeza com a perda de um mentor espiritual ou na revelação de que este mentor é vulnerável. A pior espécie de crise para um tipo sagitariano ou jupiteriano é a crise de fé. Para o Sol ou a Lua de Libra que foi casado ou profundamente comprometido durante vinte anos, o fim de um casamento pode parecer o fim do mundo. Para Áries, pode ser a grande oportunidade de sua vida! Que outros tipos de crise você pode imaginar para outras categorias astrológicas? O tipo mercurial? O leonino? O netuniano? O plutoniano?

Será muito ruim?

Uma das razões pela qual uma pessoa procura um astrólogo em uma emergência é para controlar o dano. Esse cliente quer descobrir se as coisas podem piorar; ele quer saber como evitar que o pior aconteça. Para estimar o resultado da previsão, interrogue a pessoa sobre padrões do passado, para ver se o pior já não aconteceu. Isto é, observe as partes do mapa astral natal que os trânsitos estão ativando e faça uma relação com a ameaça atual. Pense no que se poderá esperar de pior a partir do modelo do mapa e, com tato, pergunte ao cliente se já houve algum problema semelhante, e de que forma ocorreu. Verifique os trânsitos daquela época para ver se são semelhantes aos atuais.

Resumindo, você deverá fazer um histórico, do mesmo modo que um médico, um psicoterapeuta, ou qualquer outro profissional. Tendemos a pensar que deveríamos saber tudo, ver tudo e dizer tudo, baseados somente no mapa — e nossos clientes também esperam o mesmo de nós. Para que possamos atender melhor, devemos aprender a abandonar essas expectativas grandiosas. Existem várias interpretações para qualquer aspecto apresentado no mapa, e as pessoas se desenvolvem — ou se deterioram — ao fazer uso de tais aspectos ao longo de suas vidas. Não se deve esperar que acertemos a interpretação devido a algum poder místico, não mais do que se deve esperar de um médico que elabore um diagnóstico sem fazer perguntas.

Se não desenvolver um histórico você irá perder as melhores indicações possíveis do funcionamento do aspecto. Em uma emergência, você precisará muito dessa avaliação da realidade. A história tende a se repetir, a não ser que haja uma grande transformação pessoal. Se o pior já aconteceu uma vez ou mais, poderá acontecer de novo. Se nunca aconteceu, e o cliente tem trinta anos ou mais, dificilmente acontecerá agora.

Uma cliente tinha a Lua em quadratura exata com Plutão na 5ª casa. Plutão em trânsito estava estimulando esse aspecto, em oposição com a Lua, e em quadratura com Plutão natal. Ela estava em meio a um processo de divórcio penoso de seu segundo marido e tinha um filho desse casamento. Não sei o que foi que me levou a dizer isso, pois não é absolutamente meu estilo, mas as palavras saíram espontaneamente: "Fique atenta para que ele não rapte seu filho". Fiquei horrorizada com essa previsão, mas ela não. Revelou que isto já acontecera uma vez. Seu primeiro filho fora raptado por seu primeiro marido e ela nunca mais o viu. Alertada por meu rompante incomum, ela agora poderia tomar precauções.

Sendo assim, devido a um resultado potencialmente perigoso, conforme indicado pela situação do momento, pelo mapa natal, e pelos trânsitos que desencadeiam algo, é necessário que você pergunte sobre o passado. Suponha que uma mulher esteja preocupada com o que poderá ocorrer caso ela termine seu relacionamento. Urano faz oposição à sua conjunção Marte/Urano na 7ª casa. Você irá perguntar se o homem com quem ela vive tem temperamento agressivo. Se ela disser sim, esclareça se ele alguma vez a feriu, óu se causou ferimentos em alguma outra mulher com quem ele tenha se envolvido. Você irá também querer saber se alguma vez ela apanhou de algum namorado. Se a resposta a ambas as perguntas for sim, você terá razões para se preocupar, e deverá dizer-lhe que existe um perigo. Espera-se que você já tenha lido algo sobre agressões e tenha fontes de referência para fornecer a ela.

Caso ela nunca tenha sido ameaçada por um namorado ou companheiro, e o homem não for violento mas, ao contrário, alguém predisposto a acidentes, o quadro será diferente. Você ainda deve avisá-la sobre o conflito no relacionamento que poderá conduzir a uma explosão, embora possa prever um resultado menos dramático. No entanto, saiba que ela pode não estar dizendo a verdade. Mulheres que são espancadas geralmente sentem vergonha, operam com negativas durante os intervalos entre os episódios, e podem ter sido ameaçadas de violência no caso de virem a contar a alguém o que está acontecendo.

Você está achando que esse tipo de enfoque é muito negativo? Acredita que estaria assustando o cliente com esse tipo de pergunta? Predizer que um filho poderá ser raptado ou que uma mulher poderá ser espancada seria negativo em uma consulta normal. No entanto, uma emergência é, por definição, ameaçadora e pode alterar a vida de uma pessoa. Aqueles que o procuram em tempos de desestruturação geralmente querem saber o que poderá lhes acontecer. Clientes em situações difíceis geralmente manifestam o desejo de conhecer a verdade. Ressentem-se com os astrólogos que lhes transmitem uma falsa segurança, deixando-os, assim, despreparados. Ser cegamente otimista somente para que você e seu cliente possam sentir-se melhor momentaneamente não irá ajudar o cliente a lidar com a crise de modo realista.

Não é agradável conversar sobre suas situações difíceis e se colocar diante das emoções dolorosas que elas evocam. Mas, de vez em quando, elas aparecem na prática da astrologia, e nós precisamos nos acostumar. A vida periodicamente nos apresenta alguns problemas. Precisamos também nos preparar para o fato de que a posição do planeta externo poderá se apresentar de modo não tão agradável. Os planetas externos criam um bocado de realidade para todos.

Por outro lado, é importante que se tenha uma atitude positiva. Todos sabemos que o pensamento positivo pode influenciar os resultados. Assim, onde encontrar o equilíbrio? Primeiro, saiba que a astrologia não pode prever cem por cento; você poderá apenas sugerir resultados potenciais. É muito bom ter bom senso e fazer a abordagem com os pés na terra — nem muito positiva, nem excessivamente negativa, apenas realista e informativa. Reconheça a dor e a dificuldade, mas deixe que os clientes saibam que você acredita que eles irão superar o problema. Será também benéfico a eles ter uma perspectiva de sua dor — seu signficado, causa e finalidade. Aqui, mais uma vez, o conhecimento de recursos locais para lidar com tais problemas proporciona um estado de tranqüilidade.

Quando irá terminar?

Outra razão para se procurar um astrólogo em uma emergência é para se ter uma idéia da duração e da época dos eventos em pauta. Observe quantas vezes o trânsito em questão já aconteceu, já que a maioria deles se repete três vezes ou mais com o movimento de retrogradação. Considere o primeiro estágio ocorrendo dois ou três graus antes e, o segundo, dois graus depois. O primeiro dará início ao processo, e o último irá assentá-lo.

Se o trânsito estiver no início, as pessoas se encontram num ponto decisivo, em que a consulta pode ajudá-las a se prepararem para lidar com os fatos de modo saudável. Elas podem usar o conhecimento que você lhes transmite como uma motivação para transformar seu modo de agir. No entanto, o primeiro baque é geralmente muito forte, uma verdadeira avalanche. Nas repetidas passagens, elas trabalharão sobre o assunto. Quando o trânsito retrocede sobre o aspecto natal do planeta, a comoção parece se acalmar, e tem-se a impressão de que acabou. Na segunda vez, as pessoas percebem que isto *não* terminou e que devem fazer algo a respeito. A terceira vez é a oportunidade final para resolver a situação. Se o aspecto em trânsito repetir o natal, geralmente o resultado é um padrão de longa duração que surgirá no caminho do cliente.

Outro aspecto a se observar é o trânsito dos planetas externos nos últimos sete anos. Um determinado ponto do mapa poderá ser sensibilizado por repetidos trânsitos. Após as pessoas terem sofrido um baque após o outro, especialmente sobre planetas em configurações especiais como um *t-square*, ou um *stellium*, a previsão atual pode ser recebida como a gota d'água. Por outro lado, uma série de trânsitos pode ter gerado um grande jorro de crescimento. Você não verá isto no mapa; somente tomará conhecimento por meio da história do cliente. Pessoas diferentes reagem de modos diferentes aos mesmos trânsitos — e a mesma pessoa poderá reagir diferentemente a trânsitos semelhantes, em diferentes fases de sua vida.

Os efeitos das crises nos relacionamentos

É importante observar que qualquer crise pessoal pode precipitar uma crise nos relacionamentos. Todas as vezes em que o indivíduo passa por um importante reajustamento, isto também afeta o parceiro; assim, é importante que a relação mude de forma a refletir a nova situação. Essa conexão entre o reajustamento pessoal e o reajustamento em relação a outra pessoa surge porque os trânsitos ou as progressões sobre o Ascendente fazem aspecto simultâneo com o Descendente. Do mesmo modo, trânsitos ou progressões ao Meio-Céu afetam o FC. Os trânsitos de Urano são conhecidos por isto. O cliente que vem dizendo que acabou de perder o emprego, caiu de uma escada e quebrou a perna, o telhado de sua casa despencou e o cônjuge acabou de ir embora — tudo na mesma semana — está, sem dúvida, tendo um trânsito de Urano sobre os ângulos.

Mesmo quando a mudança é positiva — como um progresso na carreira — a nova posição poderá ser estressante. Ajustamentos mais difíceis — como ter filhos, ou assumir os cuidados de um dos pais — poderão precipitar uma crise importante no relacionamento. Se ambas as partes conseguirem crescer e demonstrarem sensibilidade em relação ao outro, essa fase poderá até mesmo aprofundar os laços. Se a ligação já estiver abalada, então, poderá ser o fim. Dada a atual prevalência e aceitação do divórcio, os casais estão menos propensos a permanecer juntos em épocas de crises do que anteriormente.

Assim, quando os trânsitos ou progressões afetam os ângulos, o astrólogo deve perguntar sobre a vida afetiva do cliente. Não enfoque a possibilidade do fim do relacionamento, pois, poderá não ser o caso e será apenas mais uma ansiedade pela qual o cliente não precisa passar. Você, sem dúvida, pode obter muitas informações com uma simples pergunta, não ameaçadora, como: "Como seu parceiro está lidando com tudo isto?". Aconselhe o cliente a prestar atenção a fim de manter a comunicação aberta, e observe também que poderá haver a necessidade de um reajuste no equilíbrio do relacionamento.

Muitas vezes os clientes vêm para uma leitura porque um ente querido está em perigo — talvez devido a drogas, depressão suicida, ou um padrão de violência. O problema não é deles, mas o estado do ente querido está desencadeando uma crise pessoal. Os acontecimentos estão fora de controle, e eles acreditam que seus sentimentos de profundo desamparo serão aliviados se souberem o que está nos astros. Querem que você veja o mapa do ser amado — ou que faça uma leitura para ele — e que resolva o problema como num passe de mágica.

Nesses casos, não se esqueça de quem é seu cliente principal — aquele que vem para a consulta também precisa de ajuda. Seria bom que o astrólogo conhecesse a co-dependência e a dinâmica familiar da dependência, que serão estudadas no Capítulo 5. Dessa forma, você poderá conversar sobre essa dinâmica com conhecimento de causa, e lançar alguma luz esclarecedora sobre a situação desesperadora de seus clientes. É também útil recomendar a esses clientes que procurem a AAA (Associações de Alcóolicos Anônimos ou similares), fornecer-lhes números especiais de telefones, indicar-lhes terapeutas que trabalhem com co-dependência, e outras fontes de ajuda. O floral de Bach Red Chestnut ajuda os que estão profunda ou constantemente preocupados com as pessoas que amam. O floral Red Clover, da Flower Essence Society, ajuda a pessoa a permanecer centrada e calma enquanto os outros, com os quais ela se preocupa, estão confusos.

O que, em nome dos céus, é uma crise normal?

Astrólogos lidam com crises de várias espécies. Todavia, você se surpreenderá ao saber que os sociólogos reconhecem uma categoria de distúrbio conhecida como "crise normal". Isto quer dizer que muitas crises não são patológicas, e sim partes previsíveis da vida. Talvez não as reconheçamos como crises porque elas são esperadas e até bem-vindas.

Contudo, elas podem trazer muita insegurança porque exigem profundos reajustamentos.[1]

Fases estressantes da vida incluem: puberdade, jovens adultos indo viver por conta própria, casamento, nascimento do primeiro filho, crianças que saem de casa, menopausa, morte ou a dependência, por parte do pai/mãe na velhice e aposentadoria. Para a maioria de nós, esses eventos geram ansiedade e exigem tipos semelhantes de reajustamento. Entre os remédios florais, o Walnut de Bach e a combinação feita pela Desert Alchemy chamada "Fórmula de Transição" ajudam muito a reduzir a confusão e a ansiedade freqüentes nesses períodos.[2]

É bom para os astrólogos que eles procurem se lembrar de tais épocas em suas próprias vidas e que leiam a respeito dos períodos pelos quais ainda não passaram. Cada um de nós possui um passado singular e, conseqüentemente, estamos de uma forma inigualável preparados para — ou sensíveis — a tais mudanças. Temos modelos de reação característicos — somos praticamente os mesmos quando crianças, adultos ou na terceira idade. O mapa natal e os trânsitos em curso dão indicações valiosas tanto das tensões do passado como das reações do indivíduo à mudança.

Tomemos como exemplo de uma "crise normal", o fato de que as mulheres não se tornam automática nem instintivamente mães somente por darem à luz uma criança. O nascimento do primeiro filho exige um reajustamento importante que leva aproximadamente um ano para se completar. É uma enorme mudança no *status* e na função, uma crise de identidade. Entram em ação todos os significados da Lua — o papel de mulher, dependência, nutrição, segurança e emoções. A nova mãe está vulnerável, sentindo-se dependente. Mas ela deverá renunciar a um pouco de sua própria dependência, porque agora tem uma criança indefesa, que depende totalmente dela.

A observação da Lua, e principalmente de seus aspectos natais, pode sugerir o que a adaptação à maternidade poderá significar para a mulher em questão. A mulher com uma conjunção Lua-Urano irá reagir ao fato de ser mãe de modo diferente ao de uma mulher com um trígono Lua-Saturno. Para a mulher uraniana, ter um filho — mesmo que seja por escolha consciente — pode representar a perda de sua liberdade e de sua individualidade. Agora ela deve desempenhar o papel feminino tradicional contra o qual sempre se rebelou. A mulher saturnina pode sentir que a maternidade finalmente a transformou em verdadeira adulta, e poderá

---

[1] A *Dell Horoscope Magazine* publicou este artigo em seu número 10/92 com o título "O que, em nome dos céus, é uma crise NORMAL?".

[2] Desert Alchemy é uma companhia fabricante de remédios florais que se especializou em cactus e outras plantas do deserto. Para obter o catálogo, escreva para Desert Alchemy, P.O. Box 44189, Tucson, AZ 85733.

gostar da mudança no *status* e do aumento da responsabilidade. Porém, mesmo com o trígono Lua-Saturno, pode haver alguma depressão pós-parto, pois a seriedade deste novo papel acaba afetando o lar.

A menopausa é uma outra crise normal. Quem não chegou a essa fase não percebe as suas dificuldades — mesmo mulheres que sejam cinco anos mais jovens. Esse período pode trazer uma considerável revolução, com uma sensação alarmante de se estar fora de controle e invadida por sentimentos como tristeza, ansiedade, ou raiva. Ocorre, também, um estranho processo fisiológico que desperta a sensação de se estar sendo traída pelo próprio corpo. Mulheres na menopausa que vivem distantes de outras parentes mais velhas não têm a experiência da "mudança", bem como poucos antecedentes nesse processo misterioso. Pode ter início aos quarenta anos, mas provavelmente não terminará antes dos cinqüenta. A mulher moderna e liberada talvez se recuse a aceitar que essa mudança esteja ocorrendo, ou que ela tenha tais efeitos tão extensos. Temos tal fetiche em permanecermos jovens, que rejeitamos esse sinal da marcha do tempo.

Trânsitos ou progressões sobre a Lua em geral marcam o início da menopausa ou assinalam seus estágios críticos. A fisiologia do sistema de reprodução é demonstrada pela Lua. Assim são os outros aspectos da feminilidade; e a mulher na menopausa também encara as mudanças de função e de *status*. Se você vê um trânsito importante sobre a Lua em uma mulher com mais de quarenta anos, sugira-lhe consultar seu ginecologista sobre a possibilidade do surgimento da menopausa. Seria bom também recomendar que ela adquira livros sobre o processo, os quais se acham disponíveis na seção de saúde de qualquer livraria. Muitas clientes que se encaixam neste quadro sentiram-se aliviadas ao saber que a revolução emocional pela qual estavam passando tinha alguma base fisiológica, pois achavam que estavam tendo um esgotamento nervoso.

Um outro ponto crítico é a aposentadoria. Muitos não sobrevivem a ela, pois um número considerável de pessoas morre logo após se retirar do campo de trabalho. (Este fenômeno não deve surpreender, considerando-se que a aposentadoria geralmente se relaciona com o trânsito de um planeta externo sobre o eixo MC/FC.) Os que se preparam com antecedência para essa importante mudança no estilo de vida, saem-se melhor. Essas são pessoas que desenvolveram interesses externos significativos, para que pudessem manter um sentimento de real atividade e de propósito.

Entre as pessoas com tendência a ter uma adaptação difícil à aposentadoria incluem-se os indivíduos com ênfase na 6ª casa ou no signo de Virgem, ou aqueles com proeminência em Saturno, Capricórnio, ou na 10ª casa. Onde Virgem ou a 6ª casa são proeminentes, a manutenção da saúde e do bem-estar poderá exigir trabalho voluntário, emprego de meio-período, ou uma atividade compensadora que substitua seu trabalho. Caso contrário, sem essa sensação de sentir-se útil, o significado da 6ª casa poderá reverter para doença. Se houver ênfase na 10ª casa, o voluntário deverá ter algum *status*, como uma posição na diretoria de uma agência prestadora de serviços, ou um cargo de diretor em alguma associação.

Quando a crise da meia-idade atinge o lar

Por ora, a maioria de vocês já conhece as conexões entre a crise da meia-idade e os ciclos dos planetas externos. Em resumo, isto consiste de uma série de aspectos desses planetas em suas posições natais, que vai dos 38 anos até mais ou menos os 45. Essa fase inclui a oposição de Urano em trânsito ao Urano natal, a segunda oposição de Saturno em trânsito ao Saturno natal (a primeira se dá aos 14 anos), e quadraturas de Netuno em trânsito ao Netuno natal e de Plutão ao Plutão natal. Caso você não tenha explorado essa correlação, leia Doris Hebel ou John Townley, que apresentam essa época com mestria. Aqui não temos espaço para cobrir o assunto em profundidade.

Esses ciclos planetários se adaptam bem aos 40 anos de idade, conforme descrito no importante livro de Gail Sheeny, *Passages: Predictable Crises of Adult Life*. O livro merece ser lido pelos astrólogos, uma vez que a autora relata casos de pessoas imersas nas várias crises relacionadas à idade. Aqui, porém, enfocaremos o estágio que se inicia por volta dos quarenta anos. A capa de *Passages* o descreve deste modo: "O DESAMPARO na casa dos quarenta — anos perigosos, quando os sonhos da juventude exigem uma reavaliação, homens e mulheres mudam algumas características, o pânico sexual é comum, mas a maior oportunidade para a autodescoberta o aguarda".[3]

Como a crise da meia-idade envolve os ciclos dos planetas externos, o indivíduo cujo horóscopo natal tenha planetas externos fortemente configurados será especialmente afetado. Essas pessoas lutam a vida inteira para integrar os assuntos ligados a tais planetas, dentro dos limites da realidade. A repetição dos aspectos natais dos planetas externos pelo trânsito de um planeta externo conduz a uma fase de ou-vai-ou-racha. Esta é uma oportunidade importante para limpar os modos disfuncionais pelos quais determinado planeta vem operando. Assim, pelo resto desta encarnação, essas pessoas poderão alcançar o nível mais elevado das funções de tal planeta. Nascer com um planeta muito forte significa que

---

[3] Da capa do livro de Gail Sheehy. *Passages: Predictable Crises of Adult Life*. Nova York, Bantam, 1976.

elas têm uma afinidade especial com aquela vibração e que trabalharam nesses assuntos ao longo da vida.

Por exemplo, suponhamos que Netuno natal faça aspectos com Sol, Lua, Ascendente e Meio-Céu — principalmente se mais de um desses pontos estiver visível. A quadratura de Netuno em trânsito com o Netuno natal irá atirar também um desses pontos. Poderá surgir uma sensação de que "deve haver mais do que isto", complementada com desilusões em relação a pessoas ou áreas importantes da vida. Ao mesmo tempo, o indivíduo poderá acionar características menos positivas com as quais Netuno tenha operado anteriormente. Não será mais possível manter uma auto-ilusão, e as ilusões de uma vida inteira e que mantiveram a pessoa em um mundo de sonhos, serão destruídas. Isto pode ser extremamente doloroso para tais visionários, mas quando tiverem enxugado suas lágrimas ou curado a ferida, estarão em condições de funcionar dentro de uma realidade de modo mais eficiente. Paradoxalmente, ao desistir do sonho, eles terão direito a uma parte dele.

Para o Povo de Planetas Externos — aqueles com mais de um planeta externo fortemente configurado — a crise da meia-idade é ainda mais crucial. Eles serão visitados por uma série de ciclos intensos, e por eventos, internos e externos, que a pessoa comum não pode compreender. Mas, então, já sabíamos que eles não eram pessoas comuns, nem teriam vidas normais! Como o exemplo mais extremo de como esse estágio pode se tornar violento e confuso, mais adiante veremos o mapa de Whitley Strieber, que foi raptada por um OVNI. A sabedoria convencional não ajuda muito o Povo de Planetas Externos. Eles podem se sentir bastante aliviados durante uma leitura astrológica que lhes explique que são Povo de Planetas Externos e que não devem esperar reagir como seus irmãos e irmãs terrenos. As emergências espirituais que serão estudadas mais adiante são comuns a esse grupo em qualquer idade, especialmente durante esse ciclo.

O cliente suicida

Vejamos, agora, crises individuais, em vez de coletivas. Ocasionalmente, os clientes podem expressar pensamentos suicidas durante a sessão. Às vezes eles o fazem de modo indireto, dizendo algo como: " Não sei quanto tempo ainda agüentarei isto". Então, você deve especificar a pergunta: "Você já pensou em suicídio?". Entre os conselheiros principiantes, é comum se pensar se tal pergunta não daria, aos clientes, uma idéia que ainda não tinham. Terapeutas experientes descobriram que isto não é verdade. Pessoas que não estão pensando em se matar provavelmente responderão: "Pelo amor de Deus, não, eu apenas preciso tirar férias!'". Indivíduos com tendências suicidas, porém, ficarão aliviados ao saber que seus tormentos interiores poderão ser discutidos abertamente. Se o cliente responder sim, você terá uma situação delicada pela frente. Primeiro, você deve avaliar a seriedade do desejo de morrer do cliente. Pode ser visto no mapa? Acho que não. Uma das maiores organizações astrológicas dos Estados Unidos, o *The National Council for Geocosmic Research*, conduziu um projeto de pesquisa meticuloso e bem elaborado sobre suicídio. Trabalharam por cerca de seis anos, de 1974 a 1980, coordenados por Nona Press. Os pesquisadores obtiveram certidões de óbito de suicidas, por intermédio do Bureau of Vital Statistics da Cidade de Nova York. Desse grupo, conseguiram averiguar 310 certidões de nascimento. A data, a hora e o método de suicídio também eram conhecidos. Casaram cada mapa com um de não-suicida, selecionado ao acaso.

Então 29 astrólogos profissionais, incluindo alguns dos melhores dos Estados Unidos, receberam dez desses pares. Eles deveriam tentar determinar qual membro do par era o suicida. Tínhamos cinquenta por cento de chances de responder corretamente, mas apenas um, dentre os 29, conseguiu ter um resultado significativo. Foi Charles Emerson, usando o sistema Uraniano. (Eu estava entre os reprovados!) Mais tarde, Rory Mercato elaborou uma fórmula que promete alguma coisa, mas ele ainda a está testando![4]

Esse resultado pode significar como um abalo em nossa credibilidade. Não obstante, é tranqüilizador não sabermos quem irá ou não suicidar-se — uma vez que o mapa não mostra nenhum tipo de destino imutável. O estudo não sustenta os indicadores astrológicos tradicionais de suicídio. Plutão e a 8ª casa podem representar morte e autodestruição, mas também significam transformação e cura. Sob esse ponto de vista é como a carta da Morte no tarô.

Se você não pode confiar no mapa para saber o que deseja a esse respeito, o que deve fazer? Pergunte a seu cliente! Existe uma série de perguntas que você pode usar para determinar a seriedade da intenção, procurando descobrir se a pessoa já definiu algum plano. A pessoa decidiu-se por algum método? Há formas fáceis de assegurar esse método? Ele ou ela tem em mente uma data definida ou um limite de tempo? Já houve alguma tentativa de suicídio? Há um histórico de familiares ou de entes queridos que se mataram? Quanto mais respostas afirmativas você obtiver, e quanto mais definidas e detalhadas elas forem, maior será o motivo para preocupação.

---

[4] Para um relato mais detalhado sobre este estudo cuidadosamente elaborado, leia o Capítulo 6 do livro de Nona Press, *New insights into astrology*, publicado pela ACS, San Diego, 1991. Os resultados de Rory Mercato foram publicados no número de outubro de 1990, de *Urania*. (Para obter informações, escreva para Gloria Schwartz, Editora, 498 West End Avenue, 6C, Nova York 10024.)

Um estudo de suicidas bem-sucedidos mostrou que três quartos deles já haviam feito tentativas anteriores. Quase metade deles se mataram *cerca de três meses após uma crise emocional da qual pareciam estar curados*.[5] Astrologicamente, esse período parece corresponder aos trânsitos diretos e retrógrados sobre o mesmo ponto do mapa. Dois estudos mostraram que a tentativa de suicídio se relaciona à falta de esperança em relação ao futuro, ainda mais forte do que a depressão. Pessoas que desejaram cometer suicídio e aquelas que realmente tentaram não eram capazes de ver o futuro com qualquer esperança ou entusiasmo. Sentiam que o futuro era vago e incerto, e que seria tolice querer alguma coisa.[6]

Há implicações importantes para os astrólogos nesses estudos, principalmente em relação àquelas pessoas que nos chegam em estado desesperador, necessitando de esperança para encarar o futuro. Em tais casos, procuro não fazer previsões a longo prazo. Não é de muita ajuda ouvir que as mesmas condições responsáveis por seu buraco negro emocional irão se repetir durante os próximos dois ou três anos. Em vez disso, procure descobrir de onde pode vir ajuda, em termos de aspectos do mapa, como trígonos e sextis, tanto natais como por trânsito. Procure, também, por apoio em termos de recursos e de assistência pessoal ou social.

Apoio é essencial porque o astrólogo, trabalhando sozinho, não tem recursos para lidar com suicidas. Mesmo o terapeuta, em sua prática particular, necessitará ter formação psiquiátrica, ou então, deverá poder fornecer ao suicida, números de telefones que prestam ajuda. Dois florais de Bach adequados para esses casos são o Sweet Chestnut, que ilumina a noite da alma, e Cherry Plum, para aqueles que temem perder o controle e fazer mal a si próprios ou aos outros. Você pode, também, recomendar o Rescue Remedy para tais clientes até que eles possam encontrar ajuda profissional.

A crise da lembrança ou o confronto com a violência

Escrevi com detalhes sobre as tendências mostradas pelo mapa e as implicações da violência doméstica e do incesto em meu livro *Healing Pluto Problems*, e, portanto, não desejo repetir aqui o assunto abordado. O que eu gostaria de discutir aqui é a séria convulsão que irrompe quando as pessoas são confrontadas pela primeira vez com a violência que so-

---

[5] Conforme publicado em Schneidman, E. S. e Faberow, N. I. *Clues to suicide*. Nova York, McGraw-Hill, 1957, pp. 204-6.

[6] Wetzl, Richard D., Ph.D; Thomas Margulies, MD; Roger Davis, MD. e Elie Karam, MD. "Hopelessness, Depression, and Suicidal Intent", *Journal of Clinical Psychiatry*, vol. 41: 5, 5/80, pp. 159-60.

freram durante a infância. Talvez elas tenham sempre sabido que foram violentadas, mas deixaram isso de lado, e agora estão enfrentando a situação. Outras se lembram dos eventos, mas os encaram como algo irreal e dissociado, como se tivessem acontecido a uma outra pessoa.

Um número cada vez maior dos que vêm para leituras reprimia por vários anos o que aconteceu, e agora está se lembrando. Ou está lutando para esquecer, e espera encontrar algumas respostas em seus mapas. Alguns sofrem de amnésia infantil, em que grandes períodos da infância estão totalmente apagados de sua memória. A não ser que a pessoa tenha sofrido comoção cerebral, a amnésia é sinal de que fatos extremamente traumatizantes ocorreram, provavelmente de modo repetitivo, durante aqueles primeiros anos. Talvez a violência tenha sido séria e prolongada, ou talvez fosse de natureza altamente sensível.

Para essas três categorias de pessoas, abrir a porta da parte de si mesma que foi violentada irá precipitar uma explosão semelhante à abertura da caixa de Pandora. Mesmo que a violência tenha se dado trinta ou quarenta anos antes, as reações emergem de modo tão poderoso como se tivessem acabado de ocorrer. Isto é porque a criança no princípio se fechou, a fim de evitar uma devastação.

Infelizmente, os sentimentos poderosos que não enfrentamos permanecem conosco e, com o tempo, eventualmente teremos de lidar com eles. Ao confrontar com a violência, as pessoas são invadidas por ondas de emoções, cada uma durando cerca de uma semana ou até mais. As ondas geralmente incluem terror, raiva, culpa e vergonha, levando, por fim, à tristeza. A fase aguda geralmente dura cerca de seis semanas, embora a cura e o trabalho a serem feitos em relação à violência sofrida possa levar anos.

As pessoas que procuraram apagar os incidentes parecem ficar mais arrasadas durante a confrontação do que os que sempre se lembraram deles. O segredo, que era muito pesado, é revelado, destruindo as ilusões a respeito dos violentadores. Elas enfrentam sua própria impotência. Podem sentir-se traídas — e aterrorizadas — por sua própria inconsciência. Por exemplo, uma escritora sofreu um forte bloqueio mental que a impedia de realizar seu trabalho; sentia medo do que poderia surgir caso voltasse a escrever.

Em minha prática profissional, parece que o processo de enfrentar, descobrir, lembrar, expressar e curar está relacionado aos trânsitos de Plutão. Estes poderão ser sobre o eixo MC/FC ou sobre os planetas envolvidos na configuração original da violência. Às vezes as pessoas descobrem e enfrentam uma série de memórias parciais, cada vez que Plutão incide, durante os dois anos a dois anos e meio em que o trânsito está dentro da orbe. Aqueles que foram vítimas de incestos começaram a tomar conhecimento e a lidar com a violência, de modo visível, depois que

Plutão entrou em Escorpião em 1984. Quando Plutão havia percorrido entre metade e dois terços de seu percurso através desse signo, entramos em um novo estágio de percepção, em que as pessoas revelaram o abuso reprimido. Os homens também começaram a falar com mais freqüência e mais abertamente sobre terem sofrido abuso sexual.

Relembrando abusos sexuais

Como exemplo de amnésia infantil, vejamos o mapa da comediante Roseanne Arnold (Mapa 1, página 86). No outono de 1991, ela revelou através da imprensa e do *The Oprah Winfrey Show* que se lembrava de que sua mãe havia abusado dela na infância. Em seguida, seu pai também a violentou sexualmente durante vários anos de sua primeira infância. Essas memórias reprimidas vieram à tona em janeiro de 1990 quando seu marido, Tom Arnold, estava se reabilitando da dependência de cocaína, logo após seu casamento. As memórias foram ativadas quando Tom, repentinamente, se lembrou da própria violência sexual que sofrera na infância, sendo isto, sem dúvida, a causa subjacente de suas dependências altamente destrutivas. (É comum que vítimas de violência sexual formem fortes laços entre si. O surgimento de memórias em um, geralmente ativa as memórias ou a crise de confrontação no outro.)

As configurações originais de abuso sexual são a quadratura de Plutão na 7ª casa com o Meio-Céu em Escorpião e o *t-square*, que tem o ponto focal em Netuno e Saturno na 8ª casa, em Libra. O *t-square* também inclui Marte em Capricórnio na 12ª, e Urano em Câncer. A Lua na 4ª casa também faz aspectos com Netuno, Saturno e Urano através de semiquadratura e sesquiquadraturas, mostrando o envolvimento da mãe. O Sol de Escorpião de Roseanne faz quadratura com o Ascendente em Aquário e reforça o componente Plutão/8ª casa de seu caráter. Esse aspecto específico talvez não esteja tão relacionado com a violência sofrida quanto com a sua reação vingativa e rebelde, o que se percebe pelas várias dificuldades pela quais passou.

Com Saturno, Urano e Netuno envolvidos no quadro natal da violência, o alinhamento em Capricórnio de Saturno, Urano e Netuno (por trânsito) evocou os aspectos natais e assinalou a descoberta dessa violência e o processo de sua recuperação. As memórias começaram a surgir quando o trânsito Saturno, atingiu seu Marte de 12ª casa. O processo permaneceu secreto enquanto Saturno completava o *t-square* até 1991, quando, então, ele começou a sair da 12ª casa, formando um trígono com sua Lua (o público). Urano, em trânsito, formou um quincúncio com sua Lua natal, e a primeira memória revelada foi a de ter sido violentada pela mãe.

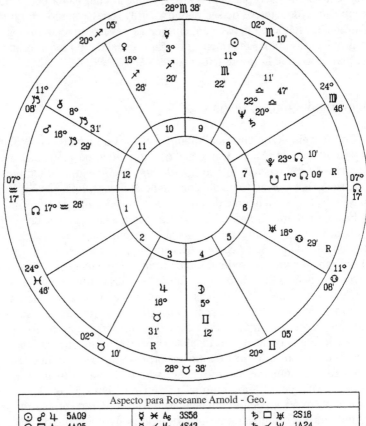

Mapa 1. Este é o mapa natal de Roseanne Arnold, nascida em 3 de novembro de 1952, às 13h21, MST, Salt Lake City, UT, 40N45, 111W53. Os dados são provenientes do DATANEWS, nº 29, de Lois Rodden, conforme consta da certidão de nascimento. Casas Placidus. Zodíaco Tropical. O Nodo Norte é o Nodo Real; o Nodo Sul é o Nodo Médio. O mapa foi calculado por Astrolabe usando Impressora Nova.

O trânsito de Plutão na 9ª casa (publicações, assuntos legais) formou também um sextil com Marte em 12ª casa e um trígono com Urano, durante seu período de descoberta e cura intensiva. Assim, escrever e falar sobre a violência fizeram parte de seu processo de se tornar novamente inteira. A alegria e a paz decorrentes do confronto, da revelação e do lidar com sua história tornaram-se visíveis através da mudança em seu comportamento e em sua aparência. A revelação que fez em público liberou e motivou muitas outras pessoas com as mesmas histórias a se lembrarem de tudo o que haviam reprimido. Com sua natureza audaciosa de Sol em Escorpião, Roseanne agiu como poderosa catalisadora e curadora para seu público.

As implicações da prática astrológica

Existem duas importantes implicações para os astrólogos, ao lidar com a crise do confronto com a violência. Primeiro, quando os clientes vêm em meio a uma crise, é preciso conhecer o processo de cura para poder ajudá-los. Por exemplo, é necessário que você esteja em condições de ouvir suas histórias e permita que eles expressem seus sentimentos. Ao confrontar a violência, muitos clientes temem estar tendo um esgotamento nervoso. Têm medo de não conseguir encarar nem enfrentar as explosões emocionais que marcam a fase inicial. É bom que saibam que essas explosões são normais, que fazem parte do processo, e que duram um tempo determinado. É de grande ajuda poder sentir-se ouvido e atendido em suas necessidades.

Você precisa, também, conhecer livros e recursos para recomendar. É bom aconselhá-los sobre os diversos livros atualmente existentes para vítimas de violência. Um dos melhores é o manual bastante compassivo de auto-ajuda, escrito por Ellen Bass e Laura Davis, *The courage to heal*[7]. Se você mesmo ler esse livro, poderá adquirir mais conhecimento, e ser mais autêntico em suas respostas. Isto pode, também, deixá-lo mais tranqüilo para ouvir as histórias de seus clientes.

Uma outra importante forma de ajuda é conhecer fontes locais de auxílio às vítimas de incesto e de violência. Você deverá ser capaz de indicar a essas pessoas onde poderão encontrar grupos de apoio e terapia, de modo a que não tenham de enfrentar o problema sozinhas. É incrivelmente saudável compartilhar o processo com outros que tenham passado pelos mesmos sofrimentos. Isto não pode ser obtido junto a parentes ou terapeutas que não tenham passado pela mesma experiência. Também não é função do astrólogo ser grupo de apoio para ninguém!

---

[7] Publicado pela Harper-Collins, Nova York, 1988.

A segunda importante implicação da prática astrológica é que não se deve precipitar esse tipo de crise em clientes que ainda não estiverem prontos para tal. Talvez você conheça as configurações do mapa relativas a violências — elas são fornecidas por exemplo, em meu livro *Healing Pluto Problems* (Curando Problemas de Plutão), e já foram ensinadas também por outros. Ao conhecer as configurações, poderá surgir a necessidade de mostrá-las aos clientes para que eles saibam sobre a violência e seus efeitos, mas isto poderá ser um erro grave.

Um uso bastante irresponsável desse conhecimento me chamou recentemente a atenção. Recebi uma carta de uma mulher agitada que, por intermédio de um desconhecido, em uma conferência sobre astrologia, soube que seu mapa mostrava que ela havia sofrido abuso sexual. Quando ela disse que isto não era verdade, o homem afirmou que tinha sido realmente violentada, mas que havia reprimido o fato. Não se soube se ela fora ou não violentada, mas como alguém poderia provar que ela estava reprimindo algo dessa natureza? A atitude desse indíviduo foi, em si, uma forma de abuso — um abuso de conhecimento astrológico e de poder! Eu poderia chamar isso de estilo de interpretação de mapa do tipo bateu correu, sem nenhuma preocupação com os efeitos sobre quem recebe.

Enquanto alguns astrólogos profissionais se comportarem desse modo leviano, se torna menos claro quando este padrão surge na análise do mapa. Talvez você perceba que as disfunções em várias áreas da vida do cliente sejam devidas aos efeitos da violência. As vítimas mostram uma ampla gama desses graves sintomas, tais como envolvimento recorrente em relações de violência, fobias, problemas ginecológicos, extremo isolamento, compulsão sexual ou frigidez, dependências, e até múltiplas personalidades. Ao enfocar tais dificuldades, você poderá sentir-se tentado a forçar o cliente a confrontar com a violência sugerida tanto pelo mapa como por aquilo que a vida sugere de um modo intenso.

No entanto, não temos o direito de romper defesas e criar a emergência da qual falamos. As pessoas criam mecanismos de defesas psicológicas por boas razões. A sabedoria e a integridade da psique as constrange a fazer exatamente o que o termo indica — defender o indivíduo de todo mal. Em casos de amnésia infantil, seria muito importante respeitar a sabedoria da psique em bloquear os eventos devastadores. Conheço pessoas que realizaram um bom trabalho de recuperação e que sofreram recaídas em dependências devastadoras — e perigosas — quando as memórias da violência sexual vieram à tona.

Sendo assim, é preciso que qualquer entrada nessa área seja incrivelmente suave. Você poderá perguntar, por exemplo, se o cliente sofreu algum tipo de crueldade quando criança. Talvez, baseado no mapa, perceba quem foi que praticou o abuso. Nesse caso, você pode apontar dificuldades no relacionamento do cliente com aquela pessoa como sendo as possíveis causas das suas dificuldades atuais. Se o cliente negar veementemente qualquer dificuldade ali existente, dizendo ter sido uma relação maravilhosa, é melhor você recuar.

Mesmo que haja algum reconhecimento do tipo, "sim, papai era um problema", isto não nos dá sinal verde para extrair todos os detalhes. A não ser que o cliente esteja extremamente necessitado de falar sobre o que aconteceu, uma leitura de mapa não é a ocasião apropriada para elucidar assuntos específicos. Esteja alerta para qualquer resistência às suas perguntas, testando para ver se os clientes estão prontos para a violência sofrida. O momento para abordar esses assuntos deve vir de dentro da pessoa, e não do astrólogo. Aos setenta anos, a mãe de uma amiga estava morrendo de câncer, quando finalmente revelou que tinha sido sexualmente violentada, quando era menina, por um irmão mais velho, o herói da família. Somente a pressão da morte iminente é que fez com que essa mulher extremamente séria pudesse encarar a violência e falar sobre ela.

A não ser que você seja um conselheiro e esteja recebendo regularmente a pessoa para uma terapia, não irá sair recolhendo as peças, se sentir que existe uma negação. Mesmo em terapias de aconselhamento contínuas, os terapeutas hesitam em derrubar as defesas de um cliente e forçá-lo a confrontação com uma história de violência. Um dano ainda maior pode ser causado em uma consulta única, com interpretação bateu-correu, especialmente devido ao poder quase sobrenatural que os clientes projetam no astrólogo. Com configurações de violência, um conhecimento precário pode ser algo realmente perigoso.

Quando os clientes perguntam se foram violentados

Quando clientes que sofrem de amnésia infantil lhe perguntarem diretamente se, baseado no mapa, você acredita que eles tenham sido violentados, é preciso ser ainda mais cauteloso com o que diz. Uma coisa é a parte racional que os faz pensar que querem saber, e outra a criança ferida enfrentar o que aconteceu. Se as indicações do mapa forem claras, você poderá dizer que parece que há uma forte possibilidade de ter ocorrido violência, mas esclareça que ninguém pode estar cem por cento certo.

Isto não é necessariamente um subterfúgio. Já vi configurações que pareciam indicar violência e, conversando, descobri que a história real envolvia outras ocorrências difíceis. Vários clientes com configurações Marte-Plutão ou Marte-Saturno destacadas no mapa tinham passado por algumas cirurgias dolorosas na infância devido a alguma má-formação física. Eles mantinham um relacionamento positivo com seus pais, mas a experiência de sofrimento, inflingido pelos médicos, embora necessário, lhes deu muitas das características de crianças violentadas. Ou, vi mapas com Plutão mal aspectado na 3ª casa onde o trauma não foi causado por um irmão ou irmã, mas pela morte de um deles. Sem entrevistar o cliente, você não poderá ter certeza do que significam alguns padrões do mapa.

Existem também pessoas cujos mapas são nebulosos — talvez sim, talvez não. Algumas realmente parecem não ter sido violentadas. Em vez disso, parecem ter sido invadidos psiquicamente pela energia sexual de pais com forte apelo sexual, mas que se tornaram suficientemente controlados para não molestarem seus filhos. Isto pode, por exemplo, tê-los levado a dormir na cama dos pais por algum tempo, quando estes estavam apaixonadamente envolvidos. (Aqui Netuno está mais envolvido do que Plutão.) Tive, também, clientes que ficaram traumatizados ao presenciar seus irmãos sendo violentados pelos pais, como se isto tivesse acontecido pessoalmente com eles. A ameaça de violência estava ainda presente, embora eles tivessem sido "bons" e evitado que tal acontecesse.

Muitos dos que fazem tais perguntas estão considerando a hipótese de uma regressão hipnótica. Aconselhe-os a não forçar as memórias virem à tona. Em vez disso, estimule-os a respeitar suas defesas e a permitir que as memórias emerjam em um compasso que eles possam controlar emocionalmente. Sugira-lhes procurar terapeutas que lhes proporcionarão um espaço tranqüilo para realizar esse trabalho, pois a segurança geralmente permite o surgimento das memórias. Trabalho corporal *suave* — como massagem — é especialmente útil na evocação de memórias. O corpo se lembra de todas as coisas que lhe aconteceram, mesmo que a mente tenha se esquecido. (Trabalho corporal *dolorido*, como rolfing ou shiatsu, é muito estressante para vítimas de violência.)

Emergência espiritual

Existe um outro tipo de crise que o meio psiquiátrico tende a encarar como séria perturbação mental ou até psicose. Essa categoria inclui experiências paranormais como abertura psíquica repentina, despertar do kundalini, contatos com OVNIs, Experiência de Quase-Morte (EQM), e possessão por espíritos desencarnados. Embora o mundo secular rotule esse tipo de desordem como um colapso, ele é, na realidade, um rompimento para outro nível de realidade ou outro plano.

Esses eventos são, de fato, emergências espirituais. Um crescente número de terapeutas e curadores transpessoais as reconhecem como formas válidas de passagem espiritual, ou iniciação, para as quais a pessoa poderá precisar de ajuda externa. Não sendo nada fácil em qualquer época, a falta de aceitação ou de entendimento de nossa inculta cultura secular dificulta muito o trato com tais eventos.

O astrólogo pode ajudar tomando conhecimento de tais experiências e considerando-as válidas. Estamos na linha de frente, somos virtualmente "salas de emergência" para desordens espirituais. As pessoas precisam ter certeza de que não estão ficando loucas quando fatos estranhos e sobrenaturais começam a ocorrer. Elas talvez precisem, também, de ajuda a fim de poderem enfrentar tais acontecimentos, portanto os astrólogos deverão saber onde encontrar recursos; aqui é muito importante entrar em conexão com profissionais espirituais conhecidos e bem equilibrados. Também precisamos manter nossas informações atualizadas, pois a natureza netuniana de tal trabalho significa que uma pessoa que é, no momento, um excelente sensitivo, um canal de transe, ou um leitor de vidas passadas, poderá vir a ser uma negação no próximo ano.

Recomendar livros adequados também é um serviço importante a ser prestado, pois essas comoções em geral acontecem no meio da noite, quando não há ninguém a quem recorrer. É tranquilizador ver impressa a nossa experiência aparentemente bizarra e descobrir que existe uma longa história muito bem documentada de tais eventos. Um livro muito importante é o *Spiritual Emergency*, editado por Stanislav e Christina Grof. É uma coletânea de ensaios sobre vários desses fenômenos, escritos por psicólogos transpessoais e outros profissionais bastante conhecedores do assunto.[8] Como não é possível abordarmos aqui todos os tipos possíveis, recomendo especialmente esta antologia.

Tais experiências são muito mais estimuladas pelo trânsito dos planetas externos através dos signos universais, do que em épocas normais. Um grande número de pessoas será atingido por fenômenos como esses. Todos aqueles cujos mapas contenham posições importantes — Sol, Lua, Mercúrio ou Ascendente — nas áreas por onde Urano, Netuno e Plutão transitam, serão candidatos. A combinação é tão incomum que eu não ficaria surpresa se um OVNI aparecesse durante um jogo de futebol!

Experiência de quase-morte e suas conseqüências

Raymond Moody popularizou a Experiência de Quase-Morte (EQM) em seu livro *Life after life*.[9] O protótipo é o de deixar o corpo,

---

[8] Stanislav Grof, MD, e Christina Grof, editores. *Spiritual emergency*. Los Angeles, CA: Tarcher, 1989.

[9] Raymond Moody. *Life after life*. Nova York, Bantam, 1988.

eventualmente flutuar sobre ele e observar o que está acontecendo. Em seguida, as pessoas que tiveram essa experiência em geral passam rapidamente através de um túnel escuro, emergindo dentro de uma luz brilhante. Uma presença espiritual intimidadora os orienta em uma revisão da vida que acabou de terminar. Em um determinado momento, lhes é dito que ainda não completaram seu trabalho terreno e que devem voltar. Tipicamente, há uma relutância em retornar à Terra, seguida por uma reentrada no corpo e uma sensação de desapontamento ao ser revivido. Em algumas das EQM poderão faltar alguns desses ingredientes, pois este quadro é uma composição.

Nos últimos anos tem havido bastante publicidade sobre a EQM. Os avanços da medicina têm salvado muitas vidas que, em outras épocas, estariam perdidas; sendo assim, essa experiência não é mais tão rara. Em 1981, uma pesquisa Gallup mostrou que mais de 8 milhões de americanos já haviam passado por uma EQM. Desde então, muitos outros também tiveram essa experiência. A antologia Grof apresenta um excelente capítulo sobre o aconselhamento de pessoas que passaram por uma EQM. Nele, Bruce Greyson e Barbara Harris concluem: "Graças à tecnologia moderna, a EQM talvez se torne nosso meio de acesso mais comum para o desenvolvimento espiritual".[10]

P.M.H. Atwater, uma escritora bastante conhecida por escrever sobre EQM, de modo similar comentou, em uma carta que me enviou, que "os efeitos posteriores da Experiência de Quase-Morte são os mesmos de uma transformação espiritual. Isto aumenta consideravelmente o número de pessoas envolvidas, e nos dá um modelo neutro em que o processo de transformação pode ser estudado de modo mais objetivo".[11]

Atwater escreveu uma brochura excelente e de fácil leitura sobre os efeitos a longo prazo e transformadores de vida desse fenômeno: *Coming back to life: the after-effects of the near-death experience.*[12]

Aqui estão algumas observações sobre o padrão dos efeitos e das mudanças na personalidade após a EQM:

1) Incapacidade para personalizar emoções, especialmente aquelas de amor e que dizem respeito a qualquer pessoa. Experimentam uma sensação de amor imenso e incondicional e aceitação do mundo todo, mas é um amor não personalizado. Seus entes queridos poderão sentir esse amor impessoal como rejeição e abandono.

2) Incapacidade para reconhecer e compreender fronteiras, regras e limites.

---

[10] *Spiritual emergency*. Op.cit., 201.
[11] De uma correspondência particular com a autora em 10/4/91. O grifo é da escritora.
[12] P. M. H. Atwater. *Coming back to life: the after-effects of the near-death experience.* Nova York, Ballantine Books, 1988.

3) Dificuldade para entender o tempo ou referências ao passado, presente e futuro — uma sensação de intemporalidade. Essas pessoas geralmente experienciam o futuro, mas vêem passado, presente e futuro como uma única coisa.

4) Sensitividade expandida ou aumentada, tornam-se mais intuitivos e sensitivos. Muitos rejeitam ou tentam anular esse poderoso bombardeamento psíquico.

5) Mudança ou troca na visão psíquica da realidade, tornam-se mais desprendidos, objetivos, passando a ver problemas e acontecimentos com visível redução de medos e preocupações. Recusam-se a dar importância a fatos que incomodam a maioria de nós, e podem, também, não mais se preocupar com bens materiais.

6) Sensação diferente em relação ao próprio físico, um certo desprendimento do corpo e de qualquer identificação dele como sendo pessoal.

7) Dificuldade na comunicação e nos relacionamentos, considerando problemático entender a linguagem das outras pessoas.[13]

Ao tentar encontrar exemplos de mapas, achei interessante constatar nunca ter tido conhecimento de clientes meus que tivessem passado por uma EQM. Clientes me revelaram todo tipo imaginável de experiência secreta e traumatizante — especialmente depois que meu livro sobre Plutão foi publicado. Além do mais, em 1991, ao serem requisitados dados, o enorme banco de dados ISAR-Rodden continha apenas cinco casos, incluindo vários que eram astrólogos. Levantei a hipótese de que poucos procuram astrólogos porque não precisam mais de nós. A lista de características de Atwater diz que essas pessoas podem desenvolver capacidades paranormais, incluindo ver além do tempo e experimentar o futuro. Será mais fácil passarmos a atender os membros aflitos de suas famílias.

No entanto, quando escrevi à sra. Atwater sobre isto, ela respondeu: "Conselheiros, sejam ou não astrólogos, *são* sempre necessários para os sobreviventes da quase-morte e outros igualmente transformados. Isto os ajuda a entender quem eram e para onde estão se dirigindo em seu desenvolvimento".[14] Como a astrologia parece ser uma excelente ferramenta exatamente para esse tipo de exploração, ainda é intrigante por que tão poucos são atraídos para nós.

O banco de dados ISAR-Rodden forneceu o mapa de uma mulher que passou pela Experiência de Quase-Morte, e que é mostrado aqui

---

[13] *Coming back to life*, pp. 67-8. Usado sob permissão.
[14] De uma carta datada de 10/4/91.

Aspectos para Mulher com EQM-Geo		
☉ □ ☽ 4A20	☽ △ ⚷ 3S05	♄ △ Mc 4S01
☉ ☌ ☿ 1A51	☿ ✱ ♂ 3A08	♅ ∠ ⚷ 0A05
☉ ✱ ♂ 5A00	☿ △ ♇ 2S26	♆ ✱ Mc 1S05
☉ ⚺ ♃ 1S33	♀ □ ♂ 1S47	♆ □ ⚷ 3A05
☉ △ ♇ 0S34	♀ △ ♅ 0A43	♇ ☍ As 3A29
☉ ✱ As 4A04	♀ ∠ Mc 1A11	☊ ⚺ As 0S39
☽ ✱ ♃ 2A47	♂ ∠ Mc 0S35	☊ ☍ ⚷ 2S42
☽ ✱ ☊ 0S23	♃ ⚻ ♇ 0A58	Mc ⚻ ⚷ 2A00
☽ ⚺ As 0S16	♃ ☌ ☊ 3A10	
☽ □ Mc 5A05	♄ ☍ ♆ 2S56	

Aspectos para sua EQM-Geo.		
☉ ∠ ☽ 1S33	☿ ⚻ ♄ 0A53	♅ ☌ ☊ 1A16
☉ ☌ ☿ 1A10	☿ ☌ ♅ 2A10	♆ ✱ ♇ 1A24
☉ ☌ ♅ 3A19	☿ ☌ ☊ 3A25	♆ ☌ As 6S32
☉ ☌ ☊ 4A35	♀ ∠ ☊ 1S37	♆ □ Mc 0S03
☽ ∠ ☿ 0S24	♂ △ ♃ 0A28	♆ △ ⚷ 3S54
☽ □ ♀ 4A38	♂ △ ♄ 4S31	♇ ⚺ Mc 1A27
☽ ∠ ♅ 1A46	♂ ⚺ ☊ 1S59	♇ ☍ ⚷ 2S30
☽ ⚺ ♆ 0S26	♃ ☌ ♄ 4A59	☊ ✱ As 5S00
☽ ⚺ ♇ 1S50	♃ □ As 2S33	As △ ⚷ 2A39
☽ ✱ Mc 0A23	♄ ⚻ ♅ 1S17	

Aspectos da Sinastria entre a Mulher com EQM, Geo. e sua EQM, Geo.		
☉ ⚼ ♀ 0A25	♂ ⚻ ⚷ 0A37	☊ △ ☉ 1A54
☉ ✱ ♂ 0S03	♃ □ ♂ 1S30	☊ △ ☿ 0A44
☉ ✱ ♃ 0A25	♃ ⚺ ♃ 1A57	☊ ⚺ ♄ 0A08
☉ □ ☊ 2S02	♃ △ ♅ 1S45	☊ △ ♅ 1S25
☽ ☍ ☉ 2S17	♃ △ ☊ 0S29	☊ ∠ ♆ 0A47
☽ ⚼ ☽ 0S44	♄ △ ♀ 1A59	☊ ⚼ Mc 0A44
☽ ☍ ☿ 1S07	♄ ∠ ♃ 1S09	As ⚻ ☿ 1S24
☽ ⚺ ♄ 0S15	♄ ⚼ As 1S24	As ☌ ♄ 0A31
☽ ☍ ♅ 1A02	♅ ☍ ♆ 2S01	As ⚻ ♅ 0A46
☽ ☍ ☊ 2A18	♅ △ ♇ 0S37	Mc □ ☉ 2A48
☿ ✱ ♂ 1S54	♅ □ Mc 2S04	⚷ ✱ ☉ 0S48
☿ ✱ ♃ 1S27	♅ ✱ ⚷ 1S53	⚷ ✱ ☿ 1S58
☿ ⚺ As 1A06	♆ ∠ As 1A32	⚷ ⚼ ♆ 1S55
♀ ⚼ ☉ 1A37	♇ ✱ ♂ 0S31	⚷ ∠ Mc 1S59
♀ △ ♇ 1A20	♇ ☍ ♃ 0A59	
♀ ✱ ⚷ 1S10	♇ ⚺ ☊ 1A28	

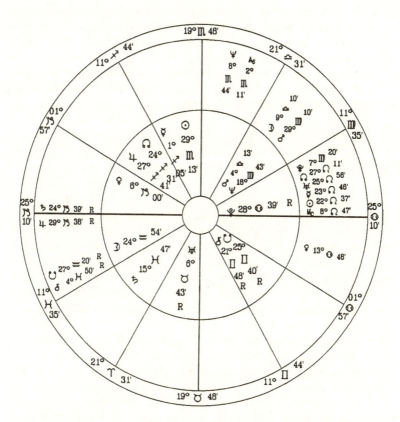

Mapa 2. O anel interno é o mapa natal de uma mulher nascida em 21 de novembro de 1936 às 10h58 CST em Chicago, IL, 41N52; 87W39. Os dados são do banco de dados ISAR-Rodden, fornecidos a Lois Rodden. Esta mulher teve uma EQM (Experiência de Quase-Morte) em agosto de 1961. Como uma aproximação dos trânsitos, as posições planetárias para 15 de agosto de 1961 estão impressas no lado externo do anel. Casas Placidus. Zodíaco Tropical. O Nodo Norte é o Nodo Real; o Nodo Sul é o Nodo Médio. O mapa foi calculado por Astrolabe usando Impressora Nova.

como Mapa 2 (p. 95). A vida dessa mulher está repleta de tragédias. Ela perdeu um filho, um outro filho tentou suicídio em 26 de abril de 1950, sua casa pegou fogo em 23 de agosto de 1965 e seu primeiro marido enforcou-se em 4 de fevereiro de 1983. Ela é certamente classificada como plutoniana! O mapa natal tem um Plutão forte. Ele está apenas a alguns graus de distância do Descendente como o foco de um Olho de Deus, o Sol em Escorpião na 10ª casa, dentro da orbe da Gauquelin de 10 graus do Meio-Céu, e dois planetas na 8ª casa. Embora a data e a hora exatas não sejam conhecidas, ela passou por uma EQM em agosto de 1961. Os trânsitos para meados de agosto estão impressos no círculo externo para que você possa ter uma idéia do que estava ocorrendo. O fato que ativou parece ter sido a conjunção de Júpiter e Saturno cruzando seu Ascendente em Capricórnio e fazendo oposição ao Plutão natal.

Reações emocionais dos contatados por OVNI

Ao considerarmos contatados por OVNIs, surge uma situação delicada. Até os valentes personagens de *Alice no país das maravilhas*, que rotineiramente acreditam em dez coisas impossíveis antes do café da manhã, têm problemas neste caso. Os que aceitam a possibilidade de vida em outros planetas e até a existência de OVNIs ainda tendem a questionar a sanidade de pessoas que alegam ter mantido contato ou ter sido seqüestradas por eles. Felizmente, não teremos de decidir sobre essas questões. Aqui iremos apenas considerar a crise enfrentada por aqueles que acreditam terem sido contatados. Ela irrompe tanto após uma experiência consciente de contato ou, como essa experiência é na maioria das vezes reprimida, após a lembrança do evento. Muito do que foi dito anteriormente sobre a crise provocada pela lembrança de abuso também é válido neste caso.

Mais uma vez, a antologia Grof contém uma abordagem correta e sadia em relação ao aconselhamento de tais pessoas. Recomendo muito o capítulo de Keith Thompson, "The UFO Encounter Experience as a Crisis of Transformation".[15]

Keith Thompson observa que a pergunta mais perplexa dos contatados é: "Por que eu?". Eles experimentam uma sensação de terem sido escolhidos por alguma razão desconhecida para desempenhar algum propósito ou missão desconhecidos. Do mesmo modo que na jornada do herói existe a convocação involuntária. Os contatados geralmente fazem

---

[15] Thompson, Keith. "The UFO Encounter Experience as a Crisis of Transformation ", em Stanislav Grof, MD, e Christina Grof, (editores). *Spiritual Emergency*. Los Angeles, CA: Tarcher, 1989, pp. 122-34.

de conta que a experiência não foi real ou a reprimem, a fim de preservar sua sanidade. Em um determinado ponto, a memória começa a surgir, precipitando uma crise. São então tomados de terror, descrença, e duvidam de si próprios, achando que estão ficando loucos. Tentam falar disso com outras pessoas, mas, quando se deparam com descrença e ridicularização, fecham-se no segredo, sentindo-se isolados. O efeito positivo é geralmente uma mudança na visão de vida, maior e mais complexa do que jamais tiveram. A experiência destrói a realidade e poderá até levar a uma sensação de ser muito especial, com um ego inflado compensatório.

O Mapa 3 (p. 99) é o de Whitley Strieber, o conhecido autor de *Communion* e outros livros sobre seqüestro por OVNI. Embora não seja uma leitura muito fácil, *Communion* merece ser lido por evocar as perturbações emocionais causadas por uma experiência de seqüestro. Strieber descreve que, depois do ocorrido, durante vários anos, viveu um período de terror, de paranóia, em que ia de um lugar para outro, não sendo capaz de organizar sua vida nem de fazê-la funcionar.

Seu livro *Communion* trata especialmente de uma série de eventos ocorridos no período de 1984-1986. O primeiro de uma série de contatos, que envolveu toda sua família, deu-se no Estado de Nova York, em 4 de outubro de 1985, começando ao cair da noite indo até a madrugada. A experiência seguinte, novamente no Estado de Nova York, foi na noite de 26 de dezembro de 1985. Uma terceira ocorrência importante aconteceu nessa mesma cidade em 7 de fevereiro de 1986, na cidade de Nova York, durante o período compreendido entre meia-noite e quatro horas do dia seguinte. (Whitley Strieber com o tempo também resgatou memórias de ter sumido por 24 horas em fins de agosto de 1967, aos doze anos de idade.)

Ele é classificado como uma Pessoa de Planeta Externo (PPE). Sua conjunção natal de Sol-Mercúrio-Urano, em quadratura com Júpiter, sugere uma pessoa extremamente fora do comum ou excêntrica, com tendências a experiências excepcionais. OVNIs e contatos com seres alienígenas parecem estar relacionados a Urano. Seu Plutão também é forte, no Meio-Céu, em conjunção com a Lua e em quadratura com uma cojunção Marte-Venus de 12ª casa, sugerindo impotência para evitar acontecimentos que o atingem contra sua vontade. Naturalmente, muitas pessoas têm um ou mais desses aspectos e não são visitadas por alienígenas — ao menos, não que se lembrem. Os mesmos aspectos de Plutão podem também ser observados em sobreviventes de violência, e são experimentados os mesmos sentimentos de medo, raiva, agressão e vergonha.

Os trânsitos do primeiro seqüestro são também mostrados no Mapa 3. Durante os três seqüestros, Strieber estava passando por uma série de

Aspectos para Whitley Strieber - Geo.		
☉ ☌ ☿ 3A12	☽ □ ♂ 2S07	♂ □ Mc 5S16
☉ ∠ ♀ 0S09	☽ ∠ ♃ 0A16	♃ △ As 3S28
☉ □ ♃ 3S11	☽ ⚹ ♆ 0A06	♄ ☌ ☊ 2A10
☉ ∠ ♇ 1A32	☽ ☌ ♇ 4S59	♆ △ Mc 3S03
☉ ⚺ As 0A17	☽ ☍ Mc 3S09	♇ ⚺ ☊ 0A41
☉ ⚼ Mc 0A18	☿ □ ♃ 0A00	♇ ☍ Mc 1A50
☉ □ ⚷ 5A18	♀ □ ♇ 1A41	☊ ∠ As 1A56
☽ ∠ ☿ 0A15	♀ ⚹ ☊ 2A22	As △ ⚷ 5A01
☽ □ ♀ 3A18	♀ □ Mc 0A09	

Aspectos para o rapto de W.S. - Geo.		
☉ ☍ ☽ 1A24	☽ ⚻ ♄ 0A42	♂ ☌ ♇ 0A50
☉ ☌ ♀ 5A36	☽ ☍ ♆ 0S32	♂ ☍ ☊ 0A00
☉ ⚹ ♂ 2A16	☽ △ ♇ 2A51	♃ ⚹ ♅ 1A58
☉ ⚺ ♄ 0S42	☽ ⚹ ☊ 3A41	♃ ∠ ♆ 1A10
☉ ☌ ♆ 1A57	☽ □ As 4A37	♄ ⚺ ♆ 1S14
☉ ⚹ ♇ 1A26	☽ ☌ Mc 4S44	♆ ⚹ ♇ 3A23
☉ △ ☊ 2A17	☿ ⚹ ♃ 1A08	♆ △ ☊ 4A13
☉ ☍ Mc 6A08	☿ ☌ ♅ 3A06	♆ □ As 4A05
☽ ☍ ♀ 4S12	♀ ☌ ♆ 3A39	♆ ☍ Mc 4A11
☽ △ ♂ 3A41	♀ □ As 0A26	♇ ☍ ☊ 0A50
☽ ⚼ ♃ 1S42	♀ ☍ Mc 0A32	As □ Mc 0A06

Aspectos da Sinastria entre W. Strieber e o rapto de W.S., Geo.		
☉ ⚼ ♂ 0A38	♀ ☍ ♇ 0S03	♇ □ ♂ 0A54
☉ ☍ ♅ 2S47	♀ ☌ ☊ 0S48	♇ □ ♇ 1A44
☉ ⚼ ♇ 0S12	♂ ⚼ ☿ 0A19	♇ □ ☊ 0S54
☉ ∠ ☊ 0A38	♂ △ ♀ 1A40	☊ △ ♂ 1A35
☽ ⚻ ☉ 1A49	♂ △ ♆ 1A59	☊ ⚹ ☊ 1A34
☽ ⚺ ☽ 0A24	♃ ⚻ ♃ 1A34	☊ ⚺ ⚷ 1A27
☽ △ ♄ 1A06	♃ □ ♅ 0A25	As ⚼ ☉ 1S55
☽ ⚼ ♅ 0A40	♄ ⚺ ⚷ 0S43	Mc ⚺ ☉ 1S20
☽ ⚻ ♆ 0S08	♆ □ ☉ 1S42	Mc □ ♂ 0A56
☿ △ ♃ 1S33	♆ □ ☽ 0S18	Mc □ ♇ 0A06
☿ ☍ ♅ 0A25	♆ ⚼ ♃ 1A24	Mc □ ☊ 0A56
♀ △ ☉ 1A29	♆ ⚹ ♄ 1S00	⚷ ☌ As 2A02
♀ ☍ ♂ 0A47	♆ □ ♆ 0A14	⚷ □ Mc 1S56

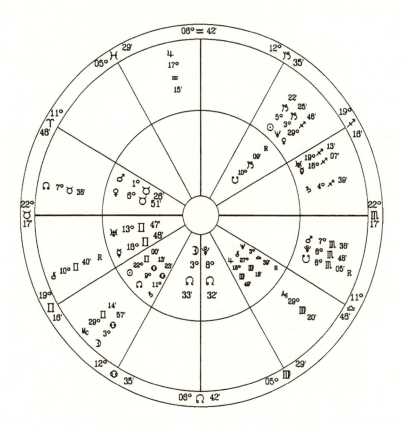

Mapa 3. Whitley Strieber, nascido em 13 de junho de 1945, às 4h45 min., CWT, em San Antonio, TX, 29N25, 98W30. Os dados de nascimento são do DATANEWS, nº 17, 6/89, página 1 de Lois Rodden, conforme constam na certidão de nascimento. Anel externo: trânsitos para a época de seu rapto em 4 de outubro de 1985. Casas Placidus. Zodíaco Tropical. O Nodo Norte é o Nodo Real; o Nodo Sul é o Nodo Médio. Mapa calculado por Astrolabe usando Impressora Nova.

trânsitos descritos anteriormente quando tratamos da crise da meia-idade. Urano oposto ao Urano natal, Netuno em quadratura com Netuno natal, e Plutão em quadratura com Plutão natal. Em alguns pontos do processo, um dos três aspectos era quase exato; em outros pontos, ainda um outro era mais exato. (Se você estiver passando pela crise da meia-idade, leia *Communion* e ela lhe parecerá um piquenique, comparada à dele!)

Quando Plutão entrou em quadratura com o Plutão natal, ele repetiu os aspectos natais à sua Lua, Meio-Céu, Marte e Vênus. Foi ativado, assim, o tema das coisas que acontecem fora de seu controle. Júpiter em Aquário havia apenas cruzado seu Meio-Céu e detonado todos os mesmos aspectos, e a publicação de livros sobre esses eventos realmente acabaram por aumentar a sua fama. A oposição de Urano ao Urano natal também ativou a conjunção natal de Urano com Sol e Mercúrio. Conforme foi mencionado anteriormente, todas as vezes em que aspectos natais se repetem por trânsito ou progressão, é um período bastante significativo. A pessoa provavelmente irá experimentar os eventos sugeridos pelo mapa astral.

E isto é apenas uma amostra!

Mesmo que dediquemos um livro inteiro ao assunto, não conseguiríamos abranger todos os tipos de crise, espirituais ou mundanas, que confrontam o astrólogo profissional. Progredimos da crise comum ou "normal", como a menopausa, para outras mais misteriosas, como ser levado para um passeio em uma nave espacial.

Sem dúvida, você achará instrutivo ler livros sobre estes e outros pontos críticos na vida das pessoas, como o divórcio ou a morte inesperada de um ente querido. Quanto mais souber sobre as tensões com que se deparam as pessoas no curso da vida, mais ajuda poderá prestar. Sendo assim, este capítulo foi apenas um ponto de partida em um processo dinâmico de auto-educação. Dessa forma, esperamos ter conseguido fornecer-lhe alguns exemplos e alguns princípios de aconselhamento que irão ajudá-lo a apoiar clientes em situações de emergência.

CAPÍTULO

4

ENCONTRANDO OUTROS RECURSOS PARA SEUS CLIENTES

Os problemas pessoais descobertos ao se fazer a leitura de um mapa podem ser complexos. O instrumental usado pelos astrólogos é brilhante no esclarecimento de padrões disfuncionais de comportamento e raciocínio, e para destacar problemas atuais. Porém, tendo alcançado esse nível de esclarecimento durante a sessão, os clientes irão perguntar: "E agora?".

Quando o astrólogo não tem respostas, os clientes tendem a ir para casa com uma sensação de frustração. O ódio por si próprio pode até aumentar porque, agora, eles têm certa percepção, mas ainda não podem fazer nada para mudar padrões indesejados. O profissional também pode sentir-se frustrado. Muitos dos que poderiam ser astrólogos talentosos simplesmente não praticam, pois sentem-se impotentes para fazer algo no sentido de ajudar pessoas em dificuldades.

Tendo identificado os problemas, sem dúvida você também estará perguntando: "E agora?". Parte da resposta é que os astrólogos devem descobrir os recursos existentes. Então os clientes serão encaminhados para tais lugares onde poderão obter ajuda. Os objetivos deste capítulo são aprender a desenvolver uma rede de recursos e a fazer referências eficientes.

Quando trabalhamos na área de ajuda, temos a responsabilidade de conhecer nossas limitações, para que não causemos danos nem aos clientes, nem a nós mesmos ao superestimarmos a extensão de nossa capacidade. Uma das grandes limitações da astrologia é que ela é uma ferramenta fantástica para diagnóstico, mas não significa cura. O horóscopo tem sido associado a um raio-x da alma. Se você quebra uma perna, e tudo o que o médico faz é simplesmente tirar um raio-x, você dirá, com razão: "Isto eu sabia". Esta é uma das razões por que a astrologia não é mais popular. Devemos ser mais do que técnicos de raio-x, embora divinamente inspirados. Deveríamos poder sugerir algumas soluções para os problemas de nossos clientes.

Muitos astrólogos profissionais, inclusive eu mesma, enfrentaram essa limitação, em parte, aprendendo algum modo de curar e incluindo-o em sua prática. Vários retornaram à escola para estudar aconselhamento. No entanto, nem todos podemos ser terapeutas e, mesmo que estejamos treinados para algum tipo de aconselhamento, ainda não podemos abranger todo o espectro de problemas. A identificação de uma variedade de recursos torna você mais útil àqueles clientes que devem ter um acompanhamento nos problemas que você levantar. Muitos dos que vêm a nós, sobretudo os com antecedentes de violência, podem ter proveito com um trabalho corporal. Muitos querem grupos. Muitos clientes apresentam problemas de saúde. Alguns necessitam de atenção em uma crise, ou até um lugar para ficar em uma emergência. Seus filhos talvez precisem de um serviço especial. Seus entes queridos podem estar necessitando de uma desintoxicação alcoólica ou de drogas.

Os astrólogos estão em posição privilegiada para dar indicações. Muitos, que nem sequer imaginariam fazer uma terapia, acham menos ameaçador ir a uma leitura de mapa. Dizer que está "apenas curioso" para conhecer seu futuro é menos humilhante do que dizer que precisa de ajuda. Estamos na linha de frente, e geralmente recebemos pessoas que estão passando por importantes mudanças ou em crise.

Em ocasiões tão vulneráveis, as pessoas estão mais propensas a mudar padrões autodestrutivos porque está claro que eles não funcionam mais. Geralmente, os clientes simplesmente não conhecem os serviços ou os métodos de cura que possibilitariam o estabelecimento de comportamentos mais saudáveis. O astrólogo que tem um conhecimento funcional de boas fontes de cura poderá exercer um profundo impacto.

Tipos de informações indicadas pelos vários trânsitos

Os trânsitos de Saturno, Urano, Netuno ou Plutão sobre os planetas natais ou pontos pessoais apontam as épocas em que as pessoas poderão realizar um trabalho essencial para se desfazerem de velhos padrões. Plutão está quase sempre envolvido em psicoterapia ou outros esforços de cura, mas as pessoas podem, também, fazer bastante progresso durante outros trânsitos importantes. E, com base nesses trânsitos, você até pode fazer recomendações sobre o tipo de terapeuta e de terapia.

Por exemplo, trânsitos difíceis sobre a Lua indicam ocasiões eficazes para psicoterapia. Aqui, os clientes consideram produtivo sondar as emoções — na realidade, eles serão bastante pressionados para evitá-las! Eles podem, também, rever sua infância, especialmente os assuntos relacionados à mãe, segurança e dependência. Como a Lua está envolvida, uma terapeuta protetora seria a melhor escolha, pois ela forneceria uma corretiva experiência maternal. Se o cliente se sente mais à vontade com um terapeuta, talvez por ter tido uma mãe violenta, então seria melhor um homem com características lunares. No entanto, talvez você queira explicar ao cliente que assuntos relacionados com a mãe o estão pressionando, e que esta seria uma excelente ocasião para abordá-los.

Durante outros trânsitos, talvez seja melhor procurar a ajuda de alguém do sexo masculino. Aspectos desafiadores ao Sol, tais como os de Saturno ou de Plutão, irão mostrar assuntos relacionados ao pai e seus efeitos na auto-estima e no conceito pessoal. Assim, uma figura paterna bondosa, possivelmente mais velha, seria adequada para curar aquele lado da personalidade que ainda está procurando a aprovação do pai. Aqui seriam produtivas as técnicas relacionadas à auto-estima. O instrumental útil durante esses aspectos são as afirmações de auto-estima, trabalho sobre a criança interior, limpeza do chacra do plexo solar através do método Reiki ou da meditação, e remédios florais para autovalorização.

Modelos de papéis masculinos também poderão ser úteis, tanto para clientes homens como para mulheres, durante os trânsitos de planetas externos sobre Marte natal. Estas são ocasiões-chave para aprender afirmativas, liberar a raiva acumulada do passado, desenvolver novas técnicas para lidar com o conflito e permitir-se a experiência de uma competição saudável. Os métodos indicados podem ser treinamento de pensamento positivo, terapia bioenergética ou artes marciais, sendo o tai chi mais indicado quando Netuno fizer aspectos com Marte.

Trânsitos através da 1ª, 6ª ou 12ª casas ou aspectos a planetas nestas casas geralmente sugerem a necessidade de cuidados com a saúde ou de trabalho corporal, como shiatsu, acupuntura, ou massagem terapêutica. Aspectos com Ascendente são outros indicadores. Até os trígonos e sextis a essas posições poderão indicar uma abordagem física. As pessoas geralmente usam espontaneamente estes aspectos mais suaves para iniciar novos regimes de emagrecimento e condicionamento físico como ioga, jogging, ou alimentação mais saudável.

Embora essas três casas estejam relacionadas à saúde, os trânsitos através delas não são necessariamente marcados por doenças. Eles mostram quando se poderá fazer um progresso, libertando o corpo de dificuldades passadas. Por exemplo, uma mulher resolveu se tratar com Rolfing, quando Saturno estava em quadratura com seu Plutão de 1ª casa. Um alto nível de tensão e medo cristalizado veio à tona durante essa forma bastante dolorosa de trabalho corporal, que consiste na retirada de nós dos músculos. No entanto, durante os sete anos seguinte, ela ficou totalmente livre de um problema crônico nas costas.

Os trânsitos através da 11ª casa, ou ativando planetas na 11ª casa, mostram épocas em que o trabalho com grupos poderá ser produtivo. Os trânsitos de Urano, em geral, possuem a sugestão de processo grupal, não apenas quando envolvem a 11ª casa. Os trânsitos de Netuno na 11ª casa ou a planetas na 11ª sugerem épocas em que grupos de meditação e outros encontros espirituais ou programas de Doze Passos são uma ajuda salvadora. Mesmo assim, seria bom que as pessoas não abdicassem de sua individualidade, de modo que não venham a sofrer uma desilusão. Os trânsitos de Plutão por estas mesmas posições poderão indicar muita cura vinda desses grupos. No entanto, tais clientes devem tomar cuidado para não se envolverem em grupos políticos nem se tornarem co-dependentes de companheiros, a fim de evitar usar a energia de Plutão por caminhos menos iluminados.

Os trânsitos ou aspectos de Saturno na 11ª casa são períodos em que a participação em associações ou redes de profissionais poderá apoiar um forte sentido de vocação e resultar em desenvolvimento de carreira. Quando Saturno transita através da 11ª casa, esta associação com colegas é um impulso natural. É o desdobrar do trânsito anterior através da 10ª casa, quando foram construídas novas fundações para a carreira. A jornada de um ano de Júpiter através da 11ª casa é uma época em que os grupos podem trazer crescimento, apoiando uma expansão mais generalizada. (No ano seguinte, quando Júpiter transita através da 12ª casa, as pessoas podem se retirar de um certo contato social, mas continuarão este crescimento através da contemplação e de trabalho interno.)

Não quero fazer com que os trânsitos dos planetas externos pareçam fabulosos, pois em geral eles trazem dor. Podem, também, trazer confrontações memoráveis com a realidade e com outras pessoas. No entanto, é exatamente devido a dificuldades como estas que começamos a querer mudar. Além disso, ao perceber a aproximação de épocas críticas, as pessoas podem começar a trabalhar na desintoxicação e na cura daquelas áreas da vida onde estão ocorrendo os trânsitos.

Se for usada deste modo, a astrologia poderá ser uma poderosa ferramenta preventiva, e os astrólogos que possam sugerir recursos para a cura estarão em condições de prestar um grande serviço. Com preparação e trabalho preventivo, as piores ramificações de um trânsito tendem a não se manifestar e as mais elevadas experiências destas energias planetárias poderão ser vivenciadas. Por exemplo, suponhamos que um cliente esteja passando por um trânsito de Plutão sobre um Marte natal bastante tensionado. Há um histórico de atração de violência, e você pode, com razão, temer que a história se repita, com resultados devastadores. Pode ser feita uma prevenção, indicando ao cliente um treinamento de afirmativas ou terapia bioenergética, para liberar a raiva bloqueada que estava voltada para dentro.

Motivar o cliente a procurar tratamento

Mais tarde, você irá aprender a desenvolver uma rede de recursos. Comecemos, porém, estudando como fazer uma indicação eficaz. A não ser que os clientes sejam abordados com habilidade e de modo sensível, é bem provável que eles jamais sigam suas recomendações. Suponha que, em uma leitura, você tenha tocado em alguns assuntos dolorosos. Você conversou sobre áreas da vida do cliente que não estão funcionando, ou são autodestrutivas, mas crê que com tratamento adequado essas áreas poderão melhorar. Agora, sua tarefa é motivar o cliente a procurar ajuda.

Esta é uma das maiores razões para você não gastar horas apontando tudo o que há de errado no mapa mas, ao contrário, concentrar-se nas preocupações atuais do cliente. O Capítulo 1 mostrou a sabedoria de se estabelecer um acordo sobre os assuntos que serão abordados pela leitura. Ao enfocar áreas de visível desconforto, você obterá mais participação ativa do que resistência. Uma sessão que trata de assuntos identificados pelo cliente irá motivá-lo mais. Ao contrário, uma sessão na qual o astrólogo martela todos os problemas, numa rajada rápida sobre todo o horóscopo, irá fazer o cliente desistir, em desespero.

Os trânsitos dos planetas externos e as perturbações que lhes são inerentes proporcionam motivação. O tempo é tudo. Em geral, as pessoas vivem uma situação ruim durante vários anos — infelizes, mas não dispostas a abordar o problema. Muitas mudam somente quando o desconforto de não mudar é maior do que o de mudar. Os períodos de crise estão geralmente associados com os trânsitos dos planetas exteriores e dão um grande impulso para a transformação. A ameaça da perda é a que mais estimula o crescimento.

Mesmo quando não há nenhuma emergência, o sofrimento trazido pelos trânsitos dos planetas externos é, em geral, um ponto crítico, uma saída oportuna para se mudar dificuldades arraigadas há muito tempo. Esses aspectos quase sempre levam as disfunções a um ponto de saturação, em que as defesas psicológicas não funcionam mais; portanto, uma intervenção eficiente pode fornecer uma nova abordagem mais saudável. Os trânsitos de Saturno-Netuno afetam a mente, assim como os de

Plutão atingem os pontos pessoais. Sem dúvida, você tem seus próprios adjetivos.

Por exemplo, suponha que uma cliente com uma conjunção Vênus-Netuno na 5ª casa tenha um antigo padrão de relações dolorosas com alcoólatras. Agora, Plutão está transitando sobre a conjunção, e ela está enrolada no Caso Amoroso Infernal. Esta seria uma ocasião oportuna para sugerir a Alanon. Caso você próprio já tenha estado em uma reunião da Alanon, poderá falar de modo mais convincente sobre seu funcionamento. Experimente participar de uma delas.

Os trânsitos dos planetas exteriores são especialmente cruciais quando os aspectos em trânsito repetem aspectos natais difíceis. Por exemplo, suponhamos que o mapa natal tenha uma quadratura Sol-Plutão, e agora Plutão, em trânsito, esteja em oposição àquele Sol. Quando os aspectos natais se repetem desse modo, o indivíduo pode finalmente se cansar de algum comportamento autodestrutivo, ou se sentir preparado para abandonar alguma pessoa ou situação prejudicial. É comum se ter a experiência da exaustão de um padrão destrutivo, e se tomar a decisão de mudar completamente. A reavaliação interna de tais aspectos é um estímulo para o crescimento. No meio da busca da alma, as pessoas estão mais abertas para sugestões sobre métodos de cura.

Descubra, através de suas reações, até que ponto seus clientes estão prontos para aceitar uma recomendação. Se a resposta for fria, talvez ainda seja cedo no trânsito, que, geralmente, se repete três vezes. Na primeira passagem do aspecto, é fácil fazer de conta que a perturbação irá passar, e a vida voltará ao normal. Se os clientes lhe dizem sim sobre ir a algum lugar, mas se mostram indiferentes em relação às suas sugestões, talvez ainda estejam em estado de negação. Podem não aceitar algo que deve ser feito até a segunda ou terceira passagem. Esta é uma outra razão pela qual a gravação é vital. Ao ouvi-la, os clientes poderão escutar novamente suas recomendações, mais tarde — quando eles realmente a ouvem.

Uma outra fonte de motivação é o conhecimento de várias terapias. Muitas pessoas permanecem em altos e baixos comportamentais indesejáveis porque não sabem que existem outras opções possíveis. Ou, talvez, elas conheçam outras formas de reagir, mas não têm idéia de como sair de onde estão para se colocar em uma posição mais saudável. Ao lhes informar sobre pessoas que podem ajudá-las, trabalhando com elas, a fim de transformar seus padrões desconfortáveis, você lhes dará esperanças de um futuro melhor.

Finalmente, apoio e encorajamento também reforçam a vontade de mudar. Você pode apoiar seus clientes mostrando-lhes o uso mais evoluído das posições do mapa e identificando-se pessoalmente com as melhores qualidades deles. Nunca subestime a importância que a leitura de um mapa pode ter na vida dos clientes. Ela pode restaurar suas visões, e os colocará novamente em contato com suas capacidades e seu propósito de vida. Muitos se desencorajam com os obstáculos que encontraram, e também sofrem de baixa auto-estima. Alguns não têm uma rede de apoio, ou — pior — pessoas significativas os diminuem. Eles irão perceber se você estiver sendo falso em seu encorajamento, mas será uma fonte de ajuda se você acreditar sinceramente que eles poderão se tornar melhores. Às vezes o papel de animador de torcida deve vir antes do de astrólogo, para que o papel do astrólogo como fonte de ajuda seja eficiente.

Entendendo os sentimentos do cliente quanto a procurar ajuda

O fato de você simplesmente dar um cartão com um nome aos clientes, não garante que eles irão telefonar em busca de ajuda adicional. Você deve trabalhar com suas preocupações sobre procurar tratamento. A resistência a tais sugestões é normal e, até certo grau, um sinal de independência saudável. Apenas os muito dependentes se entusiasmam com a sugestão de encontrar alguém para cuidar deles. Para muitas pessoas, falar sobre seus problemas pessoais fora de seu círculo familiar é uma idéia estranha. Admitir para um desconhecido que você não é capaz de ajudar a si mesmo é doloroso. Defendemos, vigorosamente, a nós e a nosso frágil amor-próprio de um mundo que é geralmente insensível.

Em Nova York, essa relutância não é tão universal. Pessoas educadas vão à terapia por qualquer motivo. Ao ir a um restaurante, você nota todos em volta conversando sobre o que disseram ao terapeuta e contando as brilhantes interpretações dadas por ele. Em agosto, quando todos os terapeutas estão em férias, você deveria ouvir as reclamações e as lamentações! Enquanto vivi em Nova York, em todos os verões fiz uma seqüência de anúncios, de muito sucesso, com o título "O que fazer enquanto seu terapeuta estiver fora". Fora de Nova York, você terá de trabalhar mais para fazer uma lista de referências.

Os homens, especialmente, têm dificuldade para admitir que precisam de ajuda. (Isto é verdade até na prática astrológica. Você poderá descobrir que tem cerca de quatro clientes mulheres para cada homem.) Devido a uma combinação de condicionamento cultural com biologia, a maioria dos homens acredita que serão um fracasso se não puderem enfrentar seus problemas sozinhos. Acham que as emoções abordadas em terapia — como tristeza, dependência ou falta de confiança — são bastante intimidadoras.

Filhos adultos de alcoólicos e de famílias disfuncionais são um outro grupo que tem dificuldade para pedir assistência. Por razões discutidas no Capítulo 5, um número desproporcional de clientes de astrologia vem dessas famílias — mais do que sua porcentagem na população. Cabe a nós saber os efeitos a longo prazo de antecedentes como esses e ter a capacidade para conversar sobre a relevância de tais assuntos, que surgem na leitura. Devemos, também, poder sugerir livros, grupos e outros recursos que poderão curar a síndrome, como os que estudamos no referido capítulo.

Há várias razões pela quais este grupo, geralmente perturbado, tem dificuldade para aceitar indicações. Uma delas é que eles foram fortemente condicionados a não falar sobre a família, a ninguém. Essas pessoas ficam muito embaraçadas em relação ao seu passado e têm um profundo sentimento de vergonha pessoal, o que torna difícil conseguirem abrir-se com os outros. Estão sempre negando as conseqüencias de sua infância e apresentam uma fachada determinada de "Tenho tudo sob controle". Naquele ambiente perturbado, os cuidados provavelmente foram esparsos, ou emocionalmente dispendiosos. Para sobreviver, a criança talvez tenha aprendido uma dura auto-suficiência, que carrega na fase adulta.

Finalmente, muitas dessas crianças precisaram cuidar de alguém muito cedo, não apenas seus irmãos, mas muitas vezes dos próprios pais. Quando adultos, elas sentem-se muito mais seguras cuidando de alguém do que procurando ajuda para si próprias. Sua auto-estima e o desejo de controlar estão ameaçados, e direcionar sua atenção para as necessidades de outras pessoas é, também, uma fuga para sua própria dor.

Um número desproporcional de astrólogos também vem de tais famílias. Eles talvez tenham muitas dessas mesmas defesas — e muitas das mesmas dificuldades em sua vidas pessoais. Assim, eles mesmos, também, se sentem mais seguros prestando ajuda. Pode ser mais confortável focalizar os problemas dos clientes enquanto se vive na negação dos efeitos de sua história em sua própria vida. Constitui um problema insistir em que um cliente precisa de ajuda enquanto se nega os próprios entraves. Clientes espertos tendem a perceber a discrepância e a rejeitar a referência juntamente com a fonte. (Cuidado, especialmente, com os plutonianos com olhos de águia. Nada passa despercebido por eles!)

Vários tipos planetários têm suas próprias dificuldades em aceitar indicações. A razão pela qual os plutonianos o observam com tamanha intensidade é que eles foram terrivelmente traídos no passado, provavelmente de modo repetitivo. Tais experiências tornam difícil para eles acreditarem em você ou em alguém que você venha a indicar. Os plutonianos são também aqueles que têm mais histórias de horror sobre seus terapeutas e médicos do que qualquer outro grupo. É bem possível que eles brinquem e acabem criando reações ofensivas por parte dos que os ajudam.

Os saturninos gostam de sentir que têm o controle de tudo, e que podem cuidar de si próprios. Eles acham que admitir que precisam de ajuda é uma admissão de fracasso. Os uranianos defendem zelosamente sua independência, sendo o desprezo e o desafio suas principais defesas. E daí, se eles não se encaixam? É um problema da sociedade, portanto, a sociedade deve mudar. (Quem sabe, talvez eles estejam certos!) Áries também é ferozmente independente. No que se refere à solução de seus problemas, o termo adequado para os três grupos é antidependentes. Isto é, não se trata de eles pensarem que podem fazer tudo sozinhos — é confiar nos outros que parece perigoso. Assim, eles combatem a dependência — e você — com todas as suas forças. Os netunianos talvez não procurem ajuda porque não se consideram dignos. Embora estejamos falando sobre tipos planetários puros, em algum nível todos nós temos algumas dessas resistências relacionadas a Saturno, Urano, Netuno e Plutão.

Dada a aversão que tantas pessoas sentem em procurar tratamento, como você poderá introduzir o assunto? Primeiro, certifique-se de fazer a sugestão com grande sensibilidade. Coloque-se no lugar do cliente e imagine como iria se sentir ao ouvir tais palavras. Fale sobre procurar uma forma de cura de modo a deixar intacta a auto-estima. Faça isso de maneira suave, com tato, como você gostaria de ser tratado se estivesse na mesma posição.

Para ter uma idéia de como os clientes se sentem, imagine que você mesmo está indo para uma terapia e que esta é a sua primeira entrevista. Como iria se sentir ao encontrar um estranho e conversar sobre seus problemas? Como iria admitir suas falhas e seus reveses para alguém que você nunca viu antes? Como seria contar a história de sua vida e os detalhes íntimos de sua situação atual? Como você se sentiria ao saber que esses fatos particulares estão sendo anotados em uma ficha?

É muito importante que você considere essas perguntas, caso nunca tenha passado por alguma forma de terapia. Isto irá lhe dar uma idéia do que seus clientes possam estar sentindo. Caso tenha recebido ajuda no passado, lembre-se de como foi sentida a aplicação do processo e as primeiras sessões.

Um exercício de empatia

Tornemos mais real, para você, a experiência de procurar ajuda. Tanto em seu grupo ou em sua classe de astrologia, ou com outro profissional, faça uma dupla e reveze-se no papel de astrólogo e de cliente. A finalidade é descobrir a sensação de falar com alguém que você não conhece direito.

Para que esse exercício dê certo, é essencial assegurar o direito à privacidade do participante — até o astrólogo, membro do par, não poderá dizer o que ouve em voz alta. (Possivelmente a norma principal para qualquer pessoa que presta ajuda é nunca repetir o que lhes foi dito em tom confidencial.)

Agora, o membro cliente do par conta, ao astrólogo, uma área da vida que ele ou ela querem melhorar e onde existe algum desconforto. Uma vez identificado o problema do cliente, o astrólogo irá sugerir-lhe que peça ajuda nessa área. Se o cliente hesitar, o astrólogo deverá explorar o que as hesitações representam.

Quando achar que a conversa está concluída, troque de lugar e deixe que o membro do par que foi o astrólogo, torne-se agora o cliente. Repita o processo. Em seguida, o grupo irá discutir como foi ter estado na posição de cliente.

Se algum membro não tiver uma área necessitando de melhoria, então o grupo deve parar o exercício, ajoelhar e render graças a Deus. Tal perfeição é quase impossível de se encontrar em todo o planeta. O indivíduo não deveria perder tempo com astrologia. Há uma excelente posição para ele no cargo de novo avatar mundial.

Quando o cliente resiste à indicação

Durante a leitura, os clientes em geral resistem em tomar conhecimento de que precisam de tratamento; assim, você poderá sentir que não causou grande impacto. Saiba que você plantou a semente para um autoquestionamento e forneceu esperança para uma mudança. Já trabalhei com verdadeiras mulas que pareciam não perceber nem um pouco minhas brilhantes percepções nem minhas soluções inspiradas! Mais tarde, quando encontrei algumas delas, foi gratificante descobrir que elas não só haviam considerado as sugestões, mas foram além do que eu jamais imaginara.

Muitos clientes, aparentemente resistentes, me telefonam seis meses depois, quando o trânsito previsto está intenso e difícil, e perguntam: "Ora, quem é mesmo aquela pessoa que você me disse para procurar? Perdi o número de telefone dela". Isto é comumente mais do que um simples pedido de informação. Em geral é uma necessidade de confirmar que eles estão no caminho certo para buscar ajuda. Nesse ponto, você poderá iniciar a conversa sobre essa prontidão do cliente perguntando: "Como você se sente, agora, em relação à dificuldade sobre a qual discutimos?".

Ao se defrontar com um cliente aparentemente resistente, plante a semente e não se preocupe mais. Não fique insistindo em seu desejo de salvar, nem na necessidade jupiteriana de estar certo. Relaxe na certeza de que aquelas sementes irão brotar conforme o trânsito for progredindo e o processo se intensificando. Muitos clientes acharão mais fácil prestar atenção ao que você disse quando ouvirem a fita. Na privacidade de suas próprias casas, sem ter de enfrentá-lo e admitir a necessidade de mudar, eles poderão ficar menos defensivos.

No entanto, você pode descobrir que encontra menos resistência conforme vai tendo mais conhecimento sobre o que existe na área, e mais confiante ao dar indicações. Também será mais convincente ou atrairá clientes que estejam prontos para aceitar os tipos de recursos com os quais você está familiarizado. Como a maioria das formas de interação humana, a prática da astrologia é governada pelas leis da atração magnética. Na prática, isto significa que as pessoas que precisam do que você tem a oferecer serão atraídas em sua direção, mesmo que elas, conscientemente, não saibam o porquê. Sendo assim, logo que você souber da existência de uma determinada fonte de cura, os clientes que estiverem precisando dela irão aparecer. O simples processo de procurar recursos irá magnetizar muitos novos clientes que estejam precisando do que você, agora, tem para lhes oferecer. (Ao contrário, quando uma prática de astrologia se esgota ou caminha para a estagnação, isto significa que o astrólogo deixou de progredir e precisa encontrar algo novo para oferecer.)

Entendendo o conceito de ganho secundário

Para frustração do astrólogo bem-intencionado, existem clientes que parecem ter a necessidade de viverem pendurados em seus próprios problemas. Eles não crescem durante seus trânsitos difíceis, e particularmente nem desejam fazê-lo. Muitos têm o que chamo de "A Amada Aflição". Repare em seus rostos quando eles falam sobre seus problemas. Irá perceber uma espécie de auto-satisfação, quase um orgulho em relação à aflição. Ela derrotou os melhores esforços da família, dos amigos e das pessoas que lhe prestam ajuda.

Ao lhes sugerir uma solução, surge um sorriso em seus rostos quando eles dizem que já tentaram mas não funcionou, ou quando dão a desculpa perfeita. Por outro lado, os clientes podem objetar legitimamente um determinado método e dizer que este não funcionou para eles. Isto não é resistência, é uma informação. A diferença é que aquele que brinca insiste em contradizer todas as sugestões, muitas vezes nem sequer ouvindo o que você diz, antes de dar a desculpa. Além do mais, eles estão se divertindo ao tentar desmascará-lo!

Por que alguém pode sentir-se gratificado persistindo no sofrimento, em vez de se livrar dele? Os terapeutas chamam esse fenômeno de *ganho secundário*. Não, astrólogos, ganhos secundários não são as coisas boas que você ganha quando Vênus ou Júpiter progredidos realizam algo de bom em seu mapa. Esses ganhos são benefícios paralelos de se ter um sintoma que ultrapassa, na mente de certos clientes, os benefícios de ficar melhor. O drama e o sofrimento talvez sejam tudo o que os torna importantes. Tornaram-se parte de seu autoconceito, uma qualidade que os torna especiais. Talvez seja o seu único modo legítimo de procurar atenção e carinho.

Diferentes tipos planetários encontram diferentes ganhos secundários em seus sintomas. Em minha experiência, os netunianos são especialmente inclinados a apresentar esse fenômeno. Estão acostumados com o sofrimento, até afeiçoados a ele, como se isto lhes garantisse alguns créditos a mais no céu. Afinal, vejam o exemplo de Jesus! O sofrimento pode até servir como punição que eles acreditam merecer, por uma razão obscura. Com uranianos, o problema poderá ser realmente torná-los indivíduos, e assim provar à sociedade — sem mencionar seus pais — que ela está errada.

Os plutonianos se agarram às dificuldades em nome da vingança. (Chamo a casa onde está Plutão de casa do fracasso-em-benefício.) Eles também podem usar sua doença ou sintoma como forma de manipulação e controle dos que os rodeiam. Para virginianos, suas várias doenças os autorizam a tirar folgas extremamente necessárias. Qual seria o benefício para Libra? Para Câncer? Para Capricórnio?

Quando você encontra clientes que recebem enormes ganhos secundários através de seus sintomas, o prognóstico é questionável. Terapeutas treinados e profissionais da saúde têm um duro trabalho com eles, também. Em vez de se deixar apanhar neste jogo, desligue-se — se possível, de modo compassivo. Nas vidas dessas pessoas, os sintomas preenchem um grande vazio espiritual e uma falta de significado. A pergunta subjacente para tais pessoas é: o que elas irão obter se desistirem do problema? O que irá preencher o vazio que ficou? É melhor que seja algo bom!

Respeitando as escolhas dos clientes

Considere, também, se os clientes que recusam indicações estão resistindo ou agindo sob escolha inconsciente ou superconsciente. O conceito de liberdade de escolha é, em si, liberador. No entanto, os que chamo de "Metafísicos de Araque" geralmente transformam a idéia de que criamos nossa própria realidade em uma forma hostil de individuação superior. Eles se consideram muito superiores àqueles cuja realidade não é tão bem-sucedida em termos mundanos como a deles. Posso ouvi-los dizer: "Por que você ESCOLHEU entrar em uma traição após a outra em seus relacionamentos? Onde isso vai levar?".[1]

Os clientes, então, sentem-se culpados por terem um problema, pois isto significa, obviamente, que são incapazes de escolher direito, mesmo que você, agora, os tenha informado que eles têm escolha. Uma convencida metafísica novata me disse, inclusive, que ela não se importa quando um homossexual morre de Aids, pois, afinal de contas, foi sua escolha. Isto não é sabedoria espiritual, gente! É verniz, homofobia Nova Era! (Isto não seria tão mau se ela não fosse a proprietária da livraria Nova Era da sua comunidade e não estivesse se estabelecendo como guru local.)

Qual defesa podem apresentar os clientes quando lhes é dito que foram eles a escolher essa experiência autodestrutiva, ou que seu pensamento negativo deve tê-la criado? O problema é que há escolhas e escolhas. As pessoas tomam decisões de vida extremamentes difíceis em níveis que não são acessíveis à mente consciente. Um nível está no inconsciente. As motivações e as programações passadas estão muitas vezes reprimidas e, assim, operam sem que o indivíduo perceba. Quando for assim, você poderá apresentar todas as opções que quiser, mas o indivíduo ainda não será capaz de tomar medidas positivas.

Por exemplo, algumas pessoas tomam decisões cruciais na infância e depois se esquecem disso. ("Nunca irei me casar" ou "Vou consertá-los — Irei falhar em tudo o que eu tentar".) Para essas pessoas, só o *insight* não é suficiente. Talvez sejam necessários a terapia, um trabalho de cura e, provavelmente, o apoio de um grupo de auto-ajuda para aplicar o *insight* na liberação da programação passada.

Descobrir tais decisões e cancelá-las pode ser necessário para que tais pessoas tenham a liberdade de escolher alguma outra coisa. A escritora metafísica Sondra Ray desenvolveu um instrumental que meus clientes consideraram poderoso para revogar tais decisões. Ela recomenda que você escreva a mesma afirmação setenta vezes por dia, durante sete dias, pois setenta vezes sete é um número mágico para se completar algo.[2] Os estudantes de metafísica sentem-se freqüentemente frustrados quando seus repetidos pensamentos positivos e suas visualizações não funcionam. Afirmações açucaradas, como "Que fluam amor e abundância em minha vida", são geralmente ineficazes, porque decisões e

---

[1] Esta seção é extraída de meu prefácio ao excelente livro de Gail Fairfield, *Choice-centered astrology*, 1990. Ramp Creek Publishing Company, Box 8, Smithville, IN 47458.
[2] Ver o uso que Sondra Ray faz dessa técnica em seus dois excelentes livros, publicados pela Celestial Arts: *The only diet there is* (1981) e *I deserve love* (1987).

crenças negativas lhes dão contra-ordens. Aqui estão alguns exemplos de afirmações eficazes para essa técnica: "Liberto-me das opiniões de meus pais sobre meus talentos". "Desligo-me de minha ligação com a pobreza de minha família" ou "Quero me libertar da dor de meu divórcio". Freqüentemente, temos que desprogramar antes que possamos reprogramar.

Além disso, fazemos algumas escolhas extremamente importantes, como as relacionadas à dependência, no nível da alma, durante o período anterior ao nascimento, quando selecionamos as tarefas de vida, nossos companheiros, e até nossos pais. Os que resistem à terapia, ou que parecem não se beneficiar dela, podem ter tomado decisões naquele nível. Talvez não adiante alertar as pessoas dependentes de álcool, drogas, comida, ou aos dependentes de dívidas, que elas têm uma escolha quanto ao uso de Netuno — continuar na dependência ou procurar o caminho espiritual. Quem bebe em demasia ou o usuário de drogas talvez tenha ainda alguma forma de escolha. No entanto, os que são realmente dependentes perderam o poder de decidir se querem ou não fazer uso da substância.

Os adultos em geral não têm consciência de sua escolhas anteriores ao nascimento mas, mesmo assim, elas podem dominar suas decisões conscientes, e até parecerem contrárias aos melhores interesses do indivíduo. Tais experiências não são necessariamente castigo por erros de vidas passadas, mas podem ter sido selecionadas para o crescimento do espírito. Para se tornar completa, a alma procura a experiência mais importante possível, no curso de centenas de encarnações. É importante saber, no entanto, que a dependência ou um parceiro violento não precisam ser escolhas para toda a vida. Se você tomar consciência das razões por trás da escolha e se curar dos efeitos residuais, essa lição particular não precisará durar uma vida inteira.

Finalmente, há as escolhas coletivas que devem ser levadas em conta. Um erro da geração de Plutão em Leão é pensar que são o centro do universo, e que têm liberdade ilimitada. A humanidade, como um todo, toma certas decisões em várias épocas da história. As pessoas nascidas durante tal época devem, então, viver de acordo com a matriz criada por essa decisão e, de um certo modo, elas têm seu destino individual delimitado pelas conseqüências. A força e a posição dos planetas exteriores no horóscopo mostram a dimensão de nossa participação no desdobramento coletivo.

Em nossa época, estamos experenciando uma grande dificuldade nos relacionamentos. No plano individual, isto pode parecer um fracasso ou uma neurose. A explicação aqui, creio eu, é um desejo coletivo de reestruturar a natureza da própria relação — uma importante contribuição da geração de Netuno em Libra. Estamos tentando sair de um modelo tradicional de dependência e de rigidez de papéis. O novo modelo é o de dois seres humanos iguais, independentes, unindo-se por livre escolha, e não por necessidade biodeterminada. Como indivíduos, esse período da evolução de compromisso pode, às vezes, ser doloroso; coletivamente, é um período de esperança. E, sim, os indivíduos aparentemente ainda escolhem nascer em determinada época e, assim, fazer parte desta experiência coletiva. Uma das razões por que os clientes procuram tratamento pode implicar a revelação de que há outras opções além de permanecerem dentro do padrão doloroso. No entanto, é importante que o profissional seja delicado ao conversar sobre estes princípios. Certifique-se de que não existe nenhum crítico espreitando sob a superfície. Tenha compaixão e respeito pela pessoa que fez uma difícil escolha para fortalecer o espírito, para aprender uma lição específica, ou a fim de pagar débitos cármicos em relação a alguém. Para completar o desenvolvimento de nossa alma, todos temos de fazer escolhas difíceis desse tipo. Talvez estas pessoas não sejam tão inteligentes como você — ou talvez elas sejam apenas mais corajosas!

Controlando seus próprios julgamentos sobre os problemas dos clientes

Isto leva a um princípio importante — atitudes e ações do profissional que possam causar a resistência. O modo pelo qual seus clientes reagem às suas sugestões está bastante ligado às suas reações aos problemas deles. Mesmo que não digam, os clientes registram as reações negativas, concluindo: "Ela acha que estou doente — mas muito doente". Se a auto-estima deles for muito baixa, seu julgamento poderá ser um golpe fatal, destruidor. O tipo passivo poderá se distanciar de você e se calar. Se forem menos passivos, poderão se enfurecer, e o enfrentarão.

Os clientes são também sensíveis aos julgamentos subjacentes às suas indicações. Isto é especialmente verdadeiro quando as indicações forem apoiadas em seus valores e crenças pessoais, em oposição ao que lhes está realmente causando dor. Os julgamentos incluem opiniões sobre como você pensa que deveria ser a vida deles e o que você acha que está errado com eles.

Seus valores podem levá-lo a pensar que um homossexual deveria se emendar. Ou você poderia achar que uma executiva de 40 anos, apaixonada por um surfista de 23, é uma tola. As escolhas de vida e de estilos de vida de seus clientes não são da sua conta. Você não sabe qual é o carma que carregam — talvez o jovem surfista seja a preciosa alma gêmea que a tem acompanhado através de várias vidas. Você também não sabe quais são as qualidades importantes que as pessoas estão desenvolvendo através de um estilo de vida que nossa cultura materialista, direcionada para a produtividade, classifica como disfuncional.

Por exemplo, talvez você ache que um artista desempregado deva se tornar um servil funcionário. O tratamento da co-dependência é uma das áreas que mais cresceu na atividade terapêutica. No entanto, fico arrepiada em pensar o que teria sido de Vincent van Gogh se seu irmão, Theo, tivesse conversado com alguém especialista em co-dependência. Van Gogh, cujos quadros atualmente valem milhões, enquanto vivo jamais ganhou um centavo com suas telas. Theo acreditava em seu talento e o apoiou financeiramente. Posso ouvir, agora, a discussão: "Theo, você deve simplesmente parar de amparar o Vincent. Ele nunca irá se fazer como pintor. Ele tinha um excelente emprego como carteiro. Diga-lhe para voltar ao trabalho".

Falando em co-dependência, a tendência em querer salvar o cliente é uma outra reação a se controlar. Muitas crianças que crescem em famílias disfuncionais tornam-se adultos dispostos a cuidar de outros. Elas são freqüentemente levadas a seguir carreiras na área de assistência, e a astrologia não é exceção. Sua auto-estima pode depender de encontrar pessoas em circunstâncias terríveis, de modo a salvá-las. Quando encontram alguém com um problema sério, o salvador que trazem dentro de si se manifesta.

Infelizmente, os resíduos emocionais dos cuidados que prestaram na infância são freqüentemente evocados — como pânico, tristeza e ressentimento. Por trás dessas reações está o terror de não sobreviverem se não ajudarem o papai ou a mamãe a se sentirem melhor. Para os astrólogos vindos de tais famílias, esses sentimentos poderão ser ativados durante as leituras ou quando estiverem dando indicações. Por exemplo: eles poderão ficar fora de si caso as pessoas não queiram ajuda, evocando assim sua necessidade de controlar.

Finalmente, certifique-se de que suas sugestões não estejam vindo de uma posição de julgamento, convencimento ou de dono-da-verdade. (Muitas vezes é o Júpiter de alguém que está realizando a leitura.) Felizmente, o convencimento é mais comum aos novatos da Nova Era ou aos novos convertidos. O tempo fornece uma perspectiva mais profunda e mostra que as questões da vida são mais complexas e difíceis do que pensávamos. Após alguns trânsitos dos planetas externos sobre nosso Júpiter natal, reconhecemos que não temos todas as respostas — nem para os outros e nem mesmo para nós.

Parece que estou me contradizendo? Por um lado, estou dizendo que é importante deixar de lado a atitude de que você tem todas as respostas. Por outro lado, a finalidade deste capítulo é ajudar os astrólogos a encontrar algumas soluções para os problemas de seus clientes. Uma coisa é apresentar ao cliente as possíveis soluções que eles poderão investigar.

Outra, totalmente diferente, é afirmar que você tem *as* respostas para os problemas deles. Principalmente, é importante evitar a palavra *deveria*. Você não sabe, realmente, o que é certo para os outros — pode apenas fazer sugestões.

Vergonha tóxica como barreira para mudar

Outra palavra a evitar é *vergonha*. Muitos clientes sofrem por terem sua auto-estima seriamente comprometida. Especialmente se eles têm antecedentes disfuncionais, seu grau de vergonha pode ser tão alto, que a idéia de expor suas imperfeições a um terapeuta ou a alguém que os está ajudando é assustadora. Eles também podem sentir que não merecem uma vida melhor.

Se você, o astrólogo, vier também de uma família disfuncional ou de alcoólicos, seu próprio grau de vergonha pode ser tão tóxico, mas tão inconsciente, que você não percebe quando ele está operando. Também carregamos um certo grau de vergonha ao exercer uma profissão que é ridicularizada pelo público. Sem percebermos, poderemos aliviar um pouco nossa própria vergonha ao nos sentirmos superiores aos nossos clientes, especialmente moral ou metafisicamente. ("Sou legal porque posso lhe dizer todas as formas pelas quais você não é".) A vergonha freqüentemente cria uma necessidade de julgar os outros e de sentir-se mais evoluído, mais correto metafisicamente, ou mais inteiro — mesmo que estes julgamentos não sejam ditos.

Alguns clientes projetam tanta onisciência nos astrólogos, que você pode acabar se passando por um juiz devastador, mesmo que não queira. Assim, por um lado, você pode estar tentando construir a auto-estima do cliente, enumerando as qualidades positivas que vê no horóscopo. Por outro lado, o modo pelo qual você aponta as dificuldades e estimula os clientes a procurarem ajuda, pode reforçar a vergonha. Muitos dos problemas de auto-estima de que os clientes se queixam são baseados na vergonha. Filhos adultos de famílias disfuncionais ou de alcoólicos — e vítimas de violência sexual — tendem, principalmente, a sentir vergonha.

Como pessoa cautelosa, sem dúvida você tem cuidado com o que diz aos clientes, assim nunca irá envergonhá-los conscientemente. No entanto, a questão pode não ser o que você fala em voz alta, mas o que os clientes captam em seu pensamento. Seu tom de voz, linguagem corporal, ou mesmo mensagens telepáticas, afetam os clientes. Netunianos e plutonianos, em especial, são extremamente sensíveis a mensagens como estas, e também brigam como proscritos com os sentimentos.

Naturalmente, é difícil controlar as reações de julgamento em relação aos clientes, algumas das quais advindas da própria vergonha não curada do astrólogo. Pergunte-se se é assim com você. Lembre-se de que a vergonha pode se manifestar especialmente se você mesmo tiver antecedentes com família violenta, disfuncional, ou de alcoólicos. Se for assim, será importante trabalhar na cura de sua própria vergonha para que ela não interfira em seu trabalho com os clientes. (Iremos aprender mais sobre a influência de tais antecedentes em sua prática astrológica no Capítulo 5.)

Para questões sobre o tema vergonha, recomendo especialmente o livro de John Bradshaw, *Healing the Shame That Binds You*[3]. De qualquer modo, é uma boa referência de leitura para a maioria dos astrólogos, já que muitos de nossos clientes sofrem de baixa auto-estima. O pior será, a não ser que seja expresso, que tanto a vergonha do cliente como a sua própria poderão dificultar o seu modo de dar indicações eficientes e eles aceitarem, já que eles não se consideram dignos de uma vida melhor. Se você mesmo entender o que é vergonha, se for capaz de determinar suas causas e tiver um bom livro sobre o assunto para indicar, poderá ajudar os clientes a terem uma iniciativa radical.

Obtendo a história de tentativas anteriores de mudança

Um tema abordado em vários capítulos deste livro é a importância de se obter um histórico do cliente. Para dar um conselho eficiente, você não precisa obter todas as informações no mapa. Ouvir a história também é útil. Você poderá descobrir o que seus clientes já tentaram fazer. Quando o problema é sério, as pessoas talvez já tenham tentado uma variedade de soluções antes de procurá-lo. Pode ser que nem todas elas tenham sido formais — ir a um terapeuta ou a uma agência de serviço social é, geralmente, o último recurso. Ao conhecer as tentativas anteriores para resolver seus problemas, você pode descobrir e também evocar no cliente a parte de sua natureza que é direcionada para a saúde. Você pode, também, determinar quais foram os recursos internos a que eles recorreram.

Como se faz com qualquer histórico, faça perguntas objetivas não tendenciosas. Desse modo, os clientes não limitarão o que querem dizer nem se sentirão na obrigação de agradá-lo dando uma determinada resposta. Você pode fazer as seguintes perguntas:

1) O que você já fez antes em relação a este problema?

2) O que aconteceu quando você foi lá (ou fez isso)?

---

[3] John Bradshaw, *Healing the shame that binds you*. Deerfield Beach, FL: Health Communications, 1988.

3) Qual foi a utilidade daquele trabalho? E o que não adiantou?

4) Conte-me alguma coisa sobre a pessoa com quem você trabalhou lá.

5) Como sua família ou parceiro reagiram aos seus esforços?

6) Por que você deixou de ir (ou de fazer isso)?

7) Você voltaria lá ou a algum outro lugar similar?

Fazendo perguntas como essas, você descobrirá o que funcionou e o que não deu certo, e por quê. (Antes de mais nada, lembre-se de não elogiar muito alguns métodos que o cliente já usou e achou excelentes!) Você irá aprender bastante sobre como os clientes poderão agir em um futuro contexto de cura. Descobrirá como estes reagem, em geral, aos profissionais da área de ajuda, e quais seriam os melhores para eles. Poderá, também, discernir a capacidade deles para perseverar em processos dolorosos de confronto com dificuldades do passado e do presente, e as emoções que lhes são associadas.

Outro lado benéfico desta linha de investigação é que o cliente tem uma chance para trabalhar suas antigas experiências negativas com profissionais de ajuda. Infelizmente, a causa dos problemas de muitas pessoas reside nas instituições ou nos sistemas supostamente designados para ajudar. Por exemplo, vítimas de estupro freqüentemente preferem se calar a se submeterem aos tratamentos da polícia ou dos tribunais. Muitas mulheres espancadas morreram em decorrência da ineficiência do sistema para protegê-las. Clientes irão lhe contar sobre experiências constrangedoras por que passaram com sacerdotes, médicos e terapeutas perturbados que acabaram mais magoando do que ajudando.

Se os clientes tiveram más experiências ao procurar assistência, eles ficarão duplamente hesitantes com a possibilidade de ficarem novamente vulneráveis. Mais uma vez, o astrólogo está em uma posição singular, pois os clientes que lhe contam tais histórias podem achar que ir a uma leitura não é procurar ajuda. Ao lhes dar a oportunidade para conversar sobre seus esforços para se curarem que deixaram resíduos dolorosos, ao escutar compassivamente em vez de acusá-los, você lhes dará liberdade para procurar uma nova solução. Assim, falar com você sobre o que aconteceu poderá abrir o caminho.

Terapias indicadas para os vários tipos astrológicos

As terapias tradicionais não ajudam muito os Povos dos Planetas Externos. Estudantes de metafísica e outros ensinamentos espirituais consideram a terapia tradicional frustrante. Trabalhar com conceitos como carma e tentar encontrar um terapeuta tradicional para validar esses conceitos é como falar francês com alguém que conhece apenas algumas palavras da língua. Os estudantes de astrologia também consideram frustrante a barreira da linguagem. Felizmente, dentro da comunidade de psicologia transpessoal, há um crescente número de terapeutas que estudaram ensinamentos espirituais ou astrologia. Ao procurar recursos, será muito importante tentar encontrar terapeutas como estes, pois muitos dos que procuram um astrólogo estão interessados em uma busca espiritual.

Um caso a se estudar são os netunianos que precisam de terapia. (Isto será redundância, talvez?) Acredito que eles não se tornarão verdadeiramente sãos se não passarem parte de seu trabalho terapêutico considerando como a espiritualidade se encaixa na situação. Por outro lado, a assistência social tradicional, com seu foco concreto, prático, no funcionamento do problema e na sua solução, talvez seja a abordagem que alguns netunianos divagadores precisem. Outro bom recurso poderá ser um conselheiro vocacional.

O fator determinante na escolha será a questão de que ou você descobre seus arquétipos, ou irá pagar por isso. Levar anos dançando com arquétipos ou trabalhando sonhos em gestalt poderá, às vezes, ser somente um modo de evitar mudanças e responsabilidades enquanto se continua capaz de insistir junto ao seu parceiro ou à sua família que você está trabalhando sobre o problema. "É possível que eu ainda seja uma chaminé ambulante e talvez ainda não tenha um emprego, mas, veja, estou fazendo terapia, não estou?" A terapia leva tempo, é claro, mas estou falando de pacientes profissionais que usam a análise ou outras formas de terapia para fugir das responsabilidades da vida adulta.

Os uranianos reagem melhor a grupos, especialmente sem líderes ou grupos de companheiros. O movimento de auto-ajuda pode se constituir em um apelo para esses espíritos independentes — a não ser, o que é freqüentemente o caso, que eles se considerem muito intelectuais e evoluídos demais em relação a seus companheiros de grupo. Grupos de ação social, formados para lidar com problemas em comum com outras pessoas, podem ser uma boa terapia.

Saiba, porém, que uma das características mais importantes do uraniano é difícil de ser inserida em um grupo de companheiros — o problema com autoridade. Isto pode ser bastante melhorado atráves da terapia individual com uma figura de autoridade benigna. Aqui, somente terapeutas seguros de sua própria autoridade é que poderão ajudar. Alguém que tenha passado os últimos sete anos trabalhando com adolescentes delinqüentes teria as qualificações exatas para lidar com um uraniano obstinado.

Por outro lado, os plutonianos ODEIAM grupos. É muito mais difícil controlar um grupo, e mais difícil ainda evitar a exposição daqueles segredos profundos e ocultos, e daqueles motivos não-tão-puros. A terapia um-a-um é muito mais fácil para controlar, e você entra em um papo limpo sobre co-dependência. No entanto, um grupo liderado por um terapeuta bem qualificado pode vir a ser exatamente aquilo de mais curativo para o plutoniano. Defrontar-se com pessoas que não escolheu e não pode controlar, semana após semana, é uma experiência de muito aprendizado. Você descobrirá que outros partilham aqueles mesmos sentimentos horrorosos que você mantém escondidos, e que, afinal, você não é tão estranho assim. Irá aprender que as pessoas podem ficar furiosas com você e não irão desaparecer — e que você pode ficar furioso com elas, e ninguém morrerá por causa disso. Uma plutoniana me disse que detestava o grupo de terapia que freqüentou uma vez por semana durante um ano. No entanto, ela fez mais progresso do que havia alcançado em anos de terapia individual. Não foi tanto pelo *insight* que adquiriu — ela já tinha muito *insight* — foi a experiência de fazer parte de um grupo, a despeito de si mesma.

Como obter informações

Há muitos modos para se encontrar outros recursos. Talvez você se surpreenda ao perceber que, se voltar sua atenção para essa necessidade, as possibilidades brotam de repente de todos os cantos. Tente nas bibliotecas locais, nas organizações de comunidades e nas associações nacionais.

Você pode encontrar listas nas páginas amarelas sob o título de Serviços Sociais e Psicoterapia. Jornais, revistas ou a imprensa publicam periodicamente reportagens sobre grupos que preenchem determinada necessidade. Existem vários serviços por telefone destinados a atender uma grande variedade de problemas. Grupos de auto-ajuda possuem números de telefone por intermédio dos quais você poderá se informar sobre reuniões.

Quase todas as grandes comunidades espirituais possuem jornais e trazem anúncios de terapeutas, pessoal que faz trabalho corporal, e de vários tipos de profissionais de cura. Os sacerdotes talvez conheçam grupos de comunidade. Clientes e amigos poderão lhe indicar onde encontraram ajuda e contar suas experiências pessoais em tais lugares. No entanto, tenha em mente que os clientes perturbados poderão apresentar uma visão distorcida — exageradamente positiva ou negativa.

Uma maneira de conhecer bem alguns profissionais de cura é propor uma troca de serviços. Você faz uma leitura para o profissional e ele lhe retribui com uma sessão de trabalho corporal, ou algo que seja de sua especialidade. Assim, ambos conhecerão não só o trabalho um do outro, para possíveis referências e colaboração, mas também obterão uma oportunidade a mais de crescimento pessoal. Além disso, você terá a oportunidade de se colocar, pela primeira vez, na posição vulnerável de cliente, em vez de sempre permanecer no papel seguro e aparentemente superior de quem presta ajuda. Essa experiência pode aumentar sua empatia com os sentimentos do cliente que procura ajuda.

Você pode manter um arquivo ou uma pasta contendo os cartões de profissionais, serviços por telefone e outros recursos que você costuma indicar aos clientes. Pode pedir os horários de reuniões para os vários grupos de auto-ajuda. Mantenha sempre à mão livros sobre auto-ajuda para mostrar aos clientes. Os livros podem iniciar o processo de recuperação, quando a pessoa ainda não estiver pronta para um tratamento mais formal. Também forneço uma lista impressa de características típicas de filhos adultos de alcoólicos, de co-dependentes e de vítimas de incesto. O cliente que estiver inseguro ou que nega tal padrão, pode levar consigo uma cópia e pensar sobre o assunto.

É melhor fornecer mais de um nome ou referência ao cliente. Nem todo profissional é o tipo adequado a todos. Digo aos clientes que, embora eu tenha tido uma boa impressão dos vários profissionais, não há um modo de saber se os dois irão se entender. É importante que os clientes respeitem seus próprios instintos. Eles têm o direito de continuar procurando até encontrar alguém com que possam trabalhar, de modo relaxado.

Quando você tiver montado uma lista de referências, é importante mantê-la atualizada. Os profissionais mudam de endereço, tiram longas férias, mudam o enfoque de seu trabalho. Nada acaba tanto com a motivação do cliente do que ele ligar e ter a informação de que tal pessoa não está mais lá. Ligue periodicamente para esses profissionais para saber se eles ainda estão trabalhando, quais são os novos serviços que eles estão oferecendo, e quanto estão cobrando.

É conveniente, também, manter um acompanhamento dos clientes que você encaminhou para os vários profissionais. Irá conhecer com maior precisão os tipos adequados de referência a serem indicadas, e como preparar os clientes para essa determinada área. No entanto, certifique-se de que está respeitando os direitos dos clientes de manterem a conversa confidencial. É possível que eles lhe tenham revelado segredos que não conseguiriam dizer a um outro profissional. Sempre que possível, seria bom ter informações dos próprios clientes, sobre o tratamento que receberam. Você pode pedir para que eles lhe telefonem, e desse modo saber como foi conduzido o trabalho. (Não lhes telefone, pois eles podem não ter ido procurar o profissional que você indicou e irão considerar o telefonema como um tipo de pressão.)

Se você vier de uma família disfuncional, pode abrigar expectativas mágicas em relação ao resultado das várias formas de cura, ou pensar que os profissionais de ajuda individual de sua lista de referências poderão operar milagres. Essas expectativas não são diferentes daquelas que você tem de si próprio e que está sempre fracassando em realizar. Você espera que os outros possam fazer um alcoólico parar de beber, sem motivação, curar um problema emocional profundo ou uma doença séria em poucas sessões. Como é difícil que os profissionais de cura preencham tais exigências, você poderá ficar periodicamente desiludido com o pessoal da sua lista. Os clientes de famílias disfuncionais podem entrar nessas fantasias e ficar desapontados, também. Aprender a ser realista sobre resultados é parte do amadurecimento que acompanha a experiência profissional. Por outro lado, quando você consegue ser realista, indicando alguém de sua confiança para o cliente, pode acalmar a sua porção que tem necessidade de salvar os outros.

Por que é importante
o conhecimento pessoal dos recursos adicionais

O conhecimento pessoal é importante para se determinar o lugar para onde encaminhar o cliente. Se uma agência de serviço social é especializada nos tipos de clientes que freqüentemente o procuram, talvez esta agência lhe dê permissão para visitá-los. (Procure a agência ou o seu departamento de relações públicas.) Do mesmo modo, seria bom você assistir a algumas reuniões dos Alcoólicos Anônimos ou outros grupos de ajuda abertos ao público. Você poderá dizer, de experiência própria, como funcionam as coisas, e poderá ouvir as histórias dos membros participantes. Elas poderão convencê-lo de duas coisas: primeiro, que o álcool é muito mais poderoso do que você jamais imaginou e, segundo, que há esperança, por mais longe que a pessoa tenha ido. Sua convicção será mais persuasiva para o dependente ou para o membro preocupado da família que já tenha perdido a esperança.

Parte da eficácia da indicação é ser capaz de responder perguntas sobre o que acontece quando o cliente vai à consulta. Os clientes podem se sentir muito intimidados ao fazerem estas perguntas, mas é importante que você os esclareça. ("Você parece hesitante. Qual a sua preocupação em ir até lá?") Por outro lado, medos e fantasias em relação ao que irá acontecer podem tornar o cliente muito amedrontado para seguir a indicação. Especialmente nas formas não tradicionais de cura, a falta de conhecimento pode fazer o cliente imaginar toda sorte de práticas estranhas. Quando você sabe dizer o que acontece, especialmente por experiência própria, consegue dissipar os medos que os clientes têm do desconhecido. Mais do que palavras, o que conta é a convicção íntima da segurança e eficiência de tais serviços.

Como você pode obter esse tipo de informação? Seria necessário no mínimo um outro livro para descrever todos os tipos de terapia e modalidades de cura, e novos métodos estão continuamente se desenvolvendo. No entanto, você precisa se familiarizar com os mais importantes, como Reiki, renascimento, acupuntura, shiatsu, trabalho gestáltico, Feldenkreis, bioenergética, Rolfing, e a técnica Alexander. A seção de saúde e ciência da biblioteca — ou sua livraria local — pode conter livros que descrevam as várias terapias. Jornais e revistas Nova Era apresentam artigos sobre artes curativas. Quando conversar com profissionais ou agências em sua busca de recursos, peça detalhes sobre seu trabalho.

Um benefício paralelo de se interagir com outras disciplinas terapêuticas é que elas, por sua vez, se tornam familiares da astrologia. Elas descobrem que também somos profissionais, e não gente esquisita ou ledores de sorte de porta de loja. A longo prazo, sair de nosso isolamento deste modo irá beneficiar a imagem da astrologia. Embora você possa se deparar com respostas céticas de alguns, lembre-se da estatística que diz que 65 por cento do público tem alguma crença na astrologia — e isto inclui 65 por cento dos profissionais, também!

Suponha que você localize terapeutas ou pessoas que façam trabalhos corporais direcionados a problemas comuns do tipo, por exemplo: filhos adultos de famílias de alcoólicos, vítimas de incesto ou recuperados de dependências. Seria importante você procurá-los, a fim de ter uma imagem clara de quem são. Ao fazer uma indicação, sua reputação está em jogo. Quando um cliente tem uma experiência ruim com alguém que você recomendou, você próprio pode perder a credibilidade. Qualquer um pode fazer um anúncio, e você não irá querer enviar clientes para pessoas desequilibradas ou incompetentes! Lembre-se que só porque um profissional é "simpático" e sabe usar as palavras certas não significa que ele seja competente.

Acrescente essa nova função ao *curriculum*

Astrólogos exercem muitos papéis, mas o papel de pessoa que faz encaminhamentos é importante. O conhecimento de serviços locais pode ser considerado uma responsabilidade profissional. Leva tempo para se tornar bem informado, mas é um tempo bem empregado. Se você der uma boa indicação, que faça com que alguém se liberte de um processo doloroso, você estará prestando a melhor forma de serviço. Se isto não for uma recompensa suficiente, considere que os *clientes que você atende deste modo acabarão voltando — e lhe encaminharão outras pessoas.*

CAPÍTULO

5

RELAÇÕES ARRISCADAS – CO-DEPENDÊNCIA, A SÍNDROME DE FILHOS ADULTOS E SUAS IMPLICAÇÕES PARA OS ASTRÓLOGOS

Acima de tudo, os dois assuntos mais importantes trazidos pelos clientes para o astrólogo profissional são amor e carreira. Este capítulo e o próximo apresentam meus *insights* sobre esses assuntos. Acredito que as histórias mais complicadas sobre relacionamento — e, com muita freqüência, os tipos de carreira mais complicados — têm uma raiz comum no fato de o indivíduo ter crescido em uma família disfuncional. Famílias disfuncionais, incluindo as com pais alcoólatras ou violentos, predispõem seus filhos a criar relações de co-dependência com parceiros, patrões e amigos.

Co-dependência é uma importante palavra-chave de auto-ajuda, e grupos para co-dependentes e Filhos Adultos de Alcoólicos (FAA) espalharam-se por todo os Estados Unidos. As pessoas também estão falando bastante sobre definição de limites. Como você irá ouvir esses termos dos clientes, precisa familiarizar-se com eles. Veremos como esses conceitos se aplicam aos clientes de astrologia, incluindo as configurações que devemos procurar no mapa e exemplos de casos baseados em mapas de algumas pessoas famosas. Descobriremos os tipos de serviços que poderão beneficiar seus clientes e veremos como a co-dependência (ou sendo, você mesmo, um FAA) poderá influenciar sua prática astrológica.[1]

---

[1] Este capítulo foi, originalmente, minha contribuição para a antologia *Astrological counseling*, editada por Joan McEvers para a Llewellyn New World Series, 1990. Foi reimpressa sob permissão da editora. O livro é altamente recomendável por seus excelentes capítulos de vários conselheiros astrológicos.

O que é co-dependência?

Co-dependência é uma dependência de um dependente ou de alguma outra pessoa. A obsessão por tentar ajudar ou mudar tal indivíduo vai criando força até que ela toma conta da sua vida, não lhe dando paz. Esse comportamento não muda somente com o afastamento da pessoa, ao contrário, ele pode tornar-se um modelo que será transferido para novos relacionamentos. Melody Beattie, em seu *bestseller Codependent no more*, definiu o termo do seguinte modo: "Um co-dependente é alguém que deixou que o comportamento de outra pessoa o afetasse, e que é obcecado por controlar o comportamento daquela pessoa".[2]

O termo co-dependência surgiu originalmente no campo da dependência química, e foi aplicado a famílias e outras pessoas significativas para alcoólicos e dependentes. Devido ao modo como cresceram, a maioria dos filhos adultos não tratados de alcoólicos cria relações de co-dependência com parceiros, namorados, membros da família, amigos, e até patrões. Particularmente, eles tendem a se envolver com uma personalidade alcoólica ou dependente após a outra. Alternativamente, eles podem ficar longe da co-dependência, mantendo-se afastados de relações de compromisso.

Em vez de desperdiçar toda essa energia para tratar de apenas uma pessoa, muitos FAA trabalham longas horas mal pagas, prestando serviço em áreas como astrologia, onde eles podem exercer o papel de salvador. Não há nada errado com o trabalho, mas quando ele é compulsivo e guiado por necessidades co-dependentes poderá, no fim, prejudicar tanto o profissional como o cliente.

Os FAA não são as únicas pessoas que desenvolvem codependência. Ela pode surgir em qualquer época da vida quando você ama alguém que tem algum sério problema físico ou emocional. Os pais não são a única fonte — pode acontecer se um irmão querido começar a usar drogas, ou o parceiro começar a beber muito. Netos de alcoólicos também podem ter a síndrome FAA, mesmo que seus pais só bebam chá. O avô ou avó passam isto para o pai ou mãe, que o passam para o filho.

Muitas características comuns aos FAA também aparecem em membros de famílias gravemente disfuncionais. Estima-se (sabe Deus quem) que 95% de todas as famílias são disfuncionais, em certo grau. Mas aqui não estou falando de seus pais insatisfeitos, emocionalmente ignorantes, não comunicativos, que não valorizavam sua criatividade nem sua capacidade. Refiro-me a famílias em que houve violência física ou sexual, em que um dos pais sofria de alguma doença física ou mental, crônica e séria. Pode acontecer em famílias em que um dos pais faleceu cedo, suici-

---

[2] Melody Beattie. *Codependent no more*. Nova York, Harper/Hazelden, 1987, p. 31.

dou-se, era jogador ou promíscuo, ou em que houve comoções e rompimentos graves ou bizarros. Pode ter acontecido, por exemplo, se sua avó, presa ao leito, vivia com vocês e sua doença controlava a família inteira, ou se sua irmã era uma criança esquizofrênica.

Como os livros abordando esse tópico tornaram-se os primeiros da lista dos mais procurados, vendendo milhões de cópias, pode-se dizer que a co-dependência é um problema bastante difundido. A percepção popular sobre a co-dependência cresceu através da passagem de Netuno por Capricórnio, mas alcançou reconhecimento geral popular e profissional durante a conjunção Netuno-Saturno de 1989-1990. Saturno representa fronteiras e limites, e Netuno, a dissolução destes; portanto, definir fronteiras e aprender a estabelecer limites tornaram-se assunto mundial. Particularmente, parece ser um assunto da geração de Netuno em Libra, para a qual a relação perfeita tenha sido o Papai Noel que nunca veio.

Conforme foi crescendo o reconhecimento da co-dependência, o modo de se libertar dela também aumentava. Existem vários livros úteis sobre recuperação da co-dependência e da síndrome de filhos adultos. As livrarias, tanto as normais como as esotéricas, possuem seções especiais dedicadas a essa matéria. Grupos de auto-ajuda, *worshops*, conselheiros especializados, grupos de terapia e mesmo programas de tratamentos para pacientes internados cresceram rapidamente. Além disso, outras abordagens — como treinar afirmações e trabalhar com a criança interna — podem também ser úteis, tendo sempre em mente o papel que os antecedentes disfuncionais e a co-dependência representam no problema.

Os FAA ocultos na população de seus clientes

As estatísticas mostram que uma pessoa em cada quatro foi profundamente afetada pela relação com um alcoólico. Assim, no mínimo 25 por cento das pessoas que o procuram para uma leitura são familiares, namorados ou amigos íntimos de alcoólicos. No entanto, suspeito que seja mais do que isto, por razões que iremos agora tentar descobrir. Se você estiver achando que isto não se aplica aos seus clientes, pode ser que, por vergonha, eles não tenham lhe contado esse segredo familiar. Este não é o tipo de informação que as pessoas fornecem voluntariamente, e provavelmente elas não acham necessário que você saiba. Afinal, elas não estão vindo procurá-lo por causa de um passado já enterrado; o motivo é saber o futuro e quando seus relacionamentos irão melhorar. Enquanto não aprendi a conhecer os padrões do mapa e comecei a fazer perguntas cruciais, pouquíssimos clientes me contavam sobre os alcoólicos em suas vidas.

Também, não é sempre o caso de se fazer segredo. Uma das características principais das famílias de alcoólicos ou dependentes é que todos, começando pelo prôprio alcoólico, tendem a negar a dependência. Isto protege o dependente de ter de abandonar o vício e protege a família da dor e da vergonha de enxergar quão destrutivo é o problema. Um mecanismo de defesa netuniano, a negação significa que eles não reconhecem a existência da dependência, nem que são dependentes do dependente. Muitos percebem a dependência, mas negam a extensão do estrago. Os FAA dizem coisas como: "Sim, meu pai bebia, mas ele parou quando eu tinha 16 anos, e isto foi há tanto tempo que, hoje, não causa mais impacto em minha vida". Conforme veremos mais tarde, as seqüelas são consideráveis, especialmente no modo como essas pessoas se relacionam e trabalham.

Assim, durante a consulta, se os clientes negarem a dependência ou seu impacto, e você não acreditar, não toque no assunto. Desse modo, não haverá explicação para o fato de suas relações serem tão loucas e dependentes, por eles serem tão isolados, por não se acertarem com seus patrões e por sofrerem tanto. Tudo o que conseguem é o consolo momentâneo de ouvir: "É somente seu Netuno". E, mesmo assim, esse conforto passageiro contém uma sensação de desamparo a longo prazo. Você não pode fazer nada em relação à posição de Netuno em seu mapa, a não ser morrer e renascer.

Por que os FAA são atraídos para a astrologia

Muitos filhos adultos de alcoólicos ou outros dependentes vão a astrólogos, sensitivos e outros ledores em busca de uma resposta para sua inexplicável confusão, turbulência e dor. Uma das principais razões pelas quais eles nos procuram é que, quando se cresce em um lar caótico e imprevisível, a previsibilidade tem seus atrativos. Outra razão para eles nos procurarem é que a astrologia e outras disciplinas semelhantes ajudam os FAA a resolverem aquela questão confusa de quem eles realmente são, em oposição aos papéis que suas famílias os condicionaram a desempenhar. Alice Miller, uma importante escritora, sobre tratamento para FAA, diz que o caminho para a saúde é encontrar o VERDADEIRO EU, em oposição àquele que os pais e outros precisaram e esperaram que o indivíduo fosse. Em *The Drama of the Gifted Child* (O Drama da criança bem-dotada[3]), Miller diz que o pai ou a mãe alcoólicos são narcisistas e podem amar a criança, mas apenas como extensão deles próprios. O amor é dado apenas sob a condição de que o verdadeiro eu da criança seja enterrado, para preencher a necessidade de o pai ou a mãe recebe-

---

[3] Alice Miller. *O drama da criança bem-dotada*. São Paulo, Summus, 1997.

rem atenção, admiração e aprovação. Astrologia, numerologia e outras ferramentas relativas podem servir de arenas importantes para a exploração do verdadeiro eu.

Nossa clientela talvez tenha uma proporção maior de FAA do que a população em geral porque, como supunha, os FAA acreditam mais em nós do que as demais pessoas. Quando você é uma criança e tem um dos pais admiráveis, cujo cérebro está entorpecido pelo álcool, você se programa com algumas idéias marcantes. (Uma interpretação mais suave é que os alcoólicos são visionários que estimulam seus filhos a enxergarem além da realidade diária.) Como *Alice no país das maravilhas*, talvez você seja obrigado a acreditar em seis coisas impossíveis antes do café da manhã. Portanto, não é difícil acreditar em astrologia, vidas passadas, cura à distância, buracos em sua aura invisível, realidades paralelas ou, por falar nisso, em óleo de cobra.

Finalmente, os FAA e as pessoas com antecedentes disfuncionais talvez tenham um anseio por espiritualidade, a não ser que tenham sido tão feridos, que acabaram odiando Deus. Aqueles que tenham tido pais perturbados ou dependentes talvez sintam a forte necessidade de encontrar um Pai/Mãe/Deus amoroso, compreensivo, sábio e todo-poderoso que cuide deles pessoalmente. E, sim, é profundamente confortador saber que esta vida, este conjunto louco de pais, esta história atribulada, não são a única chance.

Visto que confundimos inevitavelmente as relações com o Divino com as relações com nossos pais, o caminho espiritual para os FAA raramente será sem dificuldades, retornos e desvios errados. Freqüentemente o problema não é tanto com o Divino, mas com seus mensageiros, para quem eles transferem a necessidade de um pai ou mãe onisciente, todo amoroso. Eles procuram qualidades divinas nos astrólogos e em outros que pareçam estar ligados ao Divino. Quando os próprios mensageiros são FAA, há o componente do potencial para a distorção. Por exemplo, tal mensageiro — o evangélico fundamentalista, Jerry Falwell — é um FAA. Seu pai era um rico fabricante clandestino de bebidas alcoólicas, que matou seu próprio irmão e se tornou alcoólico devido à culpa.[4]

Por que os astrólogos devem conhecer a co-dependência

Os astrólogos devem aprender o que é co-dependência por várias razões. Primeiro, ajudará a explicar por que tantos de nossos clientes se en-

---

[4] O *Data News* nº 5 (8/87) de Lois Rodden, p. 2, dá a informação da data de nascimento de seu irmão gêmeo como sendo à tarde, EST, 11 de agosto de 1933, Lynchburg, VA, 37N25, 79W09. A história da família é mostrada na autobiografia de Falwell, *Strenght for the journey* (Nova York, Simon & Schuster, 1987). O mapa não está incluído aqui porque a hora parece não estar correta.

volvem repetidamente em relacionamentos dolorosos, loucos, violentos, dependentes. Segundo, estamos na linha de frente para dar referências para recursos terapêuticos. Muitos nos procuram porque não iriam a outro lugar, mesmo que venham apenas para perguntar quando o alcoólico irá se emendar. O co-dependente está acostumado a ajudar e tem dificuldade para pedir ajuda. Quando você vai a um astrólogo, não está pedindo ajuda, oh, não!, você está apenas curioso sobre o futuro. Como há recursos para co-dependentes, os astrólogos devem ser capazes de reconhecer a síndrome, instruir os clientes sobre o que está errado, e sugerir lugares onde poderão obter ajuda.

O mais importante é que precisamos nos informar sobre a síndrome FAA e codependência porque muitos de nós são co-dependentes sem o saber e, conforme veremos, isto influencia nossa prática. Falando com astrólogos de todo o país e de todo o mundo, vejo que, como eu mesma, uma alta porcentagem — incluindo muitos dos locutores e escritores famosos — é constituída de FAA ou de pessoas que vieram de famílias seriamente disfuncionais. As razões dadas anteriormente de por que os clientes FAA são atraídos para essas disciplinas são também as razões que nos atraíram para o estudo das mesmas. Elas se tornam nosso caminho para o entendimento dos outros e de nós mesmos. Além disso, são um escape para a necessidade comum do FAA de salvar e consertar pessoas, pois nunca fomos capazes de fazer isto com nossos pais.

Características comuns de co-dependentes e de FAA

Em seu livro *A Primer for Adult Children of Alcoholics* (uma obra importante e de fácil leitura), o psiquiatra Timmen Cermak aponta as principais características dos co-dependentes:

1) As pessoas co-dependentes esconderão ou até mudarão suas identidades e sentimentos para poderem agradar e estar perto de outras pessoas.

2) Um sentimento de responsabilidade em satisfazer as necessidades de outros vem em primeiro lugar para os co-dependentes, mesmo às custas de suas próprias necessidades.

3) Baixa auto-estima e muito pouco sentimento de si mesmo é comum à maioria dos co-dependentes.

4) Compulsões e dependências dirigem os co-dependentes e os poupam do confronto com seus sentimentos mais profundos.

5) Como os alcoólicos e outras personalidades dependentes, os codependentes escondem-se por trás de negativas e têm uma relação distorcida com a força de vontade.[5]

Cermak, que foi o primeiro presidente da National Association for Children of Alcoholics, dá a lista das características comuns a muitos FAA. Embora nem todos os FAA apresentem todas essas características elas são as comuns. Eles são medrosos e temem sobretudo seus sentimentos, perder o controle, conflitos, figuras de autoridade e pessoas furiosas. Embora tenham uma tremenda autocrítica e sofram de baixa auto-estima, eles têm medo da crítica de outras pessoas; assim, estão constantemente procurando aprovação. Os FAA assumem muita responsabilidade e sentem-se culpados por se defenderem. Os relacionamentos íntimos são uma área especial de dificuldade. Como eles têm medo de serem abandonados, farão praticamente qualquer coisa para manter suas relações que são, geralmente, com personalidades dependentes ou outros tipos não recomendáveis de pessoas. Confundem amor com piedade, ligando-se freqüentemente a pessoas que são vítimas ou a quem eles acreditam que podem salvar. Podem, também, se colocar repetidamente no papel de vítimas.[6]

Uma afirmação constante de uma lista de características que circula nas reuniões dos Doze Passos da FAA é: "mesmo que nunca tenhamos tomado algo alcoólico, assumimos todas as características da doença do alcoolismo". Isto é, o FAA que nunca bebe pode agir às vezes como um alcoólico, pois, como todas as crianças, eles moldam muita coisa de seu comportamento a partir do modelo dos pais. Duas principais características específicas dos alcoólicos são mania de grandeza e atitude desafiadora, e muitas pessoas Nova Era são enormemente grandiosas e desafiadoras. (Isto soa como Netuno e Urano!)

Em suas dimensões cósmicas, estudos como astrologia encorajam a grandiosidade. Podemos nos ver como muito, muito especiais por causa do que sabemos, e poderemos sutilmente, ou até de modo inconsciente, estimular nossos clientes a nos verem da mesma forma. Podemos até nos ver como canais diretos para o Divino. Isto surge da necessidade de o FAA ter uma ligação íntima com o Pai/Mãe Celeste todo-amoroso sem os problemas que experimentamos com nossos pais terrenos.

---

[5] Timmen L. Cermak, MD, *A primer for adult children of alcoholics*. Deerfield Beach, FL, Health Publications, 1989), pp. 19-23. Reimpresso sob permissão.
[6] Id., ibid., pp. 34-37.

O FAA desafiador, rebelde, geralmente mascara essas características atuando de modo rigidamente oposto. Isto não significa que tenham superado o condicionamento de suas famílias alcoólicas; ao contrário, são controlados por terem sido obrigados a agir no pólo oposto. Conforme Cermak e outras pessoas da área afirmaram, os FAA são mais reatores do que atores. Por exemplo, em vez de mostrar seu medo de figuras de autoridade, eles poderão se vangloriar em desafiá-las. Em vez de procurar aprovação da sociedade, eles poderão se desviar do próprio caminho, vestindo-se e agindo de modo a atrair atenção negativa. (Em termos astrológicos, estes são tipos uranianos.)

Indicadores astrológicos da síndrome do FAA

Observemos as configurações do mapa que acompanham a síndrome do FAA. Não se pode tomar como certo nenhum aspecto individual, portanto é melhor procurar várias confirmações. Netuno, naturalmente, é proeminente, geralmente na 1ª, 4ª ou 10ª casa ou em aspecto com o Sol ou a Lua, ou com Peixes em qualquer uma dessas posições, ou muitos aspectos de Netuno ou planetas em Peixes. A 12ª casa também pode ser forte, tendo o Sol ou a Lua freqüentemente posicionados lá. Um indivíduo que tenha muitas dessas configurações seria classificado como netuniano. É geralmente possível distinguir qual dos pais era alcoólico — assim, quando a Lua está aspectada por Netuno, a mãe ou é uma personalidade dependente, ou tornou-se seriamente disfuncional devido à situação. Aspectos de Sol-Netuno ou de Marte-Netuno apontam os homens da família. Aspectos de Saturno-Netuno geralmente mostram que as figuras de autoridade não foram capazes de fornecer estrutura consistente, segurança ou disciplina, sendo o alcoolismo apenas uma das razões possíveis.

Os aspectos de Netuno também indicam capacidades psíquicas, nas quais suprimimos nossas fronteiras e nos misturamos aos outros. *Capacidades psíquicas* e *problemas de limites* talvez sejam apenas dois modos de definir o mesmo fenômeno. Conforme foi discutido em *The medium, the mystic and the physicists*, Lawrence LeShan descobriu que os curadores eram capazes de curar quando abandonavam o *self* e se tornavam um com a pessoa necessitada.[7] O problema para muitos com capacidades psíquicas é proteção — isto é, estabelecer fronteiras para que os pensamentos, sentimentos e necessidades das pessoas não os atinjam.

---

[7] Lawrence LeShan. *The medium, the mystic, and the physicists*. Nova York, Ballantine, 1982.

Amalgamento psíquico é comum em famílias disfuncionais e com dependentes, pois a criança ou o parceiro usam o radar psíquico para monitorar como está a pessoa perturbada, a fim de evitar uma comoção. Assim, os dons psíquicos são comuns em FAA, como condição de sobrevivência. Muitos astrólogos intuitivos são FAA que utilizam esse dom em seu trabalho. Nós, sensitivos, precisamos examinar os modos pelos quais podemos ser co-dependentes, ou teremos dificuldade em estabelecer limites em nossa prática. Muitos que estudam, mas não praticam, têm a sabedoria de hesitar. Podem estar sentindo que não estabeleceram limites definidos nem sabem como estabelecer tais limites ou se proteger psiquicamente.

Exemplos de mapas de FAA

No caso do arquivo de clientes não estar repleto com exemplos de Filhos Adultos de Alcoólicos, a Tabela 2 às páginas 136-7 mostra os dados de alguns FAA cujos mapas você talvez queira estudar. Como exemplo de tipo netuniano de FAA, o mapa de Drew Barrymore é mostrado como Mapa 4 (p. 134). Integrante da famosa família teatral Barrymore, Drew iniciou sua carreira no cinema aos 6 anos de idade, em *ET*, e desde então apareceu em vários filmes. Os Barrymore se tornaram famosos por seus problemas alcoólicos, incluindo o pai de Drew, John Drew Barrymore, e seu avô John Barrymore. De fato, Drew considera-se a quinta geração de alcoólicos. Ela começou a beber aos 9 anos, fumar aos 10, e a consumir cocaína aos 12. Em 1989, seus problemas com drogas eram tão sérios, que aos 14 anos ela já havia estado em dois centros de reabilitação e tentado o suicídio.[8]

Netuno é angular em seu mapa, na 6ª casa do trabalho. Isto sugere que as pressões e o terror da fama em tenra idade podem ter contribuído para a dependência. O lado paterno da família e suas dependências são mostrados por Sol, Vênus e Júpiter em Peixes na 10ª casa. Embora a relação seja difícil, a mãe não bebe e é a principal força estabilizadora, conforme se vê pela conjunção Lua-Saturno em Câncer.

O estranho é que Plutão está freqüentemente destacado junto com Netuno e é também encontrado geralmente nas posições acima. Assim, muitos FAA poderiam também ser classificados como plutonianos. Aqui Plutão significa o membro da família sóbrio, ou menos dependente, que luta ferozmente para manter a dependência e o dependente sob controle. Isto também significa os esforços do filho para controlar seu ambiente e

---

[8] História recente e familiar apresentada em "Falling Down and Getting Back Up Again", de Jeannie Park e Robin Micheli, *People Magazine*, 29/1/90, pp. 57-61.

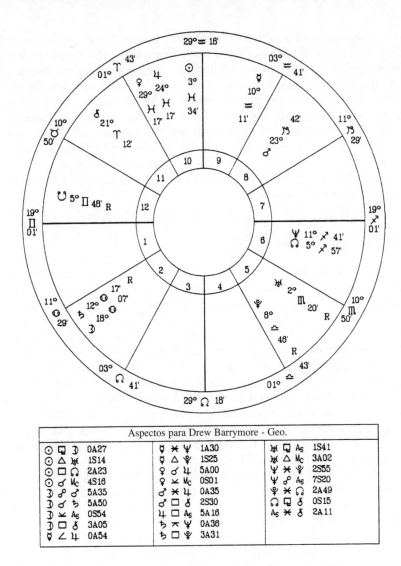

Mapa 4. Drew Barrymore. Dados da certidão de nascimento constantes da publicação especializada trimestral de Lois Rodden, DATANEWS, nº 15 (1/89), página 4. Ela nasceu em 22 de fevereiro de 1975, às 11h51 PST, Culver City, CA, 34N01, 118W25. Casas Placidus. Zodíaco Tropical. O Nodo Norte é o Nodo Real; o Nodo Sul é o Nodo Médio. Mapa calculado por Astrolabe usando Impressora Nova.

mantê-lo em segurança, esforços que irão continuar na vida adulta, muito tempo depois das ameaças originais terem passado. Essas mesmas configurações, integrais, freqüentemente aparecem nos mapas de netos de alcoólicos cujos pais não são alcoólicos. Os padrões de comportamento e de relacionamento dos FAA passam através dos pais. Embora muitos dos próprios FAA tenham dependências, o Plutão forte poderá, no mínimo, resistir por escolha própria à droga dos pais, em um esforço para manter o controle.

O Mapa 5 (p. 138) de Suzanne Somers é um exemplo do tipo plutoniano de FAA. Em sua autobiografia, *Keeping secrets*, ela se abre sobre seus antecedentes de família alcoólica.[9] Plutão faz quadratura com o Ascendente de Suzanne, um aspecto poderoso que é fácil de não se perceber nesses mapas. Ele está na 4ª casa, em conjunção com Saturno, o regente da 10ª casa, uma combinação que sugere uma infância difícil e pais possivelmente violentos. (Drew Barrymore tinha uma quadratura. Já vi aspectos Plutão-Saturno em mapas de vários filhos de estrelas.) A conjunção faz quadratura com Júpiter, Mercúrio e Marte, angulares em Escorpião, uma energia plutoniana adicional. A Lua novamente está em Câncer, o que não sugere, por si só, antecedentes alcoólicos, mas pode indicar que a questão de nutrição e educação é importante para o indivíduo. Netuno faz um quincúncio com o Ascendente, mas sem outros aspectos exceto por um suave sextil com Saturno. Richard Idemon costumava dizer que um planeta sem aspectos era como um fio solto, geralmente mais importante do que se espera na vida do nativo.

Configurações de mapas que indicam co-dependência

Astrologicamente, quem são os co-dependentes? Obviamente serão vistos muitos dos mesmos modelos encontrados nos mapas de FAA, mas aqui existem indicadores e interpretações adicionais. Pessoas com aspectos entre Netuno e Lua geralmente são dependentes de proporcionar os cuidados na criação que eles próprios nunca tiveram. Os que têm aspectos entre Netuno e Sol podem ter sua auto-estima e identidade ligadas a salvamento. Pessoas com Netuno perto do Ascendente sentem exatamente as necessidades de todos que eles encontram. Quando Netuno está próximo ao Meio-Céu, salvar pode ser uma escolha de carreira. Pessoas com Netuno na 7ª casa ou em aspecto com Vênus são especialmente inclinadas a se comprometer em relacionamentos, apesar de atormentadas com algum tipo de dependente. Pessoas com planetas em Peixes nessas várias posições podem ter tendências semelhantes. Note-se que muitas des-

---

9 Suzanne Somers. *Keeping secrets*. Nova York, Warner, 1988.

QUEM É QUEM DE FAA FAMOSOS

CAROL BURNETT: É fato conhecido que ambos os pais de Carol eram alcoólicos, e ela foi criada por uma avó. O *Profiles of Women*, de Lois Rodden (p. 53), diz que os dados de seu nascimento são os da certidão de nascimento, e ela nasceu em 26 de abril de 1933, às 4 h CST, San Antonio, TX, 29N25, 98W30. (Ela própria dá o horário como sendo 4h15.)

JAMES CAGNEY: Os alcoólicos em sua família eram seu pai (que faleceu quando Cagney era criança) e seu avô materno. O *Astrodata II* (p. 276) dá 17 de julho de 1900, 9 h Est, Nova York, NY 40N45, 73W57 como sendo seus dados de nascimento. Classificado como DD. Embora o ano seja questionável, esse mapa possui um *t-square* com Netuno na 10ª casa, Saturno em Capricórnio na 4ª casa e a Lua em Áries. Sua mãe era uma ruiva temperamental que não hesitava em dar chicotadas nas pessoas, de acordo com a história da família mencionada em *Cagney by Cagney*, Pocket Books, Nova York, 1976, pp. 16-7.

LYNDON B. JOHNSON: Os alcoólicos eram seu pai e seu irmão. O *Astrodata III* de Lois Rodden (p. 233) dá os dados a partir do diário de sua mãe: 27 de agosto, 1908, nascer do sol, 4h18min20s. LMT em Gillespie County, TX, 30N04, 98W40. A história familiar de Doris Kearns, *Lyndon Johnson and the American Dream*, Signet, Nova York, 1976, pp. 24-6.

JOAN KENNEDY: A alcoólica era sua mãe, conforme foi dito por Joan em um discurso no Conselho de Houston sobre Abuso de Drogas e Alcoolismo em abril de 1987. A informação da certidão de nascimento vem de *Profiles of Women* (p. 184) como sendo 5 de setembro, 1935, 6h10 EDT, Nova York, NY, 40N45, 73W57.

JACKELINE KENNEDY ONASSIS: O alcoólico era seu pai, Black Jack Bouvier. Seus dados de *Profile of Women* (p. 159) são 28 de julho, 1929, 14h30, Southampton, NY, 40N53, 72W23. O horário variado dado com EDT ou EST, mas EDT coloca Netuno em conjunção fechada com o MC, em trígono com sua Lua de Áries. A história da família pode ser encontrada em *All in the First Family*, de Bill Adler, G.P. Putnam's Sons, Nova York, 1982, pp. 112-3.

ELEANOR ROOSEVELT: Seu pai era alcoólico, estando afastado a maior parte do tempo; e, quando ela tinha 9 anos de idade, sua mãe morreu de difteria. As informações do nascimento, de Lois Rodden em *Profiles of Women* (p. 214), são baseadas no registro de nascimento familiar feito por Joan Negus como sendo 11 de outubro, 1884, 11 h. EST Nova York, NY, 40N45, 73W57.

(continua)

QUEM É QUEM DE FAA FAMOSOS (continuação)

A história da família é apresentada em seu livro, *Your Teens and Mine*, escrito por Helen Ferris, Doubleday, Garden City, NY, 1961, pp. 21-2.

RED SKELTON: Seu pai foi um palhaço de circo que morreu devido à bebida dois meses antes de Red nascer. A história familiar é apresentada por Arthur Marx em *Red Skelton: An Unauthorized Biography*, E.P. Dutton, Nova York, 1979. As informações sobre o nascimento são dadas na página 5 do livro de Marx como sendo 18 de julho, 1913, 13h15 CST, Vincennes, IN, 38N41, 87W32. Marx diz que o ano fornecido pela certidão de nascimento, papéis de desembarque, certidão de casamento e passaporte é o de 1913, mas sabe-se que Skelton diria ter nascido em 1906. O mapa de 1906 não faz muito sentido, tanto astrologicamente como à luz da história familiar, enquanto o mapa de 1913 parece bastante válido.

LILY TOMLIN: *Profiles of Women* (p. 169) dá a informação da certidão de nascimento como sendo 1º de setembro de 1939, 1h45, EST, Detroit, MI, 42N20, 83W03. Isto coloca Netuno no IC em um grande triângulo com Urano e Marte.

---

sas posições podem também significar a pessoa dependente ou disfuncional. Tais pessoas podem se tornar vulneráveis à dependência, mesmo que elas sejam as salvadoras. Pode ser um modo de enfrentar a exaustão e o sofrimento advindos do salvamento.

Embora nem todos sejamos co-dependentes, todos temos Netuno em algum lugar. Poderíamos nos tornar vulneráveis à síndrome, devido a uma determinada predisposição, aos trânsitos adequados, ou a um conjunto doloroso de circunstâncias. (O filho que você adora pode começar a usar drogas, sua querida mãe pode ter um enfarte violento, seu parceiro desenvolver um câncer.) A casa e os aspectos de Netuno em seu mapa mostram as áreas de confusão em relação a onde você pára e onde os outros começam — onde seus limites estão difusos. Nessas áreas, você sente dificuldade para estabelecer limites, e poderá se tornar vítima, ou poderão tirar vantagem de você. Assim, Netuno no mapa natal é geralmente onde nos sentimos impotentes — uma vítima ou um mártir. É também a área onde você tem maior tendência para se envolver em co-dependência, se o conjunto adequado de circunstâncias for ativado. Com Netuno na 3ª casa, o indivíduo pode vir a ser um parasita dos irmãos durante toda a vida, e alguns poderão ser alcoólicos ou dependentes; na 5ª casa, isto se dará com seus casos amorosos ou seus filhos; na 8ª casa, com parceiros sexuais; na 11ª casa, com amigos.

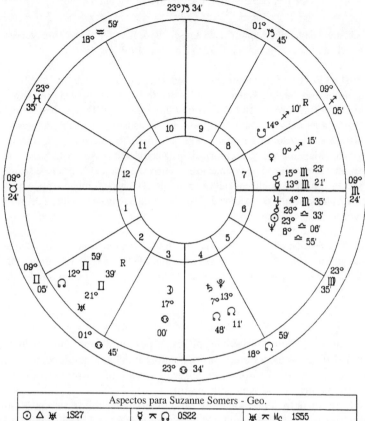

Mapa 5. Suzanne Somers, através dos dados de Lois Rodden no ASTRO-DATA II. De acordo com sua certidão de nascimento, ela nasceu em 16 de outubro de 1946, às 18h11 PST, San Mateo, CA, 37N34, 122W19. Casas Placidus. Zodíaco Tropical. O Nodo Norte é o Nodo Real; o Nodo Sul é o Nodo Médio. Mapa calculado por Astrolabe usando Impressora Nova.

O show de Liza e Judy — um estudo de caso

Como estudo de caso de co-dependência, vejamos os mapas de Judy Garland e sua igualmente talentosa filha, Liza Minelli. Seus mapas, baseados nas informações das certidões de nascimento de *Profiles of Women*, estão impressos nos Mapas 6 (p. 140) e 7 (p. 141). A longa luta de Judy contra o álcool, as pílulas e a depressão suicida são uma lenda de Hollywood. A própria Liza esteve na clínica Betty Ford em 1984 para se livrar de suas dependências, que iam desde pílulas para dieta, tranqüilizantes, pílulas para dormir, até bebedeiras.

Embora Liza permaneça profundamente leal à memória de sua mãe, sua infância parece um pesadelo de FAA. Aos 10 anos de idade, Liza mendigava comida para a mãe e para si mesma, esgueirando-se para fora de hotéis e apartamentos a fim de evitar o pagamento de contas e aluguel. Ela era a confidente da mãe, confortando Judy após suas várias tentativas de suicídio.[10] Durante a adolescência, a relação entre as duas tornou-se mais explosiva, e Judy periodicamente expulsava Liza de casa. Em 1962, Liza, aos 16 anos, saiu de casa definitivamente, indo para Nova York com 100 dólares em busca de sua carreira no *show business*.

O mapa de Liza é típico de um FAA. Seu Sol está em Peixes na 12ª casa. O trígono do Sol à sua conjunção angular de Lua-Marte-Saturno-IC em Câncer mostra sua proximidade com a mãe, mas também a dependência mútua. Com meu Sol de 12ª casa em Câncer, parece que tive um bloqueio pessoal para o papel que os planetas em Câncer exerciam nos mapas de FAA, até escrever isto! Vênus e Mercúrio de Liza também estão na 12ª casa, em oposição a Netuno. Plutão, na 4ª casa, faz uma quadratura ampla com o Ascendente de Liza — 8°, mas você diria que funciona — mais uma sesquiquadratura de 3° ao Sol de 12ª. Assim, Liza se classifica fortemente como netuniana, e menos obviamente como plutoniana.

O Netuno de Judy não aparece imediatamente como forte, mas ela era uma atriz sublime, musical, e possuía uma personalidade dependente — todas características de Netuno. Então notamos que seu Netuno forma um olho de Deus com sua conjunção Urano-MC em Peixes e seu Descendente. A tensão de estar constantemente sob os olhos do público e ser uma sensação desde sua adolescência devem ter contribuído para sua dependência. Também descobrimos que Netuno forma um triângulo agudo de semiquadraturas e sesquiquadraturas com Mercúrio e sua Lua de Sagitário (definitivamente em algum lugar acima do arco-íris!). Como

---

[10] Ver a história da família apresentada em *Liza! Liza! An unauthorized biography of Liza Minelli* .Walled Lake, MI: Karz-Cohl Publishing, 1983.

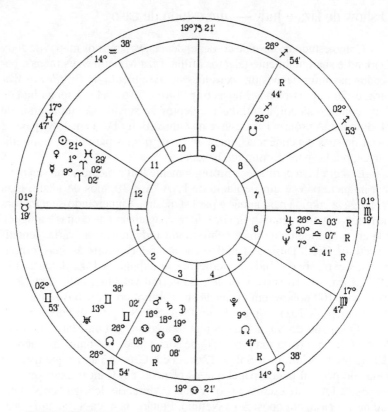

Mapa 6. Liza Minelli. Dados da certidão de nascimento de Perfis de Mulheres *(p. 353), de Lois Rodden, como sendo 12 de março de 1946, às 7h58 PST, Los Angeles, CA, 34N04, 118W15. Casas Placidus. Zodíaco Tropical. Nodo Norte = Nodo Real; Nodo Sul = Nodo Médio. Mapa calculado por Astrolabe usando Impressora Nova.*

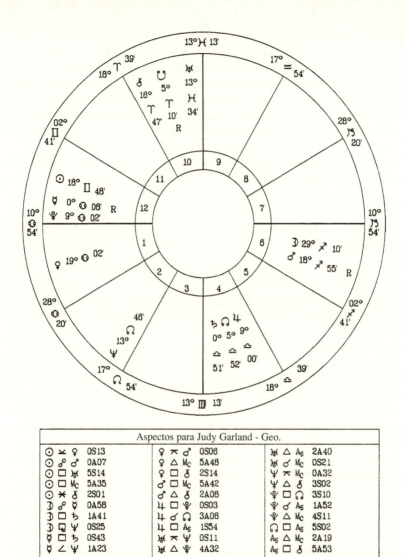

Mapa 7. Judy Garland. Informações do nascimento tirados da certidão de nascimento constante de Perfis de Mulheres *(p. 84) de Lois Rodden, como sendo 10 de junho de 1922, às 6h CST. Grand Rapids, MN, 47N14, 93W31. Casas Placidus. Zodíaco Tropical. Nodo Norte = Nodo Real; Nodo Sul = Nodo Médio. Mapa calculado por Astrolabe usando Impressora Nova.*

141

Liza, ela tem uma 12ª casa forte contendo Sol, Mercúrio e Plutão, embora Plutão esteja em estreita conjunção com o Ascendente. Ambas possuíam uma faceta aparentemente abandonada, perdida, que pode, às vezes, ser atribuída à 12ª casa. Mais uma vez vemos a proeminência de Câncer, com o Ascendente, Mercúrio, Plutão e Vênus. Plutão não está exatamente pálido, estando no Ascendente, em conjunção aberta com Vênus e Mercúrio (um meio ponto), em trígono com a conjunção de Urano-MC, e fazendo quadratura com os Nodos e Júpiter. (Mais uma vez, aparece essa configuração de criança de estrela de um aspecto de Plutão a Saturno, embora seja uma quadratura ampla.)

Quando você observar as conexões entre seus mapas, verá que o Vênus de Judy em 19° de Câncer está em conjunção exata com a Lua e o IC de Liza, e também em conjunção estrita com seu Marte e seu Saturno. O Netuno de Liza cai na 4ª casa de Judy, em conjunção com a conjunção Júpiter-Nodo Norte-Saturno, sugerindo confusão sobre quem era a mãe. O Nodo Sul de Liza sobre a Lua de Judy sugere que cuidar de sua mãe era uma reação automática, possivelmente devido a conexões de vidas passadas. O Netuno de Judy faz uma conjunção ampla com o Plutão de Liza. Embora essas posições sejam de uma geração, elas sugerem uma verdade sobre a relação, que era a de Liza ter que manter perenemente a situação sob controle quando Judy estava despencando. Há contatos amplos Sol-Urano de ambos os lados. Eles não só mostram a natureza tempestuosa da relação e a selvageria partilhada por ambas as mulheres, que talvez tenha explodido a relação, mas também o fato de cada uma apoiar o gênio, o carisma e a singularidade da outra. Os contatos formam um *t-square* agitado, mas vivaz, em signos mutáveis envolvendo Peixes, Gêmeos e Sagitário. A saída está no IC em Virgem de Judy, e as duas viajavam constantemente durante a infância de Liza, nunca tendo estabelecido com sucesso um lar fixo.

Uma vez que tanto Judy como Liza têm fortes posições de 12ª casa, então, como inevitabilidade matemática e comportamental, o mesmo aparece no mapa composto, mostrado aqui no Mapa 8 (p. 143). Buscas autodestrutivas (como a dependência), a necessidade de privacidade e as características de criança perdida estão presentes em ambas. Nesse mapa, a forte 12ª casa sugere que o simples fato de estarem juntas aumentou a tendência de ambas para se tornarem dependentes. A conjunção Mercúrio-Vênus sugere uma comunicação boa e amorosa entre as duas, um entendimento mútuo que não poderia ser facilmente verbalizado para o mundo. Netuno na 4ª casa faz quadratura com o Ascendente, aumentando ainda mais as qualidades netunianas, mas também sugerindo que deve ter havido uma forte ligação psíquica e um amalgamento mútuo de fronteiras. Plutão também faz uma semiquadratura de 30 com o Ascendente. A difícil 4ª casa, com Netuno e Saturno, mostra uma luta

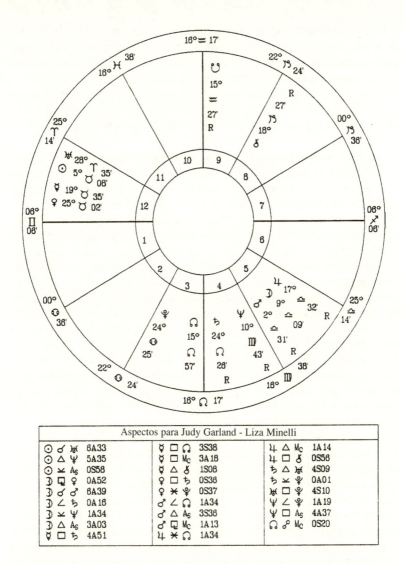

Mapa 8. Mapa composto para Judy Garland e Liza Minnelli, para Los Angeles, CA. Casas Placidus. Zoodíaco Tropical. Nodo Norte = Nodo Real; Nodo Sul = Nodo médio. Mapa calculado por Astrolabe usando Impressora Nova.

dolorosa para encontrar um lugar para sentir-se em casa. Lua, Marte e Júpiter em Libra mostram visivelmente uma conexão amorosa, embora freqüentemente zangada. O fato de o trio estar na 5ª casa mostra o apoio mútuo na capacidade de representar.

Como antecedentes de FAA podem afetar sua prática

Como já conhecemos os perfis astrológicos de síndrome de FAA e co-dependência, você encontrou algum em seu mapa? Você não está só — conforme mencionado antes, muitos de nós no campo da astrologia, incluindo a mim mesma, somos FAA. Fica a nosso critério como indivíduos, é claro, reconhecer e trabalhar no modo como os antecedentes disfuncionais afetam nossa vida pessoal. Aqui, minha preocupação imediata é examinar como isto poderá afetar sua prática astrológica.

Muitos de nós já trabalhamos para nos transformarmos através de uma variedade de instrumentais de cura. Assim, estamos, em geral, aptos para prestar um bom serviço. A estas alturas, muitos de nós já trabalhamos sobre alguns assuntos relacionados a FAA. Mesmo assim, a não ser que permaneçamos conscientes e vigilantes, ainda poderemos cair em padrões de FAA e de co-dependentes quando os problemas dos clientes forem semelhantes aos dos membros de nossa família ou de outros que amamos — ou aos nossos próprios problemas. Já freqüentei pessoalmente grupos de FAA e, posteriormente, o Al-Anon durante vários anos, e pensei que havia me recuperado bem. Mas, ao ler o material sobre co-dependência, surpreendi-me ao ver meus bloqueios.

Agora, sua atividade será pensar no assunto. Muitos astrólogos FAA e a maioria de seus clientes FAA ainda ignoram e/ou negam os efeitos de ter crescido em um ambiente alcoólico ou disfuncional. Quando não lidamos conscientemente com essa informação, as características de personalidade que se identificam com a síndrome do filho adulto podem afetar profundamente o modo como nos relacionamos com o cliente. O estudo que se segue sobre as características dos FAA sem tratamento foi desenvolvido por Cermak em *A Primer for Adult Children of Alcoholics*.[11] Meus comentários sobre como essas características podem se manifestar nas leituras ou em trabalho de cura acham-se entre colchetes.

Cermak diz que profissionais FAA não tratados podem ser reconhecidos pelo modo como eles o encorajam para os seus próprios propósitos. Freqüentemente eles o forçam a agir antes que esteja pronto. [Embora os clientes possam procurá-los devido a problemas existenciais,

---

[11] Cermak. *A primer for adult children of alcoholics*. Op.cit., pp. 69-70. Usado sob permissão.

144

como separação matrimonial, eles não estão necessariamente prontos para agir.] Eles intelectualizam, em vez de encorajá-lo a expressar seus sentimentos. [Por exemplo, se você se vê, de repente, inundando os clientes com jargões e material técnico, pergunte-se se o conteúdo emocional da sessão não o está incomodando.] Eles não ficam à vontade com o silêncio. [Quando o cliente faz uma pausa para refletir, você entra rapidamente com uma leitura metafísica ou alguma informação sobre suas estrelas fixas, asteróides, e assim por diante?] Os FAA não tratados resistem ao uso dos programas dos Doze Passos e têm certeza de que já trabalharam com todos os seus assuntos sobre co-dependência.

A leitura de outros autores de material sobre o assunto, como Claudia Black, Melody Beattie, Alice Miller e Janet Woititz me levou a considerar modos adicionais pelos quais a síndrome FAA e a co-dependência não tratada poderão trazer dificuldades na leitura de mapas. Por exemplo, em *O drama da criança bem-dotada*, Alice Miller diz que profissionais narcisistas, como muitos FAA, têm uma grande necessidade de aprovação, compreensão e valorização por parte dos clientes. Existe uma pressão para que o cliente preencha as expectativas e apresente material que esteja de acordo com os conceitos e sistemas de crenças daquele profissional.[12]

O profissional co-dependente entra facilmente na defensiva, precisando da valorização e do afago do cliente. Você se aborrece se um cliente questiona sua interpretação ou não lhe diz se sua leitura está correta? Muitos de nós ficamos extremamente presos à aprovação e à admiração do cliente. Sentimos que devemos saber tudo e ter todas as respostas certas. Sapateamos para encantar e agradar. Também podemos depender demais do acerto de nossas predições e interpretações, às custas do diálogo sincero com o cliente. Se não tivermos um retorno positivo, talvez fiquemos deprimidos após a leitura. Então iremos nos questionar, duvidando de nosso trabalho e de nosso valor.

Os problemas com limites aparecem nas leituras como superidentificações em suas várias formas. O problema do cliente torna-se seu problema ou, ao contrário, suas próprias dificuldades confundem-se com as do cliente. Você pode sentir dor ou ansiedade se transmitir ao cliente algo diferente do que ele quer ouvir, mesmo que os trânsitos ou progressões não sejam positivos. Pode haver problemas em estabelecer limites — isto é, receber muitos telefonemas de um cliente que se torna excessivamente dependente, ou permitir que suas leituras se prolonguem por horas. Limites não definidos também podem, como resultado, deixá-lo exaurido após uma leitura. (Isto pode também significar que você está fazendo cura sem ter consciência disto e precisa canalizar energia divina no lugar da sua.)

---

[12] *Op.cit..*

A necessidade de tratar de pessoas, comum aos FAA, talvez nos tenha motivado a fazer leituras em primeiro lugar. Essa necessidade talvez nos leve a querer salvar clientes portadores de dependência ou em dificuldades. Talvez tentemos, e muito, resolver todos os problemas da vida do cliente, em sessões de três a quatro horas. Quando somos muito responsáveis, temos a tendência de assumir demais os problemas de nosso cliente, ou talvez despender muitas horas preparando o seu mapa. Por exemplo, os astrólogos podem achar que devem fazer trânsitos, progressões, mapas harmônicos, pontos médios e estrelas fixas com validade para vários anos. A característica infiltradora da baixa auto-estima pode nos levar a não cobrar ou a cobrar muito pouco.

FAA não tratados e co-dependentes também tendem a ser extremamente controladores, embora possam ser sutis e possuir dons de manipulação. (Manter o controle das coisas era uma condição de sobrevivência em casa. Estamos falando de Plutão?) Quando os clientes não reagem fazendo o que os astrólogos FAA recomendaram, ou não acreditam que esta seja A SOLUÇÃO, os FAA podem se tornar às vezes agitados, enraivecidos, ou vingativos. Eles podem reagir invocando sua conexão divina, assustando os clientes sobre seus trânsitos de Plutão, ou ameaçando-os com câncer se eles não se emendarem em seu modo de pensar. De modo semelhante, poderá haver agitação ou até raiva quando os clientes não mudam do modo que o FAA considera o certo.

Existem dois assuntos principais que levam os clientes a nos procurarem — carreira e relacionamentos. Infelizmente, duas das principais características de FAA sem tratamento são: problemas com autoridade e relacionamentos distorcidos. Se não resolvemos esses assuntos em nossas próprias vidas e os negamos, é o caso do cego guiando outro cego. Se temos dificuldade em relação à intimidade ou à raiva, como podemos ensinar os clientes a terem relacionamentos saudáveis, ou ser modelos de exemplos positivos para eles? Suponhamos que você ainda esteja vivendo o papel de vítima ou tenha uma história de ter sido traído em suas relações. Você levará seu conjunto mental de FAA para a leitura do mapa; assim, quando os clientes lhe perguntarem sobre seus relacionamentos difíceis, você irá lhes dizer para tomarem cuidado com traições.

De modo semelhante, baseados na raiva não resolvida em relação a nossos pais, poderemos encorajar os clientes a se voltarem contra seus pais ou patrões. Se tivermos mania de grandeza, poderemos encorajar nossos clientes para planos grandiosos de carreira, em vez de abordar a astrologia vocacional de modo realista e concreto. Muitos FAA vivem financeiramente apertados, devido à estrutura inadequada em suas famílias instáveis; e o caminho financeiro na astrologia de carreira é tudo, menos seguro. Muitos de nós temos sérias dificuldades em trabalhar para os outros, e esta é parte da atração para se trabalhar por conta própria.

Com trânsitos difíceis na 8ª ou 2ª casa, provavelmente iremos ignorar o fato de um cliente estar profundamente endividado com cartões de crédito, empréstimos e pagamentos de contas.[13]

Características como a baixa auto-estima podem explicar por que alguns astrólogos estudam astrologia tantos anos e nunca se sentem suficientemente bons para fazer uma leitura. Muitos não praticam, ou praticam de modo inconstante porque acham que não PODEM consertar pessoas mas, ao mesmo tempo, esperam poder. Ou eles não praticam porque sentem que é muita responsabilidade. Devido à grandiosidade de nosso instrumental, eles esperam ser oniscientes, e sentem ódio de si mesmos se não forem tão grandiosos quanto as suas fontes de conhecimento.

Finalmente, os FAA são especialmente suscetíveis a dependências e comportamentos compulsivos. Em nosso campo, mais do que gostaríamos de reconhecer, muitos são alcoólicos ou sofrem de algum tipo de dependência. Negamos isto individual e coletivamente, mas é um risco ocupacional. É um modo para lidar com a responsabilidade às vezes opressora, com a sensação de isolamento, com a doação infinita de energia, e com o bombardeamento psíquico causado pelas leituras. Talvez também queiramos conter os sentimentos que se agitam em uma sessão, quando lidamos com assuntos importantes da vida, de modo tão concentrado. Se você teve como modelos pessoas que usaram substâncias ou compulsões para enfrentar o estresse e manter os sentimentos sob controle, a sua tendência será viver o que aprendeu.

A síndrome do filho adulto e a política de grupos

A combinação de grandiosidade e de desafio, como você pode imaginar, se choca com a política das organizações astrológicas e outros grupos Nova Era. Muitas das características mencionadas por Cermak também atuam nas dinâmicas dos grupos. Elas incluem a necessidade dos líderes de estarem em posição de controle, o medo de conflito dos membros, medo de pessoas zangadas, incapacidade para receber críticas, a tendência para ver as coisas em perspectiva preto-e-branco, a necessidade de ser aprovado e aceito, e a tendência para se sentir vítima. Junte um bom número de FAA desafiadores, grandiosos, não recuperados e negativos, e você verá, com certeza, um bizarro comportamento de grupo.

---

[13] Um adendo astrológico: em vez de Netuno, é Plutão que parece ser o tema dominante para pessoas dependentes de cartões de crédito ou de débitos ruinosos. Isto poderá aparecer na 2ª e na 8ª casas, ou através de aspectos importantes com planetas nestas casas, ou com Escorpião localizado nelas. Aqui o assunto parece ser ódio e vingança. Muitas vítimas de incesto têm compulsão para se endividar.

Você poderá encontrar domínos fechados, expulsando, excluindo os que ousam questionar, e multidões aclamando as roupas novas invisíveis do imperador.

Quando tais grupos são formados predominantemente por FAA, não é difícil de se ver as posições superiores sendo ocupadas por equivalentes de pais alcoólicos. Isto é, mesmo que não bebam nenhuma gota de álcool, os líderes são conhecidos por se comportarem como alcoólicos. Forte negação e uma alta tolerância para comportamentos bizarros são as características dos FAA que podem ser levadas para a vida do grupo. Assim, os membros podem ser indulgentes e ignorar os comportamentos mais surpreendentemente disfuncionais de seus líderes. A necessidade dos membros de criar uma experiência familiar alegre e unida é poderosa. O isolamento doloroso que sofreram, bem como o sentimento de terem sido diferentes a vida inteira, tornam o grupo tão valioso para seus membros FAA que eles tendem a negar a disfuncionalidade a fim de não ameaçar a sensação de finalmente pertencerem a alguma coisa. Com essas viseiras colocadas, tudo e todos são MAAARAAVILHOOOSOS.

Se você for imprudente o suficiente para apontar que o imperador está, de fato, sem roupa, esse grupo se voltará contra você como se tivesse feito algo indecente. "Oh", dirão eles, "mas ele é tãããão espiritual!" O grupo poderá colocá-lo no ostracismo, e não irão pedir para que fale de novo. A verdade não é uma comodidade bem-vinda onde reina a mentira.

Outras características de famílias de alcoólicos que podem se reproduzir em grupos compostos por grande número de FAA são a co-dependência e a indefinição de limites. Muitos FAA (eu mesma, inclusive) preferem evitar grupos saudáveis e política de grupos porque as histórias familiares violaram seus limites pessoais.

Alguns grupos astrológicos têm sido culpados por invasão de limites, mas somos modelos de saúde mental quando comparados ao que acontece em organizações de culto religioso. Infelizmente, os FAA, especialmente os jovens, são bastante vulneráveis a professores e grupos espirituais questionáveis. Um grupo espiritual unido pode ser um presente precioso, mas um grupo que insiste em que você abandone sua individualidade para freqüentá-lo é destrutivo. Uma vontade grupal tentando invadir limites pode em primeiro lugar causar muitos danos a um indivíduo cujos limites são frágeis. Cultos que professam serem espirituais são famosos por isto, mas até um grupo cuja organização é mais liberal pode, às vezes, perder o respeito pelos direitos, crenças e sentimentos individuais de seus membros.

A passagem de Urano e Netuno primeiro por Capricórnio e, depois, por Aquário promete desenvolvimentos excitantes no campo da astrologia, especialmente em sua direção para o profissionalismo. No entanto, a meu ver, isto não é bom augúrio para nossas organizações. A política tende a ficar violenta antes de se tornar sã. Muitos se desiludirão com os grupos, e aqueles que não preencherem as necessidades de seus membros irão se dissolver. A esperança da sanidade é a esperança de que um número cada vez maior de membros FAA reconheçam a síndrome em si próprios e em seus grupos. Seria útil que algumas das tradições pretendidas pelos programas dos Doze Passos fossem empregadas por estes grupos. Para os principiantes, há uma que diz: "Nossos líderes são apenas servidores confiáveis; eles não governam".

Como as condições do momento intensificam a necessidade de recuperação

As condições mundiais do momento, conforme indicadas astrologicamente pela passagem dos planetas externos através dos signos universais, estão intensificando as exigências em todas as profissões na área de prestação de serviço. As pessoas estão extremamente carentes e confusas, sentindo-se desamparadas e impotentes diante das enormes mudanças sociais que surgem no horizonte. Neste momento, as forças do caos são muito poderosas. Como resultado as pessoas procuram os astrólogos e outros profissionais da área de prestação de serviço, a fim de obterem orientação e respostas. É fácil ser consumido pelas exigências dos clientes; aprender a estabelecer limites é crucial. É preciso que saibamos determinar limites para não ficarmos de tal forma esgotados a ponto de precisarmos parar de trabalhar.

Precisamos também aprender a descobrir se as exigências dos clientes são legítimas ou não. As pessoas alcoólicas e cronicamente disfuncionais conseguem projetar sentimentos de desamparo e "necessidade ilimitada" de modo tão eficiente que o sensitivo psíquico capta e reage. Para amparar a baixa auto-estima, os salvadores precisam se sentir necessários. Assim, eles se apóiam freqüentemente no desamparo e mantêm as pessoas desamparadas para que elas continuem com seus padrões disfuncionais. Os astrólogos contemporâneos precisam aprender como o salvamento pode ser destrutivo, para que não tenhamos tal procedimento com os clientes. Não podemos orientar, salvar, nem atender por muito tempo a necessidades não genuínas.

No entanto, quando saímos dos limites de nossa capacidade, nos forçamos a um nível superior de profissionalização. Forçar para servir os outros é estressante. Se seu limite for correr uma milha por dia e você correr uma maratona de dez milhas, ficará cansado. Se você corre dez milhas por dia, não se cansará. Se você for além de seus limites como prestador de serviço, novos níveis de funcionamento acabarão fazendo parte de você.

Mesmo quando as necessidades de seus clientes forem legítimas e eles estiverem realmente precisando de orientação, o trabalho e a tensão de aconselhar o deixarão exausto. É importante descansar, relaxar e cuidar de si próprio — emocional, espiritual, psíquica e fisicamente. Um modo importante de cuidar de si é reconhecer e se libertar da co-dependência em sua vida pessoal e profissional. Espero que este estudo seja o começo desse reconhecimento. Se nós, astrólogos que temos a síndrome, usarmos o instrumental que está se desenvolvendo — livros, grupos, e outras formas de auto-ajuda — e se falarmos com nossos clientes FAA e co-dependentes a respeito deles, iremos, aos poucos, nos libertando.

CAPÍTULO

6

ASTROLOGIA VOCACIONAL — ATUALIZANDO A TRADIÇÃO

Para sabermos como usar a astrologia no local de trabalho, precisamos conhecer melhor a astrologia vocacional: devemos conhecer as próprias carreiras. Precisamos avaliar os problemas baseados na realidade como as exigências práticas de qualquer profissão, as exigências educacionais e os potenciais de ganho. Para dar um bom aconselhamento aos clientes, precisamos responder a perguntas como estas: Qual é atualmente a característica de uma determinada vocação? Quais são as mudanças que as profissões tradicionais estão sofrendo? Quais as carreiras em ascensão e quais carreiras estão saturadas ou desaparecendo? Podemos argumentar que os astrólogos não são conselheiros e que não estão treinados para dar aconselhamento vocacional. Mas é para isto que uma boa parte de nossos clientes está nos pagando, e devemos estar aptos para aplicar nossos talentos pessoais e nossa inteligência astrológica nessa importante especialização em nossa área.[1]

Logicamente, o mapa natal é o início do perfil profissional. Atitudes relativas a trabalho, autoridade e dinheiro não aparecem prontamente nos testes vocacionais, mas elas estão claras no horóscopo. Quando são esclarecidas, torna-se para nós mais fácil casar escolhas de trabalho com

---

[1] Este capítulo foi impresso originalmente em: *How to Use Vocational Astrology for Success to the workplace* e está sendo reimpresso sob permissão. Noel Tyl, editor, *How to use vocational astrology for success in the workplace*. St. Paul, MN, Llewellyn Publications, 1992, Capítulo 1 .

temperamento. Além disso, a astrologia fornece o que nenhum instrumento de teste pode dar, que é a indicação do ritmo de uma carreira. O ritmo é tudo e, embora muitos clientes pareçam ter excelentes instintos em termos de tais movimentos, outros não os possuem. Muitos são levados pela frustração a fazer movimentos certos em horas erradas.

Onde obter informações sobre carreiras

Seria maravilhoso se todos pudéssemos voltar para a escola e estudar aconselhamento. No entanto, se você fez apenas um ou dois cursos, os cursos acadêmicos mais práticos seriam na área de opções de atividades vocacionais modernas e como fazer aconselhamento vocacional. Seria um excelente investimento em termos de aumentar tanto sua capacidade profissional como sua renda. Cursos dessa natureza são geralmente incluídos ou no campo da reabilitação pessoal ou vocacional.

Na falta de aulas, existem livros de referência disponíveis e que poderão responder a perguntas específicas. Por exemplo, o *OCCU-FACTS: facts on over 565 occupations* traz informações sobre condições de trabalho, deveres, exigências físicas, temperamentos, atitudes necessárias e salários (dos Estados Unidos)[2].

Outro livro que merece atenção especial é *Discover what you're best at*[3]. Embora não tenha a intenção de substituir um teste integral nem dar interpretação individual como de um conselheiro diplomado em carreira, esse livro contém uma série de testes que medem aptidões vocacionais. Ele divide 110 vocações em 41 grupos de carreira, identifica os grupos nos quais a pessoa se encaixa, e dá uma breve descrição das várias linhas de trabalho em cada grupo. O livro tem preço razoável e poderia tornar-se parte de suas contribuições aos clientes que estão em busca de uma carreira que lhes seja adequada.

Mesmo informalmente, você poderá tentar aprender, por si próprio, algo sobre as diferentes vocações. Em uma festa ou conferência, quando você fizer a pergunta inevitável: "O que você faz?", prossiga com perguntas sobre o que aquela linha de trabalho engloba. Lembre-se, você pode saber o que era ser enfermeira há dez anos atrás, mas ser uma enfermeira hoje é muito diferente.

---

[2] *OCCU-FACTS: Facts on over 565 occupations*, editado por Elizabeth Handville. Largo, FL: Careers, Inc., 1989.
[3] Linda e Barry Gale *Discover what you're best at*. Nova York, Simon & Schuster, 1982.

O mapa como potencial — a vida como realidade

Para dar um conselho astrológico adequado, devemos avaliar a realidade. Precisamos de informações que o mapa não nos fornece. Devemos fazer perguntas importantes aos nossos clientes: Que grau de educação eles possuem? Que tipo de apoio financeiro e ambiental eles têm? O que lhes agradou em sua experiência de trabalho? Que outros tipos de carreira eles já consideraram?

Devemos empregar nossa capacidade de observação para ter uma idéia da inteligência do cliente e de sua capacidade verbal e social. A respeito da inteligência, porém, é importante distinguir entre "Esperto de Ar" e "Esperto de Terra". Quem é somente esperto de Ar pode ter idéias brilhantes, mas não saber fazer nada na prática. A pessoa que é esperta de Terra, por outro lado, pode ter apenas uma idéia original na vida inteira, mas possuir uma capacidade para negócios que irá transformar essa idéia em fortuna. (Um indivíduo esperto de Terra pode ter fortes tendências de Terra no horóscopo, envolvendo Mercúrio e o Ascendente, por exemplo, uma pessoa esperta de Ar poderá ter muita ênfase nos signos de Ar, mas sem muita coisa avançando em Terra.)

Suponha que você esteja fazendo uma leitura para uma mulher em torno dos 30 anos, cujo mapa indica boa capacidade para aconselhamento. Ela pode ter um Plutão forte e bem aspectado e talvez a Lua ou outros posicionamentos em Libra. Antes de sugerir que ela faça uma pós-graduação em assistência social ou aconselhamento, procure saber mais sobre sua situação. Suponha que ela tenha apenas curso secundário: ela está disposta a fazer quatro anos de faculdade e dois de pós-graduação? Existe dinheiro disponível para instrução e outras despesas, seja este proveniente de economias, de um parceiro ou da família? Você tem idéia do preço do curso da carreira que está sugerindo? Suas notas seriam suficientemente boas para que ela possa obter uma bolsa de estudos? Com todos os cortes governamentais, o que existe, atualmente, em termos de ajuda financeira? Onde você obteria essa informação? Ou onde a mulher poderia encontrá-la?

Suponha que você descubra que ela é separada, tem duas crianças pequenas, não recebe ajuda para seus filhos e sua família é pobre. Você ainda quer recomendar um mestrado? E os problemas relacionados aos cuidados com as crianças enquanto a mãe estiver em aula? Talvez existam carreiras para profissionais com cursos de apenas dois anos, nos quais ela poderá obter a mesma capacitação para aconselhamento. Se você consultar um guia de carreiras (ver bibliografia), poderá encontrar algumas alternativas. O que quero dizer é que existem muitas dimensões importantes de aconselhamento de carreira com as quais precisamos nos familiarizar para que nossa análise astrológica seja objetiva.

Freqüentemente, as pessoas têm, no mapa, fortes indicadores de talento criativo — como para escrever, para a música ou arte dramática — e querem saber se serão famosos com esse dom que três ou quatro astrólogos e sua mãe reconheceram. Quando os clientes querem saber se acho que eles serão grandes músicos ou cantores, eu lhes pergunto: "Quantas horas por dia você pratica?". Para futuros atores, pergunto: "Quantos ensaios você fez esta semana?". É isto que é necessário nesses tipos de carreiras — disciplina, trabalho duro, e ir à luta. Mesmo assim, eles poderão não ser bem-sucedidos, dependendo da sorte — mas eles não podem esperar que a sorte surja do nada. Júpiter funciona se você trabalhá-lo — e trabalho é Saturno.

Encontrando aptidões *e* atitudes no mapa

Ao preparar uma leitura, você pode pedir ao cliente três opções de carreiras sobre as quais tenha refletido. Naturalmente, você não se limitará a essas três, já que o mapa certamente sugerirá mais possibilidades, mas a lista do cliente irá mostrar-lhe como aquela pessoa pensa. Então analise o mapa para ver como as escolhas se encaixam. Tradicionalmente, aprendemos a procurar alguma combinação da 2ª, 6ª e 10ª casas; planetas colocados nessas casas pesam bastante, e então você irá considerar os signos.

Naquelas casas, você pode ler não só as aptidões do cliente para o sucesso, mas também suas atitudes em relação ao trabalho. Atitude geralmente está mais ligada ao sucesso do que à aptidão. Muitas pessoas inteligentes, competentes ou talentosas sabotam a si mesmas devido a atitudes negativas, tal como acreditar que não terão sucesso, ou por estarem sempre deprimidas. Por outro lado, um conjunto de atitudes e hábitos construtivos de trabalho podem ajudar até alguém moderadamente talentoso, com boa vantagem. É a velha história da tartaruga e da lebre: a lebre tinha aptidão para correr, mas a tartaruga tinha a atitude de quem quer vencer.

Para ilustrar como tanto atitude quanto aptidão contribuem para a escolha vocacional, suponhamos que alguém tenha Urano ou Aquário na 6ª casa. As aptidões sugeridas seriam no campo moderno da tecnologia como computadores ou profissões fora do comum, não tradicionais, como astrologia ou *biofeedback*. No entanto, as atitudes subjacentes poderiam ser que essa pessoa não goste de supervisão e funcione melhor se não for supervisionada. Não supervisionada, ela pode se mostrar altamente independente e automotivada, enquanto supervisionada muito de perto, podemos antecipar um temperamento rebelde, errático e um tanto desdenhoso. O trabalho ideal poderá ser o de autônomo, em consultoria, ou em linhas de trabalho caóticas, de mudança rápida, onde a iniciativa pessoal é recompensada.

Suponhamos um cliente que tenha Leão no Meio-Céu, ou planetas em Leão na 10ª casa. O desejo de brilhar e de "ser alguém" é muito forte e há uma aptidão para a carreira de ator. Se a pessoa irá, de fato, ter sucesso no palco, isto irá depender muito de suas atitudes. O indivíduo poderá ser um ator frustrado, dado o desejo leonino de ser amado e adorado apenas pelo fato de existir. Tais crenças precisam ser compensadas por atitudes que produzam trabalho duro, paciência e a vontade de se expor a ensaios muitas vezes infrutíferos. Sem atitudes desse tipo, as pessoas com Meio-Céu com ênfase em Leão podem ficar reduzidas à criação de dramas, e a fazer alarde em torno dos pequenos empregos que conseguem enquanto esperam interminavelmente "serem descobertos".

Mas é importante distinguir entre 2ª, 6ª e 10ª casas, mesmo que a verdadeira ocupação possa ser encontrada em qualquer uma delas. A 2ª casa mostra capacidades e recursos pessoais que o indivíduo poderá atrair para ganhar a vida. Quando a 2ª casa (ou o signo de Touro) é forte, enquanto que a 6ª e a 10ª estão vazias, então ganhar dinheiro é uma preocupação importante, mais do que uma carreira.

Na 2ª casa, você também irá descobrir as atitudes em relação a dinheiro que podem tanto aumentar como bloquear a carreira. Faça uma revisão da vocação escolhida para ver como as atitudes ou práticas financeiras sugeridas pela 2ª casa do cliente podem afetar seu sucesso. Por exemplo, com Netuno ou Peixes na 2ª casa, pode ser muito dedicado e trabalhar duro, mas, em termos de ganhos, talvez venha a sabotar a si próprio. Para um empregado assalariado, há um certo grau de proteção, mas Netuno na 2ª casa pode ser um convite ao desastre para alguém que trabalha por conta própria.

A 6ª casa mostra hábitos de trabalho, atitudes em relação ao emprego, tipos potenciais de empregos, e que tipo de empregado a pessoa poderá ser. Verifique as escolhas profissionais para ver como os hábitos e atitudes de trabalho descritos pela 6ª casa se encaixam nas condições de trabalho e nas tarefas exigidas para determinada linha de atividade. (Aqui, novamente, você poderá recorrer a um manual de carreiras para informações úteis.) Com Sol ou Lua na 6ª casa, a identificação com antecedentes de trabalhos braçais pode ser um fator a se lidar, por quem está ascendendo, para obter sucesso.

Quando a 6ª casa (ou o signo de Virgem) é forte, mas a 2ª e a 10ª não estão enfatizadas, então trabalhar para si próprio pode ser a motivação. Dependendo dos planetas envolvidos, essas configurações de mapas podem mostrar pessoas que consideram o trabalho, em si, uma gratificação importante — ou, no mínimo, um grande foco de energia e interesse. Se houver pouca satisfação no trabalho, a saúde pode sofrer. Alguns são viciados em trabalho.

A 10ª casa mostra o caminho a longo prazo de carreira ou a fonte principal de reconhecimento de carreira para tal indivíduo. Conforme examinaremos mais adiante, aqui podem ser vistas as atitudes em relação a figuras de autoridade e como a pessoa pode vir a ser uma autoridade. Essas atitudes podem ser decisivas para avaliar as vocações mais adequadas e todas as barreiras que poderão surgir no caminho. Quando a 10ª casa (ou o signo de Capricórnio) é forte, e a 6ª e a 2ª não, as pessoas são muito motivadas para alguma vocação ou chamado. Não estão vendo o trabalho em si, nem é o dinheiro a motivação mais importante; ao contrário, elas estão direcionadas para algo significante — querem ser alguém. Os meios talvez sejam menos importantes do que os fins.

Em resumo, em astrologia vocacional devemos avaliar as atitudes e as motivações com o mesmo cuidado com que analisamos as aptidões. Felizmente, ambas podem ser encontradas nos signos e planetas nas casas que indicam a vocação. Quando Gêmeos está envolvido na 6ª ou na 10ª casa, por exemplo, pergunte-se: qual será o *modus operandi* de Gêmeos no trabalho? Especificamente, como Gêmeos atua em situações normais de trabalho ou em relação à mudança proposta? Se Gêmeos ficar aborrecido, inquieto e solitário, certamente não é uma boa escolha. Qual será o *modus operandi* canceriano? Ou o sagitariano? Ao pensar sobre as coisas que motivam e satisfazem o signo em questão, você terá uma boa idéia de quem é o cliente. Então, tornar-se-á útil e esclarecedor explicar exatamente como certas atitudes influem na escolha profissional.

Indicadores adicionais de vocação

Planetas em aspecto com o Meio-Céu mostram a carreira e indicam recursos e capacidades dos quais a pessoa pode se valer. Muitos astrólogos não têm Urano na 10ª casa, porém muitos têm um *aspecto* entre Urano e o Meio-Céu. A pesquisa Gauquelin mostrou que um planeta situado dez graus do Meio-Céu é o maior indicador vocacional — especialmente quando ele está na 9ª casa.

A casa em que está o Sol é também indicador importante. Como o Sol é o centro do ser e uma importante fonte de autodescoberta e autoexpressão, pode-se também ser gratificado por ele. Por exemplo, trabalhando no campo da cura, encontrei muitos profissionais da área com Sol na 6ª casa. Qualquer casa que tenha um *stellium* poderá também influenciar a carreira, tanto de modo positivo como negativo, ou de ambas as formas. Alguém com forte ênfase na 3ª casa irá, sem dúvida, ser um comunicador, não importando sua real carreira.

As casas fortemente ocupadas são particularmente importantes quando você encontra um mapa onde a 2ª, 6ª e 10ª casas estão vazias. Normalmente, tais pessoas estão trabalhando basicamente apenas para pagar o aluguel e sustentar o que é realmente importante para elas — isto é, seu lazer, conforme é mostrado pelas casas onde elas têm planetas. Se você conseguir encontrar uma vocação que esteja de acordo com o que as diverte, essas pessoas sentir-se-ão gratificadas por estarem fazendo o que realmente gostam.

Existem ocupações adequadas para cada uma das doze casas. Se alguma área da vida é extremamente importante, pode apostar que o dinheiro está lá. Por exemplo, a 5ª casa gera centenas de tipos de emprego que lidam com crianças, recreação e romance. A 9ª casa fornece não apenas trabalho em educação, mas também em turismo, viagens e nas leis. E assim por diante.

Adequando a carreira à pessoa inteira

Algumas pessoas talvez tenham a 10ª ou a 6ª casa, que de algum modo são favoráveis para as escolhas vocacionais dadas, mas outras indicações do mapa tornam as escolhas questionáveis. Então você irá querer pensar em carreiras similares ou correlatas que não apresentem as dificuldades sugeridas pelo mapa. O livro *Discover What You're Best At*, com 41 grupos de carreira, é particularmente útil para essa procura.

Ver algumas combinações malformuladas irá lhe mostrar como sintonizar as escolhas de carreira. Suponha que você tenha um cliente com Gêmeos enfatizado, Mercúrio forte, ou uma 3ª casa forte, mas Saturno ou Plutão fracos, e que queira ser um escritor. O cliente irá sem dúvida ter um dom para palavras, mas, como Julian Armistead apontou, poderá faltar a disciplina saturnina para que ele persevere o suficiente a fim de completar algo importante. Sem um Saturno forte, essa pessoa poderá ansiar por gratificação imediata, enquanto a recompensa trazida pela carreira de escritor demora para chegar. Plutão indica uma capacidade para ficar sozinho — necessária para escrever qualquer coisa mais demorada. Para se sair bem em capacidade verbal, esse indivíduo poderá procurar outros tipos de trabalho que envolvam comunicação, tais como ser professor, locutor, vendedor, ou até um jornalista escrevendo notícias curtas. O signo e a casa enfatizados poderão ajudá-lo a pinçar o possível foco da escrita ou da comunicação. Se for Virgem, por exemplo, educação na área de saúde é um foco possível; em Leão o enfoque poderá ser em crianças, teatro, ou romance.

Por outro lado, consideremos alguém que tenha posições fortes de Saturno, Capricórnio ou 10ª casa, mas tem Vênus abstrato. (O modo pelo qual você pode saber, é preparar o mapa e sair para se ocupar com alguma outra coisa. Então pergunte-se onde estava Vênus no mapa e esforce-se para lembrar!) O indivíduo quer entrar para a administração de empresas. Aqui você precisará mostrar a diferença entre administração e supervisão. Sabemos que os pontos focais de Saturno-Capricórnio são bons para administração, em que se lida com documentos e com atividades que envolvam estrutura, ordem e planejamento a longo prazo, sem benefícios. Contudo, sem a presença de Vênus a supervisão não seria uma boa escolha; a capacidade da pessoa — como a habilidade para motivar os outros e resolver conflitos — poderia não existir. Isto não quer dizer que os supervisores têm automaticamente a capacidade adequada, mas é muito mais difícil quando eles não a têm. Felizmente, essas capacidades podem ser aprendidas, até um certo ponto, através de cursos de administração, supervisão e relações de trabalho; portanto, para os clientes com essa carência, você poderá sugerir algum curso adicional ou seminários.

Um exemplo de mapa de astrologia vocacional

Observemos o Mapa 9 (p. 159). Imagine que essa mulher é sua cliente. Ela foi uma dançarina de sucesso, tendo atuado em musicais da Broadway e em outros shows, e o procura para uma leitura de mapa. Aos 35 anos, ela sente que não tem mais muitos anos pela frente como dançarina, portanto quer começar a se preparar para uma mudança de carreira. Sua idéia é que talvez ela possa fazer um mestrado e uma carreira em administração de empresas, pois isto seria lucrativo. Primeiro, existem características no mapa que o fariam aconselhá-la *contra* uma carreira em administração de empresas? Que tipos de carreira você poderia sugerir como alternativas? Pense nessas perguntas e estude um pouco o horóscopo, como se você estivesse se preparando para uma consulta real.

Apesar do Meio-Céu em Capricórnio, sua natureza básica parece ser contra qualquer coisa árida como administração de empresas. Com a Lua em Gêmeos e um *t-square* mutável envolvendo Marte, Lua e Mercúrio, suspeito que ela se aborreceria facilmente com um trabalho que não envolvesse constantes mudanças e desafios, estímulos, reações rápidas e contato com o público. Além disso, a forte conjunção Júpiter-Urano (situada em seu Ascendente retificado para New York City) parecia ir contra algo tão hierarquizado como a administração. Essa conjunção também sugeria que a excitação e as freqüentes mudanças são necessárias para seu bem-estar.

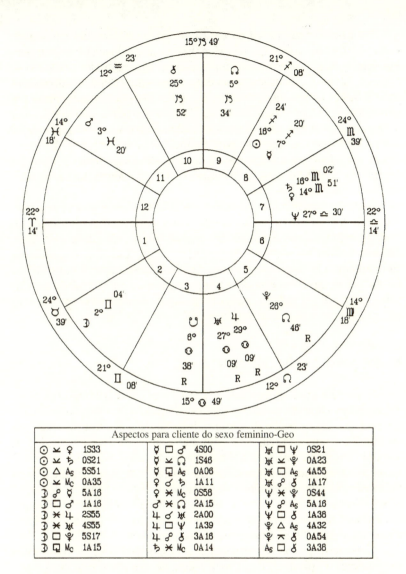

Mapa 9. Mulher, nascida em 8 de dezembro de 1954, às 14h32 AHST, 21N20; 158W04. Data da certidão de nascimento. Casas Placidus. Zodíaco Tropical. Nodo Norte = Nodo Real, Nodo Sul = Nodo Médio. Mapa calculado por Astrolabe usando Impressora Nova.

Essa mulher me procurou para uma leitura. Como ela tencionava voltar a estudar, sugeri que considerasse uma graduação em Relações Públicas para que se tornasse empresária ou administradora de pessoas do *show business*. Ela tinha muita ênfase em fogo, com Áries ascendendo e o Sol em Sagitário. Portanto, o dinamismo que a transformou em animadora de sucesso poderia ser facilmente transferido para promover outras pessoas. Além disso, Mercúrio e Júpiter proeminentes destacavam o eixo 3ª/9ª casas, importante para publicidade e informação. A 7ª casa indica sociedade em negócios além de outras mais pessoais, e Vênus, o regente da sua 7ª casa, estava nela, em conjunção com Saturno, regente do seu Meio-Céu.

Em toda mudança de carreira na meia-idade, você deve verificar se o cliente pode transferir as habilidades aprendidas na carreira original. Todo trabalho de anos dessa mulher, mais suas conexões duramente conquistadas poderiam ajudá-la na função de promotora. Essa recomendação agradou-a bastante, uma vez que ela não queria abandonar o brilho do *show business*, mas estava querendo ser prática. O Meio-Céu em Capricórnio pode ser útil no que se refere a administrar artistas criativos, que são freqüentemente desorganizados.

Riscos pessoais que dificultam a carreira

Considero muito importante analisar o mapa como um todo para ver quais são as características de responsabilidade que podem dificultar a escolha ou o desempenho da carreira. Imaginemos, novamente, que você está em uma consulta real. O jovem diante de você quer ser médico. É um indivíduo brilhante e que tem bastante dinheiro. Sol e Mercúrio estão na 6ª casa e Virgem está ascendendo, o que poderá ser adequado para uma carreira na área da saúde. No entanto, você percebe uma conjunção Marte-Urano na 9ª casa, perto do Meio-Céu. Quais os *três* problemas que você visualiza nessas posições que podem levá-lo a aconselhar o cliente a não ser médico? Pense um pouco nesta pergunta.

Considero que os três problemas apresentados pela conjunção são os seguintes. O primeiro é *cursar* a escola de medicina. Como a pessoa poderá terminar, se o diploma exige aproximadamente de seis a oito anos de estudo intensivo de pós-graduação, nos quais todos os outros interesses devem ser deixados de lado? Há, também, uma forte tendência para a rebeldia a ser considerada. Quando uma carreira exige um estudo extensivo, olhe a 9ª casa para ver o que está acontecendo lá!

Em segundo lugar, seria muito difícil para esse indivíduo tolerar a hierarquia rígida, conservadora, existente nos hospitais e em outras instituições médicas tradicionais, tanto na faculdade como após a formatura. E, terceiro, mesmo que essa pessoa terminasse a faculdade e começasse a praticar, haveria uma forte propensão para o mau uso da profissão devido a métodos não ortodoxos e a modos provocativos com os pacientes acamados, todos ligados à intensa conjunção Marte-Urano.

Que alternativa você poderia sugerir? Que tal enfermagem? Embora os estudos sejam menos árduos, poderia haver o mesmo problema com hierarquia, se não fosse pior. Um enfermeiro tem pouco poder para agir de modo independente, sendo sujeito às ordens do médico. Fisioterapia, que talvez fosse uma saída para o lado físico da energia de Marte, poderia apresentar problemas semelhantes em termos de hierarquia médica. Que tal uma carreira de saúde alternativa? A tendência para problemas legais — como ser acusado de praticar medicina sem licença — ainda existe. No entanto, o *curriculum* em estabelecimentos de escolas alternativas poderá ser mais aceitável e provavelmente mais fácil de se completar. Que tipo de carreira de saúde alternativa você poderia sugerir? Possivelmente trabalho orientado para a energia, como o Reiki, ou acupuntura seria uma área para canalizar a conjunção Marte-Urano. Talvez a criatividade do fator Urano possa ser direcionada para equipamentos médicos, e o resultado seria engenharia médica.

Com a forte ênfase na 9ª casa, em vez de ser processado por prática indevida, talvez essa pessoa possa vir a ser um advogado especializado em prática indevida, para pessoas tiranizadas por outros. Outras possibilidades incluem ser lobista, ativista, ou educador em assuntos de saúde — como Aids, acidentes de trabalho, ou lixo tóxico. A conjunção da 9ª casa poderá, então, ser dirigida para a ação política, embora as ações sejam sempre precipitadas. No entanto, a conjunção sempre imporá a necessidade de se libertar da raiva em relação à autoridade, baseada em experiências da infância — provavelmente dos primeiros anos escolares. Caso contrário, haverá a tendência de ações explosivas e rebeldes, o que seria prejudical tanto para a pessoa como para a causa.

Com um cliente uraniano como este, o astrólogo precisa ver se há o desejo de curar da raiva. Isto deve ser abordado com lógica e imparcialidade. Não deve ser feito com a finalidade de se intrometer na infância e nas emoções do cliente, pois este certamente não irá gostar; antes, você estará indicando exatamente como o temperamento dele pode interferir em um problema existente e declarado, que é a escolha da carreira. Se fizer sermões e agir como um pai que está desaprovando, irá fazer com que o cliente se rebele, provavelmente com muita raiva. Em reações menos extremas, o cliente poderá automaticamente rejeitar o que você tem a dizer. Para ser eficiente, provavelmente você deverá ouvir — e talvez até extrair — a raiva em relação a professores e outras figuras de autoridade. Você precisará aceitar a raiva, talvez concordar com o fato de que tudo tenha sido tão horrível e injusto. Não justifique nem racionalize as atitudes da autoridade. Você pode querer examinar suas próprias dificuldades em relação a conflitos, como o medo da raiva e a necessidade de suprimi-la em si próprio e nos outros.

Você estará entrando em terreno perigoso se tentar amenizar, falando para este cliente da necessidade cármica do perdão, ou das lições espirituais a serem aprendidas. ("Afinal, você escolheu seus pais.") Como figura de autoridade com tonalidades divinas, sua *aceitação* da raiva poderá, por si, ser curativa. Ela fará com que a pessoa saia da consulta e termine os estudos para que as coisas que realmente o aborrecem possam ser modificadas.

É óbvio que o exemplo que examinamos é extremo, mas é esse tipo de raciocínio que aparece em leituras vocacionais. Embora as casas tradicionais de carreira sejam seu ponto de partida, é preciso esquadrinhar todo o mapa. Existem traços de caráter que contra-indiquem os campos que o cliente está considerando? Por exemplo, será que o trabalho não se baseia em lógica, e a pessoa tem um *stellium* em Peixes na 3ª casa e uma conjunção Mercúrio-Netuno? Sua análise irá incluir não só fatores astrológicos como também os tipos específicos de trabalho em questão. Caso você não saiba quais são eles, procure livros de informativos sobre profissões. Se estiver começando a achar que é complicado, você está certo, mas a escolha de carreira é assunto tão sério que merece uma análise complexa e profunda.

Por que uma leitura vocacional não é psicoterapia?

É importante que se entenda que uma leitura vocacional não é psicanálise. Esta declaração poderá parecer estranha vinda de uma astróloga que é também psicoterapeuta, mas verifique de onde estão vindo os clientes que buscam conselho vocacional. Eles estão com um estado de espírito voltado para os negócios, com o ânimo lá embaixo, e até com uma sensibilidade saturnina. Provavelmente estão tendo trânsitos de Saturno ou trânsitos ao Meio-Céu, ou não estariam vindo para essa sessão especial, em primeiro lugar. Estão orientados para o futuro, e querem tocar a vida em frente em vez de ficar remexendo o lixo do passado. Eles não o estão pagando para isto, portanto é melhor que qualquer investigação minuciosa que você venha a fazer seja relevante para a questão. Precisará demonstrar, de modo claro e lógico, como todas as questões emocionais e históricas influenciam em seu potencial para o sucesso.

Agir de outro modo será uma intromissão. Acredito muito em uma abordagem não intrusiva da análise do mapa, pela qual você focalizará os problemas do cliente e, em outros assuntos, respeitará seu direito à privacidade. Se puder demonstrar por que um problema com o pai ou a mãe faz com que o cliente tenha atitudes autodestrutivas no trabalho, você estará dando informações úteis. Se tiver habilidade nisto, você poderá fornecer grandes motivos para que o cliente procure ajuda para o problema. Agora ele terá uma razão prática para gastar todo aquele dinheiro em terapia, cura, ou investir tempo precioso em grupos de auto-ajuda.

Provar a relevância do passado para o presente não é algo tão difícil. Considere que a 10ª casa (que mostra os pais como figuras de autoridade) indica como as pessoas lidam com as figuras de autoridade, quando adultos. Suponha que o cliente esteja tendo uma relação difícil com o patrão ou, especificamente, uma série de dificuldades com supervisores. Você poderá delinear, com bastante precisão, como era a principal figura de autoridade em casa. Então será fácil conduzir o cliente para conexões entre as reações àquela autoridade e as reações habituais aos patrões.

Conseqüentemente, no meu modo de pensar, aquele já desgastado debate de 4ª/10ª casa sobre qual delas representa a mãe e qual é o pai é falso. A 10ª casa é a figura principal de autoridade, mas também indica ambos os pais em sua função de autoridade, enquanto a 4ª casa é a função de nutrir. A Lua no Meio-Céu sugere uma casa dominada pela mãe, mas também descreve o pai como tipo lunar. (Você poderá freqüentemente dizer se os astrólogos vêm de um lar dominado pela mãe ou pelo pai através da figura que eles atribuem à 10ª casa.)

A influência do pai é mostrada de várias maneiras — no Sol e seus aspectos, Saturno e seus aspectos, o Meio-Céu e todos os planetas de 10ª casa e até, às vezes, em Marte. Talvez você pense que os homens, mais do que as mulheres, possam basear-se no pai, e conseqüentemente no Sol, para formar sua identidade e auto-estima. No entanto, aspectos difíceis com o Sol são devastadores para a auto-estima, independentemente do sexo. Quando entro nas causas dos problemas de auto-estima relacionados aos aspectos do Sol, quase sempre há uma implicação da relação com o pai.

Surpreendentemente, ao fazer aconselhamento vocacional para mulheres, tanto o Meio-Céu como o Sol são freqüentemente significativos ao mostrar a identificação com o pai e seu impacto como modelo de papéis, em termos de carreira. Isto é particularmente verdade quando a mãe exercia o papel mais tradicional e não trabalhava fora de casa. Assim, ao lidar com assuntos de carreira, tenho o cuidado de me informar sobre o pai do cliente, sua história vocacional, e seu sucesso ou fracasso em perseguir seus sonhos.

Saturno e seus aspectos estão apenas parcialmente relacionados com o pai, embora ele apareça freqüentemente nas leituras de mapas como Saturno. Aqui estão indicadas as funções de autoridade de ambos os pais, assim como a disciplina, a estrutura e a consistência dadas por eles. Em alguns países europeus, os astrólogos atribuem a influência materna mais a Saturno do que à Lua. Isto reflete, sem dúvida, uma profunda diferença nos padrões de educação da criança e nos papéis familiares. Os planos do Meio-Céu e da 10ª casa também mostram os pais como figuras de autoridade.

Marte e seus aspectos estão ligados às imagens de masculinidade assumidas tanto pelos meninos como pelas meninas. Eles também mostram os assuntos relacionados a Marte, como lidamos com a raiva, como buscamos as coisas que queremos, e como conseguimos nos impor. Embora não aprendamos essas coisas exclusivamente com nosso pai, este é geralmente o primeiro modelo e, talvez, o mais influente. Quando existem aspectos difíceis de Marte em um mapa, quase sempre há obstáculos para serem superados nessas áreas. Quando pesquiso tais problemas, a causa é quase sempre o pai e como ele tratou a criança ou como ele atuou como modelo ao lidar com esses assuntos.

Ao mostrar como esses problemas com os pais são transferidos para os supervisores, é muito importante indicar que as expectativas e as necessidades que a criança interior ainda está tentando encontrar *não são adequadas ao local de trabalho*. Patrões não são pais, e não adianta ficar bravo porque eles não estão cuidando de você. Falando como alguém que já foi supervisor, ao contratar um funcionário, você não está adotando uma criança, você quer somente que o serviço seja feito. E, mesmo assim, é muito comum que resíduos de necessidades frustradas e não satisfeitas sejam transferidos para o patrão — sobretudo quando os pais foram disfuncionais. Mesmo quando o patrão tem natureza diferente da dos pais, o comportamento e as atitudes do funcionário poderão recriar a dinâmica familiar, estabelecendo o conflito. Por exemplo, com a Lua no Meio-Céu, poderá haver uma forte co-dependência com a mãe. Ao ser altamente reativo e sensível às emoções e necessidades do supervisor, o funcionário poderá, às vezes, estabelecer relações co-dependentes no trabalho.

Um exame da 10ª casa e da autoridade dos pais é também relevante em um outro estágio da carreira. É quando a pessoa transpõe a linha em direção à supervisão ou à gerência — de *ter* um patrão para *ser* um patrão. Este é um importante estágio de desenvolvimento na carreira, e é repleto de tropeços em potencial. Se não souber lidar com essa tarefa, você limitará seu potencial de sucesso. Mesmo que tenha seu próprio negócio, quando progredir, com o tempo, deverá contratar alguns empregados.

Nesse estágio, sem percepção consciente, podem irromper os modelos paternos para serem, agora, uma autoridade. Ou as pessoas nessa posição podem voltar atrás e não serem como seus pais, evitando, assim, esse tipo de problema vinculado à posição do patrão. De modo semelhante, pessoas que atuam bem quando adultos solteiros ou mesmo casados, acabam assumindo as mesmas atitudes de seus pais, quando elas têm os próprios filhos. Vivemos o que aprendemos. Assim, para ter sucesso em cargos administrativos ou de supervisão, a pessoa precisará resolver todos os problemas de autoridade remanescentes.

Como a história pessoal afeta a vocação

O Mapa 10 (p. 166) é de um homem que veio para uma leitura em meio a uma crise de carreira, tendo sido recentemente transferido de uma posição de gerência que ocupava. Ele era um empresário conservador que trabalhava com "consultoria em benefícios", isto é, planejava benefícios, como seguros e planos de pensão para grandes empresas. Ao mesmo tempo, sua mulher estava pensando em sair de seu casamento longo e estável.

Você poderá observar os trânsitos da consulta original, que foi em junho de 1989, e seu acompanhamento em fevereiro de 1991. Os trânsitos mais importantes eram Netuno e Saturno começando a ativar seu Ascendente e planetas em Capricórnio. Isto repetia uma quadratura natal de Netuno ao Ascendente, Júpiter, Vênus e Lua em Capricórnio. Além disto, Plutão em trânsito na 10ª casa estava começando a ativar a oposição natal entre Plutão e Marte-Júpiter. Os trânsitos de Plutão em quadratura com Plutão natal e Netuno em quadratura com Netuno natal fazem parte da crise da meia-idade que atinge a todos nós. Aqui, eles iriam, indubitavelmente, ser duas vezes mais difíceis, devido à sua força no mapa astral.

Ao olhar o mapa, minha sensação era que sua mãe era alcoólatra; e que a co-dependência era a raiz de seus problemas tanto maritais como profissionais. Cheguei a essa dedução através das quadraturas entre Netuno e Lua, Vênus (regente da 4ª casa), e o eixo Ascendente/ Descendente. Com o trânsito de Netuno repetindo os aspectos natais, o modelo estava atingindo seu ponto crítico, um colapso em ação. Essas suposições se provaram corretas. Não só sua mãe era alcoólica, uma bebedora contumaz, diariamente, mas seu pai também apresentava semelhante problema, chegando em casa bêbado e transtornado, no mínimo uma vez por semana.

Tendo há pouco tempo lido extensivamente sobre co-dependência, eu estava naquela ocasião em uma cruzada para convencer as pessoas, com essa configuração, a ler os livros, assistir às maratonas Bradshaw, ir a terapias e freqüentar as reuniões dos Co-dependentes Anônimos. Como esse empresário durão — que nem sequer havia considerado fazer terapia em sua vida — chegaria a ver a necessidade disto? É suficiente dizer

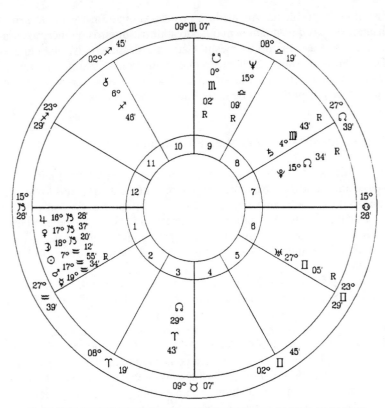

Mapa 10. Este é o mapa de um cliente masculino que veio para aconselhamento vocacional, e reproduzido aqui sob sua permissão. De acordo com sua certidão de nascimento, ele nasceu em 27 de janeiro de 1949, às 6h02, EST, 39N27, 75W10. Casas Placidus. Zodíaco Tropical. Nodo Norte = Nodo Real; Nodo Sul = Nodo Médio. Mapa calculado por Astrolabe usando Impressora Nova.

que minha aquisição recente do material e meu entusiasmo em ajudar os outros a se livrarem da co-dependência me tornaram tanto conhecedora do assunto como eloqüente. Fui capaz de mostrar de que formas específicas essa história afetava tanto sua atuação na carreira, como suas relações abaladas com sua esposa. Ele também estava derrotado e pronto para ouvir. Chegara a um ponto crítico nas duas áreas da vida mais significativas para ele — sua carreira e seu casamento. Ele havia sofrido algo insuportável para alguém com tanta energia de Capricórnio — a humilhação da transferência e, também, a possibilidade de perder o emprego. Ele era todo ouvidos para mim!

Em fevereiro de 1991, ele retornou para uma outra leitura — ou para o que chamou, em seu inimitável estilo capricorniano, uma "correção de curso". Ele acabara de ouvir mais uma vez a fita de nossa sessão original. Assim, todo o material sobre o qual havíamos conversado estava fresco em sua mente, e ele podia ver que havia feito um progresso substancial naquele ano e meio. Não tinha feito terapia — isto seria demais para ele encarar — mas tinha lido vários livros sobre co-dependência e filhos adultos de alcoólatras.

Com Sol, Marte e Mercúrio em Aquário, logicamente ele reduziu os livros a simplistas. Mas parece que absorveu completamente as idéias e se esforçou bastante para aplicá-las. Isto pode ser notado pelas mudanças marcantes em seu comportamento, com uma abordagem mais decidida do conflito — direta e honesta. Recentemente, ele havia tomado algumas atitudes positivas, corajosas e eficientes com seus patrões e sua mulher. Trânsitos futuros de Netuno aos seus planetas em Capricórnio, seguido por Urano, sugeriam que o fim ainda estava longe. Ele tinha enfrentado o fato de que tanto seu emprego como seu casamento poderiam acabar. No entanto, estava preparado para continuar crescendo, e sentia que não poderia retornar aos antigos padrões nem no trabalho nem em casa.

Nesse exemplo, vemos que, quando você estiver fazendo uma leitura astrológica vocacional, *é preciso adequar as interpretações psicológicas aos termos relevantes à carreira*. Os mesmos assuntos críticos irão, sem dúvida, aparecer se o cliente for para uma leitura psicologicamente orientada, mas o enfoque será bastante diferente. Você irá procurar mostrar exatamente como os antigos modelos emocionais e de comportamento afetam o sucesso do cliente. Dessa forma, provavelmente você será ouvido com menos resistência e conseguirá motivar o cliente a mudar.

O astrólogo FAA e o conselho vocacional

No capítulo anterior, estudamos as razões pelas quais muitos astrólogos — e tantos de nossos clientes — são Filhos Adultos de Alcoólicos

(FAA) ou membros de famílias disfuncionais. Esse antecendente exerce um impacto bastante forte na área da carreira e das relações com figuras de autoridade. Onde o pai ou a mãe alcoólicos (e também o sóbrio) foram erráticos ou destrutivos, o modelo de reação da criança à autoridade poderá ser levado para a idade adulta. Como boa parte de nosso condicionamento em relação à autoridade acontece antes dos 5 anos de idade, o filho agora adulto poderá reagir aos patrões com o mesmo ressentimento, co-dependência ou intimidação existente na relação com os pais.

Visto que no mínimo 25 por cento da população é afetada pelo álcool, então no mínimo um quarto de nossos clientes que vêm para uma leitura vocacional estão lutando contra essa síndrome. Para entender aquilo que está acontecendo e que está sabotando a carreira do cliente, seria útil o astrólogo se familiarizar com os efeitos colaterais dos antecedentes alcoólicos e disfuncionais. Nem todos se expressam como fez o cliente do exemplo acima. Existem inúmeros papéis bem estabelecidos que os filhos de famílias alcoólicas adotam, como O Herói de Família, A Criança Perdida e o Bode Expiatório. Enquanto não se chegar a uma percepção e a um descondicionamento, esses papéis são geralmente desempenhados várias vezes durante a vida adulta, *incluindo o emprego*. Outras características importantes que os alcoólicos e muitos de seus filhos carregam para a sua vocação são a grandiosidade e a atitude de desafio — Netuno e Urano. Como seu comportamento foi moldado no comportamento disfuncional e na falta de estabilidade do pai ou da mãe, um FAA, mesmo completamente sóbrio, poderá não desenvolver determinadas capacidades de sobrevivência necessárias para o sucesso.

Astrólogos FAA poderão espelhar a grandiosidade, a atitude desafiante, a falta de estabilidade e a baixa auto-estima de seus clientes FAA. Isto poderá afetar a qualidade do conselho vocacional dado por eles — possivelmente envolvendo os clientes em esquemas grandiosos, práticas financeiras incorretas e escolhas de carreira não realistas. Para o bem de nossos clientes, e também de nós próprios, nós astrólogos que temos passados disfuncionais como estes deveríamos nos encharcar de toda a literatura de recuperação que pudermos, pertencer a grupos para FAA, e fazer todo o possível para desprogramar, a nós e a nossos clientes, do modo como fomos criados.

Povos de planetas externos e carreiras

Os clientes para quem temos a maior dificuldade em encontrar a carreira adequada são os que chamo de "Povos de Planetas Externos". O indivíduo com ênfase de um planeta externo na 10ª casa fica freqüentemente reduzido a ganhar a vida através da 2ª casa e das capacidades e dos recursos mostrados lá. Nossa sociedade não tende a valorizar ou recompensar os chamamentos de outros planetas. (Os PPE tendem a ver sua verdadeira vocação como um chamado — não como algo que eles escolhem, mas alguma coisa que os escolhe.) Eles pertencem a outro mundo mais do que este, são mais visionários do que práticos. Aqui se podem incluir carreiras não tradicionais como profissionais da Nova Era, artistas criativos, ativistas políticos ou ambientais — estilos de vida alternativos. Os testes de vocação tradicionais costumam ser inúteis — provavelmente 90 por cento irão indicar poetas ou artistas.

Em resumo, os campos de trabalho uranianos irão envolver qualquer tipo de arte, ou empreendimentos de ponta como os da ciência e tecnologia, mídia eletrônica e por computadores, astrologia, trabalhos junto a grupos ou adolescentes, ativismo político e mudanças sociais. As carreiras netunianas poderão ser nas artes criativas, arte cênica, trabalho em institutos sociais como prisões, hospitais, asilos, trabalho junto a dependentes. Os campos plutonianos incluem aconselhamento, trabalhos de cura de vários tipos, trabalhos relacionados à morte e a moribundos, investigação, pesquisa, prestação de serviços na área financeira. Dentro de qualquer área atribuída a um planeta externo existe uma grande variedade de empregos, em vários níveis de capacidade e educação. Novamente, um manual vocacional poderá ajudá-lo a escolher onde, dentro de um determinado campo, o cliente poderá encaixar-se.

Os PPE tendem a fazer meandros e têm uma história de falsos inícios de carreira até o retorno de Saturno, ou mesmo depois. Eles geralmente consideram-se como fracassos miseráveis, e ficam imaginando por que não estão tão bem estabelecidos como seus contemporâneos. Há uma boa razão para isto, pois é preciso que o indivíduo esteja bastante amadurecido para poder lidar bem com a energia desses planetas. Finalmente, após anos de meandros, algum trânsito ativa sua 10ª ou 6ª casa ou o Meio-Céu e eles encontram seu chamado. Esse trânsito coincide freqüentemente com uma reavaliação do caminho da vida, onde o indivíduo muda para uma carreira não tradicional.

Com pessoas que têm ênfase de planetas externos na 10ª casa, você irá encontrar exemplos muito extremos de problemas com autoridade. Isto é especialmente verdadeiro quando esses planetas caem no setor Gauquelin (dez graus de distância do Meio-Céu, de ambos os lados, inclusive na 9ª casa). Essas pessoas entram realmente neste complexo de autoridade, baseados em uma história com pai ou mãe seriamente disfuncionais ou muito excêntricos, ou pela perda infeliz de um dos pais. Quando esses planetas estão enfatizados na 6ª casa, é indicada uma linha semelhante de trabalho, mas os problemas com autoridade não são tão evidentes, exceto quando Urano está envolvido. Ao contrário, você deverá verificar como a baixa auto-estima interfere no caminho.

Em geral, os pais também eram PPE que nunca fizeram nada em relação aos seus dons pessoais nem às suas visões de realização. Isto é especialmente verdadeiro com Netuno, quando o sonho frustrado dos pais pode ter conseqüências importantes para a carreira de seus filhos. Por um lado, a pessoa luta para realizar o sonho dos pais em relação ao filho, de modo que eles possam se realizar através desse filho. Por outro lado, o filho pode não obter sucesso, o que iria expor o pai ou a mãe. Assim, a pessoa tende a fazer e não fazer — por exemplo, ser o artista, o músico, ou o escritor que um dos pais queria que ele fosse, mas viver miseravelmente. Nada disto precisa ser em nível consciente — com Netuno, o que é consciente? O pai ou a mãe podem apoiar, parecerem orgulhosos, compassivos. Mas vejo essa dinâmica com tanta freqüência, que sou forçada a concluir que é raro o filho que ousa viver o sonho frustrado dos pais e é bem-sucedido. Parte de meu trabalho, então, é tornar consciente essa dinâmica e dar, ao cliente, permissão para se realizar. Essa permissão, vinda de fonte aparentemente divina, poderá ter um poderoso impacto.

Observando Urano ou Plutão na 10ª casa ou em aspecto difícil com o Meio-Céu, você pode dizer que seria melhor que tais pessoas trabalhassem para si próprias, e é provável que você esteja certo. Porém, os problemas não-resolvidos com autoridade continuarão existindo, mesmo que você não tenha um patrão. Quando você trabalha por conta própria, seu cliente é seu patrão, nem que seja pelo espaço de uma ou duas horas em que ele o contrata. Como a maioria dos astrólogos se encaixa nesta categoria, seria bom verificar como os assuntos concernentes à autoridade atuam em suas sessões, e ver como você está consciente do fato de ser considerado uma autoridade ou um guru para seus clientes.

Com muita freqüência, os conflitos simplesmente se projetam *neles*. O artista visual com Netuno na 10ª casa sente-se vítima do Ambiente da Arte; o músico, do *Show Biz*. (Para Netuno na 10ª leia-se, também, Peixes no Meio-Céu, aspectos de Netuno ao Meio-Céu, e assim por diante.) O astrólogo com Urano na 10ª casa se rebela contra as restrições da sociedade e especialmente contra a Comunidade Astrológica. O algumas vezes áspero curador Plutão de 10ª casa pode tornar-se ressentido e paranóico contra uma variedade de *eles*, sobretudo as todo-poderosas Associações Médicas.

Aconselhamento vocacional com um PPE

Vejamos um exemplo de leitura de carreira para uma Pessoa de Planetas Externos. Veja o Mapa 11 na página 171. O homem veio para uma leitura na semana de seu retorno de Saturno, em abril de 1990. Ele era um vendedor de produtos farmacêuticos e estava indo bem, mas come-

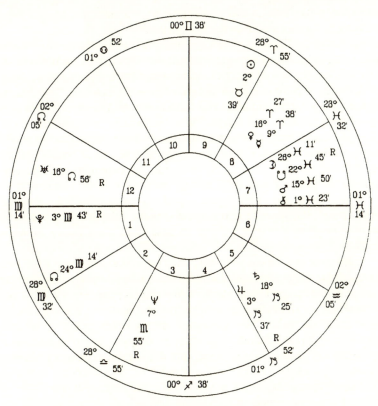

Mapa 11. Homem, nascido em 22 de abril de 1960, às 14h20 EST, 23N08; 82W22. Data da certidão de nascimento. Casas Placidus. Zodíaco Tropical. Nodo Norte = Nodo Real; Nodo Sul = Nodo Médio. Mapa calculado por Astrolabe usando impressora Nova.

çou a querer mais do que isto para si próprio. Há muito tempo que se interessava por ioga e outras práticas espirituais.

O cliente podia ser considerado um típico PPE: Plutão em Virgem estava no Ascendente, fazendo parte de um Grande Triângulo que incluía seu Sol. Netuno e Peixes estavam proeminentes, com a Lua e Marte em Peixes, e Netuno em oposição ao seu Sol, Urano, na 12ª casa, era o ápice de uma configuração Yod (Urano-Marte-Saturno). Como uma pessoa de planeta externo, havia a probabilidade de uma profissão incomum, não tradicional. Plutão ascendendo e a forte 8ª casa pareciam indicar a probabilidade de algum tipo de trabalho de cura. Com Virgem no Ascendente, provavelmente seria mais uma abordagem de trabalho corporal do que aconselhamento. Embora seu Meio-Céu em Gêmeos mostrasse sua capacidade para vendas, poderia também indicar trabalho com as mãos. Por já ter feito o mapa de muitos quiropráticos, encontrei várias vezes essa forma de trabalho representada por Gêmeos ou Mercúrio.

Conforme estudamos seu mapa, ele reagiu positivamente à idéia de estudar trabalho corporal. A quiroprática e a acupuntura o interessavam, mas ele não sabia qual seria melhor. Sugeri que fizesse uma visita a um quiroprático na vizinhança, que tinha um acupunturista em sua equipe. Desse modo ele poderia conversar com ambos, observar e ter mais uma idéia do que lhe poderia interessar. Sugeri, também, que pedisse catálogos de escolas de quiroprática e acupuntura para ver o que os cursos ofereciam.

Depois da leitura inicial, nosso trabalho continuou em sessões mensais com o uso de remédios florais, por pouco mais de um ano. Ele seguiu minhas sugestões, e finalmente decidiu que a acupuntura era mais interessante e exigia menos pré-requisitos científicos. Como você pode imaginar pelo Sol de 9ª casa em oposição a Netuno, tivemos de abordar as barreiras dos assuntos de auto-estima e educação anterior, para que ele pudesse fazer a escola. Ele se inscreveu nas aulas de ciência e saiu-se bem. Candidatou-se a várias escolas de acupuntura e foi aceito. Com o tempo, devido ao Sol de 9ª casa, talvez ele incorpore em sua carreira alguma forma de ensino ou de educação na área de saúde.

A crise da meia-idade do PPE

Quando Urano, Netuno ou Plutão estiverem conectados com as casas vocacionais natais, a crise da meia-idade estudada no Capítulo 3 provavelmente resultará em mudança de carreira na meia-idade. Muitos possuidores de Planetas Externos nessas casas não conseguiram encontrar a verdadeira vocação devido à falta de oportunidade para expressar anteriormente esses planetas de modo construtivo e criativo. Talvez a sociedade não estivesse pronta para isto quando eles passaram a fazer parte da força de trabalho. As oportunidades para tais vocações eram limitadas, ou as carreiras envolviam habilidades que somente agora estão sendo desenvolvidas. Ou talvez a necessidade de agradar um dos pais — ou responsabilidades familiares — os impediu de seguir seu verdadeiro caminho. Muitas vocações de planetas externos não são fáceis de serem manifestadas nem de serem bem feitas enquanto o indivíduo não estiver mais maduro, com alguma experiência do mundo real.

Com planetas externos nas casas da vocação, o anseio para uma verdadeira vocação pode surgir abruptamente na meia-idade. A pessoa pode vislumbrar uma nova carreira. Há uma grande resistência em relação a qualquer mudança de tal importância. Pode parecer mais fácil, seguro e mais garantido continuar seguindo o antigo caminho. Mas os planetas externos repetem os aspectos natais durante dois anos ou mais. A dor por resistir às mudanças vai crescendo até que o indivíduo, virtualmente, não tem outra escolha a não ser seguir um novo caminho. A alternativa é a estagnação — simplesmente marcar passo pelo resto da vida.

Nessa ocasião o indivíduo já terá pago algumas dívidas, portanto, talvez algumas barreiras originais já tenham sido removidas. Os filhos talvez já tenham crescido. O pai ou a mãe desaprovadores talvez já tenham morrido. A Pessoa de Planetas Externos que era disfuncional talvez já esteja sóbria ou já tenha crescido. Ou, para a cliente feminina, talvez a sociedade agora aceite mulheres fazendo determinado tipo de trabalho, o que era inconcebível em sua juventude. Ao longo dos anos, pode ser que a pessoa talvez já tenha economizado dinheiro suficiente para poder voltar a estudar. E até melhor, algumas das carreiras mais novas talvez sejam mais adequadas às capacidades e ao propósito de vida original da pessoa — carreiras que não eram conhecidas quando ele ou ela encararam o mundo pela primeira vez. Não só o amor, mas *muitas* coisas são melhores na segunda vez.

Como as mudanças no mundo afetam a orientação vocacional

À medida que os planetas externos vão passando pelos signos universais, o índice de mudança no mundo vai se acelerando. As realidades econômicas e vocacionais estão mudando rápida e continuamente. Em tais circunstâncias, as pessoas confusas e inseguras nos procurarão em busca de orientação vocacional. É bem mais fácil para nós nos ocuparmos com ninharias do desejo netuniano de realização ou satisfazer as fantasias dos clientes, do que lidarmos com realidades vocacionais. Será bem melhor usarmos da maior objetividade possível e nos informarmos sobre o que está realmente acontecendo nas várias profissões. Os manuais vocacionais indicados anteriormente poderão ser usados para nos mantermos atualizados sobre as várias ocupações. Ver a Bibliografia para astrologia vocacional na página 235.

Há que se considerar que as carreiras individuais estão sendo afetadas pela rápida mudança das condições mundiais. O preço do petróleo no Kwait, a diminuição da floresta amazônica, ou as mudanças na Rússia podem ter, também, um impacto direto na carreira do cliente em questão. As incertezas globais podem afetar as escolhas e os potenciais, portanto, é importante saber o que está acontecendo no mundo. É também importante perguntar ao cliente quais são precisamente as conexões que ele ou sua carreira mantêm com as condições mundiais.

Com tantas mudanças confusas e muito rápidas por toda parte, é muito mais difícil fazer previsões definidas sobre o futuro de um cliente. Embora continuemos a predizer — e os pedidos de previsões do cliente estejam provavelmente aumentando — é melhor sermos cautelosos e conservadores em nossos prognósticos.

CAPÍTULO

7

LEITURA DE MAPAS DE CRIANÇAS E ADOLESCENTES

Muitos já conhecem a lenda do príncipe Édipo. Quando ele nasceu, um oráculo predisse que ele iria crescer para matar seu pai e casar-se com sua mãe. A fim de evitar essa tragédia, seus pais ordenaram a morte do bebê, mas um servo bondoso poupou sua vida e levou-o para que alguém o criasse. Ele cresceu e saiu mundo afora em busca de aventura e fortuna. Certamente, sem saber, encontrou seu pai, o rei, na estrada; enfrentaram-se e Édipo o matou. Em seguida, ele se dirigiu à capital e apaixonou-se pela rainha, e, não sabendo que era sua mãe, casou-se com ela. Quando descobriu quem era ela, sentiu-se tão culpado que arrancou os próprios olhos. Sua vida foi transformada em filme para a TV.

Minha pergunta é: QUEM É O CULPADO PELO QUE ACONTECEU? ACHO QUE A CULPA É DO ORÁCULO. Não há dúvida de que sua reputação tenha aumentado em função desse golpe de predição, mas pessoalmente considero-o culpado. Será que Édipo teria matado seu pai e se casado com sua mãe, sem a predição da vidente? A profecia — e a atitude dos pais para evitar o aparentemente inevitável — não teriam gerado a tragédia? Se o Edipinho tivesse crescido com sua mãe, perturbando com a lição de casa e com a confusão de seu quarto, ela não seria tão glamorosa. Além disto, ele teria tido a estrutura e os tabus familiares para orientá-lo. Apesar do *National Enquirer*, você não vai simplesmente eliminar seu pai para casar com sua mãe. *Porque* os pais levaram o oráculo a sério e o Edipinho foi despachado, ele não pôde saber que aquela

175

sedutora donzela era sua mãe, e também por isso ele e seu pai não se reconheceram.

Tendo a lenda de Édipo em mente, como você lê mapas de crianças? Com muuuita moderação! Devido ao seu provável conjunto onisciente de instrumentos, é importante que você não dê interpretações negativas nem fatalistas, pois elas são muito poderosas. Profecia feita por figuras de autoridade tem enorme influência sobre a vida de uma criança. Vira e mexe, vê-se como a profecia negativa dos pais é imperativa: "Você nunca chegará a coisa alguma". "Você irá crescer e se tornar um alcoólico como seu pai." "Você nunca irá encontrar alguém para casar."

A esses tipos de declarações dou o nome de "A Maldição", já que muitas pessoas obedecem a elas inconscientemente, e passam suas vidas provando que seus pais estavam certos. Às vezes meu trabalho terapêutico inclui encontrar essas maldições e eliminá-las. Isto acontece até durante as leituras de mapas, se "A Maldição" se torna óbvia como barreira de forma-pensamento para a realização. Uso o poder inerente em nosso trabalho para dissipar aquela forma-pensamento, às vezes assumindo uma personagem fictícia de vidente cigana. O cliente ri (nervosamente), mas inconscientemente presta atenção.

Você não irá querer ser o arquétipo da vidente cigana negativa e criar maldições (isto é, formas-pensamentos limitadoras) fazendo predições fatalistas. "Sua filha nunca se casará." "Receio que, quando ele crescer, corre o risco de se viciar em drogas." "Ela está fadada ao fracasso em sua carreira." Talvez você não diga esse tipo de coisa, mas esteja alerta para o que diz. Caso contrário, é possível que você influencie o pai ou a mãe a pensar de modo negativo sobre a criança, que poderá, então, viver a predição dos pais. Estou sendo muito indefinida com posicionamentos difíceis de mapa em leituras para crianças? Talvez sim, mas por respeito ao poder da sugestão.

Quem é seu cliente nesta sessão?

Precisamos também estar conscientes de que o cliente não é realmente a criança, mas os pais, que estão lá interessados no futuro do filho. Pais que procuram uma leitura são pessoas vulneráveis, preocupados em saber se estão fazendo um bom trabalho. Eles podem projetar muito poder em suas afirmações vindas de um ponto de vista aparentemente onisciente, e até sobrenatural, dado por um astrólogo. As coisas não irão melhorar se você assumir o papel de juiz.

Coloque-se no lugar dos pais. Eles reagem violentamente quando alguém critica seus filhos — mesmo que estes estejam ostensivamente pedindo isto. Os pais são, também, muito sensíveis a qualquer indício de censura sobre suas capacidades parentais. Uma mulher me procurou através de chamada interurbana para me dizer, ofendida, que havia lido meu livro *Moon Signs*. Ela queria que eu soubesse que seu filho tinha a Lua em Escorpião e que ela não era nada daquilo que eu dissera. Como eu ousava criticá-la, sendo ela tão boa mãe! (Considerando algumas coisas que eu disse sobre aquele signo lunar, tive sorte por ela não ter movido um processo contra mim.)

Em outra ocasião, uma jovem agradável me puxou de lado após um seminário na Noruega. Confidenciou-me que quando leu o que eu dissera sobre o signo da Lua de sua filha, ela chorou durante dois dias. Quando expressei meu pesar, ela me disse que mais tarde fora útil, pois havia mudado seu modo de tratar a filha. Mesmo assim, eu queria que meu texto tivesse sido mais sensível. Nunca sabemos de que modo as coisas que dizemos poderão ferir um dos pais.

Se você nunca teve filhos, talvez seja difícil entender esta vulnerabilidade. Caso tenha tido algum poema ou artigo recusado por uma revista, pode ter uma idéia da fragilidade do ego, quando se trata da 5ª casa. Se você tem filhos, talvez tenha se esquecido do medo que os pais sentem de fazer algo errado, especialmente o pai ou a mãe iniciante. Foi tão difícil, que talvez você tenha se defendido, convencendo-se de que agiu direito. Se os pais ao menos o escutassem, eles, também, poderiam agir certo. O pai ou a mãe jovem já estão bastante bombardeados com tantos "deveriam", são exatamente aqueles que os avós e outros parentes jogaram sobre eles. E há, também, todos os conselhos dados em programas de televisão, revistas e livros de orientação para pais. Você quer adicionar uma camada de "deveria" de origem astrológica?

Ajustar-se à condição parental é um processo difícil. Inclui um ano ou mais de grandes mudanças, importantes e profundas. Geralmente os novos pais são profundamente ambivalentes sobre as responsabilidades e o completo auto-sacrifício envolvido. Mitos culturais sobre como é maravilhooooso ter um filho não os preparam para os sentimentos menos positivos. As reações freqüentemente incluem depressão, uma sensação de perda da liberdade, ressentimento, e até raiva. Quando todos em volta estão dizendo como tudo é incrível, é bom ter alguém que não irá julgar os sentimentos ambivalentes. Quando você estiver atendendo a mãe, o signo da Lua, aspectos e trânsitos podem lhe dar informações mais específicas sobre seu processo de ajustamento.

Os pais sentem-se tremendamente culpados, se algo der errado. Quando fiz uma leitura para dois irmãos hiperativos, sua mãe, inteligente e educada, expressou sua preocupação de que o parto por cesariana seria responsável pela hiperatividade das crianças. Ela argumentou seriamente se não deveria ter feito de outro modo, quando na realidade nem ela nem os bebês teriam sobrevivido ao parto sem cesariana. Trabalhei em muitos estabelecimentos médicos, e pais que têm crianças com defeitos de nascença sentem-se inevitavelmente muito culpados e responsáveis pelo problema físico.

Lembre-se de que os pais novos, em especial, estão apresentando o produto de sua união e a essência deles próprios a você. Pode ser muito prejudicial ouvir que há algo ERRADO com aquela criança. Apresentar as falhas no mapa é quase como apontar um defeito de nascença — não os dedos do pé ou da mão, mas Vênus ou Lua. Os pais irão, provavelmente, reagir a uma interpretação negativa acrescentando a si mesmos mais uma camada de culpa.

Em seguida, são apresentadas perguntas adicionais para você ponderar e descobrir quem é realmente seu cliente. Você está atendendo o pai e a mãe juntos? Qual deles está pedindo a consulta? Qual é a posição do outro cônjuge em relação tanto à leitura, em si, como à astrologia em geral? Respostas a essas perguntas podem lhe fornecer entendimento adicional da relação entre os pais, e entre os pais e a criança. Será melhor agir como se ambos estivessem presentes, pois o outro irá, sem dúvida, ouvir a fita em alguma ocasião — provavelmente logo que ela ou ele chegarem em casa.

Avaliando o motivo parental — Por que está sendo feita a leitura?

O amor e a alegria de ter um novo bebê podem, logicamente, justificar a consulta, assim como as sessões de fotografias. Os pais podem vir para celebrar e descobrir quem é, exatamente, esse novo indivíduo. O nascimento do primeiro filho, em particular, pode justificar uma leitura — a versão Nova Era dos sapatinhos banhados em bronze. É típico que os pais registrem, detalhadamente, os primeiros anos do primeiro filho no grande álbum de fotos do bebê, e coloquem no livro do bebê os cachos de cabelo e todos os sinais que foram notados. (O segundo filho talvez tenha menos fotos no álbum familiar, e o terceiro e os outros terão sorte se forem registrados na Bíblia da família.)

O narcisismo é geralmente um motivo para que os pais de primeira viagem façam o mapa de um recém-nascido. Nesse estágio, muitos pais vêem a criança como um pouco mais do que a extensão deles mesmos. Todos os talentos refletem de modo positivo neles, e todos os defeitos os fazem parecer maus. Isto é natural na infância, quando pouco foi revelado do verdadeiro eu. Se o astrólogo falar de modo muito entusiasmado sobre os talentos em potencial, os pais podem criar a fantasia de que isto irá gerar um ator famoso, ou um gênio das artes. Os filhos poderão ser pressionados a seguir esses dons às custas de um desenvolvimento equilibrado. Pena que ainda não exista o "Mães de Bastidores Anônimas".

Quando as crianças estão um pouco mais velhas, os pais geralmente pedem uma consulta porque elas já estão tendo problemas. Alguns dirão que estão apenas curiosos ou que querem colocar em prática as habilidades da criança. Ao perguntar sobre que áreas eles querem conversar, você pode sentir as preocupações subjacentes. Alguns estão sintonizados no espírito da criança ou sentem conexões com vidas passadas, nem todas felizes. É interessante verificar as fantasias e projeções que eles trazem. A quem eles acham que a criança irá puxar — mãe, pai, um irmão favorito ou um renegado? (Mais tarde falaremos sobre os adolescentes.)

Os estudantes de astrologia que vêm para uma consulta são um caso especial. Novamente, considere quem é seu cliente. Os estudantes sabem astrologia suficiente para se apavorarem com o que vêem. Imagine-se nessa posição, preocupado com o horóscopo de seu filho ou de seu neto. Como esse pequeno ser que lhe foi confiado poderá enfrentar aspectos difíceis? É duro imaginar essa frágil criatura lidando com um forte Saturno ou Plutão, quando ela nem sequer consegue comer sozinha! Verifique suas preocupações e as interpretações daquilo que estão vendo. Você não pode encobrir as preocupações e dar apenas uma leitura positiva. Talvez os estudantes de astrologia precisem de ajuda para não ter a pior visão possível dos aspectos com planetas externos.

A criança deve estar presente à leitura?

Às vezes, o pai ou a mãe querem levar o filho ou a filha para a leitura. Você irá querer saber a idade do jovem e por que ele ou ela estão lá. A criança irá entender o que você disser? Já fiz mapas para bebês que estavam muito atentos e presentes, parecendo estar entendendo tudo. Talvez seja somente imaginação, mas muitos dos que estão nascendo hoje parecem ser almas muito antigas, e não tenho muita certeza de que não estejam entendendo.

Você se lembra de quando era criança e ouvia tudo o que os adultos falavam de você — como era humilhante e doloroso? O que uma criança pequena pode captar, estando presente quando os adultos conversam sobre ela, é de algum modo ruim. É como estar em uma reunião com o professor ou um médico, na qual estão sendo expostas e discutidas suas piores características. Voltando à pergunta em questão, alguns pais trazem crianças mais velhas, na esperança de que você possa endireitá-las magicamente. Embora esse desejo não seja expresso, ele paira, não dito, na atmosfera do consultório, e a criança irá captá-lo.

Para você se sintonizar, pode ser útil ver a criança ou uma foto dela. Não estou certa de que seja sábio falar extensivamente sobre a criança — mesmo que ela ainda esteja no estágio pré-verbal — em sua presença. Poucos pequenos podem expressar em palavras que essa experiência é desagradável. Geralmente, se prestar atenção, você poderá ler o desagrado na linguagem do corpo ou no comportamento das crianças. Por exemplo, elas podem começar a chorar, se tornarem hostis, ou exigir atenção. É natural que as crianças fiquem impacientes durante uma leitura e não consigam ficar quietas por uma hora ou mais — mas, exatamente *quando* elas se tornam inquietas é que se encontra uma chave reveladora.

Converse antes, com o pai ou a mãe, sobre a vulnerabilidade que a criança demonstra quando se fala dela, e que não é boa idéia levá-la junto. Assim, você estará moldando um comportamento parental mais sensível. Talvez o dinheiro esteja curto, mas se você der antes a idéia de uma babá temporária, ela poderá ser programada pelo custo de uma sessão, ou os pais podem pedir a um amigo ou parente para cuidar das crianças de forma que a sessão com o pai ou a mãe possa ser realmente proveitosa.

A relação do astrólogo com os pais e o filho

Como o pai ou a mãe vêem você e seus *insights* aparentemente sobrenaturais? Você ficaria surpreso ao ver as projeções e os pensamentos mágicos que espreitam sob a mais racional das fachadas. Ao lidar com o mapa de uma criança, você entra em contato com um nível muito primitivo de pensamento. Você se torna o adivinho da corte, que está aqui para dizer aos pais o que será de seus pequenos príncipes ou princesas. Isto é verdade, mesmo que você conheça os pais de um outro contexto, mesmo que eles já o conheçam em empreendimentos mais racionais, há vários anos.

Se você conhece os pais de outro contexto há vários anos, há algumas perguntas que você deve fazer a si mesmo, sobre esse relacionamento. Conexões passadas podem complicar muito a leitura. Qual é o grau de dificuldade que a relação representa para uma leitura objetiva? A história passada pode contaminar a leitura? Você não deveria encaminhar esses pais para um outro astrólogo? Alguns astrólogos dirão que você não deve fazer a leitura. Um terapeuta nunca iria aceitar aplicar terapia a um amigo ou parente, devido à dificuldade de se manter a imparcialidade. Em astrologia, é uma decisão pessoal, baseada nas pessoas envolvidas, mas o assunto é digno de cuidadosa consideração.

Por exemplo, essas pessoas são clientes antigos que você atendeu em vários estágios? Você os atendeu quando eram solteiros e sozinhos,

180

fez a sinastria quando começaram a namorar, e então escolheu o mapa do casamento. Agora eles estão trazendo seu primogênito para sua bênção. A essas alturas você está orgulhoso deles e lhes deseja apenas o melhor. Será difícil ser objetivo. [Ou, é um bom amigo ou um parente? Se você lê mapas para parentes próximos, é ainda mais difícil ser objetivo. Suas objeções ou necessidades irão se colocar facilmente no caminho. Você pode encarar, de modo irrealista, as coisas como boas ou más — com lentes rosas ou negras.]

Como sua própria infância pode atuar na leitura

Considere de que modo a história não resolvida com seus próprios pais pode comprometer a objetividade da leitura para crianças. Os terapeutas estão treinados para tomar cuidado com a contratransferência. Isto é, seus supervisores clínicos estão constantemente chamando sua atenção para de que forma as dificuldades não resolvidas com os pais podem contaminar suas reações em relação aos clientes. Inconscientemente, estas são projetadas nos clientes que são, então, vistos exatamente como eram seus pais. Já que a maioria dos astrólogos não tem supervisão clínica, também precisamos estar vigilantes em relação à contratransferência. Em lugar nenhum isto é mais verdadeiro do que na leitura do mapa de uma criança, pois a Criança Interna é imediatamente ativada. Certifique-se de que você não está usando a sessão para colocar para fora a sua própria raiva em relação aos erros de seus pais.

Para avaliar como as suas experiências de infância podem influenciar suas leituras, observe sua Lua, que representa os cuidados que você recebeu. Suponha que a Lua esteja em Áries e que você tenha recebido cuidados hostis na infância. Pode haver um resíduo de raiva em relação às necessidades de dependência não preenchidas, que será projetado nos pais da criança. Você decidirá que eles não estão cuidando direito da criança e se tornará protecionista. Com a Lua em Virgem, sua mãe talvez tenha sido exageradamente crítica. Assim, você irá interpretar as preocupações dos pais como sendo exageradamente críticas em relação à criança — e você pode criticar demais o modo como os pais lidam com ela. Ou, com a Lua em Peixes, talvez você tenha sido obrigado a cuidar de sua mãe devido a doença ou inadequação, assim você estará convencido de que esse pai ou essa mãe são incompetentes.

Padrões e modelos de cuidados em relação às crianças, mostrados pela Lua, também podem influenciar a leitura. Em geral, eles espelham as expectativas de nossa mãe em relação a como a criança deveria se comportar. Vivemos o que aprendemos e, se não estivermos alertas, poderemos agir em função das atitudes e dos comportamentos parentais que experimentamos quando crianças. Por exemplo, uma estudante que tinha a Lua em Capricórnio, lembrou-se de que sua mãe sempre dizia: "Não estou educando crianças, educo adultos". Quando pressionada, ela admitiu que suas reações em relação a crianças não eram tão diferentes das de sua mãe.

Reflita sobre seu signo e aspectos lunares e como estes ilustram seus primeiros anos. Pense, também, sobre as atitudes desagradáveis de sua mãe, antecipando-se aos comportamentos que provavelmente estarão subjacentes durante a sessão. Ao ter percepção de qualquer bagagem esquecida, você pode evitar carregar aqueles problemas para a consulta. Experiências e reações lunares acontecem muito cedo. Elas tendem a ser menos conscientes do que os assuntos relacionados ao Sol. Podem, também, manifestar-se como uma sensação generalizada na sessão. É bom saber, também, os signos e os aspectos lunares do pai ou da mãe que vierem para a leitura, para ter uma idéia do modo como estes cuidam da criança e a educam.

A necessidade de conhecer o desenvolvimento de uma criança

Quando feita por um indivíduo sensível que conhece crianças, a astrologia pediátrica pode ser uma especialização tão válida e valiosa como a astrologia médica ou mundana. No entanto, não é suficiente estudar apenas astrologia. Se você acha que astrologia pediátrica é o seu caminho, não estude apenas os mapas, estude as crianças. Aprenda sobre o desenvolvimento das crianças, para que você possa saber o que é normal nas várias idades e ter uma compreensão das tarefas especiais de desenvolvimento em cada estágio.

Leia sobre teoria do aprendizado para que você possa dizer aos pais quais são as melhores condições de aprendizado, ou o que pode estar errado na escola. Por exemplo, "DA" — disfunção em aprendizado — agora é um diagnóstico quente. Talvez você queira aprender algo sobre isto e sobre os métodos para ajudar crianças com esse problema.

Estude psicologia infantil para saber o que está acontecendo no comportamento de uma criança-problema. Não é preciso ser mestre nesses assuntos a ponto de fazer terapia ou tratamento com remédios. No entanto, você deve saber o que está acontecendo, para indicar aos pais onde eles poderão encontrar ajuda. A biblioteca pública é uma fonte rica gratuita de livros sobre problemas infantis, de leitura fácil, pois são dirigidos mais para os pais do que para educadores e terapeutas profissionais.

Não é suficiente ler livros. Se você criou filhos ou está sempre cercado por crianças, você tem uma riqueza de experiência prática sobre as fases e comportamentos delas. Se você não tem muito contato com crianças, o trabalho voluntário em creches ou com os escoteiros pode proporcionar mais intimidade com crianças. Esse tipo de convivência também cura rapidamente a arrogância de quem não é pai nem mãe e se coloca na posição de juiz dos lapsos inexplicáveis dos pais, considerando-os como forma pouco amorosa e iluminada de lidar com sua prole.

É útil ter informações do estilo de vida dessa nova família e da complexidade de suas relações, já que muitos de seus clientes estarão envolvidos nisto. Entre 1986 e 1989, houve mais de um milhão de divórcios anuais, nos Estados Unidos. O número de crianças vivendo com somente um dos pais dobrou nos últimos vinte anos. A família paralela é um outro fenômeno em ascensão. De todos os casamentos em 1987, apenas metade era primeira união para ambos os noivos.[1] Leia sobre divórcio e pais separados e famílias paralelas, para que você possa conhecer as reações emocionais e conseqüências típicas de tais mudanças na estrutura familiar.

Apresentando os pais à criança

Minha recomendação seria dar uma impressão bastante generalizada do tipo de ser com que os pais estão lidando. Será muito útil ajudá-los a se inteirarem da natureza da criança, especialmente se existirem incompatibilidades astrológicas. Estas poderiam ser reveladas na comparação de mapas dos pais com o da criança. Muitas diferenças que os pais tomam como pessoais não são desafios deliberados à sua autoridade, mas, sim, diferenças fundamentais entre duas pessoas. Realmente é muito útil saber quais são elas, em termos astrológicos!

Por exemplo, uma mãe com Lua em Peixes que valoriza homens gentis, sensíveis, poderá dar à luz um macho fogoso com Sol e Lua em Áries e Sagitário ascendendo. Ela jamais transformará aquela criança em poeta ou místico, por mais que tente. Não se deve enfatizar essa culpa — não é sua falha, é a característica inerente da criança. Ao contrário, um pai macho de Áries com um filho que quer estudar música pode ser ajudado a ver que a sensibilidade da criança é um dom, e não uma mácula na masculinidade do pai.

Pai ou mãe cancerianos, altamente sensíveis, poderão perceber que um filho virginiano os critica porque isto está em sua natureza, e não por

---

[1] Essas estatísticas são provenientes de três relatórios do U.S. Census Bureau: Arlene F. Saulter, "Marital Status and Living Arrangements". Current Population Reports #445, 6/90. U.S. Department of Commerce, Bureau of the Census; *National Center for Health Statistics.* Monthly Vital Statistics Report, v.38:12, 4/3/90, "Advance Report of Final Marriage Statistics, 1987"; e no mesmo número, "Births, Marriages, Divorces, and Deaths, for 1989".

causa de suas inépcias. Jovens com Aquário ascendendo e Urano forte poderão passar por uma adolescência rebelde e tormentosa. Eles precisam tornar-se independentes, adultos auto-suficientes que não se deixam intimidar por pressões sociais enquanto buscam seu caminho de vida singular e pré-escolhido. Isto também faz parte do processo de crescimento.

Reconhecer a natureza inerente da criança diminui o conflito. Por exemplo, se você combina um pai ou mãe dinâmicos, de Áries, com uma criança lenta de Touro, isto é o estabelecimento de uma fricção. Ao entender que o passo lento é natural do touro, e não é sinônimo de cabeça-dura, os pais poderão fazer concessões. Para principiantes, pode ser sábio acordar essa criança meia hora antes das outras. Essa estratégia pode dar, ao jovem, tempo suficiente para voltar à vida e completar aquelas rotinas que os taurinos consideram tão confortáveis. Em resumo, quando os pais entendem que a criança se comporta de determinado modo devido às suas características astrológicas e não por desejo deliberado de aborrecer, as qualidades enlouquecedoras poderão ser tomadas de modo menos pessoal.

Procure, também, no mapa, qualidades positivas que os pais possam alimentar. Trígonos, sextis, e especialmente quintis mostram dons a serem estimulados. Vale a pena procurar o quintil, um aspecto de 72°, pois ele pode indicar o próprio gênio pessoal. Entenda que nem todas as pessoas que têm um quintil irão alcançar a marca de 140 em um teste de QI. É bem possível ser brilhante em uma única área da vida. O quintil é seu gênio pessoal, que você pode ou não desenvolver, e que pode ser usado ou não de modo socialmente construtivo. Um quintil Sol-Júpiter pode mostrar o dom para lecionar e elevar as pessoas, usando a própria experiência ou o próprio carisma pessoal. Um quintil Marte-Urano pode sugerir liderança em situações *avant-garde* ou em causas sociais, ou pode indicar tendência para brilhar em profissões técnicas ou mecânicas. O quintil entre Mercúrio e Netuno pode significar criatividade para escrever ou capacidade psíquica. Qual você acha que poderia ser o talento representado pelo quintil entre a Lua e Vênus ou entre Saturno e Plutão?

O biquintil (144°) é semelhante ao quintil, mas está, também, aparentemente associado ao aspecto do quincúncio (150°). Nesses aspectos, uma orbe de 3° parece funcionar. Assim, o quincúncio ainda estará fazendo efeito quando dois planetas estiverem a 147° de distância entre si, pois o biquintil tem, também, uma orbe de 147°. Nessa área sobreposta, os impulsos irreconciliáveis, representados pelo quincúncio, levam o indivíduo a se esforçar para encontrar uma solução criativa. Aqui, o gênio pessoal surge da necessidade de reconciliar o irreconciliável.

Deve-se contar o futuro da criança?

Ao fazer mapas de crianças, não focalizo muito no futuro, nem faço trânsitos para bebês ou crianças pequenas. É importante notar que os aspectos natais com os planetas externos se repetem, como trânsitos, nos primeiros dois ou três anos de vida. Suponha que Plutão esteja a 7° ou 8° antes de uma conjunção ou oposição com o Sol. Esse aspecto irá se repetir, por trânsito, várias vezes nos primeiros anos de vida, porque Plutão é um planeta lento. Sim, isto pode sgnificar um evento ou uma condição importante.

Por um lado, é bom considerar o futuro: ele dá, na infância, uma perspectiva das expressões adultas das mesmas posições astrológicas. O que é difícil no mapa de uma criança ou um de adolescente pode ser um recurso no mapa de um adulto. As qualidades que representam um problema hoje podem ser necessárias para o futuro adulto desenvolver um propósito de vida. O mesmo Urano forte, que faz com que Johnny seja aquele problema na escola e desafie tanto a autoridade, pode transformá-lo em alguém inventivo, independente, um inovador de iniciativa própria.

Quando crianças, os capricornianos podem ser sérios, perfeccionistas e duros com eles mesmos. Em geral eles florescem quando adultos, tendo pago alguns tributos e realizado algumas coisas daquilo a que se propuseram. Virgem forte ou posições de 6ª casa têm pouca influência na vida de uma criança e podem resultar em baixa auto-estima. Quando crescem e encontram trabalho, elas se tornam mais felizes e adquirem maior auto-estima. Jovens desse tipo podem desenvolver maior confiança se tiverem um emprego simples, como expedição de documentos. Crianças com uma 2ª casa forte ou ênfase em Touro podem, também, ficar felizes com um trabalho simples onde elas possam ganhar seu próprio dinheiro.

Casas cheias de planetas mostram áreas que serão importantes na fase adulta. Os pais podem incrementar a experiência da criança, planejando oportunidades sociais naquelas áreas. Por exemplo, quando uma criança tem uma 11ª casa especialmente forte e positiva, os amigos serão muito importantes, talvez até mais do que a família. Os pais podem colocar a criança em um grupo de atividades infantis ou em uma escola maternal, e estimular contatos com jovens que tenham influência positiva.

Em relação às qualidades menos desejáveis mostradas no mapa, Joanna Shannon, uma excelente astróloga que atende em Nova York, sugere manter o que se diz aos pais na base do precisa-saber. Ela acha que muitos detalhes íntimos irão dar, aos pais, munição para ser usada contra a criança nas inevitáveis batalhas pais-filhos. Tenha sempre em mente que o que você disser poderá ser jogado, algum dia, na cara da criança, provavelmente de forma bastante distorcida.

Ao conversar sobre qualidades ou estilo de vida futuros que os pais possam considerar menos positivos, pode surgir a necessidade que eles têm de controlar. Se desaprovarem alguma direção futura, eles podem tentar suprimir exatamente as qualidades que o filho veio para desenvolver. Não há necessidade de sabermos tudo, ver tudo, nem dizer tudo — podemos ser discretos naquilo que dizemos. Não existem coisas sobre sua vida adulta que você não teria gostado que um astrólogo dissesse aos seus pais quando você era um bebê?

Por exemplo, uma de minhas alunas disse a um pai que seu filho tinha muito mais yin do que yang, em seu mapa. Aparentemente é como agora estão chamando os signos, em vez de dar o nome de masculino e feminino. O passo seguinte é classificar tais indivíduos. Não impressionado por eufemismos, o pai rugiu: "Você está tentando dizer que meu filho será um afeminado?". Ela me perguntou como deveria ter respondido. Minha pergunta foi, em primeiro lugar, por que ela achou que precisava dizer aquilo? Será que ela própria não estava questionando a masculinidade do garoto, de modo obscuramente metafísico?

Se o filho irá realmente ser gay — e você não pode chegar a essa conclusão baseado em apenas um só fator — não é da conta do pai. A predição de homossexualismo pode criar sérios problemas de relacionamento com os pais, com todo tipo de reação adversa. Além disso, a interpretação pode estar errada, e tanto a homossexualidade quanto a heterossexualidade não podem ser previstas. A vida sexual futura da criança, não importando qualquer tendência, não é absolutamente da conta dos pais.

No horóscopo, você pode ver os talentos e dons, observar os problemas, mas não pode saber os resultados — como aquela criança irá utilizar aqueles dons ou resolver os problemas. É muita presunção pensar que você sabe como o indivíduo irá usar aquelas energias. Muitas crianças nascem em um determinado dia com o mesmo mapa — gêmeos ou gêmeos astrológicos —, mas almas que reencarnam não são idênticas em seu desenvolvimento. Por exemplo, tenho uma amiga jovem que está sempre dizendo que quer ser uma atriz famosa, embora ela não tenha um mínimo de talento para isto. Ela gostaria particularmente de ser como a Madonna. Somente quando vimos os dados de nascimento de Madonna, é que descobrimos que minha amiga nasceu no mesmo dia e ano da cantora!

Para ilustrar como a alma ao encarnar determina a expressão dos planetas, pegue o amplo espectro dos usos e abusos do planeta Netuno. Quando você analisa os mapas de alcoólicos, sensitivos e santos — todas as manifestações possíveis de Netuno —, há pouca diferença entre eles. Provavelmente, se tivéssemos acesso a dados suficientes de datas de nascimento, encontraríamos muitos pares de gêmeos astrológicos, um santo e um pecador. Alguns sensitivos psíquicos tornam-se alcoólicos para fugir do bombardeamento psíquico. Muitos alcoólicos tornam-se pessoas espiritualmente maravilhosas — não santos, mas com grande sabedoria e amor para dar.

Conhecer e estimular os usos construtivos das posições planetárias, por outro lado, pode ajudar os pais a dar ao filho a partida para o máximo desenvolvimento espiritual e emocional. Por exemplo, a criança que tiver um Netuno forte pode ser encaminhada para ensinamentos espirituais, ter a oportunidade para a expressão criativa e ser acompanhada em suas capacidades psíquicas.

Iluminando o mundo da criança

Em vez de procurar muito longe no futuro, será útil estudar aquelas áreas do mundo da criança que podem ser esclarecidas adequadamente através de uma leitura. O mundo de uma criança consiste de seus pais, irmãos, escola e amigos; portanto, será muito útil ajudar os pais a entender essas áreas. Explique antecipadamente que este será seu enfoque, para que os pais não fiquem desapontados por não terem o futuro completo da criança. Aqui, novamente, pode ser bom esclarecer o motivo da leitura.

Uma contribuição especial que você pode fazer é analisar Mercúrio e a 3ª casa para ter informações sobre o modo de aprendizado e comunicação. É bom explicar que existem no mínimo doze estilos, em vez do padrão único que as escolas exigem. Mesmo que a escola não possa individualizar a instrução, os pais podem dar um suplemento em casa.

Por exemplo, Mercúrio em Touro assimila o novo material de modo semelhante ao da vaca digerindo a comida. A vaca possui quatro estômagos, e masca a comida de cada um dos estômagos antes de ingerir todo o alimento. O indivíduo com Mercúrio em Touro rumina, de modo semelhante, toda pequena porção de conhecimento até que ele esteja digerido e assimilado. Eles não são rápidos, mas, uma vez adquirido o conhecimento, eles o retêm. Mercúrio em Gêmeos, por outro lado, apreende o vocabulário e parece entender rapidamente, mas provavelmente será de modo volúvel e superficial. Mímicos naturais, eles geralmente passam por cima do básico e adquirem o vocabulário, mas podem não adquirir um entendimento profundo do assunto como seus irmãos e irmãs taurinos, mais lentos. Embora as crianças com Mercúrio em Áries possam ter mentes rápidas e agudas, para elas será difícil permanecerem muito tempo sentadas sem imaginarem alguma travessura. Elas aprendem melhor fazendo, e também tendem a ter sucesso em competições.

Outra porção do mundo da criança onde uma leitura pode lançar alguma luz é a que envolve o relacionamento com irmãos e irmãs, novamente um assunto de 3ª casa ou Mercúrio. (Como a 3ª casa mostra tanto comunicação como irmãos, estes exercem influência no modo como aprendemos a nos comunicar.) Marte na 3ª casa mostra competição e conflito. Com Plutão na 3ª casa, pode haver rivalidade com irmãos e vingança. Os pais não devem se envolver nisto, pois eles poderão, inconscientemente, alimentar rivalidades ou ciúmes. Tanto com Marte como com Plutão, talvez também seja necessário fazer alguma intervenção, para evitar que haja violência entre os irmãos.

Os que têm Netuno na 3ª casa podem exibir a tendência para salvar ou fazer sacrifícios por um irmão ou irmã, às vezes porque este apresenta algum problema especial. É importante que os pais tomem cuidado para não dar atenção demasiada a essa criança deficiente ou problemática, em detrimento do irmão menor em questão. Essa convivência íntima com os problemas de um irmão pode, no fim, ajudar o indivíduo a desenvolver qualidades admiráveis como compaixão e desejo de servir. No entanto, é importante que essas qualidades não se tornem superdesenvolvidas, em detrimento da auto-estima ou de outras áreas importantes da vida.

Aspectos preventivos da leitura de mapas de crianças

Em vez de delinear toda a vida adulta de uma criança, concentre-se no que os pais podem fazer para desenvolver os dons da criança, e evitar os problemas vistos no mapa — sem dizer, necessariamente, todas as sombrias possibilidades. Eu tento, baseada no conhecimento do desenvolvimento da criança, dar sugestões práticas sobre como evitar ao máximo os possíveis erros dos pais. Não saberemos como isto irá funcionar durante vinte anos ou mais, mas é o melhor que podemos fazer no momento. Estes são apenas meus métodos e decisões clínicas pessoais, e talvez você esteja me achando exageradamente cautelosa. No entanto, todo cuidado é pouco na leitura de mapas de crianças. Você está dando forma a uma pequena vida vulnerável.

Por exemplo, conversei com uma divorciada negra que estava criando sozinha seu filho pequeno. O mapa do menino tinha uma conjunção Lua-Netuno na 2ª casa, uma qualidade que denominei Mamãe Mágica. Ela teve uma infância difícil financeiramente e queria garantir que seu filho não passasse pela mesma experiência. Ao não falar nesse assunto com ele, e dando-lhe tudo o que desejasse, ela o protegia dos problemas financeiros que uma mãe sozinha inevitavelmente tem. Recomendei que ela fosse mais realista em relação ao dinheiro, ensinando-lhe, agora, que este não cresce em árvores. Caso contrário, ele poderia crescer com a expectativa de que as mulheres iriam sempre tomar conta dos problemas em relação a dinheiro e satisfazer magicamente todas as suas necessidades, sem que ele assumisse alguma reponsabilidade por isto.

Mesmo assim, é possível prevenir os problemas vistos no mapa — ou estes apenas tomam outra expressão daquela mesma combinação? Por exemplo, retome o exemplo dado anteriormente da criança de Virgem que aconselhei a ter um trabalho de rotina com documentos. É importante manter um equilíbrio entre trabalhar e brincar, para que você não termine por criar um viciado em trabalho cuja auto-estima dependerá do fato de ser produtivo. Não temos muito poder sobre as principais condições que a criança irá encontrar para moldar seu caráter e sua vida. *Podemos* apenas ajudar os pais a evitar alguns dos erros gritantes na educação da criança.

Seria perder a oportunidade para a prevenção, se eu não mencionasse que os remédios de Bach e outros florais podem ajudar a evitar que as características indesejáveis da criança se cristalizem nas defesas endurecidas do adulto. Como os florais de Bach se encontram à venda em várias lojas de alimentação alternativa e em muitas livrarias Nova Era, aqui me deterei neles. A criança que quer ser o centro de atenção, mesmo através de comportamento negativo, pode mudar esse padrão com a ajuda do Chicory. Em casos de rivalidade entre irmãos, Holly e Chicory poderão ser bons para ambas as crianças. Quando existem traumas, inclusive trauma de parto, a administração precoce do Rescue Remedy, na fase aguda, ou Star of Bethlehem, para as seqüelas, pode aliviar o medo. Crianças tímidas podem ser ajudadas pelo Mimulus, que também é bom para fobias específicas; e para jovens que não têm autoconfiança pode ser dado o Larch. Para mais informações, consultar meu *Flower remedies handbook*.[2]

Problemas no mapa da criança

Muitas vezes, no mapa de uma criança você antecipa a chegada de problemas, como o divórcio dos pais ou a perda de um deles. Tais possibilidades podem ser sugeridas por Urano na 4ª casa ou por aspectos difíceis entre o Sol e a Lua, especialmente quando estão combinados com planetas externos. Você deve predizer o divórcio? Não, não é isto que os pais estão querendo saber — e isto é o mais importante — o que iria criar uma sobrecarga de medo desnecessário na leitura da criança. Essa interpretação também pode estar errada — talvez sugira uma vida doméstica não convencional, em vez de divórcio. Em vez disto, pergunte

---

[2] Sterling Publishing, Nova York, 1992.

como está a relação entre os pais, e recomende um aconselhamento caso o casamento esteja com problemas. Enfatize que é importante que a criança não seja envolvida no conflito nem que lhe seja pedido para escolher um dos lados.

O que você fará se o mapa indicar problemas de saúde? Por exemplo, se encontrar Saturno ou Capricórnio na 1ª casa ou algumas posições difíceis na 6ª ou na 12ª? Pergunte sobre a saúde da criança e alerte o pai ou a mãe sobre a necessidade de *check-ups* médicos periódicos. Logicamente, você não irá querer alarmá-los. Você não sabe, com certeza, se os problemas irão surgir na infância e nem tem certeza de que os efeitos dos planetas serão físicos. Na 1ª casa, por exemplo, posições difíceis podem mostrar dificuldade para enfrentar a vida e se relacionar com os outros. Na 12ª casa, pode indicar problemas emocionais. Na 6ª casa, tais posições podem estar mais diretamente relacionadas à vida no trabalho. Tendo notado que o Ascendente ou a Lua em Virgem podem mostrar uma constituição alérgica, às vezes aviso os pais para prestarem atenção neste particular. As aflições lunares às vezes mostram reação adversa a laticínios.

E sobre os horrores futuros, como um mapa que mostra a possibilidade de dependência por drogas ou um tipo promíscuo? Aqui, particularmente, não queremos criar um Édipo através de nossas predições. Quando Netuno ou Peixes são fortes, enfoque a necessidade de estimular os lados elevados de Netuno — espiritualidade, criatividade e caridade. Por outro lado, não adianta querer insistir na espiritualidade. As crianças se rebelam contra os ensinamentos Nova Era, quando estes são exagerados, assim como irão reagir negativamente se você as empurrar demais para a igreja.

Uma questão ética bastante complicada é quando o mapa da criança indica a possibilidade de violência física ou sexual. Em quase todos os estados, a lei manda que os vários profissionais denunciem a violência contra crianças. Os astrólogos são os únicos isentos, porque não somos reconhecidos como profissão. Eu não hesitaria em perguntar ao pai ou à mãe sobre a existência de violência física, que geralmente está bem evidente. Eu abordaria o assunto delicadamente, perguntando se algum dos pais emprega métodos duros de disciplina. Se a resposta for sim, peça detalhes sobre seu tipo de disciplina.

A questão da violência sexual em geral aparece quando você está lendo o mapa de uma criança do sexo masculino — as estatísticas mostram que uma menina em cada três sofre violência sexual de algum tipo. À medida que vai crescendo a abertura em relação a tais experiências, mais homens vão revelando que foram molestados ou violentados sexualmente na infância. Há suficientes evidências para se concluir que quase tanto meninos quanto meninas poderão ser vítimas. Em minha experiência, se algum dos pais foi molestado ou sofreu violência sexual quando criança, as chances de isto se repetir na geração atual são muito maiores. Nem sempre é a vítima anterior que agride. Com sinistra freqüência, a vítima anterior é magneticamente atraída para um parceiro que acaba se tornando o molestador da criança.

Quando aparecem configurações de violência no mapa de uma criança, não tenho respostas duras nem rápidas para oferecer. É um assunto individual, baseado na seriedade da possibilidade da violência e na sua avaliação do pai ou da mãe. Pode-se criar literalmente um Édipo — ou também Electras — com tais conversas.

Suponha que você diga à mãe de uma menina, que tenha Plutão ascendendo, para que tome cuidado para que ela não seja molestada nem se torne vítima de um incesto. A mãe irá vigiar a menina como um falcão, lançando negras suspeitas sobre toda a raça masculina, especialmente sobre os homens da família. Finalmente, os homens que a rodeiam, ao serem tratados como monstros, reagirão tornando-se monstros também, vingando-se na menina por causa do comportamento da mãe. Ou, salva do incesto pela vigilância da mãe, mas tendo crescido em uma atmosfera de tal forma deturpada, a jovem desenvolverá relações distorcidas e magnetizará homens que poderão vir a violentá-la. Essa é uma questão nada fácil de ser resolvida.

Mapas de relacionamentos para a conexão pais-filhos

O mapa da criança é uma fatia congelada dos trânsitos que a mãe e o pai estavam tendo na época do parto. Através das conexões dos planetas externos entre o mapa da criança e os dos pais, você pode ter até uma idéia do motivo pelo qual esse indivíduo nasceu. Pode inclusive deduzir quais eram as expectativas da mãe e do pai em relação à gravidez, e o que estava sucedendo no casamento. Nem todos os motivos para se ter um filho são tão puros como a neve que cai. Particularmente, quando o mapa da criança mostra Plutão fortemente enfatizado, a gravidez pode ser um complô na luta matrimonial pelo poder.

Em geral, o mapa do bebê forma fortes conexões com os mapas dos pais. Em conseqüência, através da vida, aquele filho ou filha tenderá a ativar os mesmos assuntos que surgiram naquela época. Por exemplo, uma criança que nasceu no retorno de Saturno de um dos pais irá ser sempre uma experiência de Saturno para o pai ou a mãe. A presença do filho ou da filha forçará o crescimento do pai ou da mãe. Uma vez li, em algum lugar, um ditado que dizia: "O milagre não são adultos produzindo um filho, mas é um filho produzindo adultos".

Para outra criança, nascida em um trânsito de Plutão sobre a Lua da mãe, a relação irá sempre carregar um tom plutoniano. Fora a possível luta mencionada acima, tais gestações muitas vezes são parte das conseqüências de uma dor. (Mesmo quando o bebê nasce antes da morte do ente querido, a gravidez pode ter se iniciado em antecipação à perda. O bebê será fortemente afetado pela atmosfera do luto.) O recém-nascido pode, em algum nível, ser visto como uma substituição da perda de uma figura-chave na vida do pai ou da mãe.

Como a leitura astrológica pode ajudar? Os efeitos podem ser aliviados, apontando-se os resultados de tristezas não resolvidas e conversando sobre os recursos disponíveis — por exemplo, grupos de pessoas que foram abandonadas. Você pode mostrar como essa atmosfera afetaria a criança. Uma criança carente não pode preencher a carência dos pais e se tornar clone do ente amado perdido ou substituí-lo.

Com muita freqüência, no mapa da criança você pode encontrar uma relação difícil com um ou com ambos os pais. (Comparação de mapas ou mapas compostos fornecem ainda mais informações.) Parece que é sempre o mais delicado que vem para a leitura, e é ele quem diz que o outro é o disciplinador severo. Quando o outro, que é a parte mais difícil do par, não está presente, o que você faz? Aquele que está ausente irá ouvir a fita? Mesmo que você ache que ele ou ela não irão ouvir, em uma família existe pouca privacidade. E não é só isto, o pai ou a mãe, preocupados, irão citá-lo como autoridade e, em algum momento, irão tocar a fita para o outro cônjuge. Talvez seja mais adequado falar na fita como se você estivesse se dirigindo aos dois; assim, aquele que estiver ausente poderá ouvir sem ficar na defensiva e sem rejeitar todo esse refugo astrológico.

Trabalhando com adolescentes e seus mapas

Um conjunto diferente de considerações vem à tona quando os pais lhe pedem para ver o mapa de um adolescente. Como profissão, os astrólogos são regidos por Urano, o mesmo planeta que está fortemente ligado ao período da adolescência e seu turbilhão; assim, os astrólogos têm, naturalmente, algo a oferecer a esse grupo etário. Vendo o horóscopo como a cópia impressa do indivíduo, você pode ajudar a identificar o verdadeiro *self* do jovem, oposto aos amigos, à família e às pressões sociais às quais ele deve se conformar. Assim, uma leitura astrológica, feita por um adulto sensível, compreensivo, positivo e construtivo, pode ser muito útil para todo adolescente que tenta descobrir quem é. Sem dúvida, eu e você poderíamos ter feito uso de uma leitura como esta quando éramos jovens!

Antes de fazer esse tipo de leitura, é importante avaliar suas atitudes em relação à adolescência. Alguns astrólogos têm um dom especial para lidar com adolescentes. São geralmente pessoas que criaram filhos com prazer, ou que trabalharam com crianças em outros contextos, como escolas ou instituições recreacionais. Por outro lado, se você ainda estiver educando adolescentes, os conflitos, desejos e temores sobre seus próprios filhos podem também vir a interferir. Outros têm uma empatia especial por esse grupo etário, por sua própria adolescência ter sido difícil e ainda permanecer como fator recente em sua mente. No entanto, se você não se sente à vontade com adolescentes, ou não gosta deles, isto pode aparecer e contaminar a sessão. É melhor enviá-los para outro astrólogo que realmente ache que os adolescentes são a melhor coisa que Deus já criou.

Se você tem assuntos não resolvidos de sua própria adolescência, saiba que o trabalho com esse grupo etário pode ativá-los. Por exemplo, você poderá identificar-se muito com o adolescente e colocá-lo contra os pais, aumentando ainda mais os conflitos. Ou, se você precisou eliminar sua própria rebelião na juventude, talvez fique muito ansioso para eliminar a deles também. Para descobrir seus próprios problemas pessoais, passe algum tempo lembrando aqueles anos, como você era, e como era seu convívio com seus pais. Seu Urano natal e seus aspectos podem lhe dar algumas indicações, assim como os trânsitos e progressões daquele período.

Quando os pais lhe pedem para ver o mapa de um adolescente

Às vezes os pais lhe pedem para olhar o mapa do adolescente durante a leitura de seus próprios mapas. Esta é uma ocasião em que, sob meu modo de pensar, a astrologia desliza perigosamente no sentido da invasão de privacidade. É uma questão interessante, não? Um astrólogo pode ser processado por violação do direito constitucional à privacidade? Se fôssemos levados mais a sério, não olharíamos o mapa pessoal de ninguém sem termos permissão por escrito. (Se fôssemos considerados seriamente como profissionais, provavelmente precisaríamos ter seguro contra prática indevida da profissão!)

Você está vendo o mapa de um indivíduo que está emergindo, portanto, respeite a busca daquela pessoa por uma identidade. Faça a si mesmo esta pergunta: E se o adolescente ouvir a fita? (Pode apostar que ele irá ouvir de algum modo, em alguma ocasião.) O que eles gostariam que você dissesse a seus pais, e o que eles não gostariam? O que eles iriam querer ouvir sobre si próprios? É melhor agir como se o jovem estivesse presente.

Preste atenção para ver se o motivo do pai ou da mãe é válido. Se vier de uma vontade de ajudar, genuína e de coração, você irá perceber e agir de acordo com ela. Se sentir que o motivo principal é o controle — e isto você já pode saber através do horóscopo do pai ou da mãe e das interações que você tem com ele —, tenha cuidado. Seja circunspecto e pense como suas palavras podem soar, se forem tomadas fora do contexto. Os pais podem usar seus pronunciamentos como munição contra o jovem. "É melhor tomar cuidado, minha jovem. Aquele astrólogo me disse que você provavelmente irá engravidar antes do casamento."

Avaliando os motivos e as expectativas dos pais

Às vezes — especialmente depois que você tiver comentado o mapa do adolescente — os pais irão lhe pedir para atender seu filho ou sua filha. Já que são geralmente os pais que pagam a consulta, preste atenção para ver se o motivo pelo qual estão mandando o filho é importante. Às vezes, os pais pedem com a convicção sincera de que a leitura irá ajudar este jovem a fazer a escolha certa em termos de estudos e de vocação. Quando os jovens estão sinceramente em busca de uma vocação, a astrologia pode ser um excelente instrumental. Ou os pais podem sentir que o filho ou a filha, sofrendo de baixa auto-estima, podem descobrir dons pessoais e potenciais; e o mapa também é bom para isto.

Ocasionalmente, porém, os clientes que ficaram bem impressionados com seu trabalho podem lhe pedir para atender seu adolescente difícil. Isto é traiçoeiro — realmente traiçoeiro. Você pode começar falando com esses pais sobre o que eles esperam que a sessão possa realizar. O conhecimento íntimo propiciado pela astrologia lhe conferiu, indubitavelmente, uma aura de sabedoria divina. De modo consciente ou não, eles podem estar dizendo: "Olha, você irá endireitar meu filho problemático".

Suponha que você estude as expectativas, e o que descobre é que os pais esperam que você vá colocar algum juízo na cabeça do Jason ou da Jennifer. Quando o motivo é controlar, tomar cuidado é imperativo. Você deve esclarecer o que a astrologia pode e não pode fazer. Não poderá bancar o Saturno sobre este ou esta jovem e endireitá-los. Uma leitura desse tipo não substitui a terapia quando existem sérios conflitos ou problemas de comportamento. Ela não livra um jovem dos problemas com drogas. Não é um método contraceptivo. É melhor dizer aos pais que estejam tendo sérios problemas com seus filhos para irem procurar aconselhamento familiar ou um grupo de pais — dos quais você tem o número do telefone. Caso contrário, você pode ser envolvido de modo extremamente desagradável.

A questão da confidencialidade
e seu cliente adolescente

Ao falar antecipadamente com os pais, você também precisa deixar claro que a leitura será absolutamente confidencial. O que for dito ficará somente entre você e o jovem. Você não irá partilhar com os pais as informações fornecidas na sessão. Caso não haja um acordo quanto a isto, não haverá consulta. E você deve honrar esse compromisso. Caso contrário, não há esperança de comunicação verdadeira entre você e esses jovens rebeldes e atormentados.

Como você irá lidar com o assunto quando o adolescente estiver na sua frente? Como acontece com qualquer outro cliente, você deve assegurar aos seus clientes astrológicos adolescentes que o que for dito durante a leitura do mapa será considerado confidencial. Com essa regra estabelecida, eles serão mais honestos sobre o que está acontecendo e não o considerarão um espião em potencial. Além disso, os adolescentes são em geral tão dolorosamente autoconscientes e estão de tal modo desesperados para serem aceitos, que a idéia de adultos falarem sobre eles é aterrorizante e humilhante. Você se lembra de como a privacidade lhe era importante naqueles anos turbulentos?

Suponha, porém, que o adolescente lhe diga algo que é potencialmente perigoso para sua vida e, assim, é crucial que os pais fiquem sabendo. Suponha que o jovem esteja consumindo drogas pesadas como a cocaína ou esteja planejando fugir de casa ou cometer suicídio. Ou suponha que o jovem esteja sendo molestado por outro adulto ou membro da família.

Em casos como estes, mesmo um terapeuta não pode garantir a privacidade das informações. Os pais têm direito legal e até a necessidade de saber de tais fatos, e o terapeuta pode ser processado por não ter relatado o caso. Embora não possa ser processado por prática indevida, você é potencialmente responsável e deve tomar uma atitude. É preciso que explique ao adolescente que você deverá conversar sobre isto com os pais deles e o porquê. Você pode se oferecer para acompanhar o jovem quando ele for contar aos pais o que está acontecendo. É preciso que você tenha, também, números de emergência, como linhas quentes para suicídios ou para drogas.

É justo, então, jurar que tudo será confidencial, e depois voltar atrás? Então, para manter a integridade da confidência, talvez seja melhor adicionar uma retratação. Você pode dizer algo como: "Logicamente, já que você me disse que está consumindo drogas ou está planejando dar um fim em você mesmo, então seus pais devem saber disto. Todo o resto ficará apenas entre eu e você". Por falar nisto, gravidez não é ameaça à vida e, mais cedo ou mais tarde, acabará se revelando. Em minha opinião, a jovem que lhe disser que está grávida deve ter direito a que isto seja confidencial. No entanto, é melhor você lhe sugerir um profissional da saúde, que poderá ajudá-la a contar aos pais.

Dada a complexidade de se manter confidencial a conversa com um adolescente, o acordo de rotina que você tem com qualquer cliente, relacionado à gravação de uma fita, torna-se algo sério. É bom perguntar se o jovem sente que sua privacidade será respeitada em relação à fita. Abordar este assunto e conversar sobre ele de modo compreensivo mostra que você respeita a necessidade que ele tem de privacidade.

No entanto, é preciso que saiba que não há reciprocidade neste acordo. No calor de uma futura briga com os pais, o adolescente pode e irá jogar na cara dos pais tudo o que você disse — que pode ser interpretado como tendo dito — não disse mas sentiu. "Aquele astrólogo ao qual você me mandou disse que eu não precisava fazer faculdade." Escolha suas palavras com cuidado — com todos os adolescentes, não somente com os problemáticos — com os ouvidos atentos à interpretação que eles poderão dar ao contexto.

A sessão real com um adolescente

A autopercepção e o auto-exame honesto de como você se situa em relação aos adolescentes é tão crucial quanto estudar os aspectos e os trânsitos, na preparação para a leitura. Os adolescentes são particularmente espertos para perceber a hipocrisia dos adultos — é a tarefa deles. Todas as vezes em que você for menos honesto com eles — ou com você mesmo — eles irão captar isso imediatamente e fazê-lo perceber em termos nada incertos. Falar de forma direta, embora de modo gentil e respeitoso é, provavelmente, seu melhor trunfo com esse grupo etário. Se você não sabe alguma coisa, diga. Não tente enganar.

Estabelecer uma relação com o adolescente costuma ser diferente de formar uma relação com um adulto, e nem sempre é fácil. Lembrar de si próprio e da sua confusão nessa fase pode lhe fornecer a empatia e o entendimento das lutas dos jovens. Ler sobre adolescentes, ver seus livros e revistas, e ouvir sua música irá fazê-lo lembrar-se de como é essa época da vida e lhe dará uma base para a comunicação. (No entanto, lembre-se de que qualquer gíria que você pegar tem um ciclo de vida de cerca de três meses.)

Para começar bem, você deve descobrir e aderir ao que os adolescentes vêem como necessidade a ser preenchida pela leitura. A maioria dos adolescentes nunca fez uma leitura de mapa, e assim não sabe o que é possível. Você pode começar mencionando as preocupações típicas dos adolescentes que poderão ser esclarecidas — como amigos, escola e namoros. Enfoque esses problemas sem uma orientação oculta pessoal de sua parte. O microcosmo do mundo do adolescente irá levá-lo naturalmente para qualquer problema que você vê no mapa. No entanto, você provavelmente não chegará a lugar algum se não ouvir de modo sério e respeitoso os assuntos que lhes interessam e preocupam. Lembre-se de como são dramáticos os anos da adolescência, onde uma espinha pode ser uma importante catástrofe social, e não minimize suas preocupações.

Se a leitura foi combinada porque um dos pais, consciente ou inconscientemente, espera que você corrija seu filho ou sua filha, provavelmente você estará apto para isto. Os adolescentes se rebelam contra a autoridade do adulto — novamente, é o trabalho deles. Quanto mais controladores forem os pais, mais rebelde o filho tenderá a ser. Uma atitude desafiadora e poderosa irá ser mostrada no mapa como uma forte influência de Urano, no mapa astral ou por trânsito. Você terá, sem dúvida, que lutar contra um certo desafio, mesmo que a preparação do mapa tenha sido perfeita. Se você for visto como uma figura de autoridade alinhada com os pais, um adolescente problemático, ao vê-lo, irá ficar tão irritado como ficaria se ele estivesse sendo mandado para um psiquiatra. Nessas ocasiões, o trabalho de estabelecer uma relação e de focalizar a leitura em torno do jovem será ainda mais importante e mais difícil.

Sexo e os anos da adolescência

Sexo é um assunto específico que pode aparecer na leitura e que deve ser tratado delicadamente. Conversas detalhadas sobre sexualidade fogem da nossa área, a não ser que tenhamos outras qualificações. Não estou, de modo algum, querendo dizer que este é um assunto que devemos introduzir em nossa leitura. Se alguém fez isto, pode-se sugerir que foi por interesse lascivo. O motivo desse segmento, porém, é que o tópico pode surgir para que os adolescentes se sintam seguros para confiar em você. Soldados de infantaria não precisam ser especialistas em demolições, mas é melhor que eles saibam o que fazer com as minas que encontrarem em seu caminho.

Os pais ficam geralmente e em grande parte aterrorizados com o fato de que seus adolescentes podem estar tendo relações sexuais. Para eles, é difícil até de imaginar. Por exemplo, uma de minhas alunas me trouxe o mapa de sua filha de 16 anos, que tinha Escorpião ascendendo e Plutão cruzando-o por trânsito. A mulher estava apavorada sobre o trânsito, convencida de que sua filha iria morrer, exatamente como sua mãe morreu quando Plutão cruzou seu Ascendente. Minha aluna era uma católica firme e devota. Ela não sabia se ficava aliviada ou alarmada quando indiquei, gentilmente, que uma preocupação mais realista com os 16 anos de idade seria que a menina poderia estar tendo suas primeiras experiências sexuais.

Os adolescentes tendem a pensar em sexo, mesmo que eles não estejam ativamente envolvidos. Como você irá falar sobre isto tanto com os pais como com a adolescente, se surgir o assunto? Como você se sente ao falar abertamente sobre sexo em geral? Como você se sente ao abordar o controle de natalidade? Se esses tópicos forem difíceis para você, talvez seja bom praticar, conversando com um amigo ou gravando em uma fita. Talvez seja também útil ler alguns livros para pais sobre educação sexual.

Como acontece com todos os assuntos profundamente pessoais, seus próprios sentimentos, julgamentos e pontos cegos tenderão a interferir, a não ser que você pratique autopercepção e autodisciplina. O mesmo acontece se você for inibido em relação a sexo ou se este for seu esporte preferido. Coloque de lado seus próprios sentimentos e julgamentos, prós ou contras, em favor da empatia e do entendimento do adolescente. Se a área for muito embaraçosa, a melhor prática seria sugerir ao adolescente conversar com os pais ou, se for muito difícil, com um orientador, com uma enfermeira ou outro profissional.

Os adolescentes podem considerar embaraçoso e invasivo um estranho apresentar o tópico. Deixe a pergunta vir deles, embora você possa sutilmente deixá-los saber que a porta está aberta para tal conversa. Se a jovem com Plutão cruzando seu Ascendente tivesse me procurado para uma leitura, por exemplo, eu teria lhe perguntado se os seus relacionamentos com os rapazes estavam se tornando mais intensos, e se ela estaria tendo dificuldades em lidar com essas relações.

Lembre-se de que existem grandes controvérsias, em várias cidades grandes e pequenas, sobre educação sexual. Sabe-se que os pais têm feito grandes manifestações sobre o assunto. Não estamos falando de algo racional, mesmo quando os pais são indivíduos racionais e até de mente liberal. Assim, tudo o que você disser deve ser feito com muita delicadeza, pois é bem provável que isto chegue aos ouvidos dos pais. No calor de uma batalha, um adolescente pode dizer: "O astrólogo disse que é normal que eu experimente o sexo na minha idade".

Atualmente, os jovens encaram questões novas e dolorosas — você está preparado para elas? Foi de cortar o coração, quando uma linda jovem universitária em minha aula de astrologia veio para uma leitura para perguntar se seu namorado, com quem ela esteve dormindo, tinha Aids, devido a alguns sintomas que ela tinha observado. Certamente, era uma possibilidade, pois ela também tinha Ascendente em Escorpião, um forte Plutão natal e Plutão, em trânsito, cruzava seu Ascendente. A maioria dos que morrem de Aids está na faixa dos 20 anos, e a doença está se espalhando rapidamente entre os jovens heterossexuais. Como essa doença parece levar vários anos para alcançar um estágio crítico, muitas das vítimas foram infectadas quando ainda eram adolescentes. Qual é a informação que você tem sobre a Aids? Nesse caso, você estaria à vontade ou saberia falar com conhecimento de causa sobre sexo seguro? Se não, seria bom que lesse sobre isto e praticasse, conversando com um amigo sobre o assunto.

Adolescência — a época da formação da identidade

Mesmo depois de você ter negociado os possíveis obstáculos que foram apresentados, a sessão deve ser diferente da leitura de um adulto. Os adolescentes são — e precisam ser — muito enfocados no presente e neles próprios, porque esta é a idade da autodescoberta e da formação de uma identidade. Eles são insaciavelmente curiosos em relação a si próprios e a todas as suas possibilidades, quase obcecados com a pergunta "Quem sou eu?". Como o mapa astral é um guia do *self* e de suas potencialidades, uma leitura de mapa astral pode ser excitante para você dois.

Essa época é uma das mais importantes em termos de definir a própria identidade. Assim, as coisas que você disser aos jovens sobre si mesmos poderão facilmente se tornar modelos de autoconceito para eles. É melhor você se concentrar bastante nas capacidades e facilidades mostradas no mapa e nas expressões construtivas de todas as posições difíceis. Focalize talentos, dons e recursos — lembre-se de procurar os quintis. Dê pouca importância às limitações — afinal, elas irão melhorar com a idade — e mantenha todas as afirmações no condicional. Suas interpretações podem impressioná-los e passar a fazer parte da identidade deles. Daqui a trinta anos, eles ainda estarão dizendo: "Fui a um astrólogo quando eu era jovem, e ele me disse que eu nunca me sairia bem nos negócios".

Deve-se dizer o futuro de um adolescente?

Fazer muitos prognósticos sobre o futuro distante não é aconselhável, mesmo que o adolescente lhe peça. Aqui, novamente, você não iria querer ser o oráculo de Édipo e criar uma profecia definitiva. Devido à notória propensão dos adolescentes para o drama, eles podem achar interessante interpretar suas piores predições mais cedo do que mais tarde.

Os adolescentes não estão com a atenção voltada para o futuro, exceto de modo muito romântico e irrealista — como acreditar que serão estrelas de cinema ou que se casarão com alguém rico e maravilhoso. Será muito devastador dedicar muita atenção ao prognóstico improvável desses sonhos de adolescência. Todos nós os superamos, mas apenas em nosso tempo certo, e eles têm uma finalidade enquanto estiverem conosco. Vocé também não deve dar muita atenção às áreas difíceis do mapa relativas mais à idade adulta do que ao momento presente. A ordem é usar extrema delicadeza. Imagine como você iria se sentir se tivesse 15 anos e um astrólogo lhe dissesse algo negativo e fatalista.

Por exemplo, você não irá dizer a uma adolescente desesperadamente romântica, com hormônios explodindo e Plutão na 7ª casa, que ela pode vir a se casar com um verdadeiro cafajeste que não a deixará sair de casa. Em vez disto, fale sobre como ela talvez venha a ser atraída por sujeitos passionais e possessivos, mas que, por mais romântico que seja no princípio, ela poderá terminar sufocada por aquela possessividade. Você pode envolvê-la em uma conversa sobre os namorados que já teve e que se encaixam nessa descrição, e sobre o que não deu certo naquelas relações. Estará plantando uma semente que pode vingar e fazê-la pensar duas vezes, mas você não irá descer ao nível do Oráculo da Desgraça. Novamente, como o pobre Édipo, se você for muito negativo, a vida dela pode ser rearranjada para evitar sua profecia. Ela decide não se casar porque não pode confiar nos homens — outra interpretação de Plutão na 7ª casa!

Da mesma forma, você não iria dizer a uma jovem Câncer maternal com Saturno na 5ª casa que talvez ela nunca possa ter filhos. Em vez disto, o que pode ser dito é que a família dela talvez seja pequena ou vir a se formar mais tarde, mas que uma carreira envolvendo crianças seria altamente compensadora para ela. Enfatize que, com seu forte senso de responsabilidade, ela poderia dar uma grande contribuição àquela área.

Ao enfocar as situações do momento que são as antecipações da idade adulta, você pode ser capaz de ajudar o adolescente a aprender a usar mais conscientemente as posições difíceis do mapa. Desse modo, podem ser evitados os potenciais mais negativos daquelas posições. Praticamente todas as situações que, na ocasião, são importantes para o adolescente têm seu equivalente na idade adulta. Assuntos de namoro podem ser semelhantes aos que serão talvez encontrados no casamento, problemas com os pais poderão se parecer com os existentes com os patrões, e as preocupações referentes à aceitação pelos amigos poderão ser semelhantes às encontradas na vida social adulta. Se os adolescentes puderem usar a sessão para adquirir a percepção para lidar de modo inteligente com os problemas do momento, da mesma forma eles terão instrumentos para abordar inteligentemente as dificuldades da vida adulta. Esse resultado é tudo o que você pode esperar da leitura de mapas em qualquer idade, e será serviço bem prestado.

Uma palavra final

Devido a todas as precauções mencionadas neste capítulo, e a todos os assuntos envolvidos na leitura para clientes menores de idade, agora você deve estar imaginando se, afinal, isto deve ser feito. Se for bem feito, poderá ser muito útil — e muito prejudicial se for feito pelo astrólogo de Édipo. A própria atenção que precisamos ter na leitura de qualquer mapa deve ser dobrada e triplicada quando estivermos lidando com o mapa de um jovem ainda em estágio de formação. E ainda, se for bem feito, haverá espaço para o desenvolvimento da astrologia pediátrica como uma especialização da área.

CAPÍTULO

8

MONTANDO SUA PRÁTICA ASTROLÓGICA

Para ter sucesso como astrólogo, você deverá saber vender. Você tem jeito para vender biscoitos ou docinhos para a sua tropa de escoteiros ou para a escola paroquial? Você vem adiando a sua propaganda? É possível que você se sinta ridículo em se autopromover. Saber e *aceitar* os princípios básicos de vendas e promoção pode ser a diferença entre ser um profissional de sucesso e apenas sobreviver.

Sim, propaganda é venda. Enquanto não ultrapassar esse obstáculo emocional, você não será capaz de chegar às pessoas que poderiam se beneficiar de seus serviços — exatamente as pessoas que, para ajudá-las, você estudou tanto. Examinar e trabalhar as resistências para promover seus serviços, conforme faremos neste capítulo, pode ser um pré-requisito para desenvolver uma prática. Exploraremos suas barreiras em relação à autopromoção e à cobrança de um preço pelo seu trabalho. Veremos, também, algumas idéias de *marketing*, incluindo como se compõem anúncios e propagandas.

"Quanto você cobra?" Esta pergunta o deixou confuso? O tópico mais aflitivo para o astrólogo principiante — ou mesmo para o experiente — conversar com o cliente é o preço. Não somos imunes a problemas com assuntos sobre dinheiro, mesmo fazendo um trabalho tão "iluminado e espiritual" como astrologia. O fato de você não ficar à vontade em relação ao estabelecimento de um preço pelos seus serviços coloca nuvens desnecessárias sobre o profissionalismo. Cria uma tensão desnecessária quando você estiver fazendo essa transição. Problemas em relação a preços são diferentes do fato de você ser ou não um bom astrólogo. Mesmo assim, sua atitude em relação à cobrança de seus serviços afetará seu sucesso. Se acha que não merece determinado pagamento, então você terá dificuldade em estabelecer sua prática. Por essa razão, vamos começar este capítulo com um estudo substancial dos sentimentos e das atitudes em relação a dinheiro.

Há vários motivos para seu desconforto. Você não chega à pergunta: "Quanto você cobra por uma leitura astrológica?" sem nehuma bagagem anterior. Você chega a ela com todas as suas experiências pessoais com dinheiro, com a sua programação emocional familiar, e com as mensagens misturadas que a sociedade fornece. (Por um lado, é a raiz de todo o mal, mas, por outro, você não é ninguém se não usar Reebok.) Existem até os fatores peculiares ao mundo astrológico, que nos influenciam, como nossa consciência grupal de pobreza.

Além disso, quanto melhor lidarmos com nosso próprio dinheiro, melhor poderemos ajudar os clientes com o dinheiro deles. Muitos clientes nos perguntam sobre problemas com dinheiro — expressando-se principalmente em perguntas orientadas para o futuro como: "Quando minhas finanças irão melhorar?". Muitos aparecerão com confusão financeira crônica, por causa da 2ª e da 8ª casas complexas. Precisamos estar à vontade para falar sobre atitudes e práticas financeiras. As estatísticas mostram que preocupações com dinheiro são as causas mais comuns de desacordos matrimoniais. Como uma alta porcentagem de clientes vem por causa de problemas com relacionamentos, você precisa estar à vontade para perguntar se a falta de dinheiro também não está contribuindo para piorar tais problemas.

Se você resolver seus próprios assuntos em relação a prosperidade, então terá sugestões para os clientes que chegam com assuntos similares. Você pode fazer recomendações com a confiança de tê-las usado com sucesso. Caso contrário, será como um médico cego dizendo a um cliente cego: "Faça isto e você conseguirá enxergar".

A psicologia do dinheiro em nossa cultura

Dinheiro é um assunto complicado e carregado de emoção, e atribuímos um tremendo poder a ele. Somos ambivalentes e recebemos mensagens confusas. Para ser socialmente aceitável, você precisa tê-lo, mas não é socialmente aceitável ser ambicioso para ganhá-lo — aí, você será um cavador de dinheiro. Falar sobre dinheiro é um tabu fortemente carregado de emoção. O que você irá pensar de alguém que seja tão atrevido a ponto de perguntar quanto você ganha, quanto você tem no banco, quanto você possui, ou quanto custa seu carro? Você, também, irá hesitar em levantar um tópico tão carregado.

Quando alguém lhe pergunta quanto você cobra, isto também não é uma pergunta muito confortável. É como fazer uma declaração pública do quanto você vale. Não é uma questão que enfrentamos somente de vez em quando, mas sim todas as vezes em que falamos com um cliente em perspectiva. Precisamos nos dessensibilizar, ou essa pergunta inevitável irá ser sempre um obstáculo. Aprenda a sentir-se à vontade ao falar, talvez como se estivesse atuando em uma peça, treinando várias vezes com seus amigos e colegas de estudo.

Você estará, também, lidando com clientes e com os valores deles que, essencialmente, não são problema seu. Uma de minhas clientes de terapia veio usando um casaco de pele, botas de grife e uma bolsa Gucci, e insistindo que poderia pagar apenas o mínimo. Em determinadas comunidades da Califórnia, pessoas com diamantes nos dedos e unhas postiças, placas ostentosas em seus carrões, dizem que não podem pagar mais do que 5 dólares pela leitura de um mapa, que dura uma tarde inteira. Há pessoas em Nova York que gastam 100 dólares em um jantar para dois e pagam 500 por mês para terapia, e acham que não podemos cobrar mais do que 50 dólares pela consulta. Parte da resposta pode ser o melhor trabalho de divulgação sobre o valor da astrologia.

Dinheiro e as áreas de ajuda

Um outro ponto sensível aparece quando uma pessoa vem procurar ajuda e você deve falar sobre quanto isto irá custar a ela. Não estamos sozinhos nessa situação incômoda. Os terapeutas não estão imunes, mesmo os que não consideram seu trabalho como sendo espiritual. Parte de seu treinamento é aprender a lidar com assuntos relacionados a dinheiro. Sessões inteiras de terapia são despendidas para trabalhar sobre cobranças — principalmente quando o terapeuta teve a coragem de dar um aumento de 5 dólares na consulta, após vários anos de sessões. Os clientes talvez tenham de pagar 75 dólares para falar sobre como estão se sentindo por ter de pagar 75 dólares. Portanto, você não está sozinho no desconforto — está em excelente companhia!

Ninguém quer pagar para receber ajuda. É um resquício da Lua — a mamãe deve simplesmente cuidar de nós e não pedir nada em troca. Em um certo nível, todo ser humano tem esse desejo e essa expectativa, mas os astrólogos se agarram a isto e dizem: "Oh, eles estão certos. Não deveríamos cobrar". É um fato infeliz da vida que, como adultos, tenhamos de pagar à mamãe, mas podemos nos ressentir com isto. Embora você possa perceber a carência ou o ressentimento e levá-los de modo pessoal, tem todo o direito de ser pago para ser mamãe, como todos os outros profissionais.

Crenças e atitudes que se colocam no caminho

As razões mais típicas pelas quais os astrólogos principiantes justificam o fato de não cobrarem mais do que o mínimo são do tipo: "Não sou suficientemente bom. Não posso predizer cem por cento". Médicos, advogados, economistas e outros que trabalham com prognósticos também não podem predizer nada cem por cento, mas eles cobram bastante por suas suposições diplomadas.

Quando as pessoas perguntam: "Quanto você cobra?", surge a questão: "Quanto eu valho?". Quando você diz quanto cobra e as pessoas dizem não, com efeito elas estão dizendo: "Não, você não vale isto". Em algum nível, por mais racional que se queira ser, é uma rejeição. Quando você está vendendo um produto — mesmo que seja um que você não tenha criado — é muito duro ouvir *nãos* e continuar vendendo. Quando o que está vendendo é você mesmo — seu conhecimento, sua sabedoria, sua intuição, seu coração — é muito mais difícil aceitar as rejeições.

Parte da solução para esse desconforto é trabalhar a auto-estima. Mesmo quando nossa auto-estima é suficiente, somos afetados pelas atitudes públicas em relação à astrologia e sobre a busca de qualquer tipo de ajuda. Ainda somos freqüentemente vistos como adivinhos. A astrologia não é respeitada como as outras profissões. Um médico ou um advogado podem cobrar muito dinheiro, mesmo que ninguém goste de pagar, mas as pessoas acham que nós não podemos!

É também auto-sabotagem não receber quantia certa como pagamento. Isto pode afetar sua confiança, e os clientes em perspectiva irão perceber. Eles podem pensar: "Bem, ele obviamente não se considera bom; sendo assim, não deve ser bom. Irei procurar outro". Mesmo que eles venham, sua falta de confiança, que se reflete no modo como você lida com dinheiro, pode fazer com que os clientes não tenham tanta confiança em seu trabalho.

Isto, no final, afeta o modo pelo qual você faz a leitura. Se você se ressente em trabalhar tanto para receber tão pouco, essa reação pode se infiltrar na consulta. Os clientes acham que tudo o que você faz relaciona-se com seus mapas. Eles podem pensar que sua raiva significa que seus mapas estão revelando que são pessoas repugnantes. Ou suponha que um cliente rico esteja perguntando sobre ações da bolsa, e você mal pode pagar o aluguel. Será difícil não deixar que um certo grau de inveja respingue na leitura.

Há, também, uma variedade de tradições espirituais que reforçam o fato de não sermos pagos suficientemente — ou não sermos pagos — pelo trabalho de servir, especialmente trabalhos como o nosso, com uma certa dimensão divina. Muitos de nós vêm de histórias longa e vagamente lembradas de encarnações em mosteiros, conventos, e ashrams onde as necessidades mundanas eram preenchidas em troca de trabalho árduo, mas não havia envolvimento com dinheiro. Pessoas com Netuno na 2ª, 6ª ou 10ª casas podem estar fortemente influenciadas por tais histórias. Muitos de nós fizemos votos de pobreza naquela época, e agora devemos nos libertar conscientemente deles. (Uma simples declaração por escrito irá resolver os problemas.)

Mesmo onde ainda não fomos afetados, a cultura obscuramente nos lembra e espera que continuemos em serviço não pago. Precisamos estar atentos para tais correntes subjacentes durante a conversa sobre preços, para que não sejamos tentados a cobrar menos do que valemos. Mais uma vez a Nova Era e a "antiga" se encaixam, pois existe muita culpa e ambivalência entre os profissionais da Nova Era sobre cobrar por seu trabalho, mesmo que as razões dadas sejam diferentes. Aqueles entre nós com resquícios de Paz e Amor podem também achar que os anos 60 deixaram uma impressão que devemos adotar.

Não estou sugerindo que a prática astrológica deva ser um caminho para a riqueza, mas apenas que merecemos, tanto quanto os outros, ser pagos por nosso duro trabalho. Quando alguém precisa realmente de uma leitura e não pode pagar meu preço, tenho várias maneiras para lidar com isto. Às vezes negocio, quando a pessoa tem habilidades das quais posso precisar, e às vezes encaminho a pessoa para um bom astrólogo, mas com menos experiência, e que cobre menos. Poucas pessoas valorizam gente que cobra pouco.

Como o condicionamento cultural afeta as astrólogas

Nós, astrólogas, também temos o condicionamento cultural de que as mulheres devem cuidar das pessoas e, por isso, nos sentimos culpadas por cobrar. Mesmo que nunca tenhamos tido filhos, somos socializadas dentro do papel da mamãe, que surge quando alguém precisa de nós. Isto pode ser especialmente verdadeiro no caso da dona de casa. Ela pode ser uma excelente astróloga que estudou vários anos. Pode oferecer aos clientes uma sabedoria realista, obtida pela rica experiência de vida que adquiriu ao educar uma família. No entanto, ela tem muita prática em ser mamãe e aprendeu a satisfazer sem egoísmo e sem esperar algo em troca. Seus clientes freqüentemente a sugam, solicitando conselhos grátis, a qualquer hora do dia ou da noite.

Falando de modo geral, seus preços são baixos — e infelizmente depreciam a média de todos nós. Ela pode ponderar que seu marido traz a maior parte da renda da família. Pode sentir que, afinal, não tem "um emprego de verdade", é somente algo para ganhar um extra. Ela também não precisa cobrar tanto quanto os outros que vivem somente da astrologia. Se você for uma dona de casa/astróloga aprenda, por favor, a avaliar corretamente o seu valor.

Apesar de todo o progresso em opções de carreira, as mulheres em qualquer profissão ainda são mal remuneradas em comparação aos homens. Não importando quanto pensamos ser esclarecidas, isto é verdade até na astrologia. Em qualquer organização astrológica não existe mais do que quatro ou cinco homens para cem mulheres, mas os homens parecem ser superiores. Os homens com profissionalização ganham melhor e são mais reconhecidos do que as mulheres. A maioria dos clientes é mulher. Elas carregam a antiga crença cultural, difícil de ser erradicada, de que os homens sabem mais e são mais capazes. Muitas dessas clientes hesitam em consultar médicas. Assim, como as mulheres em todas as profissões, as astrólogas devem trabalhar um pouco mais para mostrar sua competência e também trabalhar consigo mesmas para superar o condicionamento.

Ironicamente, o próprio Movimento Feminino também adicionou mais uma camada de ambivalência em relação aos preços das astrólogas. Nós que temos alguma simpatia pelo feminismo tendemos a nos sentir culpadas ao cobrar nossas "irmãs" que estão passando por um período financeiro difícil. Se cobrarmos o quanto valemos, poderemos estar sujeitas à pressão e à reprovação da comunidade feminina. Poderemos até estar sujeitas ao máximo da vergonha — dizerem que somos politicamente incorretas!

As mães independentes e outras mulheres em situação de desvantagem não merecem uma chance? Lógico que sim, mas deve haver um equilíbrio. Quando o atendimento consiste sobretudo de mulheres em desvantagem, a própria astróloga acabará sendo também uma mulher prejudicada. Em tais situações, prefiro negociar meu trabalho em troca de um outro de igual valor, pois isso preserva a dignidade da outra pessoa. Dá à cliente o poder de usar seu trabalho para obter algo de valor.

Baixa auto-estima é um tema constante nas consultas com clientes do sexo feminino. Mulheres não adquirem auto-estima sendo objeto de caridade. Quando nós, astrólogas, subvalorizamos nosso trabalho, estamos enviando às nossas clientes a mensagem de que elas devem subestimar tanto o nosso trabalho quanto o delas mesmas. Podemos estar falando de valor pessoal, mas demonstrando o oposto. Tenha certeza, comportamento causa impacto maior do que palavras; portanto, se você quer ensinar auto-estima, pratique-a!

Antecedentes disfuncionais e dinheiro

Conforme estudado anteriormente, as pessoas com antecedentes disfuncionais e de alcoolismo podem ser atraídas para trabalhar com astrologia porque é típico delas querem resgatar e recuperar os outros. Tentamos muito, mas nunca fomos capazes de endireitar nossas famílias. Ninguém pode endireitar outra pessoa, mas podemos colocar essa expectativa irreal em nossos clientes. Então, quando não conseguimos endireitá-los, sentimos que não somos bons.

Muitos estudantes de astrologia com esse tipo de antecedente têm um problema particularmente doloroso de ordem pessoal. Eles podem achar especialmente difícil sentirem-se em condições de cobrar uma quantia decente por seus serviços. John Bradshaw identificou a vergonha tóxica como o resultado mais importante de tais antecedentes. O trabalho em relação à vergonha pode ser crucial para superar problemas com auto-estima que fazem os astrólogos potenciais sentirem que não são suficientemente bons para serem pagos por seu trabalho.

Pessoas vindas de lares onde havia dependência — álcool, jogo e outros — também tendem a adotar atitudes disfuncionais em relação a dinheiro, que eles adquiriram de seus pais. Pessoas dependentes tendem a ter idéias grandiosas e não são muito realistas. Seus filhos também podem adotar essas atitudes não realistas, mesmo que não sejam dependentes, ou podem tornar-se demasiadamente cautelosos e esforçados para se sentirem seguros.

O que você deve cobrar?

Agora que já examinamos algumas barreiras, vamos voltar à questão dos preços. Quando você está começando, há um período de aprendizado no qual você cobra menos ou lê gratuitamente para amigos, apenas para praticar. Você não pode aprender astrologia apenas através de livros. Você realmente começará a ver como funciona quando começar a ler mapas — ou trechos de mapas — para pessoas reais. Estudantes de medicina trabalham anos e anos gratuitamente antes de se tornarem médicos. Você não irá querer pagar a um estudante de medicina o mesmo que pagaria a um neurocirurgião. Negociar leituras com outros estudantes é um modo de praticar — e você poderá aprender mais sobre seu próprio mapa.

Se as leituras grátis de mapas começam a se prolongar demais, você pode começar a suspeitar que o motivo vem de problemas relativos a dinheiro ou auto-estima. Mesmo assim, em um determinado ponto você irá indubitavelmente sentir que agora sabe o suficiente para cobrar alguma coisa. Para leituras pagas, você pode também iniciar com pessoas conhecidas — como amigos ou colegas de trabalho. Mas a relação também poderá criar um certo desconforto quanto ao estabelecimento de um preço. Em um certo sentido, *você deve cobrar aquilo que o deixa à vontade*, mesmo que haja uma tabela de preços. Ninguém pode lhe dizer quanto deve ser cobrado, seja mais ou menos do que o preço normal. O mundo astrológico é afetado por uma consciência de pobreza, portanto muitos astrólogos e até estudantes tendem a desaprovar as pessoas que cobram valores altos.

Há, também, um determinado momento em que é necessário aumentar os preços. Em outras linhas de trabalho, para cerca de cada ano de experiência, recebe-se um aumento. Quando você trabalha para si mesmo, também deve determinar aumentos periódicos. Não só o cliente irá levá-lo mais a sério, mas você também. Como a maioria das pessoas, julgamos nosso valor em parte por quanto ganhamos. Se cobramos mais, tendemos a achar que valemos mais. É estranho, mas após um aumento tendemos a trabalhar mais e a exigir mais de nós mesmos. Assim como o assalariado que recebe aumento por mérito, podemos nos esforçar mais para justificar nosso novo preço. Aumentando de 125 para 150 dólares, senti que eu deveria me dedicar mais para justificar o preço maior. Por um tempo senti ansiedade durante as leituras, mas logo elas se tornaram melhores. Seu trabalho também pode melhorar, se você cobrar um pouco mais.

Falando com clientes sobre preços

É estressante falar sobre quanto você cobra, e não há diálogo sobre isso. Mesmo após vinte e quatro anos de trabalho, ainda é estressante para mim. Os assalariados somente precisam falar sobre salários durante entrevistas para emprego ou quando estão negociando um eventual aumento. Como astrólogos, devemos negociar os preços como condição de emprego todas as vezes em que um cliente em potencial telefona. Médicos e advogados também cobram de cada cliente. Como eles lidam com a conversa sobre preços? Eles têm recepcionistas ou departamentos de cobrança para cuidar dessas transações delicadas!

Você precisa sentir-se à vontade para dizer quanto cobra. Pratique falando em voz alta. Fale sob o chuveiro. Peça a seus amigos para telefonarem fazendo de conta que são possíveis clientes. Certa vez, quando aumentei meus preços acima do que eu achava razoável, escrevi a quantia em um papel ao lado do telefone. Então, quando não conseguia encontrar palavras para dizer, eu pegava o papel e lia: "Cobro...".

Você já se surpreendeu justificando seu preço? Justificar para si mesmo está bem — faz parte do processo interno. Você pode dizer a si mesmo quanto tempo despende, há quanto tempo está estudando. Pode até conversar com amigos e colegas como parte do exercício de sentir-se à vontade. Para mim, a justificativa é que o cliente irá obter muito mais dessa sessão do que obteria de várias com um psiquiatra. Assim, verifico quanto um psiquiatra cobra por sessão — e então peço o dobro.

Porém, é melhor você não justificar para o cliente. Isto destrói a confiança e o respeito — seu, em relação a si mesmo, e o do cliente, em relação a você. Mostra uma falta de segurança em seu próprio valor, e os clientes manipularão isto. É completamente diferente de você *explicar* seu preço para o cliente, embora isto seja um risco. Suponha que o cliente peça uma retificação e você diz: "Custa 100 dólares". O cliente dirá: "Por que tanto?". Então você irá explicar exatamente o que faz quando retifica um mapa — como todo astrólogo. Ou, digamos que seja um mapa de relacionamento. Você irá explicar que é necessário calcular e interpretar ambos os mapas, ver se eles combinam entre si, e então fazer o mapa composto. Você pode dizer as mesmas palavras, mas com um sentimento de defesa por trás delas, então soaria como uma justificativa no lugar de uma explicação.

Qual é a sua reação, quando a primeira pergunta que alguém faz, quando telefona é: "Quanto você cobra?". Parece que irão aceitá-lo ou rejeitá-lo baseados em sua resposta. Evite responder essa questão logo de saída porque, do contrário, sua conversa será muito curta. Você pode dizer: "Depende do que você quer". Então explore as necessidades do cliente, conforme foi explicado no Capítulo 1. A partir dessa conversa, os clientes chegarão à conclusão de que você pode oferecer algo de que precisam. Assim, você já demonstrou seu valor e a questão do preço adquire um tom diferente. Inclusive, muitos astrólogos também costumam ter uma lista de opções com preços diferentes para os diversos tipos de trabalho.

Uma segunda pergunta que o cliente pode fazer é: "O que isto inclui?". (Tradução: "O que vou obter em troca do meu dinheiro?".) Alguns astrólogos oferecem coisas aos clientes, como brindes. Alguns escrevem alguma coisa ou usam grafia bonita, de modo que o mapa fique emoldurável. Outros compram um programa de interpretação de mapa e o imprimem para o cliente, como parte do pacote. Pessoalmente, sempre utilizo a fita como apoio de venda, e todos os clientes recebem uma cópia do mapa.

Muitos querem barganhar. É quase um ritual — eles acham que não foram bons compradores se não barganharem. Também existem culturas onde a barganha faz parte do negócio. Alguns clientes pedem desconto alegando que já têm o mapa impresso em computador. Faça isso se você quiser, mas não com mapas calculados à mão, pois dificilmente eles serão precisos. (Além disso, ao longo dos anos muitos clientes fornecem horas divergentes de nascimento aos diferentes astrólogos.) É importante você não se deixar levar por isto, e saber que a barganha não tem nada a ver com seu valor pessoal.

Alguns dos que telefonam querem amostras grátis. Alguma demonstração da capacidade do astrólogo não seria inapropriado, mas os tipos que pedem amostras grátis dificilmente vêm para uma consulta. São geralmente os que lhe pedem para adivinhar seu signo e querem saber qual é o signo que se adapta melhor com o signo de sua nova paixão.

Exercício de grupo

O grupo forma um círculo, com os pares frente a frente. Uma pessoa no par deve ser o astrólogo, e o outro, o cliente em potencial; e eles irão conversar sobre preços. O cliente irá se mostrar um tanto difícil. Quando terminar, o cliente do par passa para o astrólogo do par seguinte, e se repete o exercício. Após algumas trocas, o cliente passa a ser o astrólogo. Isto irá ajudá-lo a praticar a dizer quanto você cobra, e também lhe dará uma idéia de quanto os outros cobram e como eles lidam com a questão dos preços.

Confronto com outra palavra — Vendas

Agora que você já decidiu um preço, é hora de conhecer algumas idéias de *marketing*. Um modo de ficar mais à vontade é entender que você não está se vendendo, está vendendo serviços. Coloque você mesmo e sua autoconsciência de lado e concentre-se no cliente em perspectiva, do mesmo modo que faria durante uma consulta. Lembre-se, as pessoas querem principalmente saber OQHPM — "O que há para mim?". Se irão expressar isto ou não, está no fundo de suas mentes. Se não responder rápido, você os perde. Ouvi dizer que, no caso de um produto, as pessoas tomam a decisão de comprar em 20 segundos, mesmo que a venda demore mais tempo. A maioria dos comerciais não dura mais do que isto. Embora esperemos que se leve mais tempo para se decidir em relação a um serviço, saiba que você precisará provar sua utilidade em muito pouco tempo.

Segure os clientes em potencial primeiro descobrindo imediatamente de que eles estão precisando. O Capítulo 1 sugere que se pode começar perguntando: "O que você quer de uma leitura, no momento?". Desse modo, os clientes captam a mensagem de que você está colocando as necessidades *deles* em primeiro lugar. Ao receber a resposta, seu alvo está focalizado exatamente naquilo que eles estão procurando. Você lhes dirá o que poderá fazer para preencher aquela necessidade. Isto será mais eficiente do que ficar alardeando como a astrologia eleva e é espiritual, e como você precisa conhecer o próprio signo.

Venda a si mesmo somente depois que tiver vendido totalmente a necessidade de seus serviços. Como regra principal, gaste menos de um terço do encontro ou do tempo da conversa falando sobre você mesmo, e dois terços falando sobre o cliente. Dedique a maior parte do tempo para dizer como a astrologia pode ajudá-los naquela situação. Somente depois que tiver vendido totalmente essa idéia é que você lhes fará ver que você é a pessoa certa. Aja com cautela. Mencione, é claro, suas credenciais — mais tarde falaremos sobre o modo de elaborar um *curriculum* — mas não faça disto uma viagem egóica. O cliente em potencial perderá o interesse rapidamente se você falar muito sobre si mesmo.

Outro ponto de vista é que venda é comunicação. Afinal, Mercúrio era o deus do comércio. Para determinar como a astrologia pode ajudar clientes em potencial, é preciso que você lhes pergunte. Em sua disposição para ouvi-los e lhes explicar astrologia, eles percebem que você é uma boa fonte de informação acessível. Eles não reagirão bem a um jargão incompreensível e mistificador sobre aspectos, pontos médios e arco solar.

Venda ou educação?

Uma maneira favorável de encarar os encontros com clientes em potencial é verificar que muitas vezes você não está tanto vendendo, quanto educando-os sobre o que a astrologia pode fazer. Esse encontro não irá parecer diferente se você sentir que está ensinando algo — compartilhando seu conhecimento — em lugar de estar apenas vendendo? Será diferente para eles, também — mais humano e mais útil.

Com essa finalidade, pergunte-lhes se fizeram alguma leitura anterior, ou se já estudaram algo sobre astrologia. Desse modo você pode identificar os que não conhecem astrologia e dispensar mais energia para educá-los. Você está dentro da astrologia há tanto tempo, que talvez já tenha se esquecido das suas primeiras experiências. Coloque-se por uns momentos no lugar das pessoas que nunca fizeram a leitura de um mapa. Ao lhes falar, será útil avivar tais memórias — talvez da sua primeira leitura e como esta foi surpreendente, caso ela tenha sido bem feita.

Você se lembra como a astrologia era excitante no seu primeiro ano de estudo? Lembra-se da sensação fantástica de estar em contato com algo especial? Tente rememorar a alegria da autodescoberta que surgiu do conhecimento de seu mapa. Retome aquela excitação e transmita-a para a pessoa com quem você está falando. É possível retomar aquelas memórias através de uma meditação em que você pode regressar, ano a ano, ao tempo da sua descoberta. Ao captar e armazenar aquela excitação e canalizá-la, você pode transmitir aos clientes em potencial como esse método é divertido e valioso. Você não estará o tempo todo cheio de entusiasmo, especialmente se os clientes vierem com problemas sérios, mas isto pode ajudá-lo a entender o lado deles.

Os que já fizeram anteriormente outras leituras são os chamados pelo pessoal de vendas de "prospectos qualificados". Em outras palavras, eles são os melhores prospectos, porque já são receptivos e sinceramente interessados em astrologia. Precisam apenas justificar por que seria bom ter uma outra leitura. Eles já conhecem algo sobre astrologia e o que ela pode fazer. No entanto, pode ser que tenham, ou não, uma idéia de suas possibilidades adicionais, dependendo de como o astrólogo os educou.

Por exemplo, talvez tenham tido uma leitura do mapa natal com trânsitos. Eles entendem por que atualizações periódicas são uma boa idéia? Será bom você saber há quanto tempo foi feita a última leitura. Dê-lhes uma idéia de como o quadro planetário mudou — por exemplo, em que signos Júpiter e Saturno estão agora, em comparação aos daquela época. Ao perguntar a data exata do nascimento, você pode saber aproximadamente o grau em que o Sol se encontra. Pode também saber se algum planeta externo em trânsito está fazendo algum aspecto este ano — ou no ano passado. Não é preciso fornecer leituras detalhadas, mas você pode dizer o suficiente para que eles possam ver se a leitura está em ordem.

Você pode, também, mencionar configurações importantes atuais que os estejam afetando. Se as pessoas lhe falarem de suas vidas, você irá ouvir Urano, Netuno ou Plutão falando através delas. Por exemplo, se em uma festa você estiver sentado, conversando, e lhe disserem: "Quero trocar de emprego, mas não sei o que mais quero fazer. Sei simplesmente que deve haver algo mais do que isto". É bem provável que Netuno esteja em uma das casas ligadas à carreira, ou em aspecto com o Meio-Céu. Diga-lhes que isto soa a Netuno, mas que não pode dizer com certeza enquanto não examinar o mapa completo.

Suponha que eles fizeram uma leitura de mapa algum tempo atrás, mas estão pensando em se mudar para Seattle. (Atualmente, todo mundo está pensando em se mudar para Seattle. Estou pensando em fazer desconto para grupos.) Fale para eles sobre um mapa de relocação, ou sobre o mapa da Astro-Carto-Grafia, que você pode encomendar. Com esse instrumental, você pode lhes mostrar as influências efetivas que existem, e a otimização da época para a mudança. Quando as pessoas se mudam sob um trânsito de Netuno sobre a Lua ou sobre o eixo MC-IC, especial-

214

mente, elas não estão mudando para algo; elas estão *saindo* de alguma coisa. Tais pessoas têm a fantasia de que todos os seus problemas irão se resolver com a mudança. Elas podem se mudar e ficar rodando durante seis meses ou até mais sem encontrarem um emprego. Diga como é essencial considerar o tempo certo e como a leitura pode economizar tempo, dinheiro e estresse. Incidentalmente, descobri que é muito difícil manter atualizada uma lista de endereços. Muitos clientes vêm sob fortes trânsitos de Urano — Urano é o regente da astrologia. E o que mais as pessoas fazem sob trânsitos de Urano, a não ser mudarem?

Suponha que tenham encontrado alguém — explique sobre mapas compostos ou sinastria como uma forma de entender o outro e a relação. Pode ser, também, o momento de olharem seus próprios horóscopos para verem os padrões de relacionamento que devem ser mudados para que este funcione. Está chegando um aniversário? Mas você não pode passar um aniversário sem um mapa de retorno solar! Isto é, se você gostar de fazer retorno solar — se não gosta, não os venda. Muitas pessoas apreciam fazer um balanço de suas vidas por ocasião de seu aniversário, portanto, elas podem estar prontas para uma leitura de trânsitos. (Alguns astrólogos enviam cartões de aniversário para os clientes, como um lembrete.)

Suponha que eles estejam pensando em montar um negócio. Você *nunca, jamais* inicia um negócio sem encontrar o momento certo. A astrologia é uma ferramenta, mas tem infinitas aplicações. Há algo a se oferecer praticamente para todas as situações. Há sempre alguma coisa a mais que a astrologia pode fazer por você — é por isso que, quando somos estudantes, ela atrai nosso interesse por tanto tempo. O truque é identificar exatamente o que o cliente deseja, e então vender a ele a técnica adequada.

A tênue linha entre promoção e publicidade exagerada

Quando se lê os anúncios de empresários Nova Era, muitos se parecem com vendedores de óleo de cobra. "Tome nossa alga verde dezesseis vezes por dia, por apenas 200 dólares mensais, e você terá saúde perfeita, mais dinheiro, melhor desempenho sexual, e nunca morrerá." Se você vê as três palavras-chave — *dinheiro, amor* e *saúde* — em um anúncio, esteja certo de que é exagero. Pegue jornais e revistas Nova Era e leia os anúncios procurando ver quais são os que não o convencem, em contraste com os que o atraem. Ao continuar lendo os anúncios, você irá desenvolver uma percepção do que é genuíno e eficaz, assim poderá criar seus anúncios e sua literatura promocional, tomando-os como base.

215

Embora possamos aprender com o mundo da propaganda, os anúncios para imprensa Nova Era possuem requisitos especiais. Queremos apresentar um quadro claro, preciso e honesto de nossos serviços. É uma tarefa muito delicada. Você precisa promover seus serviços e a si próprio, mas não quer fazer publicidade exagerada. Exagero espiritual é repelente. Os amigos e conhecidos, especialmente, detestam ser forçados. Você pode partilhar o que está fazendo agora — amigos fazem isto. Não os pressione para terem uma consulta ou para lhe indicar outras pessoas, ou você irá perder um consumidor e um amigo.

É importante entender que se a publicidade for exagerada, os possíveis clientes irão perceber e cair fora. Se estiver convencido de que a configuração planetária atual tem relevância e que tomar conhecimento disto irá ajudá-los, então essa convicção irá se irradiar. Se você não acredita que pode ajudar, eles também irão intuir isso. Entenda que você não precisa ser capaz de *resolver* o problema, apenas pode esclarecê-lo. Às vezes, somente o conhecimento de que algo está acontecendo, que eles não estão ficando loucos, e que isto irá passar, já é um alívio. Isto lhes dará uma perspectiva da dor.

Onde está a tênue linha entre vender e fazer publicidade exagerada? Primeiro, nunca diga que consegue fazer o que não pode. Suponha que os clientes lhe perguntem sobre ações da bolsa, e você não entende nada disto. Admita isto e encaminhe-os para alguém que entenda. Eles o respeitarão por sua honestidade. Para mim foi um grande alívio reconhecer que eu tinha limites e que não era perfeita em todas as áreas da astrologia — e que estava tudo bem. Compensa você conhecer suas forças e suas falhas e trabalhar nas falhas. Seja honesto consigo mesmo em relação aos seus pontos fracos e a falta de real conhecimento será superada.

Em segundo, evite exageros; ouça os clientes e focalize em suas necessidades, em vez de ficar aproveitando todas as chances que tiver para lhes dizer o quanto você é fantástico. Refira-se ao que eles estão lhe dizendo e explique como seu serviço pode ajudá-los naquele problema ou naquela necessidade. É muito melhor usar o centro do coração — que é carinho — do que agir com o plexo solar — que é ego.

Os mitos da escassez e da competição

A idéia de que a competição é ameaça está baseada no mito da escassez. Não há escassez de clientes potenciais, apenas escassez de astrólogos com imaginação, coragem e conhecimento para encontrá-los. Nascem novos clientes de astrologia todos os dias. De acordo com o Centro Nacional para Estatísticas em Saúde, em 1989 nasceram mais de 4 milhões de crianças nos Estados Unidos. (Quando este texto foi escrito, o ano de 1989 era simplesmente o ano que apresentava as estatísticas disponíveis mais completas. Mas podemos presumir que o mesmo estará acontecendo no ano em que você estiver lendo isto.) Por exemplo, você pode começar encontrando clientes entre seus colegas de trabalho, seu círculo de amizades, vizinhos e parentes, no clube, ou em um grupo de ação política ou ambiental. Começamos a estabelecer uma clientela na base do boca-a-boca entre nossos amigos, parentes, colegas de trabalho, e assim por diante.

Pasta dental é pasta dental, mas a propaganda cria um mercado para dúzias de marcas, todas novas e aperfeiçoadas. Astrologia é essencialmente a mesma em todos os lugares — há uma variedade de asteróides e técnicas — mas os astrólogos são diferentes. Quando se vai a uma conferência importante, existem cerca de vinte e cinco palestrantes para vinte e cinco diferentes pontos de vista e vinte e cinco especialidades. Urano, o regente da astrologia, está ligado à descoberta e à expressão de nossa singularidade. Cada astrólogo tem uma história e antecedentes únicos, e um conjunto de habilitações para a profissão. Cada um tem literalmente um *curriculum* que nada tem a ver com créditos escolares. É bom pensar sobre a história da sua vida para descobrir o que é singular em relação a você. Digira aquelas circunstâncias da vida que o tornam tão especial.

Primeiro, quais os empregos que já teve? Suponha que você tenha experiência em vendas. Talvez não queira mais fazer isto, mas você está vários passos à frente do astrólogo que não está treinado em vendas. Esta importante capacidade pode ser utilizada para fazer seu próprio *marketing* e também irá lhe dar uma experiência para aconselhar pessoas ligadas a negócios. Caso tenha trabalhado em negócios, use essa experiência para ajudar clientes que querem começar um negócio, ou ajudar jovens em busca de uma carreira nessa área. Se você foi um professor, é possível que tenha informações valiosas sobre crianças e educação. Talvez possa se especializar em pais de crianças com problemas escolares.

Você diz que não tem experiência? A não ser que tenha sido mantido fora do ar desde o nascimento, isto não é possível. Toda a história de nossa vida tem um valor potencial — nada do que fizemos antes da astrologia foi desperdício de tempo. A sabedoria adquirida com a experiência é um recurso para o astrólogo. Pense sobre quais foram as suas circunstâncias particulares, e o que você aprendeu que pode ser ensinado aos outros. Suponha que tenha dedicado os últimos quinze anos sendo esposa e mãe. Suas habilidades lhe darão muita coisa para oferecer a jovens esposas e mães. Suponha que você tenha cuidado de um idoso. Terá algo a oferecer ao grande número de pessoas de meia-idade que se deparam com as tensões que envolvem os pais que estão envelhecendo.

217

Eventos difíceis em sua vida também podem servir para que você possa ajudar outras pessoas com problemas semelhantes. Vários alcoólicos recuperados tornam-se astrólogos que passam a ajudar outros a se recuperarem. Eles transmitem o lado mais elevado de Netuno de um modo que seria impossível para alguém que nunca teve tal problema. Podem transmitir a um outro alcoólico que meditação e buscas espirituais são bem melhores do que a bebedeira, e o alcoólico irá acreditar neles. Astrólogos que mal tocaram em um copo de vinho, e muito menos se embriagavam dia após dia, acabam fazendo pregações e não sabendo sobre o que estão falando. O alcoólico ou dependente irão ouvir mais prontamente quem puder lhes dizer: "Olhe, eu já estive nessa".

Se você perdeu alguém importante, saberá entender pessoas desoladas e poderá dar atenção ao sofrimento do cliente. Você pode, também, ensinar-lhes algo sobre a natureza e o provável curso da tristeza — se você trabalhou sua própria dor, em vez de enterrar seus sentimentos. Até esposas exauridas, ou vítimas de incesto ou de violência contra crianças podem usar sua história para ajudar o crescente número de pessoas que estão trabalhando para superar essas experiências. Isto é, você pode ajudar, se trabalhou sobre a experiência, fez algum trabalho de cura e está se recuperando ao menos parcialmente de seus efeitos.

O que quero dizer com recuperar? Bem, não quero dizer "passar por cima" e fazer uma cena falsa de perdão. Quero dizer trabalhar o assunto de verdade em terapia, em grupos de auto-ajuda, em trabalho corporal e através da literatura, informar-se a esse respeito. Se você não estiver recuperado e ainda se encontrar em estado de negação, tudo o que poderá ensinar será reprimir e negar. Há um grande número de astrólogos FAA que jamais fizeram qualquer trabalho sobre o assunto. Como vimos no Capítulo 5, negar e atuar em função de sentimentos não resolvidos sobre os antecedentes familiares pode afetar seriamente a abordagem dos clientes em geral, e dos clientes FAA em particular.

O problema sobre o qual você trabalhou duro e praticamente superou lhe acrescenta algo a oferecer. Você não irá revelar os detalhes sangrentos de seu passado — não é a *sua* sessão. Se puder compartilhar algum detalhe que os faça perceber que você entende, isto pode ser bastante convincente. Então você não será um especialista pontificando, você estará vindo de uma experiência autêntica. Por exemplo, ao falar com clientes desolados, eu posso compartilhar rapidamente parte de meu próprio processo de tristeza: "Depois de um tempo isto diminui, mas algo, como um feriado, o traz de volta". No entanto, a solução que funcionou para você pode não ser correta para seus clientes, portanto, não os force a adotá-la.

Experiência compartilhada cria um vínculo que, por si só, é curativo. O sucesso de vários grupos de auto-ajuda está baseado nessa verdade. Li um desses estudos que são feitos esporadicamente sobre a eficiência da terapia. A conclusão é que o que ajuda é *o entendimento preciso e com empatia*. Com astrologia você pode ser devastadoramente preciso, mas, se não tiver empatia, será destrutivo. Os clientes se sentirão despidos, tratados mais como um caso do que como uma pessoa. Experiência compartilhada — ser ouvido e compreendido — é de tal modo curativa que nenhuma mera representação dos aspectos ou das progressões poderá substituí-la.

Pense em suas experiências para descobrir quem você é, o que já fez, e o que tem para oferecer. Quando identificar sua tendência, sua inclinação especial ou ponto de vista, você poderá ir em busca daquele mercado — é isto que você quer. No entanto, você pode descobrir que tem uma especialidade *potencial*, mas ainda não chegou lá. Para ser bom naquela determinada área, talvez você precise ler mais ou fazer ainda algumas pesquisas, freqüentar cursos ou *workshops* sobre o assunto, e trabalhar no desenvolvimento do material — ou aprender um pouco mais. Pegue o que você sabe e trabalhe com isto até que o domine muito bem e possa empregá-lo. Então lance seu anúncio ou sua brochura para que os outros sejam atraídos por esse conhecimento.

Outra forma para identificar sua inclinação astrológica é descobrir no que você é bom — ou o que mais gosta de fazer — e especializar-se nisto. É bem provável que você se sinta muito à vontade para vendê-lo, pois surgirão confiança e entusiasmo. Se você tiver dom para sinastria, transforme-a em sua especialidade. Talvez você apenas ame, ame, e ame ouvir pessoas que estão apaixonadas. Você ama ajudá-las a ver como podem trabalhar sobre os problemas de seus relacionamentos.

Se você tem uma queda para interpretação natal, invista nisto — alguns astrólogos fazem somente mapas natais. Alguns possuem talento para astrologia horária ou mundana. Sua especialidade poderá até ser inusitada — digamos, astrologia védica —, mas então precisará fazer um trabalho ainda melhor para educar quem o procura sobre como esta técnica poderá ajudar. No entanto, clientes de astrologia calejados, que já foram a muitas leituras, talvez fiquem curiosos para terem seus mapas feitos de modo totalmente novo.

O que você fizer, faça bem e divirta-se, mas concentre-se em ser cada vez melhor. De qualquer modo, você irá melhorar com o tempo, mas vale a pena nunca parar de tentar cada vez mais. Agarre todo exemplo que puder e trabalhe-o. Leia tudo o que lhe cair nas mãos. Trabalhe com os mapas de pessoas famosas como os dos quatro livros de Lois Rodden e acompanhe seus trânsitos ou progressões através das biografias. Se você se interessa por mapas de relocação, colecione-os. Faça um projeto de minipesquisa sobre seu assunto. Se este for sobre mapas compostos, colete os dados de todos os casais que puder, e acompanhe suas relações através dos trânsitos sobre todas as fases. Entreviste ambas as partes para ver o que os vários aspectos do mapa significam para os dois lados da questão.

Apenas estudar astrologia não é suficiente. Pode ser que você tenha um conhecimento enciclopédico sobre astrologia, mas se não entender as pessoas e não souber como chegar a elas, você não será um bom astrólogo. Por exemplo, se você decidir que astrologia vocacional será sua especialidade, não estude apenas mapas, informe-se sobre carreiras. Qualquer que seja sua especialidade astrológica, existem verdadeiros especialistas mais velhos, que observaram e exploraram aquela área e que poderão lhe ensinar mais alguma coisa sobre o assunto. Você precisará dos conceitos para saber qual poderá ser a dificuldade e quais serão as soluções disponíveis, de modo a indicar onde as pessoas poderão buscar ajuda.

Não estou dizendo para voltar para a faculdade e tirar outro diploma. Você estará melhor preparado do que está hoje se for a uma biblioteca ou livraria e pegar quatro ou cinco livros sobre seu campo preferido. Mesmo que já tenha um diploma em sua especialidade, de vez em quando você irá querer rever a literatura. A base do conhecimento, a tecnologia e a filosofia podem mudar. Se quiser ser um bom astrólogo, precisa saber mais do que astrologia — é preciso que você conheça a vida.

Prestando atenção à lei da oferta e da procura

Agora que já lhe disse para identificar o que for singular em si mesmo e montar uma prática em torno disso, irei me contradizer e recomendar que você preste atenção à lei da oferta e da procura. O que significam oferta e procura quando aplicadas na prática da astrologia? Significa que se você estiver oferecendo um serviço que as pessoas querem, é bem provável que venha a ter clientes.

Todos temos nossa própria tendência, mas você deve também aprender aquelas habilidades que os clientes estão exigindo, no mínimo em um nível básico razoável. É preciso que você saiba empregar todas as técnicas importantes em um certo nível. Faça um *workshop* em Astro-Carto-Grafia, freqüente um curso sobre comparação de mapas, e assim por diante. Um outro benefício de se perguntar de que os clientes prospectivos precisam, é que no fim você descobre o que eles querem. No mínimo 75 por cento das vezes, ao menos nas grandes cidades, as pessoas querem saber sobre carreira e relacionamentos. (Na Califórnia eram relacionamento e desenvolvimento espiritual!)

Em um certo nível, a confiança virá com o conhecimento de seu próprio cabedal. Faça um balanço do que você sabe e não sabe, por enquanto promova aquilo que sabe e concentre-se em criar sua prática em torno disso. Ao mesmo tempo, resolva seus déficits. Faça cursos ou leia livros, tanto em astrologia como *em outros assuntos*, para aprender sobre as áreas onde lhe faltam informações. Desse modo você não precisará se sentir incapaz.

As necessidades dos clientes mudam de tempos em tempos, conforme os planetas externos vão mudando de signo e formando configurações diferentes. Ninguém me havia perguntado sobre incesto antes de Plutão entrar em Escorpião, e agora as pessoas me trazem este assunto o tempo todo. Plutão em Escorpião trouxe muitos segredos à tona. Conforme vão se alterando as configurações astrológicas, é preciso que você fique por dentro delas e de suas implicações. Conferências nas quais uma variedade de colegas partilham seus *insights* são o melhor caminho para evitar visão astrológica em túnel — isto é, opiniões baseadas apenas em sua própria experiência.

Lidando com as objeções dos clientes

Um dos fatores mais importantes em vendas é entender e lidar com as objeções dos clientes em potencial. Pessoas inexperientes e pouco à vontade geralmente tentam contornar a objeção e passar por cima. Ouça cuidadosamente as ressalvas de quem o procura. Trabalhe sobre as objeções, trazendo-as à tona e enfrentando-as em vez de tentar deixá-las de lado. Se o cliente em potencial vai embora com uma objeção não respondida, você perdeu a leitura.

Ouça cuidadosamente as reações dos clientes quando você falar sobre a leitura ("Tentei isto, e..." ou "Não pude fazer aquilo porque..."). Caso contrário, eles irão concluir que você está muito amarrado em sua próprias leituras para ouvir o que eles têm a dizer. Vendedores bem-sucedidos encaram a objeção como um sinal de compra — isto é, quando os clientes em perspectiva se preocupam o suficiente para colocar uma objeção em vez de simplesmente ir embora, você sabe que eles estão interessados. É bom que você tenha a sabedoria de perguntar se há alguma objeção, já que alguns clientes não as expressam. "Acho que você está hesitante. Em que isto o perturba?" Leve a objeção a sério. Você está lá para atender o cliente, está ouvindo e está captando sua experiência.

"Bem, uma vez fui a uma astróloga, e aquela mulher foi tão negativa, que fiquei deprimido durante seis semanas." Infelizmente muitas pessoas tiveram más experiências com astrólogos — ou leram interpretações negativas em livros. Mesmo que isto tenha acontecido a um cliente em uma leitura, é bom você procurar saber sobre essa experiência antes da sessão. Desse modo, você pode retificar o estrago e evitar a repetição dos mesmos erros. Ao ouvir a má experiência e, talvez, até reagir a ela, você irá aprender muita coisa. (Às vezes, quando um cliente está aborrecido, você pode apreender isto e conjecturar sobre o que ele dirá a seu respeito, também! Isto pode fazer parte de seu processo de triagem.)

Outra objeção típica é aquela profecia autodeterminante: "Temo que se eu fizer meu mapa, e você disser que tais e tais coisas irão acontecer, eu farei acontecer". Leve essa declaração muito a sério. Você tem, em suas mãos, uma pessoa inteligente que merece uma resposta à altura dela.

Você pode responder: "Sabe, é um conceito que já ouvi bastante, e há alguma verdade nisso. Você irá querer guardar na mente todos os tipos de previsões — mesmo, digamos, o que um médico disser em relação a um diagnóstico. Mas meu trabalho não é bem assim. Não acredito que tudo esteja escrito em pedra. Ao perceber eventos que se aproximam, você pode evitar os resultados piores e, também, usar melhor sua energia. É você quem decide como irá usá-la".

Outros clientes em potencial dizem que não querem saber o futuro. Aqui você deve corrigir a impressão de que a astrologia é adivinhação. Para essas pessoas, você pode dizer: "Não precisamos conversar sobre o futuro. Podemos ter uma idéia de hoje e das áreas que precisam ser melhoradas ou dos modos que você, talvez, esteja sabotando a si mesmo. Se chegarmos a novas percepções ou sugestões que possam ajudá-lo a mudar o modo como está agindo, então o futuro irá mudar para melhor".

Se a objeção for financeira, é importante que você não pule fora automaticamente. Algumas pessoas simplesmente não têm o dinheiro para a consulta, e nada do que você disser irá alterar a realidade. Você deve estar atento para ouvir a verdade contida no que ela está dizendo. Para outros, é uma questão de prioridades, e você precisa convencê-los de que o mapa é um bom investimento. Mostre como essa leitura é valiosa e como ela pode fazê-los economizar dinheiro. Por exemplo, se a pessoa faz terapia, fale como os *insights* obtidos podem economizar tempo e dinheiro. Ao descobrir quais os assuntos que podem ser abordados de modo mais produtivo no ano em curso, o trabalho com seu terapeuta pode ser ainda mais eficiente. Suponha que eles estejam pensando em se mudar para outro estado e precisam guardar dinheiro para a mudança. Explique o que são mapas de relocação e o Astro-Carto-Grafia. Compare o custo da leitura com o quanto lhes custaria se mudassem e depois descobrissem que aquele não era o lugar certo.

Como saber a diferença entre o cliente em potencial e os tipos "Sim, mas..." que estão apenas brincando e desperdiçando seu tempo? Os que gostam de brincar têm suas próprias agendas, portanto, eles não o escutarão. Se você responder a alguma de suas objeções, eles nem sequer ouvirão sua resposta antes de passar para a próxima objeção. O indivíduo sincero irá ouvir o que você estiver dizendo e iniciará um diálogo.

Quando você ouve, talvez perceba que a objeção é verdadeira, e assim é sinal de que não vale a pena continuar o assunto. Ou, talvez, seja algo para o qual você tem uma resposta válida e que poderá ser apresentada. A verdadeira chave é ouvir as pessoas e não se engajar em um lance de vendas. Se você apresentar um vácuo enlatado, os clientes provavelmente perderão o interesse. Isto acontece com tudo o que você estiver vendendo. Se o que estiver vendendo é seu entendimento do cliente, ouvir as objeções mostrará que você irá ouvir também na sessão.

O que você precisa saber para criar um anúncio

A questão de se anunciar ou não é debatida por muitos astrólogos. De modo similar, advogados, médicos e outras profissões na área de ajuda há décadas mantêm tabus em relação à propaganda. Agora, entretanto, você pode até ver seus anúncios na televisão. Muitos astrólogos já estabelecidos dizem que não precisam de propaganda, porque todo o seu negócio vem de clientes constantes, de indicações e de propaganda boca-a-boca. Isto é ótimo para eles, mas os astrólogos que estão apenas começando a trabalhar, ou que se mudaram de local, precisam fazer saber que estão disponíveis. Anúncios ou volantes distribuídos com critério podem atrair clientes que representarão o início da prática.

O que é um anúncio feito com critério? Minha própria experiência ao me mudar de uma costa para outra foi a de que os anúncios feitos em jornais da Nova Era atraíram clientes com inclinação espiritual com os quais foi um prazer trabalhar. Listas anuais, com seus anúncios caros, não trouxeram virtualmente nenhum resultado. Anúncios na imprensa normal, como jornais locais, produziram somente telefonemas indesejáveis e clientes sem seriedade. Não coloquei anúncios nas páginas amarelas, mas colegas que o fizeram dizem que isto resultou em muitos telefonemas. É bom que você experimente por si próprio, pois a qualidade da imprensa varia de acordo com a área.

Como você deve compor um anúncio eficiente? Para começar, consulte um livro ou um vídeo sobre vendas ou pegue um livro sobre propaganda ou promoção de vendas na biblioteca. Não é preciso que você reinvente a roda — pode aprender com os que vieram antes. Pode aprender também a voltar sua atenção para a propaganda na imprensa, já que os princípios dos serviços de propaganda não são necessariamente tão diferentes. Preste atenção ao que o atrai na imprensa e analise o que os faz ter sucesso. Seu próprio anúncio deve ser interessante, polido e atraente.

Para lembrá-lo de alguns pontos colocados anteriormente, tenha em mente que você não está vendendo *a si mesmo*, está vendendo serviços.

Coloque de lado seus escrúpulos e a si mesmo e se concentre no leitor. O cliente em potencial deve vir em primeiro lugar. Venda sua imagem apenas depois que tiver vendido totalmente a necessidade de seus serviços. Como regra básica, gaste menos de um terço do espaço do anúncio falando de si mesmo, e dois terços para falar sobre o cliente.

Quanto mais específico for o anúncio, melhor será a resposta. Se você identificou sua especialidade, baseie nela o anúncio. Pegue um grupo-alvo — para quem o anúncio é dirigido? Com que tipo de cliente você é especialmente bom, e está interessado? Escreva como se você estivesse falando com eles. Quais são suas preocupações, seus interesses e suas necessidades? Em que seu trabalho difere de outros que usam métodos ou abordagens similares para os mesmos assuntos?

Novamente nos deparamos com a mesma tênue linha ética. Você não irá querer subir em um palanque como FAA, co-dependente, ou com distúrbios alimentares se não tiver algo a oferecer. Você pode — e deve — ler sobre estes tópicos acalorados, pois os clientes irão lhe perguntar sobre eles. Não finja saber mais do que sabe, pois os clientes perceberão e irão embora.

Um elemento do anúncio pode ser uma biografia resumida. Trabalharemos sobre a biografia na próxima seção, e o que você aprender sobre si mesmo nesse processo pode também ajudar a compor anúncios. A versão condensada da biografia pode ser usada, mas o cliente não está interessado em todos aqueles *workshops* que você fez ou com quem estudou. Eles querem somente saber se você tem experiência e credenciais. Se não for mencionada nenhuma credencial, o comprador ficará desconfiado.

Ao preparar este capítulo, percorri os anúncios do *Free Spirit*, o jornal Nova Era mais importante de Nova York. Muitos eram desanimadoramente tolos; outros anunciavam de modo ultrajante, como o homem do qual nunca ouvi falar e que se dizia ser o maior astrólogo vivo do mundo. (No entanto, posso dizer que aquele era tentador! E se fosse verdade?) Um anúncio atraente mostrava o retrato de uma menina, tirada nos anos 40, e dizia: "Pessoa desaparecida: Você perdeu a sua criança interior? Por medo, enterramos a criança em nós tragicamente cedo, perdendo nosso verdadeiro *self* e deixando uma ferida dolorosa. Posso ajudá-lo a se curar, deixando sua criança ressurgir e enriquecer sua vida". Este é um bom anúncio — agressivo, específico e sensível. Um anúncio engraçado, de um terapeuta massagista que atendia em casa, tinha o seguinte título: TENHO MÃOS, POSSO VIAJAR.

Embora não saibamos se tais anúncios realmente funcionaram, aqui estão alguns modelos que tiveram um resultado realmente bom, portanto, você terá uma idéia do que os clientes podem estar procurando. Tive centenas de respostas para o primeiro.

> ### POR QUE FAZER NOVAMENTE SEU MAPA?
>
> Você ouviria uma segunda opinião sobre cirurgia, portanto, é bom ter um sobre sua vida. Os astrólogos, como os médicos, variam em sua abordagem, em suas qualificações e experiências. Atualizações periódicas de mapas, como exames anuais, esclarecem o que está acontecendo em sua vida. Leituras focalizadas iluminam as dificuldades específicas e a sua contribuição para elas.

Eis um anúncio feito para agosto, o mês mais terrível em Nova York*:

> ### ENQUANTO SEU TERAPEUTA ESTÁ FORA...
>
> Em vez de lamentar o hiato em seu trabalho conjunto, use este tempo para fazer um balanço de seu progresso e estabelecer novas metas. Leituras astrológicas periódicas destacam os assuntos que você poderá abordar de modo produtivo na terapia do ano que vem. Elas podem, também, lançar uma luz em um pântano emocional.

Em ambos os casos, o texto foi acompanhado por uma breve biografia de minhas qualificações.

Seja criativo ao escrever o anúncio, e coloque o título como o gancho principal. Tal anúncio merece tempo e raciocínio. Leia-o como se fosse de um estranho. Você seria atraído por ele? Não se desencoraje se não obtiver resposta imediata. Muitas vezes as pessoas precisam ver um nome por algum tempo, antes de telefonarem. No entanto, se os meses passarem sem nenhum resultado, pense novamente sobre o anúncio e peça, possivelmente, uma opinião profissional de alguém que trabalha com promoções ou propaganda.

Simplesmente envie seu *curriculum*...

Você já tem alguns anos de prática, sente que seu trabalho é bom, e tem a abordagem especial que você quer partilhar com outros. Decide,

---

* Período mais longo de férias escolares. (N. do E.)

então, que é hora de fazer um *workshop*. Você procura o centro Nova Era local, e eles adoram a idéia.

"Ótimo!", diz o coordenador. "Agora, simplesmente envie-nos seu *curriculum*."

Sentindo-se bem e entusiasmado, você desliga e começa a escrever. Três meses depois, o *curriculum* ainda não está pronto; o *workshop* não está acontecendo e seu estômago até dói todas as vezes em que você pensa nisso.

Eis uma outra versão da mesma história. Amigos, colegas e clientes que o apreciam estão insistindo para que você escreva um folheto para promover-se de modo mais amplo. Você tem algo especial para oferecer, uma combinação singular de serviços que preenchem uma lacuna. Você se senta para escrever o *curriculum*... Dois anos mais tarde, ainda não existe folheto algum. E nem anúncio, pois para isto é preciso escrever... você adivinha o quê?

É certo que ter jeito para escrever ajuda, e um pouco de tino promocional pode ser útil. No entanto, não serão essas coisas que irão nos atropelar. A maioria de nós tem a capacidade básica de comunicação necessária, ou não seríamos capazes de falar com os clientes. Já vimos muitos comerciais e lemos vários anúncios para termos uma idéia daquilo que os atrai.

As verdadeiras razões são emocionais — sendo a auto-estima geralmente a maior barreira. Quando sentamos para compor um *curriculum* ou um anúncio, podem assomar sentimentos de imperfeição. "Sou realmente bom? Talvez eu esteja me enganando. Talvez eu não saiba tanto." O primeiro passo é manipular as declarações de dúvida em si mesmo. Coexistindo com a baixa auto-estima, talvez seja uma variedade Nova Era de egoísmo. "Meu trabalho é tão especial e tão singular, sem dizer tão divinamente inspirado, que não devo provar nada para ninguém. Eles devem simplesmente perceber como sou bom e vir a mim."

O trabalho que fazemos é alimentado pela dúvida pessoal. O público submeteu a astrologia a um grande ridículo, e muitos de nós enfrentamos o ceticismo e a depreciação de amigos, família e conhecidos. O medo de parecer tolo e de ser desprezado pode surgir com muita força quando pensamos em ir a público. O trabalho em rede com outros astrólogos e profissionais da Nova Era poderá dar o sistema de apoio extremamente necessário quando você começar a se promover.

Além da utilidade para sua carreira, escrever um *curriculum* pode ser uma experiência curativa — uma afirmação de si mesmo. Você sai dele com um novo entendimento de quem você é e do que já realizou. Ao resumir sua vida de trabalho, você pode até descobrir temas não percebidos na variedade de experiências — um novo quadro onde seus esforços o fizeram chegar. O processo pode valorizar suas capacidades e

realizações. Há sempre um alegre sentimento de "Sim, este sou eu!".
Você pode, também, compartilhar a tendência muito humana de acreditar mais em algo quando o vir escrito em um papel. Assim você pode ter a legitimação de seu *curriculum vitae*. Já ajudei muitos colegas e clientes a escreverem seus *curriculuns,* e é comum que eles terminem por dizer: "Sabe de uma coisa? Estou impressionado comigo mesmo!".

Finalmente, uma barreira poderosa é que muitos de nós sofremos perseguição por falarmos sobre nossas crenças em vidas passadas. Seria surpreendente se esta fosse a primeira vez que você estivesse adotando noções hereges! Se a idéia agita uma corda reativa, talvez seja bom fazer uma terapia de vidas passadas, ou ao menos uma leitura. As vidas passadas não precisam ter sido traumatizantes para causarem um impacto. Algumas vidas modestas, pacíficas, em um mosteiro ou um ashram podem fazer com que alguém fique espiritualmente relutante para ocupar o centro do palco.

Aqui não podemos lidar com todos os obstáculos possíveis, mas talvez você queira despender um tempo para identificar exatamente quais são os seus. Por um tempo, seja seu cliente mais querido, assim você poderá ir em frente e levar suas habilidades e conhecimentos especiais para uma audiência mais ampla.

As porcas e os parafusos para se escrever um *curriculum*

Um *curriculum* é um sumário compacto de seu caminho de vida, pois ele se relaciona a seu trabalho. Um resumo é algo que pode ser incluído, mas nossa meta é algo mais do que uma "Versão Condensada do Reader's Digest" do seu resumo. Embora nem todas as respostas sejam utilizadas no produto final, faça a si próprio as seguintes perguntas:

1) O que você faz exatamente? Há quanto tempo?

2) Como você aprendeu a fazê-lo? (Professores, programas, cursos?)

3) Em que tipo de clientela você é bom ou está interessado?

4) Como sua abordagem difere de outras que utilizam método semelhante?

5) Você teve alguma conquista relativa ao campo de trabalho — deu cursos, *workshops*, publicações, apareceu na imprensa, prêmios?

6) Quais as experiências de vida ou antecedentes educacionais que contribuíram para sua abordagem especial ou para suas crenças em relação ao ato de servir?

7) Seu trabalho é dirigido por alguma filosofia ou ensinamento espiritual especiais?

Baseado nessas perguntas e em outras que você poderá criar, faça uma lista das habilidades e das experiências que o transformaram em quem você é. Mantenha a lista completa, pois ela poderá ter mais de um uso.

Geralmente menos é mais. Nós que estamos no caminho já há algum tempo, e que nos devotamos ao autodesenvolvimento, tendemos a acumular uma variedade de habilidades. Elas não precisam constar, todas, de um *curriculum*. Se incluir uma lista muito longa, ela não irá impressionar o leitor. Ao contrário, ela tenderá a ter o efeito oposto, fazendo com que você pareça mais um diletante ou um pau para toda obra, alguém que não tem tempo para dominar qualquer daquelas práticas.

Escolha apenas aquelas que forem relevantes para o propósito deste *curriculum* específico. Quando o item não se relaciona às necessidades dos leitores, você os perde. A inclusão de detalhes irrelevantes os fará imaginar se você será capaz de se concentrar neles. Um *curriculum* não é desculpa para uma viagem egóica. Ninguém irá se importar se você participou de um grupo de teatro, a não ser que o trabalho envolva astrodrama. O leitor não se preocupa com o fato de que você tenha sido voluntário em uma casa para adolescentes drogados — a não ser que esteja se especializando em pessoas em recuperação. No entanto, se estiver comandando uma noitada sobre trabalho em rede, talvez seja importante que você tenha passado um ano em um kibutz, em Israel.

Digamos que, ao pensar sobre as perguntas acima, você acrescente um oitavo item. Em seguida, coloque-os em ordem de importância e também, em certo grau, de forma que eles poderão impressionar. Coloque o mais importante ou impressivo perto do topo, em vez de em ordem cronológica. Realizações recentes são mais práticas e mais pertinentes ao que você está fazendo agora. Em primeiro lugar deve ser colocado o que você faz e quais são as suas qualificações.

Agora resuma a lista, elaborando-a com sentenças completas e legíveis. Melhore e corte as repetições ou frases desnecessárias. Faça de conta que você está enviando um telegrama e deve pagar por palavra. (Se for um anúncio, você certamente deverá!) Lembre-se de que sua audiência tem um espaço de atenção limitado — o *curriculum* de uma pessoa torna-se maçante após cerca de vinte e cinco palavras. Faça de conta que você está lendo sobre alguém completamente estranho — o que pensaria dele? Dê a amigos e colegas e peça sua opinião honesta. Certifique-se, antes de divulgar, de que a gramática e a ortografia estão perfeitas.

228

Se você seguir todos esses passos e ainda se sentir empacado, por que não contratar alguém para ajudá-lo? Escrever pode ser um obstáculo que você não precisa superar para dar uma contribuição válida à vida de seus clientes. Você não precisa curar todos os seus problemas de auto-estima para ter algo valioso a oferecer. Um especialista em relações públicas pode ajudá-lo a superar o obstáculo. Eles têm treino e experiência para saber como apresentá-lo sob a melhor luz possível. Uma consulta única não precisa ser proibitiva — a pessoa de RP talvez esteja disposta a negociar em troca de serviços.

Um estranho pode enxergá-lo sob uma luz melhor do que você mesmo. O especialista também tem uma visão mais imparcial do que exatamente é — e não é — impressionante em você! Lembre-se, porém, de que pessoas que trabalham em relações públicas talvez entendam pouco sobre astrologia. É preciso que você seja firme em se apresentar com precisão. Mesmo assim, explicar seu trabalho de modo inteligível para um estranho pode ser uma parte valiosa do processo.

Moldando o *curriculum* a diferentes situações

Depois de ser completado, o *curriculum* não ficou escrito em pedra, para sempre. Os itens em sua lista que não eram adequados aos seus planos de uma ocasião podem ser úteis no futuro. Tenho textos separados para astrologia, essências florais e trabalho social. Os fatos mais importantes, como qualificações e antecedentes escolares, podem aparecer em todos eles, mas a ênfase e a ordem são diferentes.

É também aconselhável ter versões longas e curtas. Por exemplo, um coordenador de conferências pode precisar de um resumo compreensível para decidir se você tem condições de ser um palestrante. No entanto, a lista que consta do programa pode ter apenas quatro ou cinco linhas. (Incidentalmente, a tendência atual de escolher palestrantes é pedir aos candidatos que enviem fitas gravadas de conferências; portanto, guarde as gravações de suas aulas ou conferências.)

O *curriculum* que você envia quando quer se dirigir a colegas de profissão deve ser diferente do que é incluído em um volante sobre uma conferência pública. Para colegas, você dará detalhes mais específicos sobre onde estudou, trabalhou ou deu palestras, e quais são as técnicas ou orientações teóricas que você adota. O público não irá entender esses detalhes técnicos nem se importará em lê-los. Eles querem apenas saber se sua palestra ou seu serviço podem beneficiá-los. Não estão interessados na história de sua vida inteira, somente querem que você seja qualificado e que tenha algo de que precisam.

Opções financeiras a serem consideradas para seus clientes

Ao anunciar ou dar palestras públicas, você irá atrair muitos tipos de clientes. Voltando brevemente ao assunto de dinheiro, talvez você encontre pessoas com quem é compensador trabalhar, mas que realmente não podem pagar por seus serviços. Alguns astrólogos trabalham com uma escala móvel, embora não sejam muitos. Os terapeutas fazem isto porque sentem que ninguém deve ser privado de ajuda por razões financeiras. Se a escala móvel deriva de um desejo genuíno de servir os menos afortunados — em vez de ser simplesmente para redimir a culpa de estar cobrando —, use-a. No entanto, certifique-se de que a parte baixa da escala seja confortável, pois muitos de seus clientes irão descer direto para lá. Se for muito baixa, você ficará insatisfeito, e essa atitude irá interferir na própria leitura.

Alguns astrólogos dão descontos para vários tipos de pessoas, como clientes antigos ou alunos. Pessoas em programas de recuperação às vezes dão descontos para outras também em recuperação. Muitos oferecem cortesia profissional a outros astrólogos ou pessoas que trabalham com outros tipos de ajuda. É preciso que você pense sobre essa política, às vezes caso por caso, para ver se há motivo para se portar como um salvador. Se alguma vez você não se sentiu à vontade, isto será um indício de que esta não deve ser sua atitude.

Para mim, já que você atingiu um nível de capacidade e está cobrando, negociar é melhor do que ler gratuitamente, porque isto se parecerá muito com caridade. Ler para alguém somente porque você está com pena não é uma boa idéia. Pois, embora a pessoa lhe seja conscientemente grata, em algum nível ela pode sentir que você está sendo condescendente. As pessoas podem não gostar de estar na posição de serem resgatadas, pois isto não honra sua capacidade de ajudarem a si próprias. Deixar que elas também façam algo para você, lhes preservará a dignidade. Mesmo que você seja principiante e esteja dando uma consulta para um amigo, talvez seja aconselhável que ele lhe faça algo em troca. Quando não pagam, os clientes geralmente aproveitam menos a leitura, ao menos em qualidade, pois eles valorizam menos os conselhos. Quando as pessoas pagam, você provavelmente irá se dedicar mais do que se estivesse lendo gratuitamente. Portanto, os clientes têm razão em *não* valorizar a leitura tanto quanto se estivessem pagando.

Deixar que os clientes fiquem devendo ou paguem em prestações é mais ou menos o mesmo que deixar que um amigo lhe deva dinheiro. Cria problemas — sobretudo com pessoas que você conhece de outros contextos. É aconselhável que você evite isto, especialmente se o cliente tem complicações com planetas externos na 8ª casa. Eles provavelmente estarão fazendo com você os mesmos jogos de dinheiro que vêm fazendo a vida inteira. Quando os clientes lhe dizem que irão pagar em prestações, você geralmente acaba recebendo apenas o que eles lhe pagaram no fim da sessão. No entanto, não tenho tido problemas com cheques pré-datados.

Você deve deixar seu emprego fixo?

Finalmente, há a questão de quanto você pode esperar ganhar como astrólogo. De onde o público tira a idéia de que os astrólogos ganham rios de dinheiro? Ou que passamos o tempo todo atendendo estrelas de cinema que querem saber se devem cortar o cabelo hoje? (Ou presidentes que querem saber se hoje é um bom dia para jogar a bomba?) Meu conselho é que não se deve largar o emprego, ao menos por enquanto. Desenvolva sua prática. Isto também alivia a pressão em termos de encontrar tempo para estudar ou para se desenvolver no trabalho. Será uma segunda renda nos primeiros anos.

Quanto mais você depender da astrologia para viver, mais difícil será lidar com questões de dinheiro com os clientes. Uma segunda ou terceira forma de ganhar dinheiro será útil em tempos difíceis. Muitos astrólogos consideram meio parados os meses de agosto e meados de novembro até início de janeiro. Em agosto, as pessoas estão gastando dinheiro em férias e artigos escolares. Em dezembro, muitas pessoas não têm dinheiro para gastar consigo mesmas ou com presentes; assim, geralmente faço um preço especial de fim de ano. Se você pretende trabalhar em tempo integral com astrologia, comece em meses como outubro ou fevereiro, em vez de iniciar em uma época na qual o país está de férias.

Trabalhar para si mesmo é diferente de ser assalariado. O salário proporciona segurança e proteção, não importando suas desvantagens. Trabalhar para si mesmo é como estar procurando emprego todos os dias de sua vida — não é fácil. Cerca de 80 por cento dos negócios vão à falência em seu primeiro ano — e astrologia é um negócio. Alguns astrólogos são bem-sucedidos, mas eles são muitos bons ou em astrologia ou em negócios — em geral nos dois. Você pode ser um excelente astrólogo e ir à falência, a não ser que aprenda a se promover. Desenvolver atitudes como se estivesse em um negócio, ter capacidade promocional e visão para explorar mercados pode ser a diferença entre simplesmente sobreviver e ser um profissional de sucesso. Espero que as idéias deste capítulo lhe sejam úteis, mas é aconselhável que você vá a uma biblioteca local em busca de livros sobre negócios. Os livros da lista de leituras nas páginas 233 e 234 são sugestões gerais para que você aprofunde seu entendimento dos princípios que apresentei.

UM ÚLTIMO DESEJO

Querido leitor,

Ao longo dos anos, tantas pessoas como você me escreveram cartas maravilhosas e tocantes, que uma carta parece ser o melhor modo de encerrar. Espero que você tenha achado úteis os vários capítulos e tópicos. Se ainda está começando, talvez alguns dos princípios aqui apresentados possam ajudá-lo a evitar alguns dos erros que muitos de nós fizemos como astrólogos quando começávamos a voar. Mesmo após anos de prática, fazer leituras de mapas pode ser desafiador, mas os primeiros anos são freqüentemente cheios de dolorosas dúvidas pessoais. Um período de residência ou de supervisão seria a solução ideal, mas enquanto tais práticas não se desenvolvem em nosso campo, este livro é minha tentativa de transmitir um pouco de sabedoria e alguns conselhos nascidos de minha própria experiência.

Se você já está trabalhando há algum tempo, talvez essas técnicas de aconselhamento possam ajudá-lo a se tornar ainda melhor. Se o enfoque de seu trabalho é muito diferente do meu, pode ser que essa perspectiva o estimule a escrever material para um *curriculum*. Precisamos de todas as contribuições que pudermos obter de profissionais experientes para auxiliar as pessoas mais novas de nossa área, e também para que nós mesmos fiquemos mais afiados em nosso atendimento.

Como estou despendendo cada vez mais meu tempo com o mundo dos remédios florais, desconfio que este será meu último livro sobre astrologia e, sem dúvida, meu legado mais valioso para o campo. (Se não for o último livro, então poderemos dar boas risadas, às minhas custas!) Meus livros têm me proporcionado muitos benefícios ao longo dos anos, incluindo viagens ao redor do mundo e encontro com amantes da astrologia em várias culturas. O presente mais especial tem sido o retorno que leitores como você me deram sobre o modo como minhas palavras os tocaram, e como elas contribuíram em suas vidas e para seu estudo de astrologia. Se minhas obras anteriores o estimularam a estudar astrologia com mais profundidade e finalmente começar a praticar, então espero que este livro o ajude a superar com sucesso o hiato entre ser estudante e ser profissional. Cada nova geração de astrólogos usa a experiência das gerações anteriores para se tornar cada vez melhor, e tenho certeza de que as gerações futuras serão as melhores de todas! Meus mais afetuosos desejos de sucesso os acompanham.

Donna Cunningham
Port Townsend, Washington

SUGESTÕES DE LEITURA

America's Top 300 Jobs: A complete career handbook. Indianapolis, IN, Jist Works, 1990.

ANDREWS, Phyllis (ed.). *The source book: social and health services in the great New York area*. Phoenix, AZ, Onyx Press, 1989.

BEATTY, Melody. *Codependent no more*. Nova York, Harper/Hazelden, 1987.

BRADSHAW, John. *Healing the shame that binds you*. Deerfield Beach, FL, Health Communications, 1988.

CERMAK, Timmen L., MD. *A primer for adult children of alcoholics*. Deerfield Beach, FL, Health Publications, 1989.

CUNNINGHAM, Donna. *Flower remedies handbook*. Nova York, Sterling Publishing, 1992.

_____. *Healing Pluto problems*. York Beach, ME, Samuel Weiser, 1986.

FAIRFIELD, Gail. *Choice-centered astrology*. Smithville, IN, Ramp Creek Publishing, 1990.

FALWELL, Jerry. *Strength for the journey: an autobiography*. Nova York, Simon & Schuster, 1987.

GALE, Barry e Linda. *Discover what you're best at: the national career aptitude test*. Nova York, Simon & Schuster, 1982.

HANDVILLE, Elizabeth (ed.). *OCCU-FACTS: Facts on over 565 occupations*. Largo, FL, Careers, Inc., 1989.

HARKAVY, Michael. *101 Careers: a guide to the fastest growing opportunities*. Nova York, John Wiley & Sons, 1990.

LE SHAN, Lawrence. *The medium, the mystic, and the physicist*. Nova York, Ballantine, 1982.

MC EVERS, Joan (ed.). *Astrological Counseling*. St. Paul, MN, Llewellyn, 1990.

MILLER, Alice. *The drama of the gifted child: the search for the true self*. Nova York, Basic Books, 1981. No Brasil: *O drama da criança bem dotada*. São Paulo, Summus, 1997. (Ed. atualizada.)

PARK, Jeannie, e ROBIN Micheli. "Falling Down and Getting Back Up Again", em *People Magazine* (29/1/90).

PETRUCELLI, Alan W. *Liza! Liza! An unauthorized biography of Liza Minelli*. Walled Lake, MI, Karz-Cohl Publishing, 1983.

PRESS, Nona. *New insights into astrology*. San Diego, CA, ACS, 1991.

RAY, Sondra. *I deserve love*. Berkeley, CA, Celestial Arts, 1987.

_____. *The only diet there is*. Berkeley, CA, Celestial Arts, 1981.

SHEEHY, Gail. *Passages: predictable crises of adult life*. Nova York, Bantam, 1976.

SCHNEIDMAN, E. S. e Faberow, N. I., *Clues to suicide*. Nova York, McGraw-Hill, 1957.

SOMERS, Suzanne. *Keeping secrets*. Nova York, Warner, 1988.

Statistical Abstract of the United States, 1990, The National Data Book. Washington, DC, United States Printing Office, 1990.

STRIEBER, Whitley. *Communion*. Nova York, Avon, 1988.

TYL, Noel (ed.). *How to use vocational astrology for success in the workplace*. St. Paul, MN, Llewellyn Publications, 1992.

U.S. Department of Labor, Bureau of Labor Statistics. *Occupational outlook handbook*. Orange, CA, Career Publishing, 1990-1991 edition.

BIBLIOGRAFIA PARA
ASTROLOGIA VOCACIONAL*

I. Teste Vocacional tipo Faça-Você-Mesmo
Gale, Barry e Linda. *Discover what you're best at.* Nova York, Simon & Schuster, 1982.
Um excelente teste que você mesmo pode aplicar, elaborado por dois conselheiros vocacionais e que os clientes poderão usar para determinar quais os tipos de carreiras que lhes são mais adequadas. Encomendas através do número (201) 767-5937.

II. Relações de Carreiras
Os diretórios abaixo são brochuras relativamente baratas. São um instrumental indispensável para leituras vocacionais e para dar boas indicações. (São atualizados anualmente.) Procure em sua biblioteca pública sob o número 331.702, talvez na sessão de referências, para ver qual deles você preferirá adquirir.

Harkavy, Michael. *101 Careers: a guide to the fastest growing opportunities.* Nova York, John Wiley & Sons, 1990.
Um excelente livro, de fácil leitura, com 350 páginas. Encomendas através do número 1-800-225-5945.

Jist Works, Inc. *America's top 300 jobs: a complete handbook.* Indianapolis, IN, Jist Works, Inc., 1990
Aqui são apresentadas informações detalhadas de cada carreira, incluindo a natureza do trabalho, treinamento e estudos exigidos, condições de trabalho, tendências e perspectivas de emprego e potencial de ganhos. Encomendas pelo número 1-800-648-JIST.

Handville, Elizabeth. *OCCUFACTS: Facts on over 565 Career Occupations.* Largo, FL, Careers, Inc., 1989-90.
Um excelente diretório que divide as informações sobre carreiras em várias categorias, incluindo responsabilidades, condições de trabalho, exigências físicas, temperamento e atitudes necessárias, e ganhos. Encomendas devem ser feitas através de Careers, Inc., Box 135, Largo, FL 34649-0135.

U.S. Department of Labor, Bureau of Labor Statistics. *Occupational outlook handbook.* Orange, CA, Career Publishing, Inc., 1990-91 edition.
São informações muito resumidas, mas com estatísticas verdadeiras do que está acontecendo nas 250 carreiras mais importantes. Os livros constantes da lista anterior são baseados neste, mas aqueles tendem a ser mais legíveis. Encomendas através do número 1-800-854-4014.

---

* Embora as referências sejam americanas, optamos por mantê-las, para sua informação.

leia também

VOCAÇÃO, ASTROS E PROFISSÕES
MANUAL DE ASTROLOGIA VOCACIONAL
Ciça Bueno e Márcia Mattos

A astrologia, neste livro de duas das mais conceituadas profissionais da área, se mostra uma ferramenta poderosa para auxiliar na identificação da verdadeira vocação. Um CD para que cada um faça a própria análise astrológica completa esta obra dirigida a jovens e adultos em busca do melhor caminho profissional.
REF. 20035   ISBN 978-85-7183-035-6

ASTROLOGIA PARA ASTRÓLOGOS E AMANTES DA ASTROLOGIA
ENFOQUE MÍSTICO E CIENTÍFICO PARA O TERCEIRO MILÊNIO
Assuramaya

Neste livro, resultado de 50 anos de estudos, pesquisas e prática, Assuramaya compartilha suas descobertas com colegas de ofício e apresenta os fundamentos básicos da astrologia. Utilizando conhecimentos de astronomia, biologia, astrofísica e matemática, ele traz informações fundamentais e comentários de caráter filosófico.
REF. 20024   ISBN 85-7183-024-X

OS NÓDULOS LUNARES
ASTROLOGIA CÁRMICA I
Martin Schulman

Descrição dos nódulos a partir dos signos e das posições das casas; um capítulo a respeito dos Nódulos, e um apêndice com as posições nodais.
REF. 20261   ISBN 978-85-7183-261-9

PLANETAS RETRÓGRADOS
ASTROLOGIA CÁRMICA II
Martin Schulman

Uma visão diferente, que descarta o tradicional aspecto negativo atribuído aos retrógados.
REF. 20295   ISBN 85-7183-295-1

IMPRESSO NA

sumago gráfica editorial ltda
rua itauna, 789 vila maria
02111-031 são paulo sp
telefax 11 **2955 5636**
sumago@terra.com.br

G R Á F I C A
sumago

------------------------------ dobre aqui ------------------------------

CARTA-RESPOSTA
NÃO É NECESSÁRIO SELAR

O SELO SERÁ PAGO POR

AC AVENIDA DUQUE DE CAXIAS
01214-999 São Paulo/SP

------------------------------ dobre aqui ------------------------------

- recorte aqui -

GUIA DO ASTRÓLOGO INICIANTE

EDITORA ÁGORA

CADASTRO PARA MALA-DIRETA

**Recorte ou reproduza esta ficha de cadastro, envie-a completamente preenchida por correio ou fax,
e receba informações atualizadas sobre nossos livros.**

Nome: _____ Empresa: _____

Endereço: ☐ Res. ☐ Com. _____ Bairro: _____

CEP: _____-_____ Cidade: _____ Estado: _____ Tel.: ( ) _____

Fax: ( ) _____ E-mail: _____ Data de nascimento: _____

Profissão: _____ Professor? ☐ Sim ☐ Não Disciplina: _____

1. Onde você compra livros?

☐ Livrarias   ☐ Feiras
☐ Telefone   ☐ Correios
☐ Internet   ☐ Outros. Especificar: _____

2. Onde você comprou este livro?

_____

3. Você busca informações para adquirir livros por meio de:

☐ Jornais   ☐ Amigos
☐ Revistas   ☐ Internet
☐ Professores   ☐ Outros. Especificar: _____

4. Áreas de interesse:

☐ Psicologia   ☐ Comportamento
☐ Crescimento Interior   ☐ Saúde
☐ Astrologia   ☐ Vivências, Depoimentos

5. Nestas áreas, alguma sugestão para novos títulos?

_____
_____

6. Gostaria de receber o catálogo da editora? ☐ Sim ☐ Não

7. Gostaria de receber o Ágora Notícias? ☐ Sim ☐ Não

Indique um amigo que gostaria de receber a nossa mala-direta.

Nome: _____ Empresa: _____

Endereço: ☐ Res. ☐ Coml. _____ Bairro: _____

CEP: _____-_____ Cidade: _____ Estado: _____ Tel.: ( ) _____

Fax: ( ) _____ E-mail: _____ Data de nascimento: _____

Profissão: _____ Professor? ☐ Sim ☐ Não Disciplina: _____

Editora Ágora
Rua Itapicuru, 613 7º andar 05006-000 São Paulo - SP Brasil Tel. (11) 3872-3322 Fax (11) 3872-7476
Internet: http://www.editoraagora.com.br   e-mail: agora@editoraagora.com.br

cole aqui

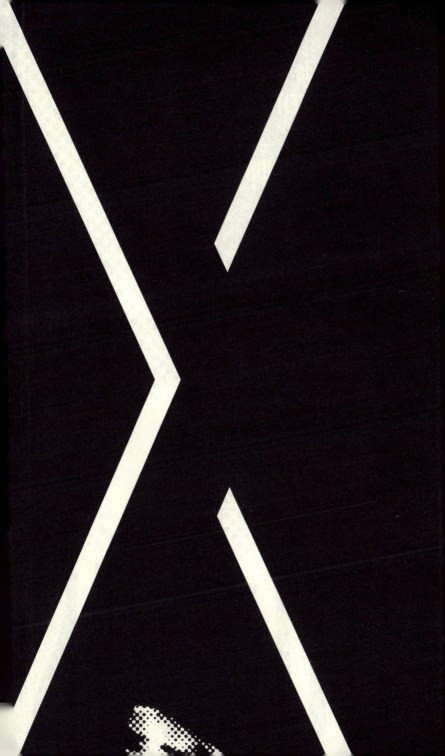

organização
GEORGE BREITMAN
tradução
ROGÉRIO GALINDO

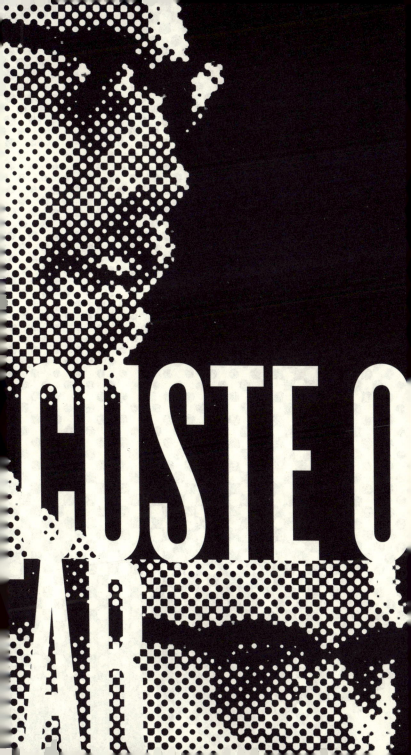

11 **APRESENTAÇÃO À EDIÇÃO BRASILEIRA**
Allan da Rosa

13 **INTRODUÇÃO**
Steve Clark

DISCURSOS, ENTREVISTAS, DECLARAÇÕES

31 Uma entrevista para A. B. Spellman

46 Respostas a perguntas no Fórum Trabalhista Militante

67 O evento de fundação da OAAU

107 O Harlem e as máquinas políticas

113 A segunda reunião da OAAU

147 Uma carta do Cairo

152 Numa reunião em Paris

167 Uma conversa sobre mortes no Congo

172 O comício de regresso da OAAU

196 A entrevista para a *Young Socialist*

207 Sobre ser barrado na França

DECLARAÇÕES CURTAS

217 Como chegamos aqui

217 Lute ou esqueça

218 Um mundo estranho

218 O que eles querem dizer com violência

219 Como conquistar aliados

220 Acusações de racismo

220 Educação

221 Política

221 Não há por que ser vingativo

222 O papel das mulheres

223 Religião

223 Contra quem lutar

224 Intelectuais e socialismo

224 Um senhor professor do ódio

225 Aqui mais do que no exterior

225 Juventude em tempo de revolução

227 Sou um negro do campo

231 **ÍNDICE DE NOMES**

249 **LISTA DE SIGLAS**

251 **SOBRE O AUTOR**

APRESENTAÇÃO À EDIÇÃO BRASILEIRA

Construir com engenho minucioso e inflamado no cerne do império e, seja qual for a sequela, revidar. Esquivar de alianças vampiras institucionais encharcadas de sangue preto. Fustigar com o raciocínio, não desprezar a ira nem a memória queimada, viva. Lidar com as desavenças do quintal, as saraivadas no espelho, e não evitar os nós do novelo enroscado das contradições plantadas pelo escravismo, com seus esquemas de segregação, recompensas e humilhações. Observar as muralhas, suas fendas e fundações. O movimento de Malcolm X foi e é farol e enxada. Frutífero entre fiéis e inimigos e também uma coceira na gola entre quem naturalizasse o estado de horror em um cotidiano torturante.

Decepções, traições e boicotes encharcaram seus caminhos. Impeliram rumos por estradas desconhecidas e o instigaram a pisar além do que parecia ser seguro e que, ao fim, se mostrou letal. Metódico, lidou com a pompa e o ostracismo, equilibrou meditações com acordos políticos e conciliou a simplicidade das orações com as recepções como alto dirigente – mesmo mais tarde, já desligado da Nação do Islã, quando retomou seus percursos pela África e peregrinou a Meca. Dialogando com sacerdotes e governantes, que desenhavam seus objetivos geopolíticos tentando firmar alguma soberania além dos comandos dos Estados Unidos ou da União Soviética em plena Guerra Fria, Malcolm X experimentou a deslealdade de grupos que compôs, o fascínio que vogava nas ruas e o temor oficial dos gabinetes racistas, campos de ameaças abundantes onde se puxavam tapetes e gatilhos. Nessas condições, nos ciclos finais de sua vida, ele pensava em como manter direcionada a sua meta revolucionária com base comunitária e racial, dando início a uma nova organização política, a OAAU (Organização da Unidade Afro-Americana).

Aqui estão seus últimos discursos. São entrevistas, diálogos com militantes, comícios e debates que expressam profunda autocrítica sobre a mescla delicada de religiosidade e política e que oferecem reflexões sobre autodefesa, socialismo e lutas regionais em uma teia que transcende fronteiras nacionais. Aflora com nitidez seu ímpeto pela conservação de princípios e a remodelagem de discursos, mais a compreensão apurada dos labirintos e horizontes em que enredou sua vida até seu derradeiro tombo, baleado.

ALLAN DA ROSA nasceu em 1976, em São Paulo. É angoleiro, historiador e escritor. Mestre e doutor em Educação pela Universidade de São Paulo (USP), realizou pós-doutorado em Estética pela Universidade de Colônia. Publicou livros como *Pedagoginga, autonomia e mocambagem* (Pólen, 2017), *Zumbi assombra quem?* (Nós, 2017) e *Da Cabula* (Toró, 2005), além de organizar antologias e desenvolver projetos de formação em literatura periférica e culturas afro-brasileiras. Atua também como professor e pesquisador, coordenando cursos e oficinas voltados à educação antirracista e às artes e literaturas negras.

INTRODUÇÃO

Custe o que custar[1] – "esse é o nosso lema", explicou Malcolm X no evento de fundação da OAAU. "Queremos liberdade custe o que custar. Queremos justiça custe o que custar. Queremos igualdade custe o que custar." Esta coleção de discursos, entrevistas e declarações de Malcolm X, publicada originalmente em 1970, usa o lema como título. Todos os seus conteúdos pertencem ao último ano de vida de Malcolm, depois de ele anunciar, em março de 1964, que já não era membro da Nação do Islã.

Nos onze meses seguintes, Malcolm refinou e expandiu sua visão revolucionária à luz de uma experiência política cada vez maior. Ele viajou por inúmeras cidades americanas, grandes e pequenas, foi para a África e para o Oriente Médio, e também para Grã-Bretanha, França e Suíça, ampliando seu conhecimento sobre as dificuldades enfrentadas pelos negros e por outros povos oprimidos e explorados mundo afora. Ao mesmo tempo, ele procurou um escopo cada vez maior de combatentes e revolucionários – a quem influenciou e por quem foi influenciado –, incluindo socialistas e comunistas.

No começo da década de 1960, quando ainda era o mais renomado e popular porta-voz de Elijah Muhammad, líder da Nação do Islã, Malcolm usou seus palanques no Harlem e em bairros negros espalhados pelos Estados Unidos,[2] assim como dezenas de universidades,

---

1 No original, "*by any means necessary*", literalmente "por quaisquer meios necessários". Para preservar o registro oral, esta edição optou por traduzir a expressão que dá título à obra como "custe o que custar". Fora do contexto da expressão, contudo, a frase "*any means necessary*" foi traduzida como "todos os meios necessários". [N. E.]

2 No original, Malcolm X usa "America", "United States" e "U. S." como sinônimos. Aqui, adotamos "Estados Unidos" como tradução padrão. [N. E.]

para denunciar as políticas do governo americano tanto dentro quanto fora do país. Ele fez campanha combatendo todo tipo de exemplo e de manifestação de racismo contra os negros e condenou abertamente o roubo e a opressão cometidos contra os povos da África, da Ásia e da América Latina em nome do lucro e do poder dos Estados Unidos e de outros regimes imperialistas.

Em 1963, os conflitos que forçariam Malcolm a sair da Nação do Islã haviam amadurecido. O ponto decisivo aconteceu em abril de 1963, quando Elijah Muhammad o chamou à sua casa de inverno em Phoenix, no Arizona. Ali, o próprio Muhammad confessou a Malcolm que os boatos que circulavam na Nação eram verdadeiros: ele havia mantido relações sexuais com adolescentes da organização. Quando várias dessas garotas engravidaram, Muhammad se aproveitou de sua posição de poder e autoridade para fazer com que fossem submetidas a humilhantes julgamentos internos e para que fossem suspensas sob a acusação de "fornicação".

Em sua autobiografia, Malcolm relata ter caminhado com Elijah Muhammad ao redor da piscina da casa de Phoenix. "Você entende o que tudo isso significa? Profecia", Malcolm lembra ouvir Muhammad dizer como explicação para sua conduta. "Eu sou Davi. Quando você lê que Davi tomou a mulher de outro homem, eu sou esse Davi. Você lê sobre Noé, que se embebedou – esse sou eu. Você lê sobre Ló, que se deitou com as próprias filhas. Eu preciso cumprir todas essas coisas."

Malcolm comentou sobre o impacto que essa descoberta teve para ele em uma entrevista para a revista *Young Socialist* em janeiro de 1965, publicada aqui. "Quando eu soube que a própria hierarquia não estava praticando o que pregava", Malcolm disse, "ficou claro que essa parte do programa da organização estava falida." Em diversos discursos e entrevistas contidos em *February 1965: The Final Speeches* [Fevereiro de 1965: os últimos discursos], Malcolm analisou a fundo as consequências políticas reacionárias que esse comportamento "pessoal" corrupto e hipócrita provoca. Elijah Muhammad era culpado não apenas do abuso de mulheres, mas também do abuso de poder e de autoridade, levando a cadeia de comando da organização a abafar a história.

A reação de Malcolm à conduta de Elijah Muhammad, e a decisão de informar ministros de diversas outras mesquitas da Costa Leste sobre o que ficara sabendo, se transformou em uma ameaça ao principal líder da Nação, que contava sobretudo com seus tenentes para policiar atitudes na organização em questões próximas à família de Muhammad, relativas a poder e propriedade. Muhammad decidiu silenciá-lo, o que de fato fez no final de 1963, usando como pretexto a resposta que Malcolm dera em uma reunião pública em Nova York a uma pergunta sobre o assassinato do presidente John F. Kennedy. Referindo-se ao ódio racial e à violência na sociedade americana, Malcolm havia dito que o assassinato de Kennedy era um caso em que "o feitiço se volta contra o feiticeiro".

Elijah Muhammad determinou que Malcolm ficasse em silêncio público por noventa dias, e Malcolm obedeceu. Quando ficou evidente que a mordaça não seria retirada, no entanto, Malcolm tomou a decisão, no início de março de 1964, de anunciar sua saída da Nação do Islã.

No início da década de 1960, Malcolm vinha se debatendo cada vez mais com os limites das perspectivas da Nação do Islã, uma organização burguesa nacionalista com uma liderança que tendia a encontrar um nicho econômico para si no sistema capitalista americano. Ele se sentia cada vez mais cerceado pela recusa da Nação em se envolver "nas disputas civis, cívicas ou políticas que nosso povo enfrentava", como revelou na entrevista de janeiro de 1965.

A conversão de Malcolm à Nação do Islã enquanto ele estava na prisão no fim da década de 1940 não foi um ato político, nem mesmo essencialmente religioso na forma como o termo costuma ser compreendido. Mais do que isso, foi a estrada particular que Malcolm, como indivíduo, percorreu para reorganizar sua vida depois de passar vários anos cometendo pequenos crimes nas ruas. Em sua autobiografia, Malcolm conta "como a religião do Islã foi a fundo no lamaçal para me erguer, para me salvar daquilo que eu inevitavelmente teria sido: um criminoso morto em um túmulo, ou, se ainda vivo, um homem embrutecido, amargurado, de 37 anos, condenado em alguma penitenciária, ou num hospício".

Foi na prisão que Malcolm desenvolveu qualidades pessoais que eram pré-requisitos para sua transformação posterior em um líder político revolucionário: sua confiança no seu valor pessoal e a disciplina para o trabalho duro e o estudo concentrado. E foi enquanto era um dos principais ministros da Nação do Islã, no início da década de 1960, que ele começou a desenvolver visões políticas revolucionárias sob o impacto das lutas dos negros e de outros povos oprimidos nos Estados Unidos e no mundo todo.

Mas a Nação não era o caminho que levaria Malcolm à política, nem chegava a ser um desvio. Era um beco sem saída.

"Nunca tentei participar de nada político", Malcolm reconheceu em um comício no Harlem em 1964. "Não era possível. Para começar, eu estava em uma organização religiosa que falava sobre algo que estava por vir. E toda vez que começa a pensar em algo que está por vir, você não consegue pôr as mãos em nada por ora nem por aqui."

Combatentes de mente revolucionária como ele "estavam em um vácuo político", afirmou Malcolm poucos dias antes de seu assassinato, em um discurso em fevereiro de 1965. "Na verdade estávamos alienados, isolados de qualquer tipo de atividade com o mundo com o qual estávamos lutando. Nós nos tornamos uma espécie de híbrido religioso-político, que ficava fechada em si mesma. Não nos envolvíamos em nada e só ficávamos olhando de fora e condenando tudo. Mas não estávamos em posição de corrigir nada porque não podíamos agir."

Até ser silenciado por Elijah Muhammad no final de 1963, no entanto, Malcolm continuava buscando resolver suas agudas contradições dentro dos limites das perspectivas da Nação. O mais difícil de tudo era a possibilidade de uma completa ruptura com Elijah Muhammad, a quem reverenciava como professor, guia espiritual e pai.

De acordo com Alex Haley, que colaborou com Malcolm na preparação de sua autobiografia, Malcolm tinha escrito a seguinte dedicatória quando o trabalho no projeto começou, antes de ser forçado a sair da Nação: "Este livro é dedicado ao honorável Elijah Muhammad, que me encontrou aqui nos Estados Unidos em meio à imundície e ao pântano da mais podre civilização e sociedade do planeta, e que me tirou dali, me limpou e me pôs de pé, e que fez de mim o homem que sou hoje".

Mesmo depois de fazer em público sua "declaração de independência" em relação à Nação do Islã, em março de 1964, Malcolm seguia explicando, alguns dias depois, o fato de ter sido forçado a sair da organização por Elijah Muhammad do seguinte modo na entrevista para A. B. Spellman que abre este livro:

> Muitos obstáculos foram colocados no meu caminho [na Nação do Islã], não pelo Honorável Elijah Muhammad, mas por outras pessoas próximas a ele, e como acredito que a análise feita por ele do problema racial é a melhor e que a solução apontada por ele é a única, senti que eu só poderia desviar desses obstáculos e levar o programa dele adiante ficando fora da Nação do Islã.

O curso de ação que Malcolm defende na entrevista com Spellman, porém, já estava começando a acelerar sua divergência em relação ao caminho de outros membros e líderes da Nação, inclusive da explicação e da solução dada por eles para o "problema racial". "Vamos trabalhar com qualquer um que esteja sinceramente interessado em eliminar injustiças que os negros sofrem nas mãos do Tio Sam", Malcolm disse a Spellman.

A liderança da Nação, por outro lado, jamais uniu forças com outros a não ser que isso atendesse a seus próprios interesses, independentemente do que estava em jogo na luta contra a opressão racista. Malcolm mais tarde reconheceu, por exemplo, que ele mesmo serviu de representante de Elijah Muhammad em negociações secretas com os principais líderes da Ku Klux Klan em 1960. Muhammad tinha esperanças de chegar a um acordo com a Klan que resultaria na obtenção de terras para a Nação no Sul. O líder da Nação também manteve laços com o líder do Partido Nazista Americano, George Lincoln Rockwell. "Rockwell e Elijah Muhammad se correspondem regularmente", Malcolm disse a uma plateia no Harlem uma semana antes de ser assassinado. "Vocês podem me odiar por dizer isso, mas eu vou dizer."

Em março de 1964, Malcolm fundou a Associação da Mesquita Muçulmana. A nova organização "terá sua base religiosa na religião islâmica", ele disse a Spellman. "Porém a filosofia política da Mesquita Muçulmana será o nacionalismo negro, a filosofia econômica será o nacionalismo negro e a filosofia social será o nacionalismo negro."

Malcolm, no entanto, logo reconheceu a necessidade de manter a organização política que ele queria construir aberta para todos os negros que desejassem participar de uma luta contra a discriminação racial, a desigualdade e a injustiça – independentemente de crenças religiosas, caso a pessoa tivesse, de visões políticas mais amplas ou da afiliação a outras organizações. O evento de inauguração da Organização da Unidade Afro-Americana como uma organização separada da Mesquita Muçulmana e da fé islâmica ocorreu em junho de 1964. O discurso de Malcolm na ocasião e o dos dois eventos subsequentes realizados pela organização estão publicados neste volume.

Meses depois do assassinato de Malcolm, em 21 de fevereiro de 1965, a Pathfinder – em colaboração com o periódico *The Militant*, principal responsável por publicar os discursos dele no último ano e meio de vida – lançou *Malcolm X fala*, uma coletânea de seus discursos e declarações disponíveis a partir de novembro de 1963. *Custe o que custar* foi publicado cinco anos mais tarde como um volume complementar, colocando em livro diversos itens que tinham se tornado disponíveis para publicação.

A imensa maioria dos discursos de Malcolm X do último ano de sua vida está disponível no formato de livro.[3] Eles revelam os pontos de vista revolucionários a que Malcolm tinha chegado enquanto ainda estava na Nação do Islã, assim como aqueles que refletem o seu desenvolvimento político em rápida aceleração durante os últimos meses de vida, a partir de seu retorno da África em novembro de 1964.

---

3 Ver lista completa na p. 252. Hoje, é possível encontrar gravações em áudio e vídeo dos discursos de Malcolm X em plataformas on-line. Para facilitar a busca, o nome com o qual elas estão disponíveis foi inserido logo abaixo do título do capítulo. [N. E.]

A vida política independente de Malcolm só começou, e só poderia ter começado, com sua saída da Nação do Islã. Foi aí que ele passou a falar por si mesmo. "Perceba que todas as minhas declarações anteriores eram precedidas por: 'o honorável Elijah Muhammad nos ensina isso e aquilo'", Malcolm disse em uma entrevista de dezembro de 1964, refletindo sobre seus anos na Nação. "Não eram declarações minhas, eram declarações dele que eu repetia." "Como um papagaio", o entrevistador interrompeu. "E agora o papagaio saiu da gaiola", Malcolm afirmou.

Malcolm procurou "internacionalizar" a luta contra o racismo, a segregação e a opressão nacional, como disse na entrevista com Spellman. Durante esses meses, ele jamais falou com uma plateia sem explicar de maneira persuasiva e sem condenar de maneira contundente a "atividade criminosa" dos Estados Unidos da América na organização de bombardeios assassinos e outras agressões militares contra combatentes que tentavam a libertação do Congo (hoje Zaire) e sua população civil; ele criticava os líderes das principais organizações de direitos civis dos Estados Unidos por não se pronunciarem contra esses crimes. Ele expressou solidariedade aos combatentes que tentavam libertar a Indochina, afirmando com segurança que "a derrota completa de Washington no Vietnã do Sul é mera questão de tempo". Ele se identificou com as vitórias revolucionárias dos povos da China e de Cuba contra o domínio imperialista.

Nos discursos e entrevistas na metade final deste livro, Malcolm faz observações sobre sua visita de julho a novembro de 1964 à África e ao Oriente Médio (ele tinha feito outra visita à região em abril e maio daquele ano). Suas experiências durante aquela viagem de quatro meses tiveram profundo impacto nele e o libertaram para chegar a conclusões políticas ainda mais vastas.

Malcolm X era um oponente intransigente de Washington e dos partidos Democrata e Republicano — os partidos gêmeos do colonialismo capitalista e do racismo. Ele jamais cedeu um centímetro para o nacionalismo dos Estados Unidos ("americanismo"), nem mesmo em seus aspectos patrióticos populares tão atraentes para líderes equivocados de classe média de organizações dos oprimidos e explorados.

"Me digam que espécie de país é este", ele afirmou no evento de fundação da OAAU em junho de 1964.

Por que nós deveríamos fazer os trabalhos mais sujos pelos salários mais baixos? Por que deveríamos fazer os trabalhos mais duros pelos salários mais baixos? [...] Estou dizendo a vocês que isso acontece [...] porque [...] temos um sistema podre. É um sistema de exploração, um sistema político e econômico de exploração, de humilhação pura e simples, de degradação, de discriminação.

Malcolm X rejeitava as políticas de "mal menor" promovidas pela imensa maioria daqueles que diziam falar e agir em nome dos interesses dos oprimidos e dos trabalhadores.

"Não trate o Tio Sam como se ele fosse um amigo", Malcolm disse aos participantes de um segundo evento da OAAU no mês seguinte. "Se ele fosse seu amigo, você não seria um cidadão de segunda classe [...]. Não, você não tem amigos em Washington."

Em 1964, Malcolm se recusou a dar seu aval para a campanha do candidato presidencial do Partido Democrata, Lyndon Baines Johnson, contra o republicano Barry Goldwater. "Os astutos imperialistas sabiam que a única maneira de fazer você correr voluntariamente na direção da raposa era mostrarem um lobo para você", Malcolm disse. Era o governo de Johnson, Malcolm ressaltou, que estava comandando a guerra dos Estados Unidos contra o povo do Vietnã e o massacre dos combatentes da liberdade e dos aldeões do Congo. Era o governo de Johnson que estava promovendo políticas domésticas que perpetuavam o racismo e a injustiça econômica e social.

Essa visão política em 1964 distanciava Malcolm (e na prática fazia com que ele fosse visto como inimigo) de basicamente todos os outros líderes importantes de organizações de direitos dos negros e de sindicatos, assim como da vasta maioria daqueles que se denominavam radicais, socialistas ou comunistas – o Partido Socialista, o Partido Comunista, os Estudantes por uma Sociedade Democrática (SDS), entre outros. Virtualmente a única organização que via com bons olhos o entendimento de Malcolm de que os negros e outras pessoas "não tinham amigos em Washington" era o Partido dos Trabalhadores Socialistas; assim como Malcolm, o partido rejeitara a convocação, capturada em um slogan que foi popularizado pela SDS naquele ano, de ir pelo menos "parte do caminho junto com Lyndon Johnson".

Ser forçado a sair da Nação do Islã, e ter de lutar para compreender a verdade sobre os caminhos da seita liderada por Elijah Muhammad, foram fatores que tiveram profundo impacto na evolução do pensamento e da atividade política de Malcolm. Em certos aspectos, o que ocorreu tinha semelhanças com as consequências políticas enfrentadas pelos revolucionários em Cuba, na África do Sul e em outros lugares pelo colapso dos partidos e aparatos stalinistas na antiga União Soviética e no Leste da Europa no fim da década de 1980 e começo da década de 1990. Hoje, com o estilhaçamento da ilusão que em algum momento foi amplamente difundida de que esses aparatos seriam de algum modo reformados, revolucionários de diversas origens e que vêm de experiências diferentes – e que por décadas foram impedidos por preconceitos e intimidações stalinistas de fazer colaborações políticas e manter uma troca civilizada de ideias – estão em situação muito melhor para manter atividades conjuntas e para reconhecer uns aos outros em ação como camaradas de luta.

De modo semelhante, a libertação de Malcolm dos limites políticos e organizacionais impostos pela Nação do Islã impulsionaram sua busca por colaborar com qualquer um que lutasse pela liberdade negra, independentemente da religião, das visões políticas ou da cor da pele. Esse paralelo é instrutivo também em relação a outro ponto de vista. Assim como as organizações stalinistas, a Nação do Islã se revelou igualmente irreformável. Isso ajuda a explicar algo que permaneceu mais ou menos misterioso para muitos daqueles que foram atraídos por Malcolm depois que ele saiu da Nação: ou seja, por que tão poucos de seus seguidores organizados puderam ser atraídos para a OAAU além daquele núcleo original que o acompanhou quando ele foi expulso? Durante os últimos meses de sua vida, Malcolm deixou cada vez mais de lado essas falsas esperanças entre seus seguidores à medida que voltava seu olhar e seus esforços, em vez disso, para jovens combatentes e para outros revolucionários, nos Estados Unidos ou em qualquer outro lugar, que demonstraram na prática serem dignos do nome.

Malcolm estendeu a mão para revolucionários e combatentes da liberdade na África, no Oriente Médio, na Ásia e em toda parte. Na viagem de volta da África, em seu discurso de novembro de 1964 em uma reunião pública em Paris, na França, publicado aqui, ele apontou para o exemplo revolucionário criado pelo líder do Congresso Nacional Africano, Nelson Mandela, enquanto era julgado pelos tribunais do Apartheid na África do Sul.

Em dezembro de 1964, Malcolm (que recebera Fidel Castro com entusiasmo no Harlem quatro anos antes) convidou o líder revolucionário cubano Ernesto Che Guevara para falar em um evento da OAAU no Harlem; no último minuto Guevara não pôde comparecer, mas mandou "calorosas saudações do povo cubano" para a plateia numa mensagem que Malcolm insistiu em ler pessoalmente no palanque.[4]

Nos Estados Unidos, Malcolm X falou por três vezes em grandes reuniões do Fórum Trabalhista Militante [Militant Labour Forum] organizado pelo Partido dos Trabalhadores Socialistas e por seus apoiadores na cidade de Nova York. Isso marcava uma mudança para Malcolm. Mesmo quando ainda era porta-voz da Nação do Islã, ele tinha falado para plateias em universidades onde a grande maioria dos estudantes era branca. A decisão de aceitar o convite para falar no Fórum Trabalhista Militante no início de 1964, porém, foi a primeira vez em que ele concordou em aparecer no palanque de um encontro de uma organização política revolucionária fora do Harlem ou de comunidades negras em outras cidades; as perguntas e respostas desse encontro estão registradas nestas páginas. Malcolm voltou a falar em encontros do Fórum Trabalhista Militante em maio de 1964 e em janeiro de 1965.[5]

---

4 Ver Malcolm X, *Malcolm X fala*, org. George Breitman, trad. Marilene Felinto. São Paulo: Ubu Editora, 2021, p. 142.

5 Esses três discursos estão publicados em *Malcolm X fala*, op. cit.

Por meio das experiências de Malcolm durante esse período, especialmente depois da viagem à África, sua visão revolucionária se tornou cada vez mais anticapitalista e, depois, também pró-socialista. Essa ampliação da visão política de mundo de Malcolm é particularmente chocante nesta coletânea no seu discurso no encontro de Paris em novembro de 1964 e em sua entrevista de janeiro de 1965 para a revista *Young Socialist*. Nos discursos e nas entrevistas publicados aqui, é possível notar outras mudanças no pensamento de Malcolm e em sua trajetória política:

- Malcolm rejeitou as visões sobre "raça", separatismo, judeus e antissemitismo e a oposição a casamentos inter-raciais que havia defendido publicamente por muitos anos como porta-voz de Elijah Muhammad.
- Ele reconheceu o importante lugar das mulheres na luta política e na vida econômica e social. Essa mudança ocorreu sob o impacto tanto da repulsa que Malcolm passou a sentir pela degradação das mulheres levada a cabo por Elijah Muhammad quanto por sua própria observação e suas experiências nos Estados Unidos, na África e em outros lugares.
- Malcolm começou a explicar a necessidade que as organizações negras tinham de forjar alianças – como iguais – com outros grupos de trabalhadores e jovens que tivessem provado na prática estar comprometidos com a mudança, custasse o que custasse, e passou a agir com base nisso.
- Ele se sentiu cada vez mais atraído pelo envolvimento em várias lutas por direitos iguais, enfatizando a necessidade de autodefesa organizada contra gangues racistas que causavam terror ou contra grupos fascistas como a Ku Klux Klan, o White Citizens Council e o Partido Nazista Americano.
- As visões de Malcolm sobre autodefesa e as propostas que ele fez na época a líderes de organizações dos direitos civis (incluindo Martin Luther King) foram além dos limites rigorosos impostos pela natureza dos esquadrões de defesa do Fruto do Islã enquanto ele ainda estava na Nação. O propósito fundamental do Fruto do Islã era proteger os

interesses dos líderes da Nação e manter as fileiras da organização disciplinadas; tratava-se de um obstáculo, e não de um modelo, para forjar o tipo de autodefesa disciplinada que pode, de um modo não sectário e não excludente, atrair e organizar trabalhadores oprimidos para agir em nome de seus próprios interesses.

– Malcolm, como ele mesmo disse em sua entrevista de janeiro de 1965 para a *Young Socialist*, passou a "pensar muito e a reavaliar" as visões que ele frequentemente apresentara durante a primeira metade de 1964 de que era possível "resumir a solução para os problemas enfrentados por nosso povo como nacionalismo negro". "E se você notar", ele acrescentou, "eu não uso a expressão há vários meses." Malcolm reconheceu nessa entrevista que suas visões políticas estavam evoluindo rapidamente. "Eu ainda teria dificuldade", ele disse, "em dar uma definição específica da filosofia geral que eu acho necessária para a libertação do povo negro neste país."

Ao longo de todos esses discursos e das entrevistas, do primeiro ao último, Malcolm X assume seu papel como um dos mais importantes pensadores e líderes revolucionários do século XX à frente dos oprimidos e explorados que trabalham duro mundo afora. Oponentes da dominação imperialista e da exploração capitalista descobrem que precisam estudar e absorver o que Malcolm disse, assim como precisam fazer isso com os discursos e escritos de Nelson Mandela, Thomas Sankara, Che Guevara, Karl Marx, V. I. Lênin, Liev Trótski e outros líderes revolucionários.

Setenta anos antes de Malcolm dizer as palavras que estão nestas páginas, outro grande líder revolucionário do século, V. I. Lênin, escreveu um tributo a Friedrich Engels, que havia morrido em 1895. Ao lado de Karl Marx, Engels foi um dos líderes fundadores do movimento moderno de trabalhadores comunistas. Lênin ressaltou que Engels, quando ainda era um jovem de apenas 24 anos, foi um dos primeiros a explicar que a classe trabalhadora "não é apenas uma classe sofredora", mas que é sobretudo uma classe lutadora que vai se organizar com seus aliados oprimidos e explorados para conquistar sua própria emancipação.

Malcolm defendeu algo semelhante em uma entrevista publicada no semanário *Village Voice*, de Nova York, poucos dias antes de seu assassinato em fevereiro de 1965. "O maior erro do movimento", ele disse, "tem sido tentar organizar um povo adormecido em torno de metas específicas. Primeiro você tem que acordar as pessoas, depois você passa para a ação."

"Acordar as pessoas para o fato de que elas estão sendo exploradas?", o entrevistador perguntou.

"Não", Malcolm respondeu, "acordar as pessoas para a humanidade delas, para o valor que elas têm."

É por isso que Malcolm pode ser chamado, sem restrições, de um revolucionário de estatura mundial. Outros nessa época – desde líderes da revolução cubana até a Argélia e em todo o continente africano e no Oriente Médio – o reconheciam como igual.

Todas "as pessoas pensantes hoje que foram oprimidas são revolucionárias", ele disse em um evento da OAAU organizado em novembro de 1964 para ouvir seu relatório inicial sobre a viagem à África. "Toda vez que você encontrar alguém que tenha medo da palavra 'revolução', tire essa pessoa do seu caminho. Ela está vivendo na época errada. Está atrasada no tempo. Ela ainda não acordou. Esta é a era da revolução."

Na semana seguinte, falando na Universidade de Oxford num debate sobre a sociedade britânica, Malcolm foi mais além nesse tema. Apesar da natureza formal, ritual, do ambiente, e da composição socialmente privilegiada da plateia de alunos para a qual estava falando, Malcolm não mudou uma palavra sequer do que havia explicado em todos os outros lugares em que teve a oportunidade de falar.

A "geração jovem de brancos, negros, pardos, seja lá o que for", Malcolm disse, "está vivendo em um momento de extremismo, um momento de revolução, um momento em que precisa haver uma mudança. As pessoas no poder o usaram mal, e agora é preciso que haja uma mudança e um mundo melhor tem de ser construído [...]. Eu, pelo menos, me unirei a qualquer um, não importa a cor, desde que queira mudar essa condição miserável que existe nesta terra".

Nos discursos, entrevistas e declarações de Malcolm, jovens e trabalhadores encontram uma honestidade incorruptível e uma integridade revolucionária; encontram orgulho e identificação com todos aqueles cuja autoimagem lhes foi imposta por racistas e intolerantes de todos os tipos; encontram uma afirmação poderosa de seu próprio valor, de sua dignidade, de sua igualdade, e da capacidade de um ser humano de pensar por si mesmo e de agir politicamente de modo coletivo e disciplinado; e encontram verdades sem rodeios sobre um sistema econômico e social que só promete mais guerras, brutalidade policial, violência racista, opressão nacional, devastação econômica, degradação das mulheres e destruição dos meios necessários para a vida e a cultura humana que compartilhamos neste planeta.

Novembro de 1992

STEVE CLARK nasceu em Nova York em 1948. É membro do Comitê Nacional do Partido Socialista dos Trabalhadores desde 1977, no qual ingressou em 1971, e diretor editorial da Pathfinder, além de editor-geral da revista *New International*. Ativo na luta contra a Guerra do Vietnã, entrou para a Aliança dos Jovens Socialistas [Young Socialist Alliance] em 1970, ocupando o cargo de secretário nacional em 1975. Atuou como editor em várias publicações, incluindo o *The Militant* e a *Intercontinental Press*. Clark é organizador de coleções de discursos de Malcolm X pela editora Pathfinder.

DISCURSOS, ENTREVISTAS, DECLARAÇÕES

3/5 chattel
O=Subhuman Cattle

necrology
O=necropolis

O =CORPSE

Uma entrevista para A. B. Spellman

[NOVA YORK, 19 MAR. 1964]

Malcolm X não tomou a iniciativa de sair da Nação do Islã, que ele se esforçou tanto para construir; Elijah Muhammad, o líder da seita, foi quem fez isso, ao suspendê-lo por tempo indeterminado em dezembro de 1963, supostamente por uma observação não autorizada sobre o assassinato do presidente John Kennedy, mas na verdade em função de diferenças efervescentes sobre o papel dos Muçulmanos Negros[1] na luta pela liberdade que se desenrola. Durante os três meses de sua suspensão, Malcolm, que sempre tinha sido extraordinariamente leal e grato a Muhammad, se debateu com a questão de seu próprio papel no movimento de libertação. Ele queria permanecer na Nação, mas estava claro que Muhammad não confiava mais nele e que, portanto, não era mais bem-vindo. Ele queria desempenhar um papel ativo na luta dos negros, mas sabia como isso seria difícil sem uma organização forte por meio da qual pudesse operar – e Malcolm sabia muito bem o trabalho e o tempo que a construção de uma organização desse tipo exigiria. Ele tinha ideias sobre o tipo de organização necessária, porém elas eram especulativas, incompletas e não tinham sido testadas. E as ameaças contra sua vida que Malcolm começou a ouvir não permitiam um exame tranquilo dessas ideias, a fim de ver onde elas iriam dar.

Mesmo assim, ele foi em frente. Em 8 de março de 1964, Malcolm anunciou que estava saindo da Nação do Islã e fundando um novo movimento, um que participaria da luta cotidiana por "objetivos específicos" da qual os Muçulmanos Negros se abstinham, ao mesmo tempo que ensinaria aos negros que essas lutas sozinhas não conseguiriam resolver os problemas básicos. Quatro dias depois, ele deu uma

---

1 *Black Muslims*, nome pelo qual eram conhecidos os membros da Nação do Islã. [N. E.]

entrevista coletiva em que anunciou a formação de sua nova organização, a Associação da Mesquita Muçulmana. Uma semana mais tarde, em 19 de março, ele concedeu ao poeta e crítico musical A. B. Spellman a entrevista a seguir, que apareceu originalmente na *Monthly Review* de maio de 1964.

Nessa entrevista, assim como em outras declarações feitas durante os meses iniciais depois da separação, Malcolm disse várias coisas sobre as quais mais tarde mudaria de ideia. Em parte isso se deve ao fato de que fazia anos que ele vinha respondendo publicamente de maneira automática de acordo com a linha prescrita por Muhammad. Nessa categoria podem ser colocadas as declarações dele apoiando o separatismo prevendo a volta dos negros para a África e sua oposição ao casamento inter-racial. Poucas semanas depois, após voltar de sua visita a Meca e à África, ele mudou de opinião sobre o separatismo, e antes de sua morte afirmou que o casamento inter-racial era uma questão estritamente pessoal, que dizia respeito apenas às pessoas diretamente envolvidas.

Talvez as observações feitas a Spellman sobre a solidariedade entre brancos e negros também pertençam a essa categoria – pelo menos a parte em que ele nega a necessidade ou a utilidade dessa solidariedade, uma posição ortodoxa dos Muçulmanos Negros que Malcolm vinha expressando há mais de uma década. Conectada a essa posição de longa data, no entanto, havia algo inédito para Malcolm e para seus colaboradores mais próximos na Associação da Mesquita Muçulmana: a visão de que "não há como existir solidariedade entre trabalhadores sem que antes haja alguma solidariedade com o negro. Não há como existir solidariedade entre brancos e negros sem que primeiro haja alguma solidariedade com o negro". Nessa declaração ficava implícita a possibilidade de uma solidariedade entre brancos e negros depois que uma solidariedade com os negros fosse conquistada. Mais tarde Malcolm afirmou explicitamente que a solidariedade entre brancos e negros (com bases militantes) era não só necessária como desejável – depois que os negros tivessem organizado seu próprio movimento.

Malcolm mudou de opinião sobre outras coisas que pensava e disse na época da entrevista com Spellman em função de acontecimentos posteriores e de experiências novas que o convenceram de seu erro. Aqui e no primeiro período depois da separação ele continuou a elogiar Muhammad, na esperança de que isso evitasse um confronto amargo que ele não tinha interesse de levar adiante; Malcolm queria sair desse círculo, se afastar da estreiteza do sectarismo e caminhar rumo à organização de milhões de negros não muçulmanos. Porém, Muhammad não aceitaria isso, e Malcolm mais tarde afirmou que sua tática conciliatória havia sido um erro. Ele também percebeu que seu objetivo principal – a unificação das massas negras não muçulmanas em um movimento militante – foi mais prejudicada do que beneficiada por seu primeiro passo organizacional, a formação de um grupo *muçulmano*. Em razão disso, ele restringiu a Associação da Mesquita Muçulmana a um papel basicamente religioso e criou outra organização, de cunho secular.

A maior parte daqueles que criticaram essas mudanças como indícios de que Malcolm estava "hesitante" ou de que era "instável" ou não compreenderam o que ele estava tentando fazer e a dificuldade envolvida nisso, ou compreendiam isso muito bem, contudo não queriam que outras pessoas compreendessem. A falta de compreensão e a maldade há muito tempo são o destino dos revolucionários.

A. B. SPELLMAN *Por favor responda a essas acusações frequentemente feitas contra você: de que você é tão racista quanto Hitler e a Ku Klux Klan etc. De que você é antissemita. De que você defende a violência da multidão.*
Não, nós não somos nem um pouco racistas. Nossa fraternidade se baseia no fato de que somos todos negros, pardos, vermelhos ou amarelos. Nós não chamamos isso de racismo, assim como você não iria se referir ao Mercado Comum Europeu, que é formado por europeus, o que significa que é formado por pessoas de pele branca – você não iria se referir a isso como uma coalizão racista. As pessoas se referem a ele como o Mercado Comum

Europeu, um grupo econômico, ao passo que o nosso desejo de unidade entre negros, pardos, vermelhos e amarelos tem como propósito a fraternidade – não tem nada a ver com racismo, não tem nada a ver com Hitler, não tem nada a ver com a Ku Klux Klan. Na verdade, a KKK neste país foi planejada para perpetuar uma injustiça contra os negros, ao passo que os Muçulmanos têm o papel de eliminar essa injustiça que tem sido perpetrada contra o chamado homem negro.

Somos contra a exploração, e neste país os judeus têm se encontrado na chamada comunidade negra na posição de mercadores e negociantes há tanto tempo que se sentem culpados quando você menciona que os exploradores dos negros são judeus. Isso não significa que sejamos contra os judeus ou antissemitas – somos contra a exploração.

Não. Jamais estivemos envolvidos em nenhum tipo de violência. Jamais demos início a nenhuma violência contra pessoal alguma, mas acreditamos que, quando se pratica violência contra nós, devemos ser capazes de nos defendermos. Não acreditamos em oferecer a outra face.

Por que você achou que era necessário sair da Nação do Islã?
Bom, eu deparei com oposição dentro da Nação do Islã. Muitos obstáculos foram colocados no meu caminho, não pelo Honorável Elijah Muhammad, mas por outras pessoas próximas a ele, e como acredito que a análise feita por ele do problema racial é a melhor e que a solução apontada por ele é a única, senti que eu só poderia desviar desses obstáculos e levar o programa dele adiante ficando fora da Nação do Islã e criando um grupo muçulmano que é um grupo de ação planejado para eliminar os mesmos males que os ensinamentos do Honorável Elijah Muhammad tornaram tão evidentes neste país.

Qual é o nome da organização que você fundou?
A Associação da Mesquita Muçulmana, o que significa que seguimos sendo muçulmanos – ainda adoramos numa mesquita e continuamos sendo uma organização religiosa.

Outros muçulmanos podem trabalhar com a Associação da Mesquita Muçulmana sem deixar a Nação do Islã?

Ah, sim. Sim, qualquer um que esteja na Nação do Islã que deseje trabalhar conosco e permanecer na Nação do Islã é bem-vindo. Sou um seguidor do Honorável Elijah Muhammad – acredito no Honorável Elijah Muhammad. A única razão para que eu esteja na Associação da Mesquita Muçulmana é o fato de eu achar que posso levar adiante esse programa de maneira mais rápida estando livre das limitações e de outros obstáculos que encontrei na Nação.

Você terá acesso ao **Muhammad Speaks?**

Provavelmente não. Não, duvido muito que as mesmas forças que me impeliram a sair me permitiriam acesso ao jornal *Muhammad Speaks* como órgão, embora eu seja o fundador do jornal, a pessoa que deu origem ao jornal. Poucas pessoas se dão conta – fui eu quem deu origem ao jornal *Muhammad Speaks*. As primeiras edições foram escritas por mim no meu porão.

Você vai fundar outra publicação?

Sim. Um dos melhores modos de propagar qualquer ideia é com uma publicação de algum tipo, e se Alá nos abençoar e tivermos sucesso teremos outra publicação. Provavelmente vamos chamá-la de *Flaming Crescent* [crescente flamejante], porque queremos incendiar o mundo.

Até que ponto a Associação da Mesquita Muçulmana é religiosa? Ela vai ter uma orientação mais política?

A Associação da Mesquita Muçulmana vai ter como base religiosa a religião islâmica, que terá como finalidade a propagação da reforma moral necessária para elevar o nível da chamada comunidade negra por meio da eliminação dos vícios e de outros males que destroem a fibra moral da comunidade – essa é a base religiosa. Porém, a filosofia política da Mesquita Muçulmana será o nacionalismo negro, a filosofia econômica será o nacionalismo negro e a filosofia social será o nacionalismo negro. E por filosofia política quero dizer que continuamos acreditando na solução do Honorável Elijah Muhammad de separação completa. Os 22 milhões dos chamados negros deveriam ser completamente separados dos Estados Unidos e deveriam ter permissão para voltar para nossa terra na África, algo que é um programa de longo prazo. O programa de curto prazo é que, enquanto estamos aqui, precisamos comer, precisamos de um lugar para dormir, precisamos de roupas para vestir, precisamos ter empregos melhores, precisamos ter uma educação melhor. De modo que embora nosso programa de longo prazo seja a migração de volta para o nosso lar na África, nosso programa de curto prazo precisa dar conta daquilo que é necessário para nos permitir ter uma vida melhor enquanto ainda estamos aqui. Precisamos estar totalmente no controle da política da chamada comunidade negra; precisamos obter controle total sobre os políticos na chamada comunidade negra, para que nenhum forasteiro tenha voz na chamada comunidade negra. Vamos fazer isso por conta própria.

Com quem vocês esperam contar para organizar esse movimento político – que tipo de pessoas?

Todos – somos flexíveis –, uma variedade. Mas nossa ênfase vai ser na juventude. Já fizemos uma convocação para os estudantes de faculdades e universidades do país todo para que deem início a seus estudos independentes sobre o problema racial no país e para que nos tragam sua análise e suas sugestões para uma nova abordagem, de modo que possamos bolar um programa de ações impulsionado pelo pensamento deles. A ênfase está na juventude porque a juventude tem um comprometimento menor com esse sistema corrupto e portanto é capaz de observá-lo de maneira mais objetiva, ao passo que os adultos em geral têm um comprometimento com esse sistema corrupto e perdem sua capacidade de observá-lo objetivamente em função desse comprometimento.

Você acha que poderá contar com os grupos do garveísmo?[2]
Todos os grupos – nacionalistas, cristão, muçulmanos, agnósticos, ateus, tudo. Todos que estejam interessados em resolver o problema estão convidados a se tornar ativamente envolvidos por meio de sugestões ou ideias ou alguma coisa.

A organização será nacional?
Nacional? Já recebi uma quantidade impressionante de cartas de grupos de estudantes de universidades do país todo expressando um desejo de se envolverem com uma frente unida nessa nova ideia que temos.

Que espécie de coalizão você planeja? Brancos podem se unir à Associação da Mesquita Muçulmana?
Brancos não podem se unir a nós. Sempre que os brancos entram para qualquer coisa que os negros tenham, eles acabam atropelando os negros. Os brancos controlam todas as organizações negras em que têm permissão para entrar – eles acabam tendo o controle dessas organizações. Caso os brancos queiram nos ajudar financeiramente, aceitaremos a ajuda financeira, mas jamais vamos deixar que se unam a nós.

Sendo assim, a liderança negra é necessária?
Liderança totalmente negra.

Você vai trabalhar com as organizações de direitos civis ditas "estabelecidas"?
Bom, vamos trabalhar com eles em qualquer área e em qualquer objetivo que não entre em conflito com nossa filosofia política, econômica e social, que é o nacionalismo negro. Eu poderia acrescentar que fui convidado a participar de um encontro de um grupo de direitos civis em que todas as diversas organizações de direitos civis estavam presentes e fui convidado a

---

2 Conjunto de ideias propagado pelo ativista Marcus Garvey (1887–1940). Garvey difundia o separatismo negro e o retorno à África e seus pensamentos influenciaram movimentos como o Rastafári, o Black Power e a própria Nação do Islã. [N. E.]

falar para eles em Chester, na Pensilvânia. Gloria Richardson estava lá; Landry, o líder do boicote escolar de Chicago, estava lá; Dick Gregory estava lá; muitos outros estavam lá. Minha fala teve como objetivo demonstrar para eles que, para expandir o Movimento pelos Direitos Civis rumo a um movimento de direitos humanos, seria necessário internacionalizá-lo. Sendo um Movimento pelos Direitos Civis, ele permanece dentro dos limites da política interna dos Estados Unidos e nenhuma nação africana pode abrir a boca quando se trata de assuntos internos dos Estados Unidos; ao passo que, se expandissem o Movimento pelos Direitos Civis na direção de um movimento de direitos humanos, eles teriam condições de levar o caso dos negros para a Organização das Nações Unidas (ONU), do mesmo modo como o caso dos angolanos está na ONU e o caso dos sul-africanos está na ONU. Quando o Movimento pelos Direitos Civis for expandido para um movimento de direitos humanos, nossos irmãos africanos e nossos irmãos asiáticos e nossos irmãos latino-americanos poderão colocá-lo na agenda da Assembleia Geral deste ano, e aí o Tio Sam não vai mais ter direito a se pronunciar sobre isso. E temos amigos fora da ONU – 700 milhões de chineses que estão dispostos a morrer por direitos humanos.

Você pretende colaborar com outros grupos, como sindicatos de trabalhadores ou grupos socialistas ou outros grupos quaisquer?

Vamos trabalhar com qualquer um que esteja sinceramente interessado em eliminar as injustiças que os negros sofrem nas mãos do Tio Sam.

Qual é a sua avaliação do Movimento pelos Direitos Civis hoje?

Ele percorreu... ele já esticou sua coleira até o limite.

Quais grupos você considera mais promissores?

Não sei de nenhum grupo que seja promissor sem ser radical. Se não for radical, não está de modo nenhum envolvido efetivamente na luta atual.

Alguns líderes locais dos direitos civis disseram que gostariam do seu apoio; alguns líderes nacionais disseram não querer nada com você: como você reage a isso?

Bom, os líderes locais dos direitos civis normalmente estão bem no meio da situação. Eles veem as coisas como são e percebem que é necessária uma soma de grupos para atacar o problema de maneira mais efetiva; além disso, a maior parte dos líderes de direitos civis tem maior independência de ação e em geral eles estão em maior sintonia e mais em contato com as pessoas. Mas os líderes nacionais do Movimento pelos Direitos Civis estão afastados do problema e em geral são líderes pagos. Os líderes locais em geral têm um emprego e enfrentam a situação local como uma tarefa voluntária, mas os líderes nacionalmente conhecidos são remunerados. Eles são líderes em tempo integral, são líderes profissionais e quem quer que pague o salário deles tem grande influência no que eles fazem e no que deixam de fazer. Portanto, naturalmente aqueles que pagam os salários desses líderes negros conhecidos nacionalmente são os brancos liberais, e os brancos liberais ficam chocados e assustados toda vez que você menciona algo sobre um X.

Qual é sua atitude em relação a grupos cristãos-gandhianos?

Cristão? Gandhiano? Eu não topo nada que seja não violento e do tipo "ofereça a outra face". Não vejo como qualquer revolução... nunca ouvi falar de uma revolução não violenta ou de uma revolução que aconteceu com as pessoas oferecendo a outra face, e por isso acredito ser um crime que alguém ensine uma pessoa que está sendo tratada brutalmente a continuar aceitando essa brutalidade sem fazer algo para se defender. Se é isso que a filosofia cristã-gandhiana ensina, então ela é criminosa – uma filosofia criminosa.

A Associação da Mesquita Muçulmana se opõe à integração e ao casamento inter-racial?

Não nos opomos à integração porque os integracionistas brancos já se opõem a ela. Prova disso é que a integração não existe em nenhum lugar onde os brancos dizem ser a favor dela. Isso de integração não existe em lugar nenhum, mas nos opomos ao casamento inter-racial. Somos contra o casamento inter-racial, assim como somos contra todas as demais injustiças que nosso povo enfrentou.

Qual é o programa para chegar à sua meta separatista?
Uma palavra melhor do que separatismo é independência.
A palavra separatismo é equivocada. As treze colônias se separaram da Inglaterra, mas deram a isso o nome de Declaração de Independência; eles não chamam o documento de Declaração de Separação, chamam de Declaração de Independência. Quando você é independente de alguém, não há como haver separação. Se você não tem como se separar, significa que você não é independente. Então, qual era a sua pergunta?

Qual é o seu programa para atingir a sua meta de independência?
Quando o homem negro deste país acordar, se tornar intelectualmente maduro e capaz de pensar por conta própria, você vai ver que a única forma de ele se tornar independente e reconhecido como ser humano numa base igualitária em relação a outros seres humanos é ele ter aquilo que os outros têm e fazer por si aquilo que os outros fazem por eles. Por isso, o primeiro passo é acordar o negro para isso, e é aí que a religião islâmica o torna moralmente mais capacitado para se elevar acima dos males e dos vícios de uma sociedade imoral. E a filosofia política, econômica e social do nacionalismo negro instiga nele a dignidade racial e o incentivo e a confiança de que ele precisa para se erguer e se defender.

Você pretende lançar mão de algum tipo de ação de massas?
Ah, sim.

De que tipo?
Preferimos não dizer por enquanto, mas definitivamente planejamos usar ações de massas.

*E quanto ao voto – a Associação da Mesquita Muçulmana
vai ter candidatos próprios ou apoiar outros candidatos?*
Como a estrutura política é o que tem sido usado para explorar os chamados negros, pretendemos reunir todas as mentes brilhantes dos estudantes – não dos políticos adultos que são parte da corrupção, mas sim dos estudantes de ciência política –, pretendemos reunir todos eles e pegar os achados deles, as análises feitas por eles, as sugestões deles, e a partir dessas sugestões vamos criar uma abordagem que nos permitirá atacar os políticos e a estrutura política onde dói mais, para conseguirmos mudanças.

*Caso a Associação da Mesquita Muçulmana participasse de
uma manifestação organizada por uma organização não
violenta, e os brancos respondessem com violência, como a
sua organização reagiria?*
Somos não violentos apenas com pessoas não violentas. Sou não violento desde que as outras pessoas sejam não violentas – assim que passam a se comportar de maneira violenta, anulam minha não violência.

*Vários líderes de outras organizações disseram que gostariam de ter seu apoio, mas fazem uma ressalva, dizendo
"caso você siga nossa filosofia". Você trabalharia com eles
nessas circunstâncias?*
Podemos trabalhar com todos os grupos em qualquer coisa, mas em nenhum momento vamos abrir mão de nosso direito de nos defendermos. Jamais vamos nos envolver em nenhum tipo de ação que nos prive de nosso direito de nos defendermos caso sejamos atacados.

*Como a Mesquita Muçulmana lidaria com casos como
Birmingham, Danville ou Cambridge[3] – o que você acha que
deveria ter sido feito?*

3　Referem-se, respectivamente, à Campanha de Birmingham, protesto não violento contra as práticas e as leis de segregação da cidade

Em Birmingham, como o governo se mostrou ou incapaz ou desinteressado de agir e encontrar os culpados e levá-los à Justiça, torna-se necessário que o chamado negro que foi vítima faça isso por conta própria. Ele estaria exercendo seu direito constitucional ao fazer isso, e o artigo 2º da Constituição... ele diz no que se refere ao direito de portar armas na Carta de Direitos: "Sendo necessária uma milícia bem regulada para a segurança de um Estado livre, o direito das pessoas de ter e portar armas não deve ser violado". Os negros não se dão conta disso, que eles têm o direito constitucional de possuir um rifle, de ter uma arma. Quando os supremacistas brancos intoleran-tes perceberem que estão lidando com negros dispostos a dar suas vidas para defender sua existência e sua propriedade, esses brancos intolerantes vão mudar completamente sua estratégia e sua atitude.

Você disse que este será o ano mais violento da história das relações raciais nos Estados Unidos. Elabore isso.
Sim. Porque o negro já abriu mão da não violência. Esse negro com seu novo modo de pensar está começando a perceber que, quando ele protesta por aquilo que segundo o governo são seus direitos, a lei deveria estar do seu lado. Qualquer um que coloque um obstáculo diante daquele que está reclamando seus direitos está violando a lei. Muito bem, você não vai aceitar um elemento violador da lei impondo violência aos negros que estão tentando implementar a lei, portanto, quando os negros começarem a ver isso, vão começar a revidar. Em 1964 você vai ter negros que revidam. Nunca mais haverá não violência, isso acabou.

---

de Birmingham, Alabama, em 1963; ao Movimento pelos Direitos Civis em Danville, Virgínia, que sofreu uma reação violenta do poder público em 1963; e ao Movimento de Cambridge de luta por direitos civis, ativo entre dezembro de 1961 e 1964 em Dorchester County, Maryland. [N. E.]

Como você avalia Monroe?

Não estou muito a par da situação em Monroe,[4] na Carolina do Norte. Sei que Robert Williams se tornou um exilado de seu próprio país simplesmente porque estava tentando fazer com que nosso povo se defendesse contra a Ku Klux Klan e contra outros elementos supremacistas brancos, e também sei que Mae Mallory[5] pegou vinte anos por algo parecido porque também ela estava tentando lutar pelo nosso povo lá. Então isso dá uma ideia do que acontece numa democracia – numa chamada democracia – quando as pessoas tentam implementar essa democracia.

Você usa muito a palavra revolução. Existe uma revolução em curso nos Estados Unidos?

Não havia. A revolução é como um incêndio florestal. Queima tudo em seu caminho. As pessoas que estão envolvidas em uma revolução não se tornam parte do sistema – elas destroem o sistema, elas mudam o sistema. A palavra genuína para uma revolução é *Umwälzung*, que significa uma reversão completa e uma mudança completa, e a revolução dos negros[6] não é

---

4 Marco da resistência à violência racial e do ativismo em defesa dos direitos civis que emergiu nas décadas de 1950–60, ligado à figura de Robert F. Williams (1925–96), que buscou mobilizar a comunidade negra para se proteger contra a Ku Klux Klan. [N. E.]

5 Mae Mallory (1927–2007), ativista que, junto a outros militantes antirracistas, buscou promover os direitos dos afro-americanos em um contexto de intensa repressão. [N. E.]

6 Malcolm X fazia uma distinção entre o que chamava de "*black revolution*" (revolução negra) e "*Negro revolution*" (revolução dos negros). Esta última se referia à atuação dos grupos de militância negra que pregavam a não violência na luta pelos direitos civis, como era o caso daquele liderado por Martin Luther King Jr. (1929–68). A "revolução negra" implicava o conceito de revolução dos nacionalistas negros e pan-africanistas, como o próprio Malcolm, que se inspiravam nas guerras pela independência nos países africanos e que não se furtavam à luta com derramamento de sangue. [N. E.]

uma revolução porque ela condena o sistema e depois pede ao sistema que condenou para ser aceita no sistema. Isso não é uma revolução – uma revolução muda o sistema, ela destrói o sistema e o substitui por outro melhor. É como um incêndio florestal, como eu disse – queima tudo no caminho. E o único modo de impedir que um incêndio florestal queime a sua casa é começar outro incêndio que você controle e usá-lo contra o fogo que está fora de controle. O que o homem branco nos Estados Unidos fez foi perceber que existe uma revolução negra no mundo todo – uma revolução não branca no mundo todo – e ele vê essa revolução vindo na direção dos Estados Unidos. E para conter isso deu início a um incêndio artificial que ele denominou revolução negra, e está usando a revolta dos negros contra a verdadeira revolução negra que está acontecendo em todo o mundo.

O problema racial nos Estados Unidos pode ser resolvido dentro do atual sistema político-econômico?

Não.

Muito bem, então, qual é a resposta?

A resposta é autoevidente.

Pode haver uma mudança revolucionária nos Estados Unidos enquanto houver hostilidade entre as classes trabalhadoras negras e brancas? Os negros podem fazer a revolução sozinhos?

Sim. Eles jamais farão a revolução junto com a classe trabalhadora branca. A história dos Estados Unidos é de que as classes trabalhadoras brancas têm sido contrárias não apenas às classes trabalhadoras negras, mas contra todos os negros, ponto final, porque todos os negros são classe trabalhadora dentro do sistema de castas. O negro mais rico é tratado como um negro de classe trabalhadora. Jamais existiu boa relação entre o negro de classe trabalhadora e os brancos de classe trabalhadora. Eu simplesmente não compro isso – não há como existir solidariedade entre trabalhadores sem que antes haja alguma solidariedade com o negro. Não há como existir solidariedade entre brancos e negros sem que primeiro haja alguma solidariedade com o negro. Nós temos que primeiro resolver nossos problemas e depois, se sobrar algo para trabalhar nos problemas do homem branco, ótimo, mas eu acredito que um dos erros que o homem negro comete é essa história da solidariedade entre os trabalhadores. Não existe isso – não funcionou nem na Rússia. Neste momento supostamente isso está resolvido na Rússia, mas assim que resolveram seus problemas eles se desentenderam com a China.

A Associação da Mesquita Muçulmana vai se identificar com movimentos revolucionários não brancos na África, na Ásia e na América Latina?
Somos todos irmãos de opressão e hoje irmãos de opressão se identificam em todo o mundo.

Tem algo mais que você queira dizer?
Não. Eu disse o suficiente – talvez eu tenha dito demais.

Respostas a perguntas no Fórum Trabalhista Militante

[NOVA YORK, 8 ABR. 1964]

Malcolm X fala contém um discurso formal sobre a revolução negra[1] feito por Malcolm X em 8 de abril de 1964 em um encontro organizado pelo Fórum Trabalhista Militante no Palm Gardens, em Nova York. O que não recebeu atenção na época foi a sequência de perguntas e respostas informal após o discurso, que felizmente foi preservada em fita cassete e é reproduzida aqui. Exceto quando submetidas por escrito, a maior parte das 21 perguntas da plateia não pôde ser ouvida com nitidez na gravação, mas seu contexto é fornecido entre parênteses.

O presidente do encontro era Richard Garza, que entregou o comando da sessão para Malcolm durante o período de perguntas, para que ele, além de respondê-las, pudesse selecionar quem as faria. Foi com Garza que Malcolm comparou o autor da vigésima primeira pergunta, cuja "dúvida" na verdade era uma denúncia de Malcolm como "sanguinário" e um sermão sobre o que estava errado em seus pontos de vista. A plateia era cerca de três quartos branca, uma mescla de radicais que respondiam favoravelmente às observações de Malcolm e de liberais que ficavam chocados ou ofendidos com sua franqueza.

O Partido Liberdade Já [Freedom Now Party] (perguntas 2 e 3) foi um esforço pioneiro para organizar um partido político negro com atuação em todo o país. Criado em 1963, ganhou várias ramificações no Norte em 1964; mas o único lugar em que ele conquistou o status de partido com direito a concorrer em todo o estado foi o Michigan. Embora em abril Malcolm tenha dito que não sabia muito sobre o Liberdade Já, em setembro, quando estava na África, fez sérias ponderações sobre

---

[1] Ver "A revolução negra", in Malcolm X, *Malcolm X fala*, org. George Breitman, trad. Marilene Felinto. São Paulo: Ubu Editora, 2021, pp. 71–85.

a oferta do partido de concorrer como seu candidato ao Senado dos Estados Unidos em novembro. (Sua mudança de residência eleitoral não seria sem precedentes; naquele ano, Robert F. Kennedy, de Massachusetts, escolheu ser senador por Nova York.) Depois de pensar no assunto, porém, Malcolm se sentiu compelido a recusar a proposta, agradecendo o convite, pois seu cronograma na África não permitiria que ele retornasse aos Estados Unidos antes da eleição de novembro. O Partido Liberdade Já se desintegrou depois das eleições.

Malcolm falou por três vezes no Fórum Trabalhista Militante durante seu último ano e manteve relações amistosas com o semanário socialista *The Militant*, que era o único jornal, fosse de brancos, fosse de negros, a apoiar e a dar publicidade para o que Malcolm estava tentando fazer depois de sair dos Muçulmanos Negros.

(*Sobre a precisão do semanário* The Militant.)
Nunca encontrei uma citação errada do que dissemos em *The Militant*, e acredito que qualquer jornal branco, e acredito que seja esse o caso, capaz de citar um negro corretamente com certeza se trata de um jornal militante.

(*Sobre escolas integradas e o Partido Liberdade Já.*)
Se compreendi corretamente o que você disse, você fez duas perguntas. Número um: se eu sou a favor da integração nas escolas públicas? E número dois: se eu sou a favor do Partido Liberdade Já?

No que diz respeito à integração nas escolas públicas, não sei de nenhum lugar nos Estados Unidos onde haja um sistema de escolas integradas, seja no Norte, seja no Sul. Se isso não existe na cidade de Nova York, certamente jamais vai existir no Mississippi. E se uma coisa não funciona, eu não sou a favor. Eu não sou a favor de nada que não seja prático.

Isso não quer dizer que eu seja a favor de um sistema escolar segregado. Sabemos muito bem o tipo de mentalidade tortuosa produzida por um sistema escolar segregado, e, quando o reverendo [Milton] Galamison se envolveu em um boicote contra esse sistema de escolas segregadas, demos nosso apoio. Isso não me torna um integracionista, nem me leva a acreditar que a integração vai funcionar; porém, Galamison e eu concordamos que um sistema escolar segregado é prejudicial para a dieta acadêmica, a chamada dieta acadêmica, das crianças que frequentam essa escola.

Porém, um sistema escolar segregado não é necessariamente a mesma situação que existe em um bairro só de brancos. Um sistema escolar de um bairro só de brancos não é um sistema escolar segregado. O sistema só é segregado quando fica em uma comunidade que não é só branca, mas ao mesmo tempo é controlado pelos brancos. Por isso, minha compreensão de um sistema escolar segregado é o de uma escola controlada por um povo que não seja aquele que frequenta a escola.

Mas em um bairro só de brancos, onde você tem uma escola só de brancos, essa não é uma escola segregada. Em geral eles têm uma educação de alto calibre. Toda vez que alguém pode colocar em você aquilo que deseja, naturalmente você vai ter algo inferior. Portanto, as escolas no Harlem não são controladas pelas pessoas do Harlem, são controladas pelas pessoas do sul de Manhattan. E as pessoas do sul de Manhattan pegam todo o dinheiro dos impostos e gastam em outros lugares, mas mantêm as escolas, os prédios escolares, os professores e os livros didáticos, o material no Harlem no nível mais baixo possível. E assim essas pessoas produzem uma educação segregada, que não traz bem nenhum para o nosso povo.

Por outro lado, se conseguirmos uma escola só negra que possamos controlar, se pudermos contratar o tipo de professor que deseja de coração o nosso bem, se pudermos colocar lá o tipo de livro que contém os ingredientes que faltam e que produziram esse complexo de inferioridade em nosso povo, aí não vamos achar que uma escola só de negros é uma escola segregada. Ela só é segregada quando é controlada por alguém de

48

fora. Espero que esteja me fazendo entender. Eu só não consigo ver como é que, se numa escola frequentada por brancos e onde não haja negros presentes isso não afeta a dieta acadêmica que eles estão recebendo, como pode ser que uma sala de aula só de negros seja afetada pela ausência de crianças brancas. Se a ausência de crianças negras não afeta estudantes brancos, não vejo como a ausência de brancos vai afetar os negros.

Portanto, o que os integracionistas, na minha opinião, estão dizendo, quando dizem que brancos e negros devem ir à escola juntos, é que os brancos são tão superiores que só a sua presença em uma sala de aula de negros pode equilibrar as coisas. Eu não posso concordar com isso. Sim, senhora?

(*Novamente sobre o Partido Liberdade Já.*)
O Partido Liberdade Já – eu não sei muita coisa sobre isso, mas, do pouco que sei, eu gosto.

(*Sobre os brancos também serem prejudicados por manobras no Congresso.*)
Se eu entendi direito, você estava dizendo que aqueles senadores e deputados brancos que estão lá fazendo manobras protelatórias e outras coisas do gênero causaram tanto mal aos brancos quanto aos negros. Eu simplesmente não tenho como concordar com isso. Veja, são os negros que estão sentados na chapa quente. Vocês podem estar ali perto, mas não estão sentados na chapa.

(*Por escrito: sobre radicais brancos e falsos líderes africanos.*)
Uma pergunta que mandaram: "Os negros podem conquistar sua liberdade sem o apoio dos radicais brancos, que têm mais experiência na luta?". E a segunda pergunta é – essa vem de um genuíno liberal branco – "Alguns líderes negros, mesmo na África, estão enganando seu povo", e ele diz: "Estou falando inclusive do Nasser". Sei que isso vem de um liberal branco. Dá até para dizer de que região geográfica ele vem.

Sobre a primeira pergunta – Os negros podem conquistar sua liberdade sem o apoio dos radicais brancos, que têm mais experiência na luta? –, toda a liberdade que os brancos conquistaram neste país e em outros lugares: eles não conseguiram isso lutando por conta própria. Vocês sempre tinham alguém para combater em seu nome. Talvez vocês não tenham percebido isso. A Inglaterra se tornou poderosa porque tinha outros povos para combater por ela. Os ingleses usaram os africanos contra os asiáticos e os asiáticos contra os africanos. A França usou os senegaleses. Todas essas potências brancas tiveram seus pequenos lacaios para combater por elas, e os Estados Unidos tiveram 22 milhões de afro-americanos para lutar por vocês.

Fomos nós que lutamos as batalhas de vocês, em nome de vocês, e que colhemos o algodão por vocês. Nós construímos esta casa em que vocês moram. Foi o nosso trabalho que ergueu esta casa. Vocês ficaram sentados debaixo do velho algodoeiro nos dizendo quanto tempo devíamos trabalhar ou que devíamos trabalhar mais duro, mas foram o nosso trabalho, o nosso suor e o nosso sangue que fizeram deste país o que ele é hoje, e nós somos os únicos que não se beneficiaram disso. A única coisa que estamos dizendo hoje é: chegou a hora do pagamento – retroativo.

E quando esse cavalheiro disse que alguns líderes negros na África também enganam seu povo, imagino que você esteja falando de líderes negros como Tshombe, mas não – um dos maiores líderes negros foi Lumumba. Lumumba era o governante legítimo do Congo. Ele foi deposto com ajuda americana. Foram os Estados Unidos, o Departamento de Estado deste país, que trouxeram Kasavubu para cá, que intercederam por ele na ONU, que usaram de seu poder para garantir que Kasavubu fosse colocado no cargo como legítimo governante do Congo. E assim que Kasavubu, com apoio americano, se tornou o governante do Congo, ele voltou para o Congo, e o primeiro ato dele depois de voltar para casa foi entregar Lumumba para Tshombe. Assim é fácil ver de quem era a mão por trás do assassinato de Lumumba. E assim o feitiço se volta contra o feiticeiro.

E depois você menciona Nasser. Bom, acredito que essa seja uma reação subjetiva, inconsciente de sua parte, o fato de você ter incluído o nome de Nasser – eu sei quem você é. Antes da revolução egípcia, Farouk era um monarca no Egito que tinha explorado o povo com o auxílio do Ocidente. Naguib e Nasser fizeram uma revolução, e aqueles que visitaram o continente africano recentemente vão lhe dizer, se forem objetivos em suas observações, que o Egito é uma das nações mais altamente industrializadas do continente africano – a única outra nação é branca, e é a África do Sul. Mas sob Nasser os egípcios se tornaram uma nação altamente industrializada; eles estão tentando elevar o padrão de vida de seu povo.

Você vai perceber que existe uma tendência no Ocidente a desconfiar de qualquer líder africano que tenha apoio em massa de seu povo – normalmente o Ocidente classifica esses governantes como ditadores. E eu posso dizer quem são eles. Krumah é chamado de ditador porque o povo está ao lado dele; Nasser é chamado de ditador, Sékou Touré é chamado de ditador – todas essas pessoas que o Ocidente chama de ditadores normalmente são classificados pelo Ocidente como antiocidentais, porque o Ocidente não tem como dizer a eles o que fazer. Sim, senhora?

(*Sobre ir à* ONU.)

E essa é uma das razões para... a senhora me perguntou se nós temos algum plano viável para levar essa luta à ONU. O próprio fato de que existe uma luta por direitos civis, desde 1954 na verdade, e que em nenhum momento nenhum líder negro dos direitos civis tenha feito qualquer esforço para levar o caso à ONU – isso por si só deveria servir de dica de que existe uma conspiração envolvida. Quando todos os outros oprimidos do mundo – e estou falando de povos oprimidos distantes no sul do Pacífico – tiveram suas dificuldades levadas à ONU; povos que nem sabem onde a ONU fica – e no entanto a ONU está debatendo a situação deles. E aqui temos 22 milhões de negros em torno da ONU, e nada do que diz respeito às dificuldades deles é levado à

ONU. Não venham me dizer que isso não é uma atrocidade. Sempre que uma igreja é bombardeada – não existe exemplo mais direto da violação dos direitos humanos do que quando você está sentado em uma igreja e o lugar é bombardeado, e quatro criancinhas negras são assassinadas. E [quando] isso mesmo assim não chega à ONU, eu digo que existe uma conspiração.

Então o que nós dizemos é que os liberais brancos, os chamados liberais, se infiltraram no Movimento pelos Direitos Civis e levaram os negros a latir para a árvore errada. Porque os brancos são inteligentes o bastante para saber que o problema jamais será resolvido em Washington, na capital. Existem canalhas lá, mas é possível levar os canalhas que estão em Washington diante do tribunal do mundo. Se eles souberem que podem ser levados ao tribunal, vão começar a agir direito. É o único momento em que eles vão agir corretamente. E aí eles não vão agir corretamente porque acreditam na legalidade ou na moralidade ou em nada desse tipo – eles não acreditam em nada assim. Eles só vão agir corretamente porque não querem ser levados ao tribunal.

Então, sim, existe um maquinário sendo montado neste exato momento. E muitos de nossos irmãos e irmãs da África e da Ásia e de outras partes do mundo, cujas nações emergiram e se tornaram independentes, são capazes e estão capacitados para dar todo o apoio que puderem para o problema dos negros neste país, assim que o caso for levado à ONU. Mas eles não têm como se envolver nisso enquanto chamarmos de Movimento pelos Direitos Civis – porque o protocolo impede que eles se envolvam em questões internas dos Estados Unidos. Os direitos civis são uma questão interna. Os direitos humanos são internacionais.

Agora, se você se considera um verdadeiro liberal... e eu jamais encontrei um. Quando digo isso, tenho em mente que jamais conheci todos os brancos, mas entre os que conheci jamais conheci alguém que passasse no teste; pode ser que conheça alguém diferente amanhã...

[*James Wechsler, editor do* New York Post, *começa a falar sem ter sido chamado.*]

Senhor, "o que nós fazemos com o ministro?". Por que você não ergueu a mão e esperou que eu chamasse? Não, por que você não descobriu? Por que você não levantou a mão e esperou que eu chamasse? Você está sendo rude. Você está provando que eu estou certo. [*Chama outra pessoa.*] Sim, senhor?

(*Sobre Karl Marx, imperialismo e automação.*)

Primeiro, eu não sei tanto sobre Karl Marx. Isso em primeiro lugar – eu não sei tanto sobre Karl Marx. No entanto, é verdade que, quando uma nação perde seus mercados, não importa o quanto ela seja capitalista ou industrializada ou quanto ela é capaz de produzir, quando uma nação perde seus mercados, está com um problema. E esse é um dos fatores básicos por trás do problema dos Estados Unidos. O país perdeu seus mercados internacionais. Não é só a automação que está deixando o país para trás, causando dor de cabeça. O país não tem mercados. Houve um tempo em que o mundo inteiro era mercado para os Estados Unidos. Mas hoje o país é detestado. Não só os Estados Unidos estão perdendo mercados por serem detestados, como os países europeus são industrializados – eles conseguem produzir mercadorias com um custo menor do que os Estados Unidos. O Japão produz mais barato do que os americanos e fica com os mercados. E os países da África e da Ásia preferem comprar seus manufaturados ou produtos beneficiados de outros países, e não dos Estados Unidos.

Então não é exatamente a automação que está causando a situação de desemprego – o que afeta o negro em primeiro lugar e mais do que todos os outros, porque o negro é o último a ser contratado e o primeiro a ser demitido. Mas é simplesmente o fato de que os Estados Unidos ficaram sem mercados. E é impossível para os Estados Unidos encontrar novos mercados, a não ser que haja consumidores na Lua ou em algum outro planeta. E enquanto essa situação persistir, a economia americana vai continuar sofrendo, o dólar vai continuar perdendo valor, e quando o dólar perder seu valor o país vai ter perdido todos os seus amigos. Porque os únicos amigos que os Estados Unidos têm foram aqueles que o dinheiro comprou.

E um comentário extra: como eu disse, eu não sei muito sobre Karl Marx, mas tem esse sujeito que escreveu *A decadência do Ocidente*, Spengler – ele tem um outro livro que é menos conhecido, chamado *The Hour of Decision* [A hora da decisão]. Na verdade, alguém me deu esse livro bem na frente deste lugar uma noite, faz uns anos, porque eu também nunca tinha ouvido falar. Imagino que possa ser alguém que está na plateia hoje ou que teve esse tipo de pensamento. Foi um encontro como esse.

E *The Hour of Decision* de Spengler é sobre revolução mundial, e a tese dele é de que as etapas iniciais da revolução mundial forçariam as pessoas a se agruparem em classes. Mas depois de um tempo os grupos de classes iriam se romper e o alinhamento teria como base a raça. Bom, acho que ele escreveu isso no início dos anos 1930. E isso realmente aconteceu. Mesmo quando a ONU foi criada, os blocos eram formados com base em uma divisão de classes ou com base em algum tipo de filosofia econômica. Mas hoje os blocos que existem na ONU se baseiam em raça, em cores. Você tem o bloco Árabe-Africano--Asiático – todos eles são negros, pardos, vermelhos ou amarelos. Você tem outros blocos, mas, quando você vê esses blocos, em geral descobre que dentro de cada um existe algo em comum e normalmente é a cor da pele, ou a ausência de cor da pele. Sim, senhor?

(Sobre o papel dos brancos.)

Bom, se você percebeu enquanto eu estava falando, eu disse que os brancos podem ter um papel, se tiverem uma mentalidade progressista. Mas a minha observação e a minha análise desse tipo de ajuda que eles vêm dando me tornam muito cauteloso quanto à ajuda que eles estão oferecendo. E digo isso pelo seguinte: como eu disse, cresci com brancos. A maioria deles é inteligente. Pelos menos eram. Nenhum branco ia sair lutando pela liberdade do mesmo modo que ele me ajudou e ajudou vocês a lutar pela nossa liberdade. Não, nenhum deles faria isso. Quando o assunto é a liberdade dos negros, o homem branco faz caravanas e protestos, ele é não violento, ele canta "We Shall Overcome"[2] e essas coisas todas. Mas quando a propriedade do homem branco está ameaçada, ou quando a liberdade do homem branco está ameaçada, ele deixa de ser não violento. Ele só é não violento quando está do nosso lado. Mas, quando está do lado dele, ele perde toda aquela paciência e aquela não violência.

Portanto, se os brancos estiverem sendo sinceros nessa luta eles vão mostrar ao negro como empregar ou usar melhores táticas, táticas que trarão resultados – e não resultados daqui a cem anos. Nosso povo não vai esperar dez anos. Se esta casa é uma casa de liberdade e de justiça e de igualdade para todos, se é isso que esta casa é, então vamos lá. E se nem todos nós pudermos ter isso, então ninguém vai ter.

(Por escrito) Você realmente acha que o negro pode ganhar no voto? Em caso negativo, por que não?

O negro neste país, antes de poder ganhar no voto, tem de amadurecer politicamente. Muitos negros não gostam de ser criticados – eles não gostam que digam que não estamos prontos. Eles dizem que isso é um estereótipo. Temos pontos positivos – temos pontos negativos assim como temos pontos positivos. E até que nosso povo entre num armário, se dispa de vocês e descubra nossos pontos fracos e nossos pontos positivos, não vamos conseguir ganhar nenhuma luta em que

---

2 "Nós venceremos" ou "nós vamos superar". Canção de protesto surgida durante a greve de mulheres trabalhadoras da American Tobacco (1945–46), cantada por Lucille Simmons, uma das grevistas, com base em hinos religiosos. Em 1963, foi gravada pelo cantor e compositor estadunidense de música *folk* Pete Seeger. Foi adotada por Martin Luther King como lema em vários pronunciamentos públicos. [N. E.]

nos envolvermos. Enquanto a comunidade negra e os líderes da comunidade negra tiverem medo de críticas, de críticas coletivas, como se fossem estereótipos, ninguém jamais vai ser capaz de tirar nosso casaco. Então, primeiro precisamos entrar nesse armário e descobrir o que nos falta, e o que precisamos usar para substituir isso que nos falta, [ou então] jamais seremos capazes de ter sucesso. Só poderemos ganhar no voto quando nosso povo amadurecer politicamente.

Aqueles cuja filosofia é o nacionalismo negro estão envolvidos agora mesmo, e vão se envolver, com qualquer grupo – verde, azul, amarelo, rosa – que conte com um aparato organizacional voltado a aumentar a quantidade de negros com título eleitoral. Estamos envolvidos nisso; vamos cooperar com isso. Mas ao mesmo tempo não vamos dizer às pessoas para se registrarem como democratas ou republicanas. Qualquer negro que se registre como democrata ou republicano é um traidor de seu povo.

Fazer o título de eleitor é uma coisa boa. Isso só significa que você "carregou a arma". Só porque você carregou a arma não quer dizer que você precise disparar. Você espera até que surja um alvo e que você esteja em posição de colocar a arma perto do alvo, e aí você puxa o gatilho. E assim como você não desperdiça balas num alvo que está fora de alcance, você não vai votar só por votar. Nosso povo precisa se registrar para votar, precisa aumentar seu poder político, mas precisa manter esse poder em suspenso e usá-lo quando souber que isso trará resultados. Não adianta usar o poder só porque você tem.

(*Por escrito*) *Você tem planos imediatos e concretos para controlar a política e os políticos na comunidade negra?*
Sim, e, quando você tem planos concretos, o melhor meio de mantê-los concretos é não falar disso.

(*Por escrito*) *Perdão, mas o Comitê Não Violento de Coordenação Estudantil apelou para a* ONU *dias depois dos assassinatos de Birmingham e fez um protesto nas Nações Unidas por vários dias exigindo que fossem tomadas ações.*

Não é assim que você consegue as coisas – você não consegue as coisas fazendo protestos na ONU. Na verdade, nunca vi ninguém conseguir algo fazendo um protesto. Nunca vi algo que alguém tenha conseguido com um protesto. Você consegue o que consegue de um jeito ou de outro. Você não consegue incluir algo na pauta da ONU com um protesto.

Além disso, quando o SNCC estava protestando na ONU com base nos assassinatos em Birmingham, eram direitos civis. Eles não têm juízo suficiente para perceber – desculpem por dizer que eles não tiveram juízo suficiente, mas é evidente que não tiveram – para perceber que enquanto eles tentarem incluir essa pauta no nível dos direitos civis, a ONU não pode aceitar. É preciso falar em direitos humanos. Por isso, a melhor coisa para vocês, liberais, fazerem é ir à ONU e pegar todos os livros sobre direitos humanos.

Você sabia que os Estados Unidos jamais assinaram o Pacto de Direitos Humanos? Os Estados Unidos assinaram a Declaração de Direitos Humanos, mas não o Pacto, porque para assinar o Pacto seria preciso ratificar no Congresso e no Senado. E como vamos conseguir que o Congresso e o Senado ratifiquem um pacto sobre direitos humanos quando eles não aceitam nem mesmo aprovar uma lei sobre direitos civis? Não! E Eleanor Roosevelt, supostamente uma liberal, era a presidente da Comissão de Direitos Humanos. Ela sabia de tudo isso. Por que a ultraliberal Eleanor não falou para os negros sobre essa seção da ONU sobre direitos humanos que nos permitiria expor nosso problema ao mundo? Não, é por isso que eu disse que ainda não conheci um branco liberal. Esse cavalheiro ali que pensa que eu vou discriminá-lo. [*Reconhece James Wechsler.*]

(*Sobre o reverendo Bruce Klunder, que foi assassinado por uma escavadeira enquanto protestava contra a segregação escolar em Cleveland.*)

Eu estava em Cleveland ontem à noite, ontem, na verdade, quando isso aconteceu. [*Wechsler fala de novo.*] Senhor?

Também não fui eu quem o colocou debaixo da escavadeira. Foi a Suprema Corte quem o colocou. [*Wechsler de novo.*] A morte dele continua não tendo dessegregado o sistema escolar.

Nós não vamos ficar de pé e aplaudir qualquer contribuição feita por um indivíduo branco quando 22 milhões de negros estão morrendo todos os dias. O que ele fez – muito bem, muito bem, ótimo. O que ele fez – muito bom. Viva, viva, viva. Olha só, Lumumba foi assassinado, Medgar Evers foi assassinado, Mack Parker foi assassinado, Emmet Till foi assassinado, meu pai foi assassinado. Vá dizer isso para outra pessoa. É hora de começarem a morrer alguns brancos. Se você me desculpar, me desculpe por dizer isso, mas vai ter muito mais gente sendo levada junto com ele quando vierem buscar os corpos. Sim, senhor?

(*Sobre a religião islâmica e a repartição da Índia.*)

Se entendi corretamente, número um: você queria saber por que nós, negros, nos voltamos para o Islã. A religião que muitos dos nossos antepassados praticavam antes de sermos raptados e trazidos para este país pelo branco americano era a religião islâmica. Isso foi destruído nos livros didáticos do sistema educacional americano para tentar fazer parecer que nós não passávamos de animais ou de selvagens antes de sermos trazidos para cá, para esconder os atos criminosos que eles tinham de perpetuar para nos reduzir ao nível de animais em que estamos hoje. Mas, se você volta ao passado, vai descobrir que havia grandes impérios muçulmanos que se estendiam até a África equatorial, o Império Mali, a Guiné. Em todos esses lugares – a religião era o Islã.

Por isso aqui nos Estados Unidos hoje quando você encontra muitos de nós que estão aceitando o Islã como nossa religião estamos apenas voltando à religião de nossos antepassados. Além disso, acreditamos que essa seja a religião que vai fazer mais para nos reformar nas nossas fraquezas em que nos tornamos viciados aqui na sociedade ocidental do que qualquer outra religião. Em segundo lugar, podemos ver onde foi que o cristianismo falhou conosco cem por cento. Eles nos ensinam a oferecer a outra face, mas não fazem isso.

E no que se refere à divisão de Índia e Paquistão – acredito que foi a isso que você se referiu –, eu não estou muito familiarizado com isso, a não ser por saber que por muitos anos o subcontinente indiano foi governado pelos britânicos, por potências coloniais da Europa. A estratégia das potências coloniais sempre foi dividir para conquistar. Como regra, você vai perceber que os povos no Leste, no Oriente, podem muito bem viver juntos. E acredito que quando você vê esses povos brigando entre si, você [deveria] procurar a pessoa que está jogando um contra o outro – dividindo para conquistar. Na verdade, se o Paquistão e a Índia não estivessem se matando, por assim dizer, nos últimos dez anos mais ou menos, provavelmente poderiam ter se desenvolvido muito mais rápido e feito muito mais progresso do que fizeram, e poderiam fazer algo mais concreto para nos ajudar a resolver a maior parte de nossos problemas. Portanto essas divisões são perigosas.

(*Sobre divisões raciais na sociedade americana.*)

Bem, nós temos. E você não precisa procurar. Já existem divisões com base em linhas raciais. Vá ao Harlem. A única coisa que nós estamos dizendo é que já estamos divididos, o mínimo que o governo pode fazer é nos deixar controlar as áreas onde vivemos. Que os brancos controlem as áreas deles, que a gente controle as nossas – é só isso que estamos dizendo. Se o branco está controlando as áreas dele, e se na verdade o que ele está usando para controlar essas áreas é o nacionalismo branco, deixem a gente controlar as nossas áreas com o nacionalismo negro. Você encontra o nacionalismo branco nas comunidades brancas sejam eles católicos, sejam judeus, sejam protestantes – mesmo assim eles praticam o nacionalismo branco. Por isso a única coisa que estamos dizendo para o nosso povo é para esquecer nossas diferenças religiosas. Esqueçam todas as diferenças que foram artificialmente criadas pelos brancos que nos dominaram, e tentem trabalhar em união e harmonia com a filosofia do nacionalismo negro, o que significa apenas que nós deveríamos controlar a nossa própria economia, a nossa política, e a nossa sociedade. Não há nada de errado nisso.

E, depois, quando estivermos controlando a nossa sociedade, vamos trabalhar com qualquer segmento da comunidade branca para construir uma civilização melhor. Mas acreditamos que eles deviam controlar as áreas deles e nós, as nossas. Não vamos tentar nos misturar uns com os outros porque toda vez que essa mistura acontece descobrimos que o negro acaba sendo o homem da parte de baixo do totem – o homem debaixo do totem. Se ele não for o homem debaixo, não é nem mesmo homem. Sim, senhora?

(*Sobre as possibilidades de apoio da África.*)

Você vai descobrir que aqui e agora em 1964 existem na ONU várias nações independentes da África e da Ásia que se tornaram politicamente maduras e que também têm independência suficiente para fazer aquilo que é necessário para garantir resultados para qualquer pleito, qualquer pleito de boa-fé, que for feito por nosso povo. Foi o controle que os Estados Unidos tinham sobre a ONU que permitiu que eles conseguissem com que Lumumba fosse assassinado. Mas eis uma coisa que o nosso povo começa a ver. Assim que terminam de usar um fantoche, os Estados Unidos o deixam de lado. Os Estados Unidos abandonaram Tshombe; quando não podiam mais usar Tshombe, os Estados Unidos o abandonaram. Quando já não tinham mais como usar os dois irmãos em Saigon – como eram os nomes deles? – Diem e Nhu, os Estados Unidos os abandonaram. Quando já não tinham mais como usar Syngman Rhee, os Estados Unidos o abandonaram. Quando não podiam mais usar Menderes, os Estados Unidos o abandonaram. Bem, você vê, esse padrão está sendo usado por esses outros Pais Tomás.[3]

---

3 Personagem principal do romance *A cabana do Pai Tomás* (*Uncle Tom's Cabin*), publicado em 1852 pela escritora estadunidense Harriet

E eles estão começando a ver que, se eles forem em frente, serão abandonados também. Sim, senhora?

(*Sobre o interesse comum entre pensionistas idosos e os negros.*)

Não vejo como seria possível comparar a situação deles com a dos 22 milhões de afro-americanos. Nosso povo era escravo – nós éramos escravos de verdade. Puxávamos arados como cavalos. Éramos comprados e vendidos de um latifúndio para outro do mesmo modo como vendem galinhas ou como você venderia um saco de batatas. Li num livro que George Washington trocou um negro por um barril de melaço. Ora, esse negro podia ter sido meu avô. Você sabe o que eu penso sobre George Washington. Não há como comparar um idoso que recebe pensão com o sofrimento dos negros neste país. Não há comparação nenhuma possível. E o que eles podem fazer não é comparável com o que nós podemos fazer – não esse pessoal mais velho. Sim, senhor – bem lá no fundo.

(*Sobre por que a plateia deveria ficar de pé em homenagem ao reverendo Klunder.*)

Vamos ficar de pé em homenagem a Lumumba, vamos ficar de pé em homenagem a Medgar Evers, vamos ficar de pé em homenagem... Não, veja; bom, o que o sujeito fez é bom. Mas pode esperar sentado se o que você quer é ver negros hoje em dia ficando de pé para aplaudir a contribuição dos brancos.

Cem milhões de africanos foram arrancados do continente africano – onde eles estão hoje? Cem milhões de africanos foram arrancados, 100 milhões de africanos, de acordo com o livro *Antislavery* [Antiescravidão], do professor Dwight Lowell Dumond – desculpe por eu levantar a voz –, foram arrancados do continente africano. No fim da escravidão não havia

---

Beecher Stowe (1811–96), que trata da escravatura nos Estados Unidos. Pai Tomás é o retrato do escravo negro obediente e servil, sofredor, mas fiel ao patrão branco. [N. E.]

25 milhões de negros no Hemisfério Ocidental. O que aconteceu com os outros 75 milhões? Os cadáveres deles estão no fundo do oceano, ou então o sangue e os ossos deles fertilizaram o solo deste país. Por isso, nunca ouse pensar que eu iria gastar minha energia para aplaudir o sacrifício de um homem branco. Não, esse sacrifício chegou tarde demais.

(*Por escrito: sobre nacionalismo negro, separatismo, integração e assimilação.*)

"Um panfleto, *Freedom Now* [Liberdade já], está sendo vendido nos fundos" – boa essa – "nele se lê uma declaração, 'Todo separatista é nacionalista, mas nem todo nacionalista é separatista.'" Não sei nada sobre isso. "Qual sua opinião sobre isso? É possível que alguém seja um nacionalista negro mesmo sem se interessar por uma nação negra independente à parte? Do mesmo modo, será todo nacionalista necessariamente um assimilacionista?"

Bem, como eu disse antes, os negros que eu conheço não querem ser integracionistas, nem querem ser separacionistas – eles querem ser seres humanos. Alguns deles escolhem a integração, achando que esse método lhes trará respeito como seres humanos, e outros escolhem a separação, acreditando que esse método ou tática vai lhes trazer respeito como seres humanos. Mas eles tiveram tantos problemas tentando conquistar seus objetivos que passaram a confundir seus métodos com seus objetivos. E agora, em vez de se denominar seres humanos, se denominam integracionistas e separatistas, e não conseguiram nem uma coisa nem outra, não. Portanto, eu não sei nada sobre integracionistas e assimilacionistas e separatistas, porém sei sobre segregacionistas – os americanos são assim. Sim, senhor?

(*Sobre a atitude de Malcolm em relação a Robert F. Williams.*)

Bom, Robert Williams foi exilado em Cuba por defender o direito dos negros a ter armas. Ele cometeu alguns equívocos na condução de seu programa, o que deixou aberta a porta que permitiu ao FBI fazer com que ele parecesse um criminoso, coisa que ele na verdade não é. Quando alguém que está à sua frente comete um equívoco, você deveria aprender com esse erro e usar isso para se aprimorar.

Os negros neste país têm o direito constitucional de possuir um rifle. Os brancos também. A Constituição dá a você o direito de ter um rifle ou uma arma. Você não deveria sair atirando nas pessoas; você não deveria se envolver em atos de agressão que você iniciou. Porém, neste país onde temos um governo, um órgão responsável por fazer cumprir a lei, tanto no nível federal quanto no local e estadual – em áreas onde esses órgãos se mostram incapazes de defender os negros ou não estão dispostos a fazer isso, os negros deveriam se defender por conta própria. É só isso. Eles deveriam se defender. E ele está dentro de seus direitos assegurados pela lei. Isso não significa que ele deveria usar armas para dar início a atos de agressão. Mas, mesmo que isso venha a custar a minha vida pela manhã, eu vou dizer a vocês que chegou a hora de o negro morrer lutando. Se ele vai morrer, que morra lutando. Eu tenho um rifle; mostrei à minha mulher como usar a arma. E, se alguém puser o pé no degrau da porta da minha casa, vai morrer. Esteja eu em casa ou não, ele vai morrer.

Isso não quer dizer que nós queremos viver em uma sociedade como essa. Mas, quando você está vivendo em uma sociedade de criminosos e a lei não cumpre seu dever, o que você deve fazer? Continuar oferecendo a outra face? Medgar Evers ofereceu a outra face. Aquelas quatro menininhas, que foram mortas a bomba em uma igreja, fizeram isso.[4] Os negros

---

4   Referência a Carole Robertson, Cynthia Wesley, Addie Mae Collins e Denise McNair, meninas negras de 11 a 14 anos que estavam em uma igreja batista de Birmingham, na manhã de 15 de setembro de 1963, e foram vítimas de um atentado a bomba. Algumas delas eram companheiras de escola e de vizinhança da irmã mais nova de Angela Davis, que também relata o episódio em sua autobiografia. O crime teve autoria de membros da Ku Klux Klan. [N. E.]

só têm visto isso, outros negros oferecendo a outra face. Essa geração não vai fazer isso, não vai continuar fazendo isso. Posso dizer isso, senhor? Os Estados Unidos estão deparando com uma situação em que, em cada comunidade negra deste país, a animosidade racial que está se desenvolvendo e a desilusão na mente dos negros em relação à sociedade branca são tais que essas comunidades, esses guetos, essas favelas em que nós vivemos, vão acabar gerando o mesmo tipo de situação da casbá[5] que vocês viram na Argélia – uma situação em que vocês não vão ser capazes de colocar os pés naquele bairro. A não ser que tenham um guia para mostrar a vocês o caminho. Isso é verdade.

E que outra coisa nós deveríamos fazer? Como podemos continuar a viver em uma comunidade que se transformou em um Estado policial? Onde os policiais não estão lá para nos proteger, mas para proteger a propriedade do comerciante que nem sequer vive na nossa comunidade, que tem a loja ali, e que mora em algum outro lugar. Os policiais estão ali para proteger a propriedade dele. E, à medida que os negros veem isso ao longo dos anos, nós também vemos que eles não nos protegem: na verdade, às vezes nós precisamos de proteção contra *eles*.

Isso não quer dizer que a polícia esteja sempre errada – vou dizer isso também. Em Nova York, no que diz respeito aos negros, os chamados negros, minha experiência como alguém que viaja de costa a costa tem sido a de perceber que no Harlem o policial, ao menos nos últimos três anos até bem recentemente, lidava com mais tato com incidentes que poderiam explodir em uma situação racial do que costuma acontecer com policiais na maioria das grandes cidades do Norte. Em 1960, 1961, 1962, o departamento de polícia ali teve mais cautela em incidentes

---

5 Em diversas cidades do norte da África, a casbá é uma cidadela cercada por muralhas. Entre os exemplares mais célebres estão a casbá de Argel, na capital da Argélia, considerada Patrimônio da Humanidade pela Unesco. [N. E.]

que envolviam diretamente questões raciais. Mas a declaração recente do comissário de polícia, esse sujeito, esse irlandês, Murphy, é muito perigosa, porque os comissários que o precederam foram mais inteligentes em suas declarações e tiveram muito cuidado para jamais fazer uma declaração que inflamasse o policial branco contra a comunidade negra. Mas Murphy está dando declarações que parecem deliberadamente pensadas para fazer com que o policial mediano que está fazendo ronda pense que pode arrebentar a cabeça de um negro e que não será repreendido por isso. Isso é perigoso hoje, num momento em que você mira um porrete para a cabeça de um negro, e ele vai fazer o melhor que pode para pegar esse porrete, esteja você de uniforme ou não.

[*Um ataque generalizado a Malcolm, seguido de uma reclamação de que o orador quer fazer uma declaração em vez de uma pergunta.*]

O senhor pode comentar aqui mesmo. Estamos em um encontro.

[*Orador segue denunciando Malcolm, algumas pessoas da plateia começam a reclamar.*]

Deixem que ele fale – vá em frente, doutor.

[*O orador continua.*]

Eu vou levar só dois minutos para comentar o que o senhor disse. Note que o senhor fala o tempo todo em "responder" ou "ter o direito a falar". Agora o senhor sabe como o nosso povo se sentiu por quatrocentos anos. E a sua atitude neste exato momento é o tipo de atitude que faz com que o Tio Sam seja um país detestado. O senhor reflete as atitudes coletivas dos brancos americanos.

Existem alguns – ele não reflete a atitude coletiva [*apontando para o presidente da sessão*]. Ele reflete a atitude incomum – ele está quieto, está escutando, está assimilando tudo, está analisando. E, quando ele se levantar para falar, vai falar de uma maneira muito mais inteligente do que o senhor e vai conquistar mais amigos do que o senhor. Eu poderia dizer aqui mesmo – vou dizer isso sobre ele, não estou dizendo isso para enganar

65

ninguém, nem para dar tapinhas nas costas. Vocês me conhecem, eu acho que vocês me conhecem a ponto de saber que eu não sou disso. Se eu digo coisas positivas sobre ele, é porque estou sendo sincero. Ele provavelmente vai salvar alguns de vocês, mas o senhor vai fazer com que a maioria de vocês morra.

Eu queria fazer apenas mais um comentário sobre o que ele disse, que eu sou sanguinário. Eu não sou sanguinário. Eu sou um dos 22 milhões de negros neste país que estão cansados de ser vítimas da hipocrisia de um país que supostamente pratica a democracia. Qualquer negro – o senhor teve o direito a falar, por favor fique em silêncio –, qualquer negro que se erga e lhe diga exatamente o que sente lhe fará um favor, porque a maioria deles não fala o que está sentindo.

Quero agradecer ao Fórum Trabalhista Militante pelo convite para falar aqui esta noite. Acredito, como eu disse antes, que o jornal é um dos melhores que já li. Sempre incentivamos as pessoas que moram no Harlem a comprar o jornal quando o vemos por lá, ou em qualquer outro lugar que o vejamos. É um jornal muito bom. Espero que eles continuem a ter sucesso, a fazer progresso. Eles provavelmente podem endireitar muitos brancos. Nós vamos endireitar os negros. É só isso que eu estou dizendo. [*O presidente da sessão entrega o dinheiro coletado.*] E quero agradecer a coleta que foi feita – de 160,84 dólares –, que será usada para despertar ainda mais o nosso povo neste país e para ajudar vocês a resolverem seu problema. Obrigado.

O evento de fundação da OAAU

OAAU FOUNDING RALLY [NOVA YORK, 28 JUN. 1964]

Cinco dias depois do discurso no Fórum Trabalhista Militante [em 8 de abril], Malcolm X viajou para o Oriente Médio, onde primeiro fez seu *hajj*[1] a Meca e depois deu início a uma turnê por vários países africanos. Embora ele imaginasse que fosse ficar fora por apenas três semanas, a turnê se revelou tão valiosa que ficou até 21 de maio.

Essa não foi a primeira visita de Malcolm ao Oriente Médio e à África. Como contou em sua *Autobiografia*,[2] ele tinha estado lá rapidamente em 1959 como emissário de Muhammad. Porém, o impacto dessa vez, já tendo começado a se libertar das amarras dos dogmas de Muhammad, foi completamente diferente, tanto em termos de seus pontos de vista sobre raça quanto sobre política. O relato mais completo sobre essa viagem e seus efeitos sobre ele aparece na *Autobiografia*.

Alguns comentaristas criticaram Malcolm por "perder tempo" com essa viagem e com a outra posterior, mais longa, à África e ao Oriente Médio; ele deveria, segundo esses comentaristas, ter ficado nos Estados Unidos e dedicado todas as suas energias à organização dos afro-americanos. Essa crítica não percebe que foi na África, em meio às pessoas mencionadas neste discurso, nas quais sentia que podia confiar, que ele deparou com ideias e sugestões que fortaleceram, aprofundaram, amadureceram e concretizaram suas convicções revolucionárias e internacionalistas. Sem a experiência africana, o crescimento de Malcolm certamente teria sido menos rápido e o desenvolvimento

---

1   Peregrinação a Meca, obrigatória uma vez na vida para todo muçulmano cuja saúde e situação econômica o permitam. [N. E.]

2   *The Autobiography of Malcolm X: As Told to Alex Haley*. New York: Grove Press, 1964 [ed. bras.: *Autobiografia de Malcolm X: com a colaboração de Alex Haley*, trad. A. B. Pinheiro de Lemos. Rio de Janeiro: Record, 1992]. [N. E.]

da consciência revolucionária entre os afro-americanos provavelmente teria sido mais lento. "Viajar amplia o seu escopo", ele disse muitas vezes; nesse caso particular, a viagem de um homem ajudou a ampliar o escopo de milhões.

Quando esteve em Gana, em maio, Malcolm decidiu que, além da Associação da Mesquita Muçulmana, era necessária outra organização – uma organização não religiosa. Na verdade, ele e os afro-americanos que viviam em Gana fundaram o primeiro capítulo da nova organização antes de ele deixar o país. Assim que pousou em Nova York, ele se ocupou em reunir forças para o novo movimento que imaginou ser necessário para liderar a luta por "liberdade custe o que custar": a Organização da Unidade Afro-Americana. O primeiro evento público da OAAU (não foi um evento para filiações) aconteceu no Salão Audubon[3] em Nova York, em 28 de junho de 1964. Malcolm fez dois discursos lá, inéditos em livro até agora.

No primeiro, ele leu a Declaração de metas e objetivos básicos da Organização da Unidade Afro-Americana, um documento escrito não por ele, mas por um comitê da nova organização. Alterando ou pulando algumas poucas palavras aqui e ali enquanto lia, Malcolm intercalou seus próprios comentários inimitáveis à medida que seguia em frente.[4] No segundo discurso, ele discutiu e explicou a estrutura e as perspectivas da nova organização; alguns erros factuais foram cometidos em suas observações sobre procedimentos de voto e registro de eleitores, para os quais ele usou anotações preparadas por outra pessoa.

---

3 Prédio de salões de eventos e salas de cinema no bairro do Harlem, em Nova York, que abrigou muitos dos eventos do Movimento pelos Direitos Civis na década de 1960. Era o ponto de encontro semanal das reuniões da OAAU, conduzidas por Malcolm X até 1965, quando de seu assassinato no local, durante um dos comícios. [N. E.]

4 O documento está reproduzido como um apêndice em Malcolm X, *The Last Years of Malcolm X*. Atlanta: Pathfinder, 1970.

Esses discursos são notáveis pelos temas que abordam – temas que seriam elevados a demandas e programas e que seriam alvo de luta nas comunidades negras em todo o país nos anos seguintes à morte de Malcolm. Os discursos também são típicos das melhores falas dele para plateias negras – por sua franqueza, simplicidade, seriedade, humor e insuperável capacidade de educar e inspirar.

▬▬▬▬▬▬ *As-salamu alaikum*,[5] sr. moderador, nossos distintos convidados, irmãos e irmãs, nossos amigos e nossos inimigos. Estão todos aqui.

Como muitos de vocês sabem, em março passado, quando se anunciou que eu não fazia mais parte do Movimento Muçulmano Negro, foi dito que eu pretendia trabalhar com os 22 milhões de afro-americanos não muçulmanos e tentar formar alguma espécie de organização, ou criar uma situação onde os jovens – os nossos jovens, os estudantes e outros – pudessem estudar os problemas do nosso povo por um período de tempo e depois apresentar uma nova análise e nos oferecer novas ideias e algumas novas sugestões sobre como abordar um problema com que muitas outras pessoas vêm lidando há muito tempo. E que nós teríamos alguma espécie de encontro e determinaríamos mais tarde a possível formação de um partido nacionalista negro ou de um exército nacionalista negro.

Houve muitas pessoas do nosso povo espalhadas por todo o país com todo tipo de ocupação na vida que tomaram para si a tarefa de tentar trocar ideias e chegar a uma espécie de solução para o problema com que todo o nosso povo depara. E hoje à noite estamos aqui para tentar compreender a quais conclusões eles chegaram.

---

5 *"As-salamu alaikum"* é uma saudação árabe que significa "Que a paz esteja convosco". É um cumprimento comum entre muçulmanos e costuma ser respondido com a expressão recíproca *"Alaikum as-salam"*. [N. E.]

Além disso, recentemente quando fui abençoado com a possibilidade de fazer uma peregrinação religiosa para a cidade sagrada de Meca, onde encontrei muita gente do mundo todo, além de passar muitas semanas na África tentando ampliar o meu próprio escopo e ficar com a mente mais aberta para observar o problema como ele realmente é, uma das coisas que percebi, e percebi isso mesmo antes de ir até lá, foi que nossos irmãos africanos têm conquistado sua independência mais rápido do que vocês e eu aqui nos Estados Unidos. Eles também têm conquistado reconhecimento e respeito como seres humanos muito mais rápido do que vocês e eu.

Apenas dez anos atrás no continente africano, nosso povo estava colonizado. Eles sofriam com toda forma de colonização, de opressão, de exploração, de degradação, de humilhação, de discriminação e de todo tipo de -ação. E em pouco tempo, eles conquistaram mais independência, mais reconhecimento, mais respeito como seres humanos do que vocês e eu. E vocês e eu vivemos em um país que supostamente é uma cidadela da educação, da liberdade, da justiça, da democracia, e de todas essas outras palavras bonitas.

Portanto, era nossa intenção tentar descobrir o que nossos irmãos africanos estavam fazendo para obter resultados, para que vocês e eu pudéssemos estudar o que eles fizeram e talvez ter ganhos com esse estudo ou nos beneficiarmos das experiências deles. E minha viagem para lá foi planejada para ajudar a descobrir como.

Uma das primeiras coisas que as nações independentes africanas fizeram foi formar uma organização chamada Organização da Unidade Africana. Essa organização é composta de todos os Estados independentes africanos que chegaram a um acordo para deixar de lado suas diferenças e somar esforços rumo à eliminação do colonialismo de todo o continente africano e de quaisquer vestígios de opressão e de exploração de que fossem vítimas os povos da África. Os países que formaram a organização de Estados africanos têm suas diferenças. É provável que eles representem todos os segmentos, todo tipo de pensamento. Há ali alguns líderes que são considerados Pais Tomás, alguns que são considerados bastante militantes. Porém, mesmo os líderes militantes africanos foram capazes de se sentar à mesma mesa com líderes africanos que eles consideram Toms, ou Tshombes, ou esse tipo de personagem. Eles se esqueceram de suas diferenças em nome de um único propósito, trazer benefícios para todos. E sempre que você encontra pessoas que são incapazes de esquecer suas diferenças, essas pessoas estão mais interessadas em seus objetivos pessoais do que nas condições de todos.

Muito bem, os líderes africanos demonstraram sua maturidade ao fazer aquilo que o homem branco americano disse que não poderia ser feito. Pois, se vocês lembrarem quando se disse que esses Estados africanos iriam se reunir em Adis Abeba, toda a imprensa ocidental começou a espalhar a propaganda de que eles não tinham coisas o suficiente em comum para se sentarem à mesma mesa. Ora, eles tinham Nkrumah lá, um dos mais militantes dentre os líderes africanos, e tinham Adoyla do Congo. Eles tinham Nyerere lá, tinham Ben Bella lá, tinham Nasser lá, tinham Sékour Touré, tinham Obote; eles tinham Kenyatta – acho que Kenyatta estava lá, não consigo me lembrar se o Quênia já era independente nessa época, mas acho que ele esteve lá. Todos estavam lá e, apesar de suas diferenças, eles foram capazes de se sentar e formar aquilo que ficou conhecido como Organização da Unidade Africana, que formou uma coalizão e está trabalhando em conjunto para combater um inimigo comum.

Tendo visto o que foram capazes de fazer, estamos determinados a tentar fazer o mesmo aqui nos Estados Unidos entre afro-americanos que foram divididos pelo nosso inimigo. Por isso formamos uma organização conhecida como Organização da Unidade Afro-Americana, que tem a mesma meta e o mesmo objetivo: combater qualquer um que se apresente como obstáculo, conquistar a independência completa das pessoas de ascendência africana aqui no Hemisfério Ocidental, e primeiro aqui nos Estados Unidos, e conquistar a liberdade dessas pessoas custe o que custar.

Eis o nosso lema. Queremos liberdade custe o que custar. Queremos justiça custe o que custar. Queremos igualdade custe o que custar. Não acreditamos que em 1964, vivendo num país que se sustenta supostamente na liberdade, e que supostamente é o líder do mundo livre, não acreditamos que nosso papel seja ficar sentados esperando alguns deputados e senadores segregacionistas e um presidente do Texas em Washington[6] se convencerem de que nosso povo merece agora certo grau de direitos civis. Não, queremos isso agora, ou achamos que ninguém deve ter isso.

O propósito de nossa organização é começar aqui mesmo no Harlem, que tem a maior concentração de gente de ascendência africana na Terra. Há mais africanos no Harlem do que em qualquer outra cidade do continente africano. Pois é isso que vocês e eu somos – africanos. Pegue qualquer branco distraído aqui e agora, pegue o sujeito distraído e pergunte o que ele é, e ele não vai responder que é americano. Ou ele vai lhe dizer que é irlandês, ou italiano, ou alemão, se você o pegar distraído e ele não perceber o que você está fazendo. E, embora tenha nascido aqui, ele vai dizer que é italiano. Bom, se ele é italiano, vocês e eu somos africanos – ainda que tenhamos nascido aqui.

Por isso começamos primeiro na cidade de Nova York. Começamos no Harlem – e, quando digo Harlem, estou falando de Bedford-Stuyvesant, um lugar qualquer nessa região em que vocês e eu vivemos, esse é o Harlem – com a intenção de nos espalharmos pelo estado, e depois chegando a todo o país, e depois saindo do país para chegar a todo o Hemisfério Ocidental. Porque, quando dizemos afro-americanos, incluímos qualquer um no Hemisfério Ocidental que tenha origem africana. A América do Sul é América. A América Central é América. A América do Sul tem muitas pessoas descendentes de africanos. E todo aquele que está na América do Sul e que tenha origem africana é um afro-americano. Todos no Caribe, seja nas Índias Ocidentais, seja em Cuba ou no México, que

---

6 Referência ao presidente Lyndon B. Johnson. [N. E.]

tenham sangue africano são afro-americanos. Se essas pessoas estão no Canadá e têm sangue africano, são afro-americanas. Se estiverem no Alasca, embora possam se autodenominar esquimós, se tiverem sangue africano, elas são afro-americanas.

Por isso, o propósito de uma Organização de Unidade Afro--Americana é unir todos no Hemisfério Ocidental de origem africana numa força imensa. E aí, quando estivermos reunidos entre nós no Hemisfério Ocidental, vamos nos unir com nossos irmãos da nossa terra natal, no continente da África. Então, para deixar tudo bem claro, eu gostaria de ler junto com vocês as "Metas e objetivos básicos da Organização da Unidade Afro-Americana", iniciada aqui em Nova York em junho de 1964.

A Organização da Unidade Afro-Americana, organizada e estruturada por um recorte do povo afro-americano vivendo nos Estados Unidos da América, tem sido moldada de acordo com a letra e o espírito da Organização da Unidade Africana, que foi estabelecida em Adis Abeba, na Etiópia, em maio de 1963.

Nós, os membros da Organização da Unidade Afro-Americana, reunidos no Harlem, em Nova York:

Convencidos de que é direito inalienável de todo o nosso povo controlar o nosso próprio destino;

Conscientes do fato de que a liberdade, a igualdade, a justiça e a dignidade são objetivos centrais para a conquista de aspirações legítimas do povo de ascendência africana no Hemisfério Ocidental, vamos nos esforçar para construir uma ponte de compreensão e para criar as bases da união afro-americana;

Conscientes de nossa responsabilidade de reunir os recursos naturais e humanos de nosso povo em nome de seu avanço total em todas as esferas do empreendimento humano;

Inspirados por nossa determinação comum em promover a compreensão entre nosso povo e a cooperação em todas as questões relativas à sua sobrevivência e a seu avanço, apoiaremos as aspirações de nosso povo por irmandade e solidariedade em uma unidade mais ampla que transcenda todas as diferenças organizacionais;

Convencidos de que, para traduzir essa determinação em uma força dinâmica na causa do progresso humano, é preciso que condições de paz e segurança sejam estabelecidas e mantidas;

E por "condições de paz e segurança" [estamos falando que] precisamos eliminar os latidos dos cães policiais, precisamos eliminar os cassetetes da polícia, precisamos eliminar as mangueiras de alta pressão, precisamos eliminar todas essas coisas que se tornaram tão características do chamado sonho americano. Essas coisas precisam ser eliminadas. Então viveremos em uma condição de paz e segurança. Jamais poderemos ter paz e segurança enquanto um único homem negro neste país estiver sendo mordido por um cachorro policial. Ninguém neste país tem paz e segurança.

Dedicados à unificação de todos os povos descendentes de africanos neste hemisfério e à utilização dessa unidade para trazer à existência a estrutura organizacional que irá projetar para o mundo as contribuições do povo negro;

Persuadidos de que a Carta das Nações Unidas, a Declaração Universal dos Direitos Humanos, a Constituição dos Estados Unidos e a Carta de Direitos são os princípios em que acreditamos e de que esses documentos, caso colocados em prática, representam a essência das esperanças e boas intenções da humanidade;

Desejosos de que todos os povos afro-americanos e todas as suas organizações se unam daqui por diante para que possam assegurar o bem-estar de nosso povo;

Estamos resolvidos a reforçar o vínculo comum de propósitos entre o nosso povo deixando de lado todas as nossas diferenças e estabelecendo um programa construtivo e não sectário de direitos humanos.

Apresentamos aqui este documento de fundação.

I. CRIAÇÃO

A Organização da Unidade Afro-Americana deverá incluir todos os povos descendentes de africanos do Hemisfério Ocidental, assim como nossos irmãos e irmãs do continente africano.

O que significa que qualquer um que seja descendente de africanos, que tenha sangue africano, pode se tornar um membro da Organização da Unidade Afro-Americana, assim como qualquer um de nossos irmãos e irmãs do continente africano. Porque se trata não só de uma organização de unidade de afro-americanos no sentido de que queremos unir todos os nossos povos que estão na América do Norte, na América do Sul e na América Central a nosso povo no continente africano. Precisamos nos unir para avançar. A África não avançará mais rápido do que nós e nós não avançaremos mais rápido do que a África. Temos um único destino e tivemos um único passado.

Em essência, o que está sendo dito é que, em vez de vocês e eu corrermos por aí em busca de aliados para nossa luta pela liberdade no bairro irlandês ou no bairro judeu ou no bairro italiano, precisamos buscar aliados nos povos que se parecem conosco. É hora de vocês e eu pararmos de correr para longe do lobo mas na direção da raposa, em busca de algum tipo de ajuda. Isso é horrível.

II. AUTODEFESA

Como a autopreservação é a primeira lei da natureza, afirmamos o direito do afro-americano à autodefesa.

A Constituição dos Estados Unidos da América claramente afirma o direito de todo cidadão americano portar armas. E, como americanos, não vamos abrir mão de um único direito garantido pela Constituição. A história da violência impune contra o nosso povo claramente indica que precisamos estar preparados para nos defender ou então continuar a ser um povo indefeso à mercê de uma turba racista implacável e violenta.

Afirmamos que, nas áreas onde o governo mostra não ter capacidade ou disposição para proteger as vidas e a propriedade de nosso povo, nosso povo está em seu direito de se proteger usando todos os meios que sejam necessários.

Vou repetir, porque para mim essa é a coisa mais importante que vocês precisam saber. Eu já sei disso.

Afirmamos que, nas áreas onde o governo mostra não ter capacidade ou disposição para proteger as vidas e a propriedade de nosso povo, nosso povo está em seu direito de se proteger usando todos os meios que sejam necessários.

É esse ponto que vocês precisam espalhar para nosso povo aonde quer que vocês forem. Jamais deixem que nosso povo sofra lavagem cerebral e seja levado a pensar que estão indo contra a lei sempre que tomarem uma medida para garantir que estejam em condições de se defender. Vocês só estarão fora da lei quando violarem uma lei. É lícito ter algo para se defender. Ora, eu ouvi o presidente Johnson ontem ou hoje, acho que foi hoje, falando que este país seria rápido para ir à guerra caso precisasse se defender. Ora, que papel de tolos vocês fazem, vivendo em um país que irá à guerra por uma bobagem para se defender, e aqui vocês precisam ficar parados diante de cães policiais violentos e de brancos[7] de olhos azuis à espera de que alguém diga o que vocês devem fazer para se defenderem!

Esses dias ficaram para trás, acabaram, isso é passado. O momento em que você e eu permitíamos de modo não violento

---

7 Malcolm X usa aqui e em outros pontos desse discurso o termo "*cracker*", epíteto racial direcionado aos brancos, especialmente aos brancos pobres de áreas rurais do Sul dos Estados Unidos. [N. E.]

que nos tratassem brutalmente está *passé*. Sejam não violentos apenas com quem for não violento com vocês. E, quando vocês conseguirem me apresentar um racista não violento, quando me apresentarem um segregacionista não violento, aí eu vou ser não violento. Mas não venham me ensinar a ser não violento até que vocês ensinem esses brancos a serem não violentos. Vocês nunca viram um branquelo sulista não violento. É difícil para um racista ser não violento. É difícil para qualquer pessoa inteligente ser não violento. Tudo no universo faz algo quando você começa a brincar com a vida dele, exceto o negro americano. Ele se deita e diz: "Vem me bater, papai".

Por isso está escrito aqui: "Um homem com um rifle ou um porrete só pode ser parado por uma pessoa que se defenda com um rifle ou um porrete". Isso é igualdade. Se você tem um cão, eu devo ter um cão. Se você tem um rifle, eu devo ter um rifle. Se você tem um porrete, eu devo ter um porrete. Isso é igualdade. Se o governo dos Estados Unidos não quer que você e eu tenhamos rifles, então vai ser preciso tirar os rifles desses racistas. Se eles não querem que você e eu usemos porretes, que tirem os porretes desses racistas. Se não querem que vocês e eu sejamos violentos, então impeçam os racistas de serem violentos. Não venham ensinar não violência enquanto esses branquelos forem violentos. Isso ficou no passado.

Táticas baseadas na moralidade só podem ser bem-sucedidas quando você está lidando com pessoas morais ou com um sistema moral. Um homem ou um sistema que oprime um homem em função de sua cor não é moral. É dever de todo afro-americano e de toda comunidade afro-americana neste país proteger seu povo contra assassinos em massa, contra bombardeios, contra linchadores, contra açoitadores, contra espancadores e contra exploradores.

Posso dizer neste ponto que, em vez dos vários grupos negros declararem guerra uns contra os outros, de mostrarem como eles

77

podem ser militantes rachando os crânios uns dos outros, que eles vão para o Sul e rachem os crânios dos brancos. Qualquer grupo de pessoas neste país que tenha um histórico de ser atacado por racistas – e não há registro de que eles tenham posto a prêmio a cabeça de alguns desses racistas –, ora, eles são malucos colocando a prêmio a cabeça de alguns de seus ex-irmãos. Ou então, irmãos X, eu não sei como vocês classificam isso.

III. EDUCAÇÃO

A educação é um elemento importante na luta por direitos humanos. É o meio para ajudar nossas crianças e o nosso povo a redescobrir sua identidade e assim aumentar seu autorrespeito. A educação é nosso passaporte para o futuro, pois o amanhã pertence apenas às pessoas que se prepararem para ele hoje.

E devo dizer neste ponto, quando eu estava na África não conheci um africano sequer que não estivesse de braços abertos para abraçar qualquer afro-americano que voltasse ao continente africano. Porém, uma das coisas que todos eles disseram é que todos do nosso povo que se encontram neste país deveriam aproveitar todo tipo de oportunidade educacional disponível antes de pensar em começar a falar sobre o futuro. Se você está cercado de escolas, vá para a escola.

Nossas crianças estão sendo enganadas de modo criminoso no sistema de educação pública dos Estados Unidos. As escolas afro--americanas são as mais mal administradas na cidade de Nova York. Os diretores e os professores não conseguem compreender a natureza dos problemas com que trabalham e, como resultado, não conseguem cumprir com a tarefa de ensinar a nossas crianças

Eles não nos entendem, nem entendem nossos problemas; não entendem. "Os livros didáticos não dizem nada a nossas crianças sobre as grandes contribuições dos afro-americanos para o crescimento e o desenvolvimento deste país."

E realmente não dizem. Quando mandamos nossos filhos para a escola neste país, eles não aprendem nada sobre nós, exceto que trabalhávamos colhendo algodão. Toda criança pequena que vai à escola acha que seu avô colhia algodão. Ora, o seu avô era Nat Turner; o seu avô era Toussaint L'Ouverture; o seu avô era Aníbal. O seu avô foi um dos maiores negros que já existiram sobre a terra. Foram as mãos de seu avô que forjaram a civilização e foram as mãos de sua avó que embalaram o berço da civilização. Porém os livros didáticos nada falam sobre as grandes contribuições dos afro-americanos para o crescimento e o desenvolvimento deste país.

O plano de integração da Secretaria de Educação é caro e inviável; e a organização de diretores e de supervisores na cidade de Nova York se recusou a apoiar o plano da Secretaria para integrar as escolas, condenando assim a ideia ao fracasso mesmo antes de ela ser posta em prática.

A Secretaria de Educação desta cidade afirmou que, mesmo com seu plano, há dez por cento das escolas do Harlem e da comunidade de Bedford-Stuyvesant no Brooklyn que eles não têm como melhorar.

Então o que nós fazemos?

Isso significa que a Organização da Unidade Afro-Americana precisa tornar a comunidade afro-americana uma força mais poderosa para o autoaprimoramento educacional.

Um primeiro passo no programa para acabar com o atual sistema racista de educação é a exigência de que os 10 por cento das escolas que a Secretaria de Educação não irá incluir em seu plano sejam entregues para a própria comunidade afro-americana, que passará a administrá-las.

Uma vez que eles dizem que não têm como melhorar essas escolas, por que você e eu, que moramos na comunidade, deveríamos deixar que esses tolos continuem a administrar as escolas e a produzir essa educação de baixo padrão? Não, eles que entreguem essas escolas para nós. Como eles dizem que não sabem lidar com isso, nem conseguem corrigir as escolas, vamos tentar nós mesmos.

O que nós queremos? "Nós queremos diretores afro-americanos comandando essas escolas. Queremos professores afro-americanos nessas escolas." Isso significa que queremos diretores negros e professores negros com livros didáticos que falem do povo negro.

Queremos livros didáticos escritos por afro-americanos que sejam aceitáveis para nosso povo antes que eles possam ser usados nessas escolas.

A Organização da Unidade Afro-Americana vai selecionar e recomendar pessoas para trabalharem nos conselhos de Educação locais, onde as políticas educacionais são formuladas e repassadas para a Secretaria de Educação.

E isso é muito importante.

"Por meio desses passos, vamos transformar esses dez por cento das escolas que vamos assumir em modelos que vão atrair a atenção de gente do país todo." Em vez de serem escolas que produzem alunos cuja dieta acadêmica não é completa, podemos transformá-las em exemplos do que nós podemos fazer desde que nos deem a oportunidade.

Se essas propostas não forem aceitas, pediremos a pais afro-americanos que mantenham seus filhos fora das escolas inferiores que eles frequentam atualmente. E, quando essas escolas em nossos bairros forem controladas por afro-americanos, vamos devolver as crianças a elas.

A Organização da Unidade Afro-Americana reconhece a importância tremenda do completo envolvimento dos pais afro-americanos em todas as fases da vida escolar. Os pais afro-americanos devem ter disposição e capacidade de ir às escolas e verificar se o trabalho de educação de nossas crianças está sendo feito de maneira adequada.

Toda essa história de colocar a culpa inteiramente no professor não faz o menor sentido. Os pais em casa têm tanta responsabilidade quanto os professores de perceber se o que está acontecendo na escola está certo. Portanto, nossa intenção é não apenas criar um programa educacional para as crianças, mas criar um programa educacional para os pais, para que eles estejam conscientes de sua responsabilidade no que diz respeito à educação de seus filhos.

Nós convocamos todos os afro-americanos do país a estarem conscientes de que as condições que existem no sistema de educação pública da cidade de Nova York são igualmente deploráveis em suas cidades. Devemos unir nossos esforços e difundir nosso programa de autoaprimoramento por meio da educação para todas as comunidades afro-americanas nos Estados Unidos.

Devemos estabelecer em todo o país escolas nossas para treinar nossos filhos para que eles se tornem cientistas, para que se tornem matemáticos. Devemos perceber a necessidade da educação de adultos e de programas de requalificação profissional que tenham ênfase numa sociedade em transformação em que a automação desempenha papel fundamental. Pretendemos usar as ferramentas da educação para ajudar a elevar nosso povo a um nível de excelência e de autorrespeito sem precedentes por meio de seus próprios esforços.

IV. POLÍTICA E ECONOMIA

E as duas coisas são quase inseparáveis, pois a política depende de dinheiro; sim, é disso que ela depende.

Basicamente, há dois modos de poder que contam nos Estados Unidos: o poder econômico e o poder político, com o poder social derivando desses dois. Para que os afro-americanos controlem seu destino, eles precisam ser capazes de controlar e influenciar as decisões que controlam seu destino: decisões econômicas, políticas e sociais. Isso só é possível por meio da organização.

A Organização da Unidade Afro-Americana vai organizar a comunidade afro-americana quadra a quadra para conscientizar a comunidade de seu poder e de seu potencial; começaremos imediatamente a registrar eleitores para fazer de cada cidadão sem título de eleitor na comunidade afro-americana um eleitor independente.

Não vamos organizar os negros para fazer deles democratas ou republicanos, porque os dois partidos nos traíram. Ambos nos traíram; os dois partidos nos traíram. Ambos os partidos são racistas, e o Partido Democrata é mais racista do que o Partido Republicano. Posso provar isso. Basta você dizer o nome de todos os candidatos ao governo em Washington neste momento. Ele é democrata e vem de um desses estados racistas, como Geórgia, Alabama, Texas, Mississippi, Flórida, Carolina do Sul, Carolina do Norte. E eles têm mais poder do que qualquer homem branco no Norte. Do que ele está falando? O Texas é um estado racista, na verdade, enforcam você mais rápido no Texas do que no Mississippi. Nunca pense que só por virar presidente um sujeito do Sul racista deixa de ser racista. Ele era um sulista racista antes de virar presidente e vai continuar sendo na presidência. Vou dizer as coisas como elas são. Espero que vocês consigam entender as coisas como elas são.

Nós propomos a organização de clubes políticos, e o apoio a esses clubes, para lançarem candidatos independentes aos cargos, e para apoiar qualquer afro-americano que já ocupe um cargo e que atenda aos anseios da comunidade afro-americana e seja responsivo a ela.

Não vamos apoiar negros que sejam controlados pela estrutura de poder dos brancos. Vamos começar não apenas a registrar eleitores, mas também a educá-los para fazer com que nosso povo tenha uma compreensão da ciência da política, de modo que eles sejam capazes de ver o papel que um político desempenha no esquema das coisas; para que eles entendam quando o político está fazendo o seu trabalho e quando ele não está fazendo o seu trabalho. E, sempre que um político não estiver fazendo o seu trabalho, nós vamos tirá-lo de lá, seja ele branco, negro, verde, azul, amarelo ou de qualquer outra cor que possam inventar.

"A exploração econômica na comunidade afro-americana é a forma mais perversa de exploração praticada contra qualquer população nos Estados Unidos." Na verdade, trata-se da forma de exploração mais perversa praticada contra qualquer povo no planeta. Ninguém é explorado economicamente de maneira mais completa do que vocês e eu, porque, na maior parte dos países em que as pessoas são exploradas, elas sabem disso. Vocês e eu neste país estamos sendo explorados e muitas vezes nem sabemos disso.

"Inquilinos de imóveis apodrecendo, infestados por ratos e com baratas rastejando pagam aluguéis duas vezes maiores."

Isso é verdade. É mais caro morar no Harlem do que na Park Avenue. Vocês sabiam que o aluguel na Park Avenue é mais caro no Harlem do que no sul de Manhattan? E no Harlem você tem tudo isso no apartamento com você – baratas, ratos, gatos, cachorros, e alguns outros forasteiros – disfarçados de senhorios.

"O afro-americano paga mais por comida, paga mais por roupas, paga mais por seguro do que qualquer outro." E é verdade. É mais caro para vocês e para mim pagar um seguro do que para um sujeito branco no Bronx ou em outro lugar. A comida é mais cara para vocês e para mim do que para eles. É mais caro para vocês e para mim viver nos Estados Unidos do que para qualquer outra pessoa, e no entanto somos nós quem damos a maior das contribuições.

Me digam que espécie de país é este. Por que nós deveríamos fazer os trabalhos mais sujos pelos salários mais baixos? Por que nós deveríamos fazer os trabalhos mais duros pelos salários mais baixos? Por que deveríamos pagar mais para viver no pior tipo de lugar? Estou dizendo a vocês que isso acontece com os negros porque nós moramos no mais podre dos países que já existiu sobre a face da Terra. É o sistema que está podre; temos um sistema podre. É um sistema de exploração, um sistema político e econômico de exploração, de humilhação pura e simples, de degradação, de discriminação – todas as coisas ruins que vocês podem encontrar vocês encontram neste sistema que se disfarça de democracia – que se disfarça de democracia. E as coisas que eles fazem contra vocês e contra mim são piores do que algumas das coisas que fizeram na Alemanha contra os judeus. Piores do que algumas coisas que os judeus enfrentaram. E vocês aqui ainda se preparando para serem convocados e ir defender isso em algum lugar. Alguém precisa dar com um porrete na cabeça de vocês.

A Organização da Unidade Afro-Americana fará um esforço incansável contra esses males em nossa comunidade. Deverá haver organizadores para trabalhar com nosso povo para resolver esses problemas e para dar início a um programa de autoaprimoramento habitacional.

Em vez de ficar esperando que os brancos venham e arrumem nosso bairro, vamos arrumar nós mesmos. É aí que vocês se enganam. Ninguém de fora pode limpar nossa casa tão bem quanto você. Ninguém de fora pode cuidar dos seus filhos tão bem quanto você. Ninguém de fora pode atender suas necessidades tão bem quanto você. E ninguém de fora pode entender seus problemas tão bem quanto você. E, ainda assim, vocês ficam esperando que alguém de fora venha cuidar disso. Nós vamos fazer isso ou então ninguém jamais vai fazer.

"Nós propomos apoiar greves do aluguel."[8] Sim, não pequenas greves do aluguel em uma quadra. Vamos fazer o Harlem inteiro parar de pagar aluguel. Vamos fazer todos os negros desta cidade entrarem em greve; a Organização da Unidade Afro-Americana só vai parar quando todos os negros da cidade estiverem na greve. Ninguém vai pagar aluguel nenhum. A cidade inteira vai parar de pagar. E eles não têm como colocar todos nós na cadeia porque as cadeias já estão cheias de negros.

Quanto às nossas necessidades sociais – espero não estar assustando ninguém. Eu devia parar aqui e dizer que, se você é do tipo de pessoa que se assusta, que fica com medo, você jamais deveria ficar perto da gente. Porque a gente vai deixar você morrendo de medo. E você não tem muito para onde correr, porque você já está meio morto mesmo. Economicamente você está morto – não tem onde cair duro. Recebeu o salário ontem e hoje não tem onde cair duro.

V. SOCIAL

Esta organização responde apenas ao povo afro-americano e à comunidade afro-americana.

Esta organização não responde a mais ninguém, apenas a nós. Nós não precisamos perguntar ao sujeito no sul de Manhattan se podemos fazer um protesto. Nós não precisamos perguntar ao sujeito do sul de Manhattan quais táticas podemos usar para fazer um protesto mostrando nosso ressentimento contra o abuso

---

8 Forma de protesto em que inquilinos de um local se unem em um movimento coordenado para não pagarem os aluguéis até que os proprietários dos imóveis concordem em negociar suas demandas. Entre 1963 e 1964, uma greve do aluguel irrompeu no bairro do Harlem, sob a liderança de Jesse Gray, por melhorias nas condições habitacionais e contra os aumentos abusivos. [N. E.]

criminoso que ele comete. Não precisamos da autorização dele; não precisamos pedir o aval dele; não precisamos da permissão dele. Sempre que soubermos que existe uma condição injusta, e que, além de injusta é ilegal, vamos atacar essa situação custe o que custar. E também vamos atacar quem quer que fique no nosso caminho.

> Esta organização responde apenas ao povo afro-americano e à sua comunidade e funcionará apenas com seu apoio, tanto financeiro quanto numérico. Acreditamos que nossas comunidades devem ser a fonte de nossa força política, econômica, intelectual e cultural na luta pelos direitos humanos e pela dignidade humana.
>
> A comunidade precisa reforçar sua responsabilidade moral de se livrar dos efeitos de anos de exploração, negligência e apatia, e combater sem pausas a brutalidade policial.

Sim. Existem bons policiais e existem maus policiais. Normalmente nós ficamos com os maus. Com todo o policiamento do Harlem, há crimes demais, drogas demais, alcoolismo demais, prostituição demais, jogo demais.

Por isso nós ficamos desconfiados com os motivos do comissário Murphy quando ele manda todos esses policiais para cá. Começamos a pensar que eles são apenas meninos de recados cujo trabalho é vir aqui, pegar a propina e entregar para o Murphy lá no sul da cidade. Sempre que algum comissário de polícia acha que é preciso aumentar o número de policiais no Harlem e, ao mesmo tempo, não vemos nenhuma diminuição na criminalidade, ora, acho que temos direito de suspeitar dos motivos. Ele não pode estar mandando esses policiais para cá para combater o crime, já que o crime só está aumentando. Quanto mais policiais temos, mais crimes temos. Começamos a achar que eles trazem parte dos crimes junto com eles.

Por isso o nosso propósito é organizar a comunidade para que nós mesmos – isto é, já que a polícia não pode eliminar o tráfico de drogas, nós mesmos vamos ter que eliminar o tráfico. Já que a polícia não consegue eliminar o jogo organizado, nós vamos ter que fazer isso. Já que a polícia não consegue eliminar a prostituição organizada e todos esses males que estão destruindo a fibra moral de nossa comunidade, cabe a vocês e a mim eliminar esses males por conta própria. Mas em muitos exemplos, quando vocês se unem neste país ou nesta cidade para combater o crime organizado, vocês descobrem que estão combatendo o próprio departamento de polícia, porque eles estão envolvidos com o crime organizado. Onde houver crime organizado, esse tipo de crime não pode existir a não ser com o consentimento da polícia, com o conhecimento da polícia e com a cooperação da polícia.

Vocês vão concordar que não conseguem organizar uma loteria clandestina no bairro de vocês sem que a polícia fique sabendo. Uma prostituta não consegue dar um golpe na esquina sem que a polícia fique sabendo. Um sujeito não pode usar drogas em lugar nenhum da avenida sem que a polícia fique sabendo. E eles pagam suborno para a polícia para não serem presos. Eu sei do que estou falando – eu já estive lá. Você não consegue fazer nada sem a polícia armar para você. Você tem que pagar os caras.

A polícia é tranquila. Eu digo que existem policiais bons e policiais ruins. Mas normalmente eles mandam os maus para o Harlem. Como esses maus policiais vieram para o Harlem e não diminuíram a taxa de criminalidade, eu digo a vocês, irmãos e irmãs, que é hora de vocês e eu nos organizarmos e eliminarmos esses males por conta própria, ou a gente vai passar o resto da vida esperando.

O vício em drogas transforma sua irmãzinha numa prostituta antes de chegar à adolescência; transforma seu irmãozinho num criminoso antes de ele chegar à adolescência – vício em drogas e alcoolismo. E se vocês e eu não formos homens o bastante para ir à raiz dessas coisas, não vamos ter nem o direito de andar por aí reclamando disso. A polícia não vai eliminar essas coisas.

A nossa comunidade precisa reforçar sua responsabilidade moral de se livrar dos efeitos de anos de exploração, negligência e apatia, e combater sem pausas a brutalidade policial.

Onde essa brutalidade policial também entra em cena – a nova lei que eles acabam de aprovar, a lei de entrar para cumprir mandados sem bater na porta, a lei da detenção para averiguação, essa é uma lei contra os negros. Essa é uma lei que foi aprovada e sancionada pelo [governador Nelson] Rockefeller. O Rockefeller com seu sorriso velho, sempre com um sorriso seboso no rosto e apertando as mãos dos negros, como se ele fosse um pai ou avô ou tio-avô dos negros. Mas, quando é o caso de aprovar uma lei que é pior do que qualquer lei que eles tinham na Alemanha nazista, o Rockefeller mal podia esperar para pôr a assinatura dele ali. E essa lei foi feita só para tornar legal aquilo que eles fazem o tempo todo.

Eles aprovaram uma lei que lhes dá o direito de botar nossa porta abaixo sem nem mesmo bater antes. Botar a porta abaixo e entrar e arrebentar a sua cabeça e processar você com o pretexto de que desconfiam e que você fez alguma coisa. Ora, irmãos, a Alemanha nazista não tinha leis tão ruins assim. E essa lei foi aprovada para você e para mim, é uma lei contra os negros, porque você tem um governador contra os negros sentado na cadeira lá em Albany – eu já ia dizendo Albany, na Geórgia – em Albany, Nova York. Não tem muita diferença. Albany, Nova York, Albany, Geórgia. E não tem muita diferença entre o governo que existe em Albany, Nova York, e o governo que existe em Albany, na Geórgia.

A comunidade afro-americana precisa aceitar a responsabilidade de recuperar nosso povo, que perdeu seu lugar na sociedade. Precisamos declarar guerra total ao crime organizado em nossa comunidade; um vício que é controlado por policiais que aceitam propinas e subornos precisa ser exposto. Precisamos criar uma clínica que possa dar ajuda aos dependentes de drogas e curá-los.

Isso é absolutamente necessário. Quando uma pessoa está viciada em drogas, ela não é uma criminosa; é uma vítima de um criminoso. O criminoso é o sujeito no sul de Manhattan que traz essa droga para o país. Negros não têm como trazer drogas para o país. Vocês não têm barcos. Vocês não têm aviões. Vocês não têm imunidade diplomática. Não são vocês os responsáveis por trazer drogas. Vocês são só uma pequena ferramenta usada pelo sujeito do sul de Manhattan. O homem que controla o tráfico de drogas está sentado na prefeitura ou no palácio do governo. Figurões que são respeitados, que atuam em altos círculos – são eles que controlam essas coisas. E vocês e eu jamais vamos arrancar esse mal pela raiz sem antes enfrentar esse homem no sul de Manhattan.

Precisamos criar atividades significativas, criativas, úteis para aqueles que são levados a trilhar as avenidas do vício.

As pessoas da comunidade afro-americana devem estar preparadas para se ajudar de todos os modos possíveis; precisamos criar um lugar onde mães solteiras possam receber ajuda e conselhos.

Esse é um problema, esse é um dos piores problemas em nossa...

[*Um breve trecho é perdido quando a fita cassete é virada.*]

"Precisamos criar um sistema de proteção que ajude nossos jovens que se envolvem com problemas." Muitas crianças se envolvem com problemas por acidente. E depois de se envolverem com algum problema, como não têm ninguém para cuidar deles, elas são colocadas em uma dessas casas onde há outros que têm mais experiência em se envolver com problemas. E isso imediatamente se torna uma má influência para elas e elas jamais têm uma chance de consertar suas vidas. Muitas crianças têm sua vida inteira destruída assim. Cabe a vocês e a mim agora mesmo formar o tipo de organização na qual possamos zelar pelas necessidades de todos esses jovens que estão com problemas, especialmente daqueles que se envolveram com algum problema pela primeira vez, para que possamos fazer algo para levá-los de novo ao caminho certo antes que seja tarde demais.

E precisamos oferecer atividades construtivas para nossas crianças. Precisamos dar um bom exemplo para nossos filhos e precisamos ensiná-los a sempre estar prontos para aceitar as responsabilidades necessárias para construir boas comunidades e nações. Precisamos ensinar a eles que a sua maior responsabilidade é com eles mesmos, com suas famílias e suas comunidades.

A Organização da Unidade Afro-Americana acredita que a comunidade afro-americana deve se esforçar para que a maior parte do trabalho da comunidade venha de dentro da própria comunidade. Caridade, porém, não é aquilo a que temos direito legal na forma de benefícios governamentais. O veterano afro-americano deve ser conscientizado sobre os benefícios que lhe são devidos e sobre os procedimentos para recebê-los.

Muitos dos nossos sacrificaram suas vidas no campo de batalha por este país. Há muitos benefícios governamentais que nosso povo não conhece. Muitos estão qualificados para receber assistência de todo tipo, mas nem sabem disso. Nós, porém, sabemos disso, e portanto é nosso dever, daqueles que sabemos disso, organizar um sistema por meio do qual seja possível informar nosso povo que não está sendo informado disso, ensinando como eles podem reivindicar tudo aquilo a que têm direito da parte deste governo. E vocês têm direito a muita coisa. "Os veteranos devem ser incentivados a agir juntos, usando empréstimos concedidos a militares" e a todos os outros itens a que temos acesso ou que estão disponíveis para nós.

"Os afro-americanos devem se unir e trabalhar juntos. Devemos nos orgulhar da comunidade afro-americana, pois ela é nosso lar e nossa força", a base de nosso poder.

"O que estamos fazendo aqui é reconquistar nosso autorrespeito; nossa humanidade, nossa dignidade e nossa liberdade ajudam todos os povos em toda parte que também estão lutando contra a opressão."

Por fim, no que diz respeito à cultura e ao aspecto cultural da Organização da Unidade Afro-Americana.

> "Uma raça de pessoas é como um indivíduo; até que passe a utilizar seus próprios talentos, a se orgulhar de sua própria história, a expressar sua própria cultura, a afirmar sua própria individualidade, ele jamais poderá se realizar plenamente."
>
> Nossa história e nossa cultura foram completamente destruídas quando fomos trazidos à força para a América acorrentados. E agora é importante para nós saber que nossa história não começou com a escravidão. Nós viemos da África, um grande continente, onde vive um povo orgulhoso e variado, uma terra que é nosso mundo e que foi o berço da civilização. Nossa cultura e nossa história são tão antigas quanto o próprio homem e, no entanto, nada sabemos sobre elas.

Isso não é acidental. Não é acidental que uma cultura tão elevada tenha existido na África e que vocês e eu nada saibamos sobre isso. Ora, o homem sabia que, enquanto vocês e eu acreditássemos que éramos alguém, ele jamais poderia nos tratar como se fôssemos ninguém. Por isso ele precisou bolar um sistema que nos despiria de tudo relativo a nós que pudéssemos usar para provar que éramos alguém. E, depois de nos despir de toda característica humana – de nos despir de nossa língua, de nos despir de nossa história, de nos despir de todo conhecimento cultural, e de nos reduzir ao nível de um animal –, ele começou a nos tratar como animais, nos vendendo de uma fazenda para outra, nos criando como se cria gado.

Porque, irmãos e irmãs, quando vocês despertarem e descobrirem o que este homem aqui fez a vocês e a mim, vocês não vão esperar que alguém dê a ordem. Não estou dizendo que todos eles sejam maus. Pode ser que haja alguns bons. Mas não temos tempo para procurá-los. Não hoje.

Devemos recapturar nossa herança e nossa identidade para que possamos nos libertar das amarras da supremacia branca. Devemos lançar uma revolução cultural para desfazer a lavagem cerebral de todo um povo.

Uma revolução cultural. Ora, irmãos, essa é uma revolução insana. Quando você disser a este homem negro nos Estados Unidos quem ele é, de onde ele vem, o que ele tinha quando estava lá, ele vai olhar em torno e perguntar a si mesmo: "Bom, o que aconteceu com tudo isso, quem tirou isso de nós e como isso foi feito?". Ora, irmãos, vocês vão deparar com algo assim. Quando vocês disserem ao homem negro nos Estados Unidos onde ele esteve um dia e o que ele teve, ora, ele só precisa olhar para si mesmo hoje para perceber que algo criminoso foi feito contra ele para reduzi-lo à baixa condição em que se encontra hoje.

Quando ele perceber o que foi feito, como isso foi feito, onde foi feito, quando foi feito, e quem fez isso, esse conhecimento por si só vai dar início a seu programa de ação. E vocês não perceberão contra o que estão agindo até se darem conta do que eles fizeram contra vocês. Muitos de vocês nem sabem o que fizeram contra vocês, e é isso que faz com que estejam tão prontamente dispostos a esquecer e a perdoar. Não, irmãos, quando virem o que aconteceu com vocês, jamais vão esquecer e jamais vão perdoar. E, como eu digo, pode ser que nem todos eles sejam culpados. Mas a maioria é. A maioria deles é.

Nossa revolução cultural deve ser o meio de nos aproximar de nossos irmãos e irmãs africanos. Deve começar na comunidade e se basear na participação da comunidade. Os afro-americanos só estarão livres para criar quando puderem depender do apoio da comunidade afro-americana, e os artistas afro-americanos devem perceber que eles dependem da comunidade afro-americana para se inspirar.

Nossos artistas – temos artistas que são gênios; eles não precisam fazer o papel de Stepin Fetchit.[9] Porém, enquanto estiverem buscando o apoio dos brancos, em vez do apoio dos negros, eles precisam atuar do modo que o velho apoiador branco deseja que eles façam. Quando vocês e eu começarmos a apoiar os artistas negros, os artistas negros poderão desempenhar esse papel de negro. Enquanto o artista negro precisar cantar e dançar para agradar os brancos, ele será um palhaço, estará agindo como um palhaço, será só um palhaço. Mas, quando ele puder cantar e dançar para agradar os negros, ele cantará outra canção e dançará outra coreografia. Quando nos unirmos, teremos uma coreografia só nossa. Teremos uma coreografia que mais ninguém será capaz de fazer, só nós, porque nós temos uma razão para dançá-la que ninguém pode compreender, a não ser nós.

Devemos trabalhar na direção da criação de um centro cultural no Harlem, o que incluirá pessoas de todas as idades e onde se realizarão oficinas de artes, tais como cinema, escrita criativa, pintura, teatro, música e todo o espectro da história afro-americana.

Essa revolução cultural será a jornada de nossa redescoberta de nós mesmos. A história é a memória de um povo, e sem memória um homem é rebaixado ao nível dos mais baixos animais.

Quando você não conhece a própria história, você é apenas um animal; na verdade, você é um negro; algo que não é nada. O único homem no mundo que é chamado de negro é aquele que não conhece a sua história. O único homem no mundo que é chamado de negro é aquele que não sabe de onde veio. Esse é o homem que existe nos Estados Unidos. Ninguém chama os africanos de negros.

---

9 Stepin Fetchit, nome artístico de Lincoln Theodore Monroe Andrew Perry (1902–85), foi um comediante e ator de cinema estadunidense. Era conhecido por trabalhar com o estereótipo do negro como "preguiçoso". [N. E.]

Ora, um dia desses um homem branco me disse: "Ele não é negro". O sujeito no caso era preto como a noite, e o branco me disse: "Ele não é negro, é africano". Eu disse: "Ora, vejam só". Eu sabia que ele não era, mas eu queria desmascarar o branquelo, vocês sabem. Mas isso mostra que eles sabem disso. Você é negro por não saber quem é, por não ser aquilo que é, porque não sabe onde está e porque não sabe como chegou aqui. Mas, assim que acorda e descobre a resposta positiva para todas essas coisas, você deixa de ser negro. Você se torna alguém.

Armados com o conhecimento de nosso passado, podemos com confiança traçar um caminho para o nosso futuro. A cultura é uma arma indispensável na luta pela liberdade. Devemos abraçá-la e forjar o futuro usando o passado.

E para citar uma passagem de *Then We Heard the Thunder* [Então ouvimos o trovão], de John Killens, o livro diz:[10] "Ele era um patriota dedicado. A dignidade era seu país, a Humanidade era seu governo, e a Liberdade era sua terra". O velho John Killens.

Esse é o nosso objetivo. Não é agradável, precisamos suavizar um pouco. Mas não estamos tentando criar algo agradável. Não estamos nem aí se não é agradável. Não estamos nem aí se não é fácil. Não estamos nem aí se soa retrógrado. Na essência significa que só queremos uma coisa. Afirmamos ter o direito neste país de sermos homens, de sermos seres humanos, de sermos respeitados como seres humanos, de termos os mesmos direitos que um ser humano tem nesta sociedade, neste país, neste momento, e que pretendemos fazer com que isso ocorra custe o que custar.

Desculpem por ter me alongado tanto. Mas antes de irmos adiante, para dizer como vocês podem entrar para essa

---

10 Omite-se aqui a parte inicial da citação no livro de Killens: "Quando a batalha é vencida, que a história seja capaz de dizer a cada um de nós".

organização, quais são seus deveres e suas responsabilidades, quero deixar vocês de volta nas mãos de nosso mestre de cerimônias, o irmão Les Edmonds.

[*Realiza-se uma coleta de donativos. Malcolm retoma.*]

Um dos primeiros passos que vamos dar como Organização da Unidade Afro-Americana será trabalhar com todos os líderes e com outras organizações do país que estejam interessados em um programa voltado a levar o problema de vocês e meu para as Nações Unidas. Essa é a nossa primeira tarefa. Nós achamos que o problema do negro neste país está além da capacidade do Tio Sam de resolvê-lo. Está além da capacidade do governo dos Estados Unidos de resolvê-lo. O governo em si não é capaz de nem sequer ouvir nosso problema, muito menos de resolvê-lo. Ele não está moralmente equipado para resolver isso.

Portanto, precisamos tirar isso das mãos do governo americano. E o único modo pelo qual podemos fazer isso é por meio da internacionalização, utilizando a Declaração dos Direitos Humanos da ONU, a Carta de Direitos Humanos da ONU, e com base nisso levar o caso para a ONU para ser avaliado por representantes do mundo todo onde seja possível indiciar o Tio Sam pelas injustiças criminosas permanentes que nosso povo vivencia sob este governo.

Para fazer isso, teremos que trabalhar com muitas organizações e com muitas pessoas. Já conseguimos promessas de apoio de muitas organizações diferentes do país e de muitos líderes diferentes de nações independentes da África, da Ásia e da América Latina. Portanto, esse é nosso primeiro objetivo e para isso a única coisa de que precisamos é de apoio. Podemos contar com o apoio de vocês para esse projeto?

Nas quatro últimas semanas desde que voltei da África, muitas pessoas de todas as origens na comunidade afro-americana vêm se encontrando, reunindo informações, ideias e sugestões, formando uma espécie de massa crítica, com o objetivo de obter um corte transversal do pensamento, das esperanças, aspirações, dos gostos e desgostos, para ver que espécie de organização podemos montar que de algum modo consiga o apoio das pessoas, e que tipo de apoio é necessário para que essa organização seja independente o suficiente para tomar o tipo de medida de que precisamos para obter resultados.

Nenhuma organização que seja financiada pelo apoio dos brancos jamais poderá ser suficientemente independente para lutar contra a estrutura de poder com o tipo de tática necessária para conseguir resultados reais. O único modo que temos de lutar contra a estrutura de poder, e é contra a estrutura de poder que estamos lutando, não estamos nem mesmo lutando contra os segregacionistas do Sul, estamos lutando contra um sistema que é administrado a partir de Washington. Esse é o centro do sistema que estamos combatendo. E, para combatê-lo, temos que ser independentes dele. E o único modo de sermos independentes dele é não dependermos do apoio da comunidade branca. É uma batalha que precisamos lutar com nossos próprios recursos.

Agora, se os brancos quiserem ajudar, eles podem. Mas não podem se filiar. Eles podem ajudar na comunidade branca, mas não podem se filiar. Aceitamos a ajuda deles. Eles podem formar a Associação de Amigos Brancos da Organização da Unidade Afro-Americana, e trabalhar na comunidade branca com pessoas brancas e modificar a atitude deles em relação a nós. Eles nunca vão precisar vir aqui falar conosco e mudar nossa atitude. Já tivemos a nossa cota de brancos andando por aqui e tentando mudar nossa atitude. Foi isso que nos levou a essa confusão.

Por isso não questionamos a sinceridade deles, não questionamos os motivos deles, nem a integridade deles. Nós simplesmente os incentivamos a usar essas virtudes em outro lugar – na comunidade branca. Se eles puderem fazer uso de toda essa sinceridade na comunidade branca para fazer com que a comunidade branca aja melhor em relação a nós, aí vamos dizer: "Esses são brancos bons". Mas eles não precisam vir aqui, sorrir para nós e mostrar os dentes brancos como Pais Tomás, para tentar se fazerem aceitáveis para nós. A Associação dos Amigos Brancos da Organização da Unidade Afro-Americana, eles que trabalhem na comunidade branca.

O único modo de essa organização ser independente é se ela for financiada por vocês. Ela precisa ser financiada por vocês. Na semana passada eu disse a vocês que a taxa de associação seria de um dólar. Nós nos sentamos e pensamos sobre isso a semana toda e dissemos que cobrar um dólar de vocês não bastaria para criar uma organização. Estabelecemos uma taxa de associação, se esse for o nome, de dois dólares. Custa mais do que isso, acho, para se associar à NAACP.

A propósito, vocês sabem que eu participei da convenção da NAACP na sexta-feira na capital em Washington que foi bastante esclarecedora. E achei as pessoas muito amistosas. Eles têm o mesmo tipo de ideias que vocês. Agem um pouco diferente, mas têm o mesmo tipo de ideias, porque estão enfrentando o mesmo inferno que nós. Não deparei com nenhuma hostilidade na convenção. Na verdade, eu me sentei e ouvi o que eles tinham a dizer e aprendi muito com isso. E uma das coisas que aprendi é que eles só cobram, se não me engano, uma taxa anual de associação de 2,50 dólares, e nada mais. Bom, esse é um dos motivos para que eles tenham problemas. Porque, toda vez que você tem uma organização que cobra 2,50 dólares por ano para você ser sócio, significa que essa organização precisa buscar recursos em outro lugar. E é isso que castra a organização. Porque, assim que os liberais brancos começam a apoiar, eles passam a dizer a você o que fazer e o que não fazer.

É por isso que Garvey conseguiu ser mais militante. Garvey não pedia ajuda para eles. Ele pedia ajuda para o nosso povo. E é isso que nós vamos fazer. Vamos tentar seguir o exemplo dele.

Portanto, vamos ter uma taxa de adesão de dois dólares e pedir que os membros contribuam semanalmente com um dólar. A NAACP recebe 2,50 dólares por ano, só. E assim eles não conseguem chegar a lugar nenhum porque sempre estão precisando fazer campanhas pedindo ajuda e sempre vão receber ajuda da fonte errada. E aí quando eles recebem essa ajuda, precisam acabar condenando todos os inimigos de seu inimigo para receber um pouco mais de ajuda. Não, nós condenamos os nossos inimigos, e não os inimigos de nossos inimigos. Nós condenamos o nosso inimigo.

Portanto, o que nós vamos pedir é o seguinte: se você quiser se tornar membro da Organização da Unidade Afro-Americana, vai custar dois dólares. Vamos pedir que você pague uma cota de um dólar por semana. Vamos ter um contador, um sistema de contabilidade, que vai ajudar a manter os membros atualizados sobre o que entrou, o que foi gasto, e com o quê. Porque o segredo do sucesso em todo tipo de negócio – e sempre que você fizer uma coisa a sério é bom seguir as regras dos negócios –, o segredo do seu sucesso é ter registros bem-feitos, bem organizados.

Como hoje será a primeira vez em que aceitaremos adesões, nosso próximo encontro será no próximo domingo, aqui. E aí vamos ter filiados. E então vamos poder anunciar as pessoas que estarão na direção da Organização da Unidade Afro-Americana. O cargo principal é o de presidente, e esse é o meu cargo. Estou assumindo as responsabilidades de presidente, o que significa que eu serei o responsável por qualquer erro que aconteça; qualquer coisa que dê errado, qualquer falha, podem colocar a culpa em mim. Portanto, na semana que vem os cargos de direção serão anunciados.

E nesta semana eu queria dizer a vocês quais são os departamentos dessa organização aos quais, quando se filiarem, vocês podem se candidatar. Temos o departamento de educação. O departamento de ação política. Como todos vocês estão interessados em ação política, vamos ter um departamento organizado por irmãos e irmãs que são alunos de ciência política, cuja função será fazer para nós uma análise da cidade de Nova York. Em primeiro lugar, qual é o número de parlamentares e quantos deles são negros, qual é o número de deputados e quantos deles são negros. Na verdade, deixem que eu leia para vocês bem rápido uma coisa e eu vou mostrar por que isso é tão necessário. Só para dar um exemplo.

Existem 270 mil eleitores registrados no vigésimo primeiro distrito senatorial. O vigésimo primeiro distrito senatorial é dividido em três distritos de assembleia, o décimo primeiro, o sétimo e o décimo terceiro. Cada distrito de assembleia contém 90 mil eleitores registrados. No décimo primeiro distrito de assembleia, apenas 29 mil dos 90 mil eleitores registrados exercitam seu direito ao voto. No sétimo distrito da assembleia, apenas 36 mil dos 90 mil eleitores registrados votam. Agora, em um distrito de assembleia branco com 90 mil eleitores, 65 mil exercitam seu direito ao voto, o que mostra que em um distrito de assembleia branco há mais brancos votando do que há negros votando em um distrito negro. Há uma razão para isso. É que nosso povo não está politicamente consciente do que podemos conseguir ao nos tornarmos politicamente ativos.

Portanto, o que precisamos é criar um programa de educação política para mostrar a essas pessoas o que elas podem conseguir caso participem de uma ação política dirigida de maneira inteligente. Assim, eles não têm o direito de eleger o candidato de sua escolha, já que só as pessoas que participam das primárias podem concorrer na eleição geral. O seguinte número de assinaturas é necessário para colocar um candidato nas primárias: para a Assembleia, são 350 assinaturas; para senador estadual, 750; para juiz nacional, 1 mil; presidente de distrito, 2250; prefeito, 7500. Pessoas registradas nos partidos Republicano ou Democrata não precisam votar nos candidatos de seu partido.

Existem 58 senadores na legislatura do estado de Nova York. Quatro são de Manhattan; um é negro. Na Assembleia do estado de Nova York são 150 cadeiras. Acho que três deputados são negros; talvez mais do que isso. De acordo com cálculos, se os negros tivessem uma representação proporcional no Senado e na Assembleia estaduais, nós teríamos vários representantes no

Senado estadual e vários na Assembleia estadual. Há 435 membros na Câmara dos Deputados dos Estados Unidos. De acordo com o censo, existem 22 milhões de afro-americanos nos Estados Unidos. Se eles tivessem uma representação proporcional nesta Casa, haveria entre 30 e 40 membros de nossa raça com assento na Câmara. Quantos há? Cinco. Há 100 senadores no Senado americano. O Havaí, com uma população de apenas 600 mil pessoas, tem dois representantes. O negro, com uma população superior a 20 milhões, não está representado no Senado. Pior do que isso, muitos dos deputados e dos parlamentares no Congresso americano vêm de estados onde pessoas negras são mortas caso tentem exercer seu direito ao voto.

O que vocês e eu queremos com esse departamento político é que esses irmãos e irmãs que são peritos na ciência política façam com que nosso povo em nossa comunidade saiba o que deveríamos ter, e quem deveria estar fazendo isso, e como podemos fazer para conseguir aquilo que deveríamos ter. Esse vai ser o trabalho deles e queremos que vocês desempenhem esse papel para que a gente possa ter alguma ação sem precisar esperar Lyndon B. Johnson, Lyndon B. Texas Johnson.

Também tem o nosso departamento de economia. Vamos ter um departamento de economia. Para vocês que estão interessados em negócios ou em um programa que crie uma situação na qual o homem negro do Harlem possa ter controle sobre sua própria economia e expandir os negócios de nosso povo nessa comunidade, para que possamos criar oportunidades de emprego para nosso povo nessa comunidade, vamos ter esse departamento.

Também vamos ter um departamento de oratória, porque muitas pessoas do nosso povo querem falar, querem ser oradores, querem pregar, querem dizer a alguém aquilo que sabem, querem desopilar o fígado. Vamos ter um departamento que vai treinar rapazes e moças sobre como levar adiante nossa filosofia e nosso programa e espalhá-los por todo o país; não só nesta cidade, mas no país inteiro.

Vamos ter um grupo de jovens. O grupo de jovens vai ser projetado para falar com os jovens. Ele não será composto só de jovens, mas também de adultos. Mas será projetado para desenvolver um programa para os jovens do país, um programa no qual os jovens possam ter um papel ativo.

Também teremos nosso próprio jornal. Vocês precisam de um jornal. Acreditamos no poder da imprensa. Não é difícil tocar um jornal. Um jornal é uma coisa muito simples se você tem os motivos certos. Na verdade, tudo é simples quando você tem os motivos certos. O jornal *Muhammad Speaks* foi iniciado por mim e mais uma pessoa no porão da minha casa. E eu só estudei até a oitava série. Vocês que frequentaram todas essas faculdades e que estudaram todo tipo de jornalismo, jornalismo marrom e negro, a única coisa que vocês vão precisar fazer é contribuir com um pouco do seu talento jornalístico para o nosso departamento de jornalismo junto com nosso departamento de pesquisa, e podemos distribuir um jornal que vai alimentar nosso povo com uma quantidade tamanha de informação que será capaz de causar uma verdadeira revolução viva bem aqui antes que vocês possam se dar conta.

Também vamos ter um departamento cultural. A tarefa ou missão do departamento cultural vai ser pesquisar a cultura, tanto a cultura ancestral quanto a cultura atual de nosso povo, a contribuição cultural e as conquistas de nosso povo. E também todos os grupos de entretenimento que existem no continente africano que podem vir para cá e os nossos que existem aqui e que possam ir para lá. Estabelecer algum tipo de programa cultural que realmente enfatize o talento dormente do povo negro.

Quando estive em Gana, eu falei com, acho que o nome dele é Nana Nketsia, acho que é o ministro da Cultura ou é o chefe do instituto cultural. Fui à casa dele, ele tinha uma... ele tinha uma casa boa, bonita; comecei a dizer que ele tinha um lugar bacana. Ele tinha essa casa bonita em Acra. Ele tinha estudado em Oxford, e uma das coisas que ele me disse me impressionou tremendamente. Ele disse que, como africano, o conceito dele de liberdade é uma condição ou uma situação em que ele, como africano, se sente completamente livre para expressar aquilo de que gosta e de que não gosta e assim desenvolver sua própria personalidade africana. Não uma condição em que ele esteja copiando algum padrão cultural europeu, ou algum modelo cultural europeu, mas uma atmosfera de completa liberdade onde ele tem o direito, a possibilidade, de colocar para fora todo esse talento dormente, oculto que está ali há tanto tempo.

E naquela atmosfera, irmãos e irmãs, vocês ficariam surpresos com o que sai do íntimo desse homem negro. Eu vi acontecer. Vi músicos negros quando eles estão improvisando em uma *jam session* com músicos brancos – uma diferença enorme. O músico branco pode fazer uma *jam* se tiver uma partitura à sua frente. Pode tocar com base em algo que ele ouviu antes. Se ele já ouviu, ele é capaz de replicar ou pode imitar ou pode ler. Mas o músico negro, ele pega seu trompete e começa a tocar sons que jamais passaram pela cabeça dele antes. Ele improvisa, cria, aquilo vem de dentro. É a alma dele, a música vem da alma. É a única área da cena americana onde o homem negro pode ser livre para criar. E ele dominou essa área. Ele demonstrou que pode criar algo com seu trompete que jamais passou pela cabeça de ninguém.

Bom, da mesma maneira ele pode fazer a mesma coisa caso ganhe sua independência intelectual. Ele pode inventar uma nova filosofia. Pode criar uma filosofia de quem ninguém jamais ouviu falar. Pode inventar uma sociedade, um sistema social, um sistema econômico, um sistema político, que seja diferente de qualquer coisa que existe ou que tenha existido em qualquer lugar deste planeta. Ela vai improvisar; vai tirar isso de dentro de si. E é isso que vocês e eu queremos.

Vocês e eu queremos criar uma organização que nos dará tanto poder que nós poderemos sentar e fazer o que bem quisermos. Quando formos capazes de nos sentar e de pensar como bem entendermos, falar como bem entendermos, vamos mostrar às pessoas o que nos agrada. E aquilo que nos agrada nem sempre vai ser agradável para eles. Por isso vocês precisam acumular certo poder antes de poderem ser vocês mesmos. Depois de acumular poder e de ser você mesmo, bom, você vai embora, você já tem o que precisa e vai embora. Você cria uma nova sociedade e cria um paraíso aqui mesmo na terra.

E nós vamos criar aqui mesmo hoje à noite quando abrirmos para filiações na Organização da Unidade Afro-Americana. Eu vou comprar as primeiras vagas de membro – uma para mim, uma para minha esposa, Attilah, Qubilah, são as minhas filhas, Ilyasah, e mais uma coisa que espero receber esta semana ou na próxima. Como eu disse antes, se for menino eu vou chamar de Lumumba, o maior homem negro que já existiu no continente africano.

Ele não tinha medo de ninguém. Ele botou tanto medo naqueles caras que tiveram que matá-lo. Não tinha como comprar Lumumba, não havia meio de colocar medo nele, não havia como chegar nele. Ora, ele disse para o rei da Bélgica: "Homem, você pode nos dar a liberdade, você pode ter dado nossa independência, mas nós jamais vamos poder esquecer essas cicatrizes". O maior dos discursos – vocês deviam pegar esse discurso e pendurar na porta de casa. Foi isto que Lumumba disse: "Vocês não estão nos dando nada. Vocês têm como levar embora essas cicatrizes que puseram nos nossos corpos? Vocês têm como devolver as pernas e os braços que deceparam enquanto estiveram aqui?". Não, vocês não deveriam jamais esquecer o que aquele homem fez por vocês. E vocês carregam cicatrizes do mesmo tipo de colonização e de opressão, não no corpo, mas na mente, no coração, na alma, agora mesmo.

Então, se for menino, Lumumba. Se for menina, Lumumbah.

[*Malcolm apresenta várias pessoas do palco e da plateia, depois continua.*]

Se não falei de alguns de vocês é que meus olhos não são muito bons, meus óculos não são muito bons. Mas todos aqui são gente da rua que quer agir. Esperamos ser capazes de dar a todos vocês a ação de que vocês precisam. E muito provavelmente vamos ser capazes de dar a vocês mais ação do que vocês querem. Só torcemos que vocês fiquem conosco.

Nosso encontro vai ser na noite do próximo domingo aqui mesmo. Queremos que vocês tragam todos os seus amigos e vamos conseguir seguir em frente. Até agora, esses encontros foram patrocinados pela Associação da Mesquita Muçulmana. Eles foram patrocinados e pagos pela Associação da Mesquita Muçulmana. A partir do domingo que vem, eles vão ser patrocinados e pagos pela Organização da Unidade Afro-Americana.

Não sei se estou certo ao dizer isso, mas por um tempo vocês e eu não deveríamos ser duros demais com outros líderes afro-americanos. Porque vocês ficariam surpresos em saber quantos deles manifestaram simpatia e apoio por nossos esforços em levar essa situação enfrentada por nosso povo à ONU. Vocês ficariam surpresos em saber como muitos deles, inclusive aqueles de quem vocês menos esperariam, estão se aproximando. Por isso vamos dar um tempo para que eles façam a coisa certa. Se eles fizerem a coisa certa, ótimo. Eles são nossos irmãos e nós somos responsáveis por nossos irmãos. Mas, se eles não fizerem a coisa certa, aí a história é outra.

E uma coisa que nós vamos fazer, nós vamos mandar um telegrama, um telegrama, digo, em nome da Organização da Unidade Afro-Americana para Martin Luther King em St. Augustine, na Flórida, e para Jim Forman no Mississippi, que basicamente vai lhes dizer que, caso o governo federal não preste auxílio a eles, que eles nos procurem. E nós vamos assumir a responsabilidade de colocar alguns irmãos naquela área que sabem o que fazer, custe o que custar.

Posso dizer a vocês agora mesmo que meu objetivo não é me envolver numa briga com os Muçulmanos Negros, que ainda são meus irmãos. Faço tudo que posso para evitar isso porque não se ganharia nada com isso. Isso na verdade deixa nosso inimigo feliz. Mas acredito que chegou a hora de que vocês e eu assumamos

104

a responsabilidade de formar os núcleos ou grupos de defesa que venham a ser necessários em lugares como o Mississippi. Ora, eles não deveriam ter de pedir ajuda para o governo federal – isso é horrível. Não, quando vocês e eu soubermos que nosso povo está sendo vítima da brutalidade, e, sempre que a polícia nesses estados for responsável por isso, caberá a vocês e a mim, se formos homens, se quisermos ser respeitados e reconhecidos, é nosso dever...

[*Uma passagem se perdeu devido a um defeito na gravação.*]

Johnson sabia disso quando mandou [Allen] Dulles para lá. Johnson descobriu isso. Você não tem como sumir. Como é que você vai desaparecer? Ora, esse cara pode encontrar uma pessoa desaparecida na China. Eles mandam a CIA até a China e acham alguém. Eles mandam o FBI para qualquer lugar e acham alguém. Mas eles não conseguem encontrar a pessoa toda vez que o criminoso é branco e a vítima é negra, aí eles não acham ninguém.

Chega de esperar que o FBI procure criminosos que estão atirando em nosso povo e brutalizando o nosso povo. Vamos encontrar essas pessoas, vocês e eu. E eu vou dizer que isso é fácil. Um dos grupos de negros mais bem organizados dos Estados Unidos eram os Muçulmanos Negros. Eles tinham todo o aparato, não pensem que não; e tinham a experiência para saber como se movimentar em plena luz do dia ou no escuro e fazer o que fosse necessário para isso. Ora, eu não culpo ninguém por aprender a fazer isso. Você está vivendo em uma sociedade onde você é vítima constante da brutalidade. Você deve saber como contra-atacar.

Então em vez de eles e nós ficarmos desperdiçando munição, eu devia dizer nosso tempo e nossa energia, uns com os outros, o que nós precisamos fazer é nos unirmos e irmos para o Mississippi. Essa é minha mensagem de encerramento para Elijah Muhammad; se ele é o líder dos Muçulmanos e o líder do nosso povo, então ele que nos lidere contra nossos inimigos, não uns contra os outros.

Agradeço a vocês pela paciência hoje à noite, e queremos que todos e cada um de vocês coloquem seu nome na chamada da Organização da Unidade Afro-Americana. O motivo para dependermos de vocês para que as pessoas saibam onde estamos é que a imprensa não ajuda; eles nunca anunciam com antecedência que vamos ter uma reunião. Por isso vocês precisam fazer a notícia correr. Obrigado. *As-salamu alaikum*.

O Harlem e as máquinas políticas

[NOVA YORK, 4 JUL. 1964]

Os trechos a seguir, inéditos em texto, contêm quase metade de um programa de rádio transmitido pela emissora WLIB, em Nova York. Participaram do programa, chamado "Os editores falam", George W. Goodman, diretor de assuntos de interesse público da WLIB; George S. Schuyler, do *New York Courier*; Allan Morrison, da *Ebony* e da *Jet*; e Malcolm X.

Em suas observações aqui, Malcolm chamou Adam Clayton Powell de político "independente", porém é necessário observar que ele imediatamente acrescentou: "Se ele usa essa independência para o bem ou para o mal, é outra história". Ele disse que a OAAU não estava comprometida em ajudar Powell na eleição seguinte, e na verdade a organização não o apoiou naquele ano. A despeito de qualquer outro sentido que Malcolm possa ter dado a "independente" na época, isso não necessariamente implicou apoio político a Powell.

Também digno de nota é o conceito que Malcolm tinha de seu relacionamento com a OAAU: "A OAAU não sou eu [...] nós resolvemos as coisas coletivamente". Se o ponto fraco da OAAU era ser demasiadamente baseada em um homem só, como alguns afirmariam mais tarde, certamente não era isso que Malcolm tinha em mente.

GEORGE W. GOODMAN *Você vai construir uma organização. Sua organização, no momento, está centrada na cidade de Nova York.*

Sim, no Harlem.

GG *O que você vai fazer sobre os problemas que existem aqui? Como você planeja implantar as atividades de sua organização para que sirvam de solução para isso?*

Em primeiro lugar, me baseio no que Nkrumah diz, quando ele diz: "Primeiro, busque o domínio do político", e assim por diante. Nosso povo tem um esforço não só para registrar eleitores aqui no Harlem; tem também um esforço para educar eleitores, para fazer com que as massas do nosso povo se iniciem na ciência política, e naquilo que a política deveria trazer para nós, naquilo que a política deveria fazer por nós. Assim teremos melhor compreensão para saber se esses políticos estão ou não fazendo e se estão ou não cumprindo suas promessas. Quando conseguirmos que nosso povo se engaje ativamente na política, não apenas seguindo as máquinas políticas, mas se envolvendo na política com uma compreensão do que estão fazendo e de por que estão fazendo isso, do que eles deveriam estar conseguindo com isso, e de sua responsabilidade na arena política, nós acreditamos que vamos estar em situação melhor para fazer pressão sobre os políticos que hoje exploram nosso povo e que perpetuam condições de pobreza e regiões miseráveis e o vício e outras formas de crime que existem na comunidade do Harlem. No que diz respeito à educação, nós acreditamos que nosso povo deveria ter acesso a uma compreensão completa de como podemos elevar o nível de educação nas escolas de nossa comunidade; como podemos fazer com que exista uma educação de qualidade aqui no Harlem; como podemos fazer pressão para levar a estrutura de poder na região sul de Manhattan a elevar o nível das escolas no Harlem, ou a construir escolas maiores, ou seja lá qual for a situação.

GG *Posso fazer só uma pergunta de ordem prática?*

Sim.

GG *Vocês vão pedir que as pessoas se registrem como democratas, republicanas ou o quê? Vocês vão combater as máquinas partidárias?*

Vamos incentivar o nosso povo a se registrar como eleitores independentes. Primeiro, se registrar.

GG *Como vocês poderão fazer isso?*

Você pode se registrar como independente. Achamos que há mais negros sem título de eleitor no Harlem do que negros com título de eleitor nos dois partidos. De modo que qualquer operação falando direto com as pessoas... e nós já estamos com a coisa organizada para registrar as pessoas batendo de porta em porta, onde podemos organizar as pessoas casa a casa, quadra a quadra, e conseguir uma participação ativa das pessoas que até aqui pareceram de alguma forma letárgicas. Na verdade não é letargia, é desconfiança. Elas não acreditam que exista algum líder ou alguma organização que vá conseguir para elas as coisas de que precisam. Então não se envolvem diretamente. Mas achamos que é possível fazer com que elas se envolvam.

GEORGE S. SCHUYLER *Bom, isso pode não ser tão estúpido. Você só acha que elas são estúpidas porque não estão seguindo você.*

Não, eu disse que elas não estão deixando de se envolver por letargia; foi isso que eu disse. As massas de negros sabem o que estão fazendo quando não se envolvem ativamente. Mas, se alguém tiver como criar um programa ou apresentar um programa que faça essas pessoas acreditarem que elas vão obter resultados significativos, acho que você vai descobrir que nosso povo no nível da massa se tornará tão ativamente envolvido com a política quanto os negros de classe alta hoje.

GG *O que o senhor está dizendo, ministro Malcolm X, é que a vida política e a atividade política nas comunidades negras são controladas pela classe média negra. O senhor propõe mudar a base de poder da classe média para os trabalhadores e para as pessoas de baixa renda?*

A classe média negra nem controla isso. Eles estão sendo usados pelas pessoas do sul de Manhattan para controlar os negros do Harlem.

GG *Eles controlam as organizações políticas.*

Sim, mas nós pretendemos obter um envolvimento das massas, a participação das massas, e acreditamos que é possível fazer isso por meio de um programa de educação, no que diz respeito à política, entre as massas para fazer com que elas vejam o que aquelas pessoas que hoje controlam o cenário político estão fazendo com elas. Acreditamos que por meio da política e por meio dos políticos é realmente possível mudar a deplorável situação escolar do Harlem.

GS *Não será necessário fazer isso por meio de uma organização política? Não é possível ter pessoas indiscriminadamente...*

A Organização da Unidade Afro-Americana será tão política quanto qualquer organização no Harlem; mas seremos mais ativos politicamente pelo bem das pessoas e pelo bem da comunidade do que a maioria das outras...

GS *Como o funcionamento será diferente do Tammany Hall, dos republicanos e de outras organizações?*

Bem, digamos que a Tammany Hall funciona para o bem da estrutura do poder branco em grande medida, e nós vamos criar uma Tammany Hall negra, que trabalhará pelo bem do Harlem...

Eu acho que foi Roy Wilkins que disse uma vez que, se ele pudesse adicionar 1 milhão de negros às listas de eleitores no país, a diferença que isso faria. Nós achamos que podemos fazer com que quase todos os negros da cidade de Nova York se registrem se oferecermos a eles o programa certo. Acreditamos que nosso povo se tornará ativamente envolvido com qualquer coisa em que tenham confiança, caso sintam que isso é para o bem deles.

GS *O que disso nunca foi feito antes?*

Acredito que no passado fomos na maior parte das vezes explorados, politicamente, economicamente, e de todos os outros modos que você possa imaginar. Você sabe que o único político negro realmente independente deste país é Adam Clayton Powell. Se ele usa essa independência para o bem ou para o mal, é outra história. Mas o único político negro realmente independente deste país é Adam Clayton Powell. Ele é o único até hoje a ter conseguido resistir às máquinas partidárias e manter seu cargo. Isso se deve principalmente ao fato de as pessoas aqui no Harlem terem mais propensão a resistir à estrutura de poder do que normalmente acontece em outras partes do país. Portanto, assim que Powell perceber que as pessoas também estão cientes do fato de que ele é independente, ele estará mais consciente do dever que tem com o povo, e do que ele precisa entregar para essas pessoas para manter o cargo.

ALLAN MORRISON *Vendo que o senhor mencionou o nome de um indivíduo, um político negro de renome, conhecido nacionalmente, o deputado Adam Clayton Powell, fico curioso para saber se a sua organização se comprometeu a dar apoio para ele na próxima eleição.*

A organização não se comprometeu a apoiar ninguém. Ela se comprometeu a apoiar aquilo que é bom para o povo negro. Daqui até a eleição, a organização vai se sentar e analisar a situação política como um todo e apresentar uma resposta que acreditamos ser boa para todos.

AM *Sabe, sr. Schuyler, um dos nossos debatedores aqui é um adversário do sr. Powell nas próximas eleições, como candidato do Partido Conservador. Tenho certeza de que ele não compartilha nem de longe suas impressões sobre o deputado Powell. Mas eu estava aqui pensando se ele tem alguma chance de receber apoio da OAAU?*

Bom, você teria de perguntar para a OAAU. A OAAU não sou eu. Eu sou o presidente, mas nós decidimos as coisas coletivamente.

GG *Eu gostaria de fazer uma pergunta por um minuto para o sr. Schuyler. O senhor tem planos de se opor a essa organização, sr. Schuyler, no seu campo?*

GS *Eu não tinha pensado nisso. Mas eu gostaria de saber sobre o sr. Dawson. O sr. Dawson parece ter um tremendo poder na cidade de Chicago. Ele vem se reelegendo ano após ano.*

O poder do sr. Dawson vem da máquina. O poder de Dawson, a base do poder dele, é a máquina.

GS *Isso também se pode dizer da máquina de Powell, não?*

O poder dele vem da máquina branca. Ao passo que o poder de Powell vem das pessoas nas ruas. Powell resiste à máquina.

GS *Sem dúvida é preciso cooperar com as forças que estão no poder para operar politicamente.*

Nós achamos que a maior parte dos negros que participa dessa colaboração acaba sendo colaborativamente colocada para fora.

A segunda reunião da OAAU

[NOVA YORK, 5 JUL. 1964]

A segunda reunião da OAAU foi realizada no Salão Audubon em 5 de julho de 1964, logo após a sanção da Lei dos Direitos Civis de 1964 e pouco antes da eclosão do chamado "motim" do Harlem, que Malcolm X mais tarde chamaria de *pogrom* policial.

É útil entender que as reuniões da OAAU não eram encontros de filiados. Eram eventos educacionais, abertos ao público e à imprensa, onde Malcolm e outros discutiam e explicavam problemas atuais e gerais e tentavam persuadir o público a se juntar à OAAU. Quando o tempo permitia, havia um período para perguntas e discussão. O período de discussão de 5 de julho deveria ter durado cinco ou dez minutos, mas na verdade se estendeu por pelo menos quarenta.

Uma análise de toda a fita cassete de 28 de junho apoia a afirmação de Malcolm de que ele nunca nomeou Gloria Richardson, de Cambridge, Maryland, o reverendo Albert Cleage, de Detroit, e Jesse Gray, do Harlem, como membros de um "conselho intelectual" da OAAU. Na verdade, ele nunca mencionou seus nomes, embora o presidente da sessão, Les Edmonds, tenha relatado o recebimento de saudações da senhorita Richardson e do reverendo Cleage, entre outros.

As observações de Malcolm em 5 de julho sobre manifestações – "Se não vale a pena morrer por aquilo que levou você a protestar, não proteste" – são mais representativas das racionalizações de teor militante usadas pelos Muçulmanos Negros para se abster de manifestações do que as visões expressas posteriormente por ele. Na OAAU e em outras reuniões no final do ano, ele abandonou essa abordagem de tudo ou nada e apoiou as manifestações em nome de objetivos mais limitados, embora nunca tenha se tornado um defensor de protestar só por protestar.

A referência a Christine Keeler remete a um personagem de um escândalo sexual envolvendo um membro do gabinete britânico; Wagner,

Donovan e Gross eram o então prefeito e dois funcionários do Conselho de Educação da cidade de Nova York; e a menção ao Congo é uma referência ao início da intervenção dos Estados Unidos na guerra civil congolesa, que assumiria proporções muito maiores no final do ano.

As perguntas que constam da fita cassete mas que não puderam ser ouvidas de forma clara ou completa estão resumidas entre parênteses. Os trechos a seguir nunca haviam sido publicados.

▬▬▬▬▬ *As-salamu alaikum*. Irmãos e irmãs, acho que temos um ótimo comparecimento aqui esta noite, levando em consideração que este é um fim de semana de feriado, quando normalmente você e eu estaríamos na praia roçando nossos cotovelos nos cotovelos de outras pessoas. Por isso, quero agradecer a vocês que vieram da praia e de tantos outros lugares e que dedicaram um tempo para vir aqui esta noite para que possamos tentar entender melhor o que devemos fazer e, portanto, o que vamos fazer.

Antes de começar, não sei se há alguém aqui do *New York Journal American*. Tem alguém aqui do *New York Journal American*? A razão pela qual eu gostaria de saber, e se alguém vier do *New York Journal American*, por favor me avisem, é porque na quarta-feira passada eles tinham uma manchete aqui dizendo que Malcolm X planeja assumir o controle, o que para mim é uma mentira deliberadamente forjada por gente de olhos azuis.

Essa pessoa, que diz se chamar Martin Arundel, sabe-se lá que tipo de nome seja esse, na primeira página desse jornal continuou explicando que no domingo passado eu havia nomeado Gloria Richardson, Albert Cleage, Jesse Gray e vários outros como parte do grupo de conselheiros responsável pela criação da OAAU. Duvido que qualquer um de vocês que está sentado aqui tenha me ouvido mencionar esses nomes no domingo passado. Mas eis aqui um homem que relatou exatamente o que ouviu.

E essa é uma das razões de haver problemas raciais tão graves neste país. Vocês contam mentiras sobre nós. E começamos a acreditar que talvez vocês sejam aquilo que nos disseram que vocês são. Pelo menos todos os indícios levam nessa direção. Portanto, este jornal em particular, o *New York Journal American*, encheu sua primeira página na quarta-feira com um monte de mentiras, supostamente dando conta do que aconteceu aqui no último domingo.

E duvido muito que essa pessoa estivesse aqui.

O jornal também mencionou que eu fui agressivo com os líderes dos direitos civis, algo que não fiz. Não fui agressivo com ninguém, exceto com aqueles que têm sido brutais conosco. E não são os líderes dos direitos civis que têm sido brutais. Eles foram vítimas da brutalidade. Eles têm amado todos vocês mesmo quando vocês os odeiam. Portanto, eu não fui agressivo com essas pessoas. Eu provavelmente questionei a inteligência deles em se deixarem ser derrotados por vocês sem revidar. Mas não acho que eu tenha sido agressivo com ninguém. Na verdade, enviamos um telegrama para eles, enviamos um telegrama para Martin Luther King, informando-o de que, caso precisasse de ajuda, iríamos correndo. Parece que estamos sendo agressivos com os líderes dos direitos civis? Não, estamos dizendo a eles que eles precisam de ajuda e que nós ajudaremos. Mas não de forma não violenta.

Me desculpem por abrir a reunião com essa nota, mas é muito difícil para a paciência de alguém ter que ouvir pessoas brancas dia após dia dizerem que nós as impedimos de vir a nossas reuniões, ou que não gostamos delas, ou que nossa atitude é um tanto amarga. E quando você as deixa entrar, elas provam que você deveria tê-las mantido de fora. Acho que os brancos ruins prejudicam a imagem dos brancos bons, não é?

Na quinta-feira desta semana, ou talvez tenha sido na sexta, houve um grande alvoroço sobre a recente aprovação do Projeto de Lei dos Direitos Civis. Nas primeiras páginas de todos os jornais, um dia depois de supostamente ter sido sancionado, havia fotos de garotinhos negros sentados em cadeiras de barbearia deixando barbeiros brancos cortarem seus cabelos. E isso foi saudado como uma grande vitória. Vejam só.

115

Em 1964, quando pessoas oprimidas do mundo todo lutam por seu lugar ao sol, o negro na América deveria se levantar e gritar de alegria porque pode sentar e deixar um homem branco estragar seu cabelo.

Ao mesmo tempo que se fazia tanto alarido sobre a aprovação do Projeto de Lei dos Direitos Civis, se você ler atentamente nas entrelinhas, um garotinho negro na Geórgia foi encontrado pendurado em uma árvore. Um linchamento em junho de 1964. Nada foi dito no jornal, nenhum alvoroço foi feito sobre isso. Mas eis ali um garotinho negro de catorze anos na Geórgia linchado, e, para evitar que você e eu soubéssemos o que estava acontecendo, eles mostraram outra foto de um garotinho negro deixando um homem branco cortar seu cabelo.

Essa é a artimanha que você e eu enfrentamos todos os dias nesta sociedade. Eles, por um lado, tentam nos mostrar quanto progresso estamos fazendo. Mas, se examinarmos toda essa propaganda, descobriremos que nosso povo ainda está sendo enforcado, ainda está desaparecendo, e ninguém os encontra, ou ninguém está encontrando seus assassinos.

E ao mesmo tempo que se fazia tanto alarido sobre essas novas leis ou legislação de direitos civis, passou a vigorar uma lei conhecida como *lei de entrar para cumprir mandados sem bater na porta* ou *lei da detenção para averiguação*, que é uma lei antinegro. Fazem uma lei totalmente contra os negros e fazem parecer que é para o bem do nosso povo, e ao mesmo tempo aprovam outra lei supostamente projetada para nos dar algum tipo de igualdade de direitos. Vocês sabem, mais cedo ou mais tarde você e eu vamos acordar e ficar fartos, e vai haver problemas. Vai haver problemas.

Enquanto faziam todo esse estardalhaço sobre a aprovação dessas novas leis de direitos civis, eles não podiam negar o fato de que todas essas novas leis são voltadas para o Sul. Nenhuma é para o Norte. Nada nesta legislação é projetado para resolver a situação com a qual você e eu somos confrontados aqui na cidade de Nova York. Não há nada na lei que barre a discriminação no trabalho em Nova York, que barre a discriminação de moradia em Nova York, que barre a discriminação educacional em Nova York. Não há nada na lei que impeça a polícia de exercer as táticas do Estado policial em Nova York. Não há nada na lei que aborde o seu e o meu problema aqui em Nova York. Tudo na lei trata do nosso povo no Sul.

Estamos interessados em nosso povo no Sul. Mas temos que questionar se esse projeto de lei, se essas leis, ajudarão ou não nosso povo no Sul quando há dez anos a Suprema Corte criou uma lei a que deram o nome de lei da escola dessegregada, ou algo nesse sentido, que não foi aplicada ainda. E você e eu seríamos crianças, seríamos meninos, seríamos anões mentais, se deixássemos o homem branco nos fazer pensar que algumas novas leis serão aplicadas no Mississippi, Alabama, Geórgia e Texas enquanto a determinação da Suprema Corte ainda não foi aplicada na cidade de Nova York. Você teria que estar fora de si para parecer feliz. E você teria que estar completamente louco para fazê-los pensar que você está feliz.

Não, quando você e eu temos ciência do uso dessas artimanhas políticas, se você e eu não deixarmos claro que sabemos, ora, eles continuarão com sua trapaça e enganação, e pensarão que o problema está sendo resolvido quando, na verdade, eles estão apenas agravando o problema e o tornando pior. Se eles não podem fazer cumprir as leis estabelecidas pela Suprema Corte, que é a mais alta corte do país, você acha que eles podem fazer cumprir algumas novas leis no Mississippi, no Alabama e na Geórgia? E se eles não podem fazer cumprir essas novas leis, então por que fingem? Por que inventar a lei? Para que serve toda essa algazarra? Isso não passa de artimanhas do século XX, um pouco mais das mesmas velhas artimanhas legislativas que você e eu e nossas mães e pais enfrentamos nos últimos cinquenta, sessenta ou cem anos.

Antes destes cem anos, eles não precisavam de artimanhas. Eles tinham correntes. E eles precisavam das correntes porque você e eu ainda não tínhamos sofrido lavagem cerebral suficiente para nos sujeitarmos a seus atos brutais de violência de maneira submissa. Cem anos atrás, você tinha homens como Nat Turner, de quem o irmão Benjamin estava falando, e outros, Toussaint L'Ouverture. Nenhum deles se submeteria à escravidão. Eles lutariam usando todos os meios necessários. E só depois de o espírito do homem negro ter sido completamente domado e de seu desejo de ser homem ter sido completamente destruído que eles precisaram usar artimanhas diferentes. Eles apenas tiraram as correntes físicas de seus tornozelos e as colocaram em sua mente.

E, a partir de então, nós fomos mantidos no tipo de escravidão que você e eu vínhamos experimentando, ano após ano, por meio de uma mudança de artimanhas. Nossa condição nunca muda, nem nossa escravidão. Só mudam as artimanhas. Isso começa na Casa Branca e segue até o feitor da *plantation* no Alabama e no Mississippi. A Casa Branca engana vocês, e vocês seguem sendo enganados até pelo feitor da *plantation* no Mississippi e no Alabama. Não há diferença entre o feitor da *plantation* no Mississippi e o feitor da *plantation* em Washington. Ambos são feitores. O que você experimenta neste país é um enorme sistema de *plantation*, a única diferença agora é que o presidente é o feitor da *plantation*.

E ele tem um monte de negros famosos, no estilo celebridade, para atuar como capatazes, para nos manter sob controle. Quando começamos a nos comportar muito mal, eles entram em cena e dizem, agora, vamos ser responsáveis, ou vamos ser inteligentes, ou não vamos muito rápido, vamos desacelerar. Mas continua sendo um sistema escravagista. Ele só é conduzido de uma forma mais moderna, uma forma mais atual de escravidão.

Prova disso são as pessoas que desembarcaram ontem neste país, vindas dos vários países da chamada Cortina de Ferro, que supostamente são inimigos deste país, e nenhuma legislação de direitos civis é necessária para incluí-las no modo de vida americano, então você e eu deveríamos parar e nos perguntar: por que isso é necessário para nós? Na verdade, eles estão dando um tapa na nossa cara quando aprovam uma lei de direitos civis. Não é uma honra; é um tapa na cara. Estão dizendo que vocês não têm esses direitos e ao mesmo tempo estão dizendo que eles precisam legislar antes que você possa obtê-los. O que, em essência, significa que eles estão lhe dizendo que, como você não tem esses direitos mesmo tendo nascido aqui, deve haver algo em você que o torna diferente de todos os outros que nasceram aqui; algo em você que, na verdade, embora você tenha o direito de nascer nesta terra, ainda não o torna qualificado sob o sistema específico deles para ser reconhecido como cidadão.

No entanto, os alemães, que há poucos anos eles combatiam, podem vir aqui e obter o que você não pode obter. Os russos, contra quem eles supostamente estão lutando agora, podem vir aqui e conseguir aquilo que você não consegue sem uma lei; eles não precisam de lei. Os poloneses não precisam de uma lei. Ninguém precisa disso fora você. Por quê? – você deveria parar e se perguntar por quê. E, quando você descobrir o porquê, aí você vai mudar a direção em que está indo e vai mudar também os métodos que tem usado para tentar chegar nessa direção...

Temos que buscar novos métodos, uma reavaliação da situação, novos métodos para atacar essa situação ou resolvê-la, uma nova direção e novos aliados. Precisamos de aliados que nos ajudem a alcançar a vitória, não de aliados que nos digam para sermos não violentos. Se um branco quer ser seu aliado, o que ele acha de John Brown? Você sabe o que John Brown fez? Ele foi para a guerra. Ele era um homem branco que foi à guerra contra os brancos para ajudar a libertar escravos. Ele não era não violento. Os brancos chamam John Brown de maluco. Vá ler a história, vá ler o que todos dizem sobre John Brown. Estão tentando fazer parecer que ele era um maluco, um fanático. Fizeram um filme sobre isso, vi um filme na tela uma noite. Ora, eu teria medo de chegar perto de John Brown se eu me deixasse levar pelo que outros brancos dizem sobre ele.

Mas eles o retratam assim porque ele estava disposto a derramar sangue para libertar os escravos. E qualquer branco que esteja pronto e disposto a derramar sangue pela liberdade de vocês – na visão de outros brancos, ele é maluco. Se ele quiser propor alguma ação não violenta, eles topam, se ele for liberal, um liberal não violento, um liberal que ama todo mundo. Porém, quando chega a hora de fazer pela nossa liberdade o mesmo tipo de contribuição que foi necessário para que eles tivessem a própria liberdade, eles recuam. Então, quando você quiser conhecer bons brancos na história, no que diz respeito aos negros, leia a história de John Brown. Isso é o que eu chamo de liberal branco. Mas esses outros tipos, eles são questionáveis.

Então, se precisamos de aliados brancos neste país, não precisamos daqueles que querem meios-termos. Não precisamos daqueles que nos incentivam a ser educados, responsáveis, vocês sabem do que eu estou falando. Não precisamos daqueles que nos dão esse tipo de conselho. Não precisamos daqueles que nos dizem como ser pacientes. Não, se queremos aliados brancos, precisamos de alguém como John Brown, ou não precisamos de você.

E a única maneira de obter esse tipo de branco é virar em uma nova direção.

Agora, isso pode irritar alguns de vocês que estiveram envolvidos em protestos e manifestações e outras coisas. Talvez você não perceba, mas acho que a maioria de nós aqui sabe. Os dias de protesto acabaram. Isso é antiquado. Isso só serve para pôr você na cadeia. Você tem que pagar para sair. E continua sem resolver o problema. Vá e descubra quanto foi pago pelos manifestantes ao tribunal, para honorários advocatícios, fianças, nos últimos cinco ou seis anos. E aí descubra o que foi ganho com isso e você verá que estamos no vermelho. Estamos falidos.

Além disso, um protesto é uma reação ao que outra pessoa fez. E, enquanto você está envolvido nisso, está seguindo outra pessoa. Você está reagindo ao que eles fizeram. E tudo o que eles precisam fazer para mantê-lo na linha é deixar as situações se desenvolvendo para manter você reagindo, para manter você ocupado a ponto de nunca ter a chance de sentar e descobrir um programa construtivo próprio que permitirá a você e a mim fazer o progresso que nos é devido.

Um exemplo. Um protesto é bom se for para obter resultados. Sim, sim. Mas um protesto só para protestar é perda de tempo. Se alguém encosta em um de nós e nós queremos ir aonde o culpado está, vamos todos juntos. Não vamos, contudo, só dar uma volta no quarteirão com uma placa. Não, vamos pegar quem nos prejudicou – isso é um protesto, isso é conhecido como ação positiva. Você não vai e marcha em torno de alguém para que ele saiba que você não gostou do que ele fez. Ora, você pode ficar em casa e contar que não gostou do que ele fez. Se ele tem algum bom senso, sabe que você não deve ter gostado do que ele fez. Não, isso é coisa do passado.

O tipo de protesto que você e eu queremos e de que nós precisamos é aquele que obtém resultados positivos. Não uma manifestação de um dia, mas uma manifestação até o fim, o fim daquilo que originou nosso protesto. Isso é um protesto. Não diga que você não gostou do que eu fiz e que você vai sair e andar na frente da minha casa por uma hora. Não, você está perdendo seu tempo. Eu vou me sentar e dormir até seu protesto acabar. Se vamos fazer um protesto, deve ser um protesto sem restrições.

[*Voz da plateia: "Quanto antes, melhor".*]

Eu sei, quanto antes, melhor. Mas, por outro lado, não. Porque sempre que os negros forem independentes o suficiente para fazer o tipo de manifestação necessária para obter resultados, vai haver derramamento de sangue. Porque em um protesto pra valer, o homem branco vai resistir – sim, vai. Então, se você não gosta de levar as coisas até o fim, melhor não fazer nada. É só isso que eu estou dizendo. Se não vale a pena morrer pelo que você está protestando, não proteste. O protesto é em vão.

E, quando digo "não vale a pena morrer", não estou falando de morte unilateral. A morte deve ser recíproca, mútua; gente morrendo dos dois lados. Se não valer a pena, fique em casa.

Por favor, apenas tente entender. Qualquer coisa que envolva um grande número de pessoas sempre pode sair do controle, o que significa que sempre pode trazer a morte para você. Qualquer tipo de manifestação em que você esteja pode lhe trazer a morte, especialmente quando você está em uma sociedade que acredita na brutalidade. Então, quando você se envolve em uma grande manifestação, você pode morrer. Mas nem por isso deve estar disposto a morrer sozinho. Então, se você não deveria estar disposto a morrer sozinho, isso também envolve tirar a vida dos outros. E, se não vale a pena tirar a vida dos outros, então não proteste. Isso é o que você deve entender. Qualquer causa que possa lhe custar a vida deve ser o tipo de causa em que você mesmo está disposto a tirar a vida de alguém.

Se isso pode custar sua vida e você não está disposto a tirar a vida de ninguém, você percebe o que está fazendo a si mesmo? Ora, você está entrando na cova de um leão com as mãos amarradas. Se não vale a pena morrer, saia disso. Se isso pode custar sua vida e, ao mesmo tempo, você não está psicologicamente preparado para tirar a vida, fique fora disso. Saia disso. Você só vai atrapalhar. Você vai obrigar alguém a ter que fazer algo desnecessariamente. Você vai se matar, e seu irmão vai ter que arrancar a cabeça que tirou a sua cabeça. E a sua cabeça nem vale tudo isso.

Então, todas essas atividades suspeitas – desculpe a expressão – para as quais fomos manipulados nos últimos dez anos – nós não queremos isso. A Organização da Unidade Afro-Americana foi formada por irmãos e irmãs, negros, pardos, vermelhos e amarelos, da comunidade afro-americana com o propósito de tentar conceber algum tipo de programa positivo que nos permitisse dar passos positivos para obter alguns resultados positivos. E um dos primeiros objetivos desta organização é internacionalizar o seu e o meu problema...

Mesmo nesses protestos em que fizeram uma integração de mentirinha, a única razão para ele ter aceitado essa farsa foi porque o mundo o estava observando.[1] Ele não fez isso porque seu protesto o mudou. Isso é o que você tem que entender. Ora, você pode protestar contra esse sujeito o dia todo. Não é por ter mudado o que pensa que ele recua. Ele olha do outro lado do oceano e vê o mundo olhando para ele. E ele muda apenas até o ponto em que você atinge a opinião mundial. Se você atingiu a opinião mundial, ele muda. Mas você não muda a opinião dele. Não. E, se você não entende isso, então precisa rastejar de volta para a plantação de algodão. Porque esse é seu lugar. Seu lugar não é aqui no cenário mundial.

E se foi necessária a pressão mundial para nos trazer os ganhos, quaisquer que sejam os ganhos que obtivemos, então o que devemos fazer hoje? Continuar a olhar para Washington? Não, vamos olhar para o mundo. Chame a atenção do mundo para o nosso problema. Traga o apoio do mundo para ficar do nosso lado contra o Tio Sam. Não trate o Tio Sam como se ele fosse um amigo. Se ele fosse um amigo, não estaríamos assim. Se ele fosse seu amigo, você não seria um cidadão de segunda classe. Se ele fosse seu amigo, uma criança negra não teria sido pendurada em uma árvore na Geórgia um dia desses. Se ele fosse seu amigo, você não teria um sistema escolar segregado em Nova York. Não, você não tem amigos em Washington. Você só tem amigos quando sai dos limites da América do Norte. Você tem amigos na África, na Ásia, na América Latina.

Por isso temos que levar nosso problema para nossos amigos, ou colocar nosso problema em um nível onde nossos amigos possam nos ajudar ou em um fórum onde nossos amigos tenham voz. Já que nossos amigos no exterior, nossos irmãos, não têm voz nos assuntos domésticos dos Estados Unidos, temos que tirar nosso

---

[1] A palavra em inglês utilizada por Malcolm X, traduzida aqui como "de mentirinha" e "farsa", é "*token*". O termo, que surgiu nos Estados Unidos na década de 1950, refere-se à falsa inclusão de minorias raciais com o objetivo de manter uma aparência de igualdade racial. [N. E.]

problema da jurisdição doméstica dos Estados Unidos e colocá-lo em um fórum onde nossos amigos e nossos irmãos tenham voz. Nisso vamos mostrar alguma inteligência, porque isso mostrará que somos pelo menos capazes de distinguir entre amigo e inimigo. No momento, nem sempre demonstramos essa capacidade. Fomos ao nosso inimigo em busca de amizade e fugimos de nossos amigos. Eles nos enganaram.

Temos que fazer o mundo ver que o problema com o qual somos confrontados é um problema para a humanidade. Não é um problema dos negros; não é um problema americano. Você e eu temos que fazer disso um problema mundial, conscientizar o mundo de que não haverá paz nesta terra enquanto nossos direitos humanos forem violados nos Estados Unidos. Então o mundo terá que intervir e tentar fazer com que nossos direitos humanos sejam respeitados e reconhecidos. Temos que criar uma situação em que esse mundo seja explodido, a menos que sejamos ouvidos quando pedimos algum tipo de reconhecimento e respeito como seres humanos. Isto é tudo que queremos: sermos seres humanos. Se não podemos ser reconhecidos e respeitados como seres humanos, temos que criar uma situação em que nenhum ser humano desfrute da vida, da liberdade e da busca da felicidade.

Se você não é a favor disso, você não é a favor da liberdade. Significa que você nem quer ser humano. Você não quer pagar o preço necessário. E você não deveria nem ter permissão para estar perto de nós, humanos, se não quiser pagar o preço. Você deveria ser mantido na roça de algodão onde você não é um ser humano. Você é um animal e seu lugar é a plantação de algodão, como um cavalo e uma vaca, ou uma galinha ou um gambá, se você não estiver disposto a pagar o preço que é necessário pagar pelo reconhecimento e respeito como ser humano.

Irmãos, na verdade, o preço é a morte. O preço para fazer os outros respeitarem seus direitos humanos é a morte. Você tem que estar pronto para morrer ou você tem que estar pronto para matar. Isso é o que o velho Patrick Henry quis dizer quando disse liberdade ou morte. Vida, liberdade, a busca da felicidade, ou me mate. Trate-me como homem, ou me mate. Isto é o que você tem a dizer. Me respeite ou me mate. Mas, quando você começar a me matar, nós dois vamos morrer juntos. Você tem que dizer isso.

Isso não é violência. Isso é inteligência. Assim que você começa a pensar desse jeito, eles dizem que você está defendendo a violência. Não, você está defendendo a inteligência. Você não ouviu Lyndon B. Johnson na semana passada quando ele disse que eles iriam para a guerra num minuto para proteger a vida, a liberdade e busca da felicidade dele? Disseram que L. B. J. era violento? Não, disseram que ele era um bom presidente. Bem, que eu e você sejamos bons presidentes.

É hora de você e eu agora deixarmos o mundo saber como somos pacíficos, quão bem-intencionados somos, quão cumpridores da lei desejamos ser. Mas, ao mesmo tempo, temos que deixar o mesmo mundo saber que vamos explodir o mundo deles se não formos respeitados, reconhecidos e tratados da mesma forma que outros seres humanos são tratados. Se você não vai dizer isso a eles, você precisa simplesmente sair do planeta. Você nem deveria estar por perto, na companhia de pessoas. Não, na verdade, você deveria ter vergonha de ser visto em público porque você não é um homem, você é menos que um homem, você é subumano.

Um dos primeiros passos para conseguirmos isso é internacionalizar nosso problema. Deixe o mundo saber que nosso problema é problema deles, é um problema para a humanidade. E a primeira forma em que isso pode ser feito é nas Nações Unidas. Um dos primeiros atos da Organização da Unidade Afro-Americana é organizar o tipo de programa necessário para levar o seu e o meu caso à ONU. Não apenas à ONU, mas também precisamos levar o assunto a todo organismo internacional. A Organização da Unidade Africana, que consiste em 33 chefes de Estado africanos independentes, se reunirá no Cairo em 17 de julho. Devemos estar lá para que eles saibam que estamos vivendo o inferno nos Estados Unidos.

Se a Organização da Unidade Africana é constituída e composta dos chefes de Estado independentes do continente africano, e você e eu somos da África, temos sangue africano nas veias, e ouvimos eles dizerem que a África não será livre até todos os africanos serem livres – nós também somos africanos, e queremos que eles se preocupem tanto no nível governamental com nosso problema quanto com os problemas de nosso povo na África do Sul e em Angola. E devemos dizer isso a eles...

Nosso problema deve ser colocado diante da Organização dos Estados Americanos, a OEA. Se vão discutir os problemas que Cuba cria, se vão debater o problema que o Haiti apresenta para o Hemisfério Ocidental perante a OEA, se levam a situação panamenha perante a OEA, ou se há problemas em Santo Domingo e isso é levado à OEA, me diga por que a situação de 22 milhões de nosso povo aqui não pode ser levada perante a OEA. Deve ser levada à OEA...

Muito rapidamente, vamos deixar a situação internacional em paz por um momento e falar da situação local. Se a Organização da Unidade Afro-Americana achar que o problema dos negros neste país é digno de ser levado ao tribunal mundial para trazer a opinião mundial para o nosso lado, isso é tudo o que temos em mente? Não. Quando você está no ringue lutando contra um homem, você tem que lutar com ele com *jabs* longos e ganchos curtos. Você tem que dar um tapa nele enquanto está dançando, e dançar enquanto você dá um tapa. Você tem que ter um objetivo de longo alcance e um de curto alcance. O presidente Nkrumah estava muito certo quando disse: "Buscai primeiro o reino político, e todas as outras coisas serão acrescentadas a ele". Isso é bom e verdadeiro. Política é poder, a ciência de como governar.

Os únicos poderes reais respeitados nesta sociedade são o poder político e o poder econômico. Nada mais. Não existe uma força moral que este governo reconheça. Ora, você está em um mundo de sonhos. Eles não sabem o que é força moral. O que você lê mais sobre Washington são histórias de corrupção moral. Não venha me falar sobre o que aconteceu na Grã-Bretanha com Christine Keeler. O que está acontecendo na capital em Washington? Coisas que nem se podem falar. A única diferença na Grã-Bretanha é que eles trazem isso à tona. Os corruptores em Washington são tão poderosos que podem impedir que isso venha à tona porque eles têm algo contra todo mundo. Todo mundo está nisso.

Os únicos tipos de poder que este governo reconhece são o poder político e o poder econômico. Esses são os únicos dois tipos. No passado, nossos líderes mostraram sua falta de visão ao não perceber que esse sistema escolar segregado estava produzindo crianças com educação inferior para que, depois de se formarem, ainda não estivessem qualificadas para participar ou competir. O que perdemos nosso tempo fazendo? Protestando. Contra quem? Donovan. Quem mais? Gross. Por quê? Porque estávamos equivocados. Donovan se contrata? Não. Gross contrata a si mesmo? Não. Quem contrata os dois? O prefeito. Estamos protestando contra o fantoche. Bem, se você quer protestar, tem que ir contra o operador das marionetes. Tem que atacar Wagner. Como você pode dizer que Wagner é um homem bom e os dois homens que ele nomeou são maus? Não é o Wagner que está realizando o programa deles. São eles que estão realizando o programa do prefeito.

[*Um trecho é perdido quando a fita cassete é virada.*]

E a única maneira de atacá-lo é ter poder político. Como chegamos ao poder político? Temos que organizar o povo do Harlem em uma campanha porta a porta, quero dizer, porta a porta, casa a casa, família a família, pessoa a pessoa, e você tem que fazer as pessoas sentirem tanta vergonha por não serem registradas que elas nem vão mais sair de casa. Temos que criar uma atmosfera no Harlem – e, quando digo Harlem, a área metropolitana de Nova York – de modo que todo homem negro na área metropolitana de Nova York se sentirá um traidor se não for um eleitor registrado. A cédula dele será como uma bala.

Precisamos decidir, estamos em um momento da história em que queremos liberdade, e apenas duas coisas trazem liberdade – o voto ou a bala.[2] Só duas coisas. Bem, se você e eu não usarmos o voto e não conseguirmos poder, seremos forçados a usar a bala. E, se você não quer usar o voto, eu sei que você não quer usar a bala. Então, vamos tentar o voto. E, se o voto não funcionar, tentaremos outra coisa. Mas vamos tentar o voto. E a única maneira de tentar o voto é organizar e fazer uma campanha que crie um novo clima.

A Organização da Unidade Afro-Americana está planejando uma campanha que nos permitirá, em questão de semanas, mapear a cidade e tocar todas as pessoas que se parecem conosco. Só tem uma coisa que queremos que elas façam: se registrem. Só isso. Vamos facilitar para eles. Não se registre como democrata ou republicano, mas como independente. Não venda sua alma. Se você está registrado como democrata ou republicano, você vendeu sua alma.

Um exemplo. Uma das piores coisas que alguém poderia fazer foi feita por um conhecido líder negro, um autodenominado – ah, acho que ele é um líder negro – quando rejeitou Goldwater. Deixe-me dizer o porquê. Se ele já rejeitou Goldwater, o que Johnson tem que fazer por você agora? Nada. Não deixe o homem saber contra o que você é ou contra quem você é. É suicídio tático, suicídio tático, deixar Lyndon B. Johnson saber com tanta antecedência que você não vai atrás do homem contra quem ele está concorrendo. Ora, ele não tem que prometer nada para você. Ele já está com você, seu idiota, no bolso. Ele não precisa oferecer nada. Bem, enquanto você e eu seguirmos esse tipo de liderança de cérebro de pássaro, nunca teremos nenhum refúgio político. Teremos um inferno político. Não estou dizendo isso para criticar qualquer personalidade, mas porque deve ser dito. Antes de você e eu nos

---

2 Cf. o discurso "O voto ou a bala", proferido pela primeira vez em 3 de abril de 1964 em Cleveland, em Malcolm X, *Malcolm X fala*, org. George Breitman, trad. Marilene Felinto. São Paulo: Ubu Editora, 2021, pp. 44–70. [N. E.]

comprometermos em qualquer tipo de campanha, certifique-se de que vai ajudar o todo, ou não diga nada.

Isso não significa que eu defendo o homem. Mas eu nunca deixo esse homem saber que sou contra ele até descobrir o que esse homem vai oferecer. Você entende? Não deixe ninguém pensar que tem você no bolso. Deixe a pessoa sem saber para onde você está indo até que ele produza algo que seja digno de seu apoio. Entende?

A lei de entrar para cumprir mandados sem bater na porta, a lei da detenção para averiguação – podemos fazer piquete na delegacia. O que vamos ganhar com isso? A polícia não aprovou a lei. Eles simplesmente estão aí na rua. Quem aprovou a lei? Os legisladores. Como você protesta contra os legisladores? Com o voto. Então, o que o líder negro fez você e eu fazermos vai na direção errada. Não proteste contra o boneco. Vá trabalhar no operador de marionetes. Vá buscar o diretor do programa e tire o sujeito de cena, e aí você pode mudar o elenco ou mudar o roteiro.

A Câmara Municipal agora discute uma lei para tornar ilegal andar com um rifle ou ter um rifle. Por que só agora? Sendo que sempre foi legal possuir um rifle, por que de repente o grande pai branco quer aprovar uma lei tornando ilegal o porte de rifles? Por causa de vocês; ele tem medo de que vocês peguem em rifles. Todas as leis que eles aprovam são direcionadas a você. Todo legislador que pisa no lugar onde fazem essas leis pensa em você. Eles discutem a noite toda sobre outras leis. Mas, quando se trata de aprovar uma lei destinada a manter você e eu no curral, eles podem aprovar fácil.

Então, se você quer protestar contra a lei de entrar para cumprir mandados sem bater na porta, você precisa do voto. Se você quer protestar contra o que a Câmara Municipal está fazendo, você precisa do voto. Se você quer protestar contra o sistema escolar segregado e mudá-lo, você precisa do voto. Qualquer coisa em que você possa pensar e que você queira mudar, a única maneira de mudar é com um voto ou com uma bala. E, se você não está pronto para se envolver com nenhum deles, está satisfeito com o status quo. Isso significa que vamos ter que mudar você.

Há 915743 membros de nosso povo no estado do Mississippi. Quase 1 milhão. Em 125 condados do Mississippi, eles são a maioria. Em noventa outros condados, eles constituem mais de quarenta por cento da população. Sempre que você tiver esse número de negros, essa maioria numérica em tantos condados, se essas pessoas votassem, Eastland não os representaria. Eles estariam representando a si mesmos. O estado do Mississippi estaria nas mãos do negro. E deve estar nas mãos deles – pelo voto ou pela bala. Ou um ou outro.

É por isso que a campanha que eles têm no Mississippi para o recenseamento eleitoral é uma boa campanha. Eles não estão tentando se integrar, estão tentando fazer com que nosso povo se registre para votar, o que é bom, porque os coloca em posição de atacar bem na base de todo o seu sofrimento. Se nosso pessoal lá no Sul está arriscando a vida para se registrar e estar em condições de votar ou ter voz sobre seu próprio destino, com que cara ficaremos você e eu estando na cidade de Nova York, com a cabine de registro há apenas alguns quarteirões de distância, se não formos até lá?

E eu digo, irmãos, vocês estão falando com um homem que é culpado de tudo isso. Nunca tentei participar de nada político. Não era possível. Para começar, eu estava em uma organização religiosa que falava sobre algo que estava por vir. E toda vez que você começa a pensar em algo que está por vir, você não consegue pôr as mãos em nada por ora nem por aqui. Muitos críticos, defensores dos direitos civis, costumavam nos criticar, especialmente a mim, por não sermos ativos na política. Eles deveriam estar felizes, porque muitos deles estavam fingindo e brincando – desculpe a expressão, mas era isso que eles estavam fazendo. Quando nos envolvemos, estamos envolvidos para sempre.

Vamos pegar um homem e tentar fazer todo mundo apoiá-lo. Mas então, se ele nos vender, vamos jogar o cara no rio Hudson.

No rio Hudson, sim. Vamos apoiá-lo, vamos apoiá-lo, mas ele tem que nos representar, não pode representar o homem do sul de Manhattan. Assim que você apoia um homem, você o coloca no cargo, você o coloca em uma posição para conseguir algo para você e para mim, e aí ele começa a se distrair e se comprometer e cuidar de si mesmo, ora, a própria lei da natureza exige que essa pessoa seja afastada custe o que custar.

Já que os negros estão fazendo um sacrifício tão grande para se tornar eleitores registrados no Mississippi, é um pecado se você e eu não formos registrados para podermos votar na cidade de Nova York e no estado de Nova York, ou em todo o Norte. Aqui neste estado eles têm 41 deputados. Dezenove dos 41 deputados deste estado são da cidade de Nova York. A cidade de Nova York é tão grande que quase metade de todos os legisladores que deixam este estado e vão para a capital em Washington vem da cidade de Nova York. Dizem que a cidade de Nova York tem cerca de 8 milhões de pessoas. E dizem que há cerca de 1,5 milhão de negros. Quando dizem que há 1,5 milhão, significa que há 3 milhões, porque eles nunca permitem que você e eu saibamos quantos realmente existem.

Dos 41 deputados deste estado e dos dezenove da cidade de Nova York, apenas um é negro. Pense nisso. Apenas um deputado, Adam Powell, de todos esses negros, e você e eu estamos dizendo viva, viva, viva, temos um. Ora, irmãos, não temos nada perto do que deveríamos ter. Ficamos satisfeitos muito fácil. Temos que descobrir o que permitiu que as pessoas aqui em Manhattan mandassem um negro para o Congresso. Aí vamos ver se a mesma situação existe no Bronx e conseguir que um negro do Bronx vá para o Congresso. E descubra se a mesma situação existe no Brooklyn e pegue alguém do Brooklyn. Ora, você está doido votando em alguém que nem se parece com você para representá-lo no Legislativo. Vamos descobrir quem é o deputado em todas as áreas onde moramos e depois descobrir se ele está nos servindo ou se está servindo a outra pessoa. Se ele está nos servindo, deixe o sujeito lá. E se ele não está nos servindo, vamos nos livrar dele.

Adam Powell é o único político negro neste país que é independente da máquina política branca. Isso não significa que ele use sua posição sempre para o nosso bem. E dizer isso não significa que estou criticando o sujeito. Não estou. Eu nunca o criticaria para dar alegria aos brancos. Eles vão à loucura quando ouvem você bater em Adam. Se eu achasse que ele estava errado, eu não diria isso, eu não daria esse prazer a eles. Na verdade, eu o apoio desde que eles não apoiem.

Mas o que estou tentando mostrar é que ele é independente da máquina política. Por quê? Porque ele tem o apoio popular. Bem, então as pessoas deveriam deixar claro que sabem que ele não estaria lá se não fosse por elas. E, portanto, deveríamos obter o máximo possível pela posição dele. Porque ele é o único político negro neste país independente da máquina política branca. E a única razão pela qual ele é independente é o seu apoio. A maioria desses outros – eles precisam confiar na máquina para chegar ao cargo. Mas, depois de descobrir que temos um homem que pode resistir à máquina e mesmo assim ir para Washington, devemos deixar esse homem saber que a única razão pela qual ele está resistindo é o nosso apoio. E se apoiamos, significa que estamos observando e queremos resultados.

Há dois senadores deste estado. Nenhum é negro. Ambos fingem ser pró-negros, mas como políticos não se atrevem a fingir ser mais do que isso.

Há 58 senadores estaduais. Desses 58 senadores estaduais, 25 vêm da cidade de Nova York. E só dois deles são negros. Pense nisso. Vinte e cinco senadores estaduais da cidade de Nova York e só dois nos representam.

São 150 deputados estaduais. Sessenta e cinco desses são da cidade de Nova York. E desses 65, só quatro são negros. De 65, temos quatro. A assembleia estadual é quem aprova a lei antinegro, entrar sem bater na porta, a lei da detenção para averiguação.

A assembleia estadual é onde isso é aprovado. Você não protesta na delegacia. Não, a própria lei está abrindo a porta para o policial ser um bruto ou um policial tipo Gestapo. Mas o homem que faz esta lei é aquele que vai para Albany. Você pode impedi-lo de ir a Albany se for um eleitor registrado.

Quando você conseguir o voto, sabe o que isso significa? Você não precisa mais sair na rua e arriscar sua saúde e sua vida e seus braços manifestando. Você só precisa organizar esse poder político e direcioná-lo contra quem está contra você ou direcioná-lo para quem está a seu favor. E assim você e eu descobriremos que estamos sempre tomando ações construtivas e positivas e obtendo algum tipo de resultado.

Vereadores, há 35 vereadores na cidade de Nova York. Vocês sabiam que, de 35 vereadores, há só um negro, J. Raymond Jones? E muitos do nosso povo nem sabem quem é o vereador negro. Como você espera mudar nossa situação miserável quando temos uma Câmara em que o homem negro não pode nem entrar? Ele nem está representado lá. Não estamos representados na prefeitura na proporção do nosso número. Não temos representação no governo do estado proporcionalmente ao nosso número. E não temos representação no governo federal proporcionalmente ao nosso número.

Então, a única maneira de conseguirmos que eles mudem as leis é participar da votação. Se o voto não o fizer, não há alternativa senão a bala. Eu digo que não há alternativa a não ser a bala. Como disse o velho Patrick Henry – sempre gosto de citar Pat porque, quando eu ia para a escola, me ensinaram a acreditar nele. Disseram que ele era um patriota. E ele é o único que cito. Não sei o que os outros disseram. Mas sei o que Pat disse: Liberdade ou morte. Isso significa o voto ou a bala. É o que significa no idioma do Harlem.

Mais uma vez, alguns fatos e números sobre o Harlem que levarão apenas um minuto. A população negra total com base no censo de 1960 é de 336 364 aqui no Harlem. No centro do Harlem, entre as ruas 100 e a 155, há supostamente 193 800 pessoas. Como eles sabem? Essa foi a quantidade que eles contaram. Eu nunca fui contado. A maioria de vocês nunca foi contada. Quantos de vocês estavam em casa quando o homem veio e disse que era um recenseador? Eu quero ver. Veja quantos de vocês estão com a mão levantada. Eu sei que você não foi contado.

Bem, como o homem sabe quantos nós somos? Ele não sabe. Ele adivinha, irmãos. E ele lhe diz o que ele quer que você acredite. Sempre que você ouve esse homem dizer que há 300 mil, há 1 milhão. Ele não vai deixar você saber quão grande você é ou quantos de vocês existem. E eu nunca conheci ninguém ainda que tenha sido contado. De vez em quando, ele corre pelo bairro e diz que sim, são tantos. Ele diz que há aproximadamente 250 mil ou mais pessoas elegíveis para se registrar para votar. Aproximadamente 125 mil estão registradas. Apenas 59 mil votaram na última eleição para o Congresso. Menos de 15 mil nas primárias democratas. Isso mostra que a maioria do nosso povo não se envolve em política. E, se eles se envolvessem e tivessem uma palavra a dizer sobre seu destino, tudo seria muito diferente.

Outro fato rápido. Ele diz que há mais de 10 mil pessoas desempregadas no centro do Harlem e não há uma agência de emprego para recebê-los. Escute isso. A área de maior desemprego na cidade é o Harlem. Não há uma agência de empregos no Harlem. Existem empresas de recursos humanos. Mas há uma diferença entre uma empresa de recursos humanos e uma agência de empregos. Uma empresa vende um emprego para você. Se eles conseguirem um emprego para você, você terá que pagar quatro meses de salário. Você trabalha para eles. Isso é escravidão, irmãos.

Por que não há uma agência de empregos no Harlem se o Harlem tem a maior taxa de desemprego? Dá para ver a conspiração?

O que o homem faz é mandar você para a empresa; você paga pelo seu trabalho, o que significa que, se ele lhe der o trabalho, você terá que lhe dar uma parte por dois meses. Assim que seus dois meses de trabalho terminam, o homem despede você. Isso é um jogo, é uma conspiração, entre o empregador e a empresa de recursos humanos. Quantos de vocês sabem que isso não é verdade? Isso é verdade. Eles vendem um emprego para você. Aí, depois que vendem o emprego, eles demitem você e vendem o mesmo emprego para outra pessoa. Ora, irmãos, é tempo de você e eu irmos para a guerra por trás do que está acontecendo.

Não, eu digo que isso é ruim. As mulheres constituem 48 por cento da força de trabalho no Harlem, 48 por cento da força de trabalho. Mulheres, a sua e a minha mulher. O homem não vai nos dar um emprego, ele dá a elas um trabalho lavando seus pratos e cuidando de seus bebezinhos de olhos azuis de narizes ranhentos. Nós vamos e cuidamos deles.

Sobre a renda no Harlem. A renda familiar média no Harlem é de apenas 3723 dólares por ano. E diz aqui que o comitê de um prefeito estimou que sejam necessários 6 mil dólares por família para sobreviver. Não para viver bem, para sobreviver. Veja, se o prefeito cria um comitê e esse comitê faz uma pesquisa e chega à descoberta científica de que são necessários 6 mil dólares para uma família média sobreviver, e aí dizem que a média é pouco mais de 3700 dólares, irmãos, você não está sobrevivendo – você está com problemas.

Aproximadamente 15 mil pessoas no centro do Harlem recebem algum tipo de assistência pública. Isso significa programas de previdência.

São 3898 lojas de varejo, praticamente todas de propriedade de brancos. Eles fazem uma venda bruta anual de 345 871 000 dólares por ano nesta área. Ou seja, seus negócios fazem tudo isso em vendas brutas em nosso bairro. Aí ele devolve dez dólares para a NAACP e um dólar para o Core e diz que homem bom ele é, ele é seu amigo. Ora, precisamos acordar.

Por ano, 168 lojas de bebidas vendem um total de 34 368 000 dólares. E isso não inclui bares nem tavernas. Você ouviu o que eu disse? A loja de bebidas aonde você vai e compra garrafas – não a boate, o bar ou a bodega – a loja de bebidas sozinha vende

34 368 000 em uísque por ano. Ora, você deveria ter vergonha desse seu lado bêbado. Você sabia que há governos na África cujo orçamento anual para administrar todo o país durante o ano é menor do que a soma que vocês gastam no centro do Harlem com uísque? E você se pergunta por que está vivendo no inferno. Ora, o dinheiro que você gasta com uísque pode financiar um governo.

Portanto, precisamos fazer algo sobre isso. E pretendemos fazê-lo com a Organização da Unidade Afro-Americana. E antes de darmos um passo adiante – e não pretendíamos demorar tanto esta noite –, queremos parar agora mesmo antes do nosso período de perguntas e dar ao irmão Benjamin aqui uma chance de continuar com nosso período de coleta. A razão pela qual sempre temos um período de coleta é que nossa arrecadação pública paga todas as nossas despesas para realizar esses eventos...

[*A coleta de doações é feita.*]

SEQUÊNCIA DE PERGUNTAS REALIZADAS POR INTERLOCUTORES DIVERSOS

(*Sobre John Brown.*)

Irmão, sim, entendo o que você está dizendo, eu acho. Há um velho provérbio africano que acho muito esclarecedor, que diz que o inimigo do meu inimigo é meu amigo. O inimigo do meu inimigo é meu amigo. Enquanto houver um leão vindo atrás de mim, se eu estiver jogando pedras nele e você estiver jogando galinhas nele e alguém estiver jogando outra coisa nele, contanto que todos os outros joguem algo nele, eu acho ótimo, pelo menos neste momento. E se as coisas mudarem, então as coisas vão mudar. Se a situação mudar, tudo muda. Mas, enquanto eles estão jogando algo no leão, nós dizemos "ótimo".

Isso não significa que você sempre deve confiar em seus aliados. Mas, enquanto eles quiserem se aliar contra quem você está lutando, fique de olho e deixe-os ir em frente e lutar contra isso. Sim, senhor?

Existem abrigos nucleares no Harlem?

Irmão, se acontecer alguma coisa que obrigue você a correr para um abrigo antinuclear, um abrigo antinuclear não vai ajudar em nada. Quando as coisas ficam ruins a esse ponto, um abrigo antiaéreo não vai fazer nenhum bem a você. Quando as coisas ficarem ruins a esse ponto, esqueça. E elas estão indo nessa direção. Não é?

Irmão professor, devemos usar John Brown como amigo do homem negro?

Não, não digo que ele era amigo do negro. Eu uso para dar um exemplo de como testar o homem branco que diz que é seu amigo. Deixe para ele alguma ação semelhante à de John Brown. Se ele está disposto a morrer por você e tudo isso, então deixe-o ir em frente e fazer isso.

(Sobre outros brancos que foram amigos do negro.)

Você disse que eles eram amigáveis, mas não disse que eram amigos. Há uma diferença.

Bem, eles não deram a vida, mas fizeram coisas importantes para ajudar.

Se fizeram algo bom, ótimo. Mas não precisamos fazer festa para nenhum deles. Não precisamos fazer festa. Olha, eu tenho um exemplo. Alguns deles morreram agora mesmo no Mississippi para tentar mudar a situação. Ainda não precisamos fazer festa porque a situação ainda está lá. Não vamos fazer festa até que a guerra termine. Todas as mortes causadas são em vão se a situação permanecer a mesma. Alguns de nós ficam muito felizes com a oportunidade de encontrar bons brancos. Qualquer que seja o bem que eles façam, ótimo. Se você quiser usá-los como exemplo, ótimo. Mas não faça alvoroço com isso. E toda vez que você encontra brancos que ajudam só para você dizer que são bons brancos, não. Sim, senhora?

Como fazer para participar da campanha da bala?

Basta juntar-se à Organização da Unidade Afro-Americana. Se você estiver interessada em ação, a Organização da Unidade

Afro-Americana tem departamentos para qualquer tipo de ação que você desejar. Se você quer ação eleitoral, temos aquele departamento político. Se você deseja ação empresarial, temos um departamento no qual você pode se envolver e que permitirá que você nos mostre como desenvolver negócios e resolver alguns de nossos problemas econômicos. Se você está interessada no departamento cultural, temos isso. Se você estiver interessada em outros departamentos, também temos. Alguns deles não listamos publicamente.

Mas devo salientar que você ficaria muito surpresa e encorajada em saber quantos pessoas ligadas a nós estão prontas e dispostas a se envolver ativamente em qualquer tipo de campanha física destinada a acabar com a Klan e esses outros racistas que vêm brutalizando nosso povo. Temos negros, tivemos mais de quatrocentos deles que ligaram só na semana passada para saber quando você vai, [dizendo] conte comigo. Sim, senhor?

(*Diz que também tem um vereador negro do Brooklyn.*)
Muito bem, irmão. desculpe, não me deram essa informação. Então isso significa que há dois em 25. E eles são tão quietos que nunca ouvimos os nomes deles.

Você não sabia que, quando um negro vai à zona Sul e nos representa, ele deveria ser como Powell? Powell é a coisa mais barulhenta deste país. Por isso não gostam dele. Não gostam dele porque ele vai para a Europa, porque são *eles* que vão para a Europa. Todas as outras coisas que dizem sobre ele, eles não são contra Powell por causa disso. Eles são contra Powell porque ele é barulhento.

E na história deste país, negros educados nunca foram bem-sucedidos em trazer nenhum tipo de vantagem para os negros. Você tem que entrar com uma granada de mão e dizer ao homem, ouça, ou você dá o que nós queremos ou ninguém vai conseguir nada. Aí pode ser que ele ouça. Mas, se você chega lá todo educado e agindo de um jeito responsável e razoável, você está perdendo seu tempo, você tem que ser louco. Sim, irmão?

Irmão Malcolm, você acha que é sensato tornar público que possivelmente guerrilheiros estão indo para o Mississippi ou outros lugares para que o homem branco possa estar preparado...

Ele já está preparado, irmão. Ele já está preparado. Às vezes é bom. Se o governo dos Estados Unidos não quer que você e eu entremos no Mississippi organizando nosso povo no tipo de unidades que permitirão retaliar a Ku Klux Klan e criando uma situação muito desagradável neste país para o mundo inteiro ver, então o governo deveria ocupar o estado do Mississippi.

Bem, você não acha que o elemento surpresa seria mais capaz de fazer a mesma coisa?

Antes de os chineses atravessarem o Yalu durante a Guerra da Coreia, eles disseram ao Tio Sam não dê mais um passo, ou então vamos fazer tal e tal coisa. Eles estavam tão confiantes em sua capacidade de enfrentar qualquer coisa que o Tio Sam tivesse que eles disseram para não dar mais um passo ou vamos fazer isso e aquilo.

Irmão, deixe eu falar sobre o que é um membro da Klan. Ele é um covarde. Ele pode ser bem organizado e, se você fizer assim [*bate o pé*], ele vai fugir. É por isso que eles estão escondidos debaixo daqueles lençóis. Você nunca lê que um membro da Klan fez alguma coisa, você lê que a turba fez isso e aquilo. Porque eles são covardes. Sempre que você conseguir que os negros se oponham aos chamados cavaleiros cobertos, você se livrará deles da noite para o dia. E eu, pelo menos, anunciaria que sim, estamos fazendo isso, e pegaria alguns negros e continuaria lá no Sul. E eu não acho que seríamos os perdedores, não.

Na verdade, eu sei que não. Temos negros no Mississippi agora que já estão prontos. Eles já estão prontos, estão sentados esperando. O homem branco está descobrindo que eles autorizaram isso há muito tempo. Eles estão esperando alguém dizer que eles podem. Veja, o pregador tem dito a eles que não pode. E quando você contar que sim, que você pode lutar para se defender, que é seu direito, que no caso de uma organização racista como a Ku Klux Klan você está justificado a atirar cada vez que eles atiram – diga isso para eles, e você nem vai precisar ir lá. Eles estão em número suficiente para fazer isso sozinhos. Mas você quer estar em ação. Estou dizendo, o Harlem está cheio de gente que quer ir lá. Alguns deles vêm de lá. Sim, senhor?

Irmão Malcolm, eu estava lendo o Amsterdam News *a caminho desta reunião. E tem um texto lá que diz que Malcolm X oferece sua assistência ao Core e a essas outras organizações supostamente não violentas. Nesse texto, eles disseram que estavam pensando sobre sua oferta, mas ainda não fizeram nenhum comentário sobre isso. Gostaria que você lesse o texto.*

Não temos tempo para ler o texto inteiro. Estamos felizes por você ter mencionado o *Amsterdam News*. E diga a eles que você falou do texto para que eles mencionem na edição da próxima semana que vamos ter um evento no próximo domingo.

Mandamos um telegrama ao Comitê Não Violento [de Coordenação] Estudantil do Mississippi dizendo que, se o governo federal não protegesse as vidas e a propriedade de nosso povo, enviaríamos para lá alguns irmãos que sabem organizar nosso povo em autodefesa e que mostrariam a eles como falar a única língua que a Klan entende. E a única língua que eles entendem é a da força. Ouçam bem: sempre que você manda alguns membros da Klan embora, mortos, o governo intervém.

Agora, eu devia ser acusado de defender a violência? Deixe-me mostrar a vocês o que é um sistema podre. Eles vão sair daqui e dizer que estou defendendo a violência. Eles não vão dizer que a Klan está praticando violência, não vão dizer que o Conselho dos Cidadãos Brancos está praticando violência, não vão dizer que o governo dos Estados Unidos está tolerando a violência. Só vão sair daqui e dizer que estamos defendendo a violência. Você está vivendo em um sistema podre. Não, nós devíamos declarar temporada aberta de caça aos membros da Klan, temporada aberta. Estejam informados. Sim, senhora...

Como você pode se registrar como independente quando não há um partido independente?

Uma pessoa pode se registrar como eleitor independente e depois votar como quiser. Não, não estou falando de um partido independente. Estou falando de uma pessoa se registrar como eleitor independente, o que significa que você não está comprometido com nenhum partido...

O que as pessoas que já são democratas ou republicanas podem fazer? Você fala daqueles que ainda não fizeram o título de eleitor. Mas e aqueles que são registrados como democratas ou republicanos?

Não tem qualquer problema. Você pode facilmente se tornar um eleitor registrado independente. Se você fosse um democrata, poderia se tornar um republicano, não poderia? Se você fosse um republicano, poderia mudar sua filiação partidária para democrata.

Mas se estou registrado como democrata, o que devo fazer?

Junte-se ao resto dos eleitores independentes. Só estou tentando mostrar que precisamos de um corpo coletivo de eleitores registrados que não estejam comprometidos com nenhum partido e não estejam comprometidos com nenhum homem até descobrirmos o que vamos receber com esse compromisso, até sabermos de alguns resultados positivos desse compromisso.

Mas como você pode se descomprometer?

Se você já está comprometido? Vamos analisar e informamos na próxima semana. E essa é uma das razões pelas quais temos um comitê político, que achamos que terá o tipo de conhecimento político para nos orientar em qualquer problema que surja. É melhor não se comprometer. Um homem negro comprometido está fora de si. Seja descomprometido. Só porque você não deu um soco não significa que você não pode dar. E até que você dê o soco, ele sempre estará lá como opção. Sim, senhora?

Irmão Malcolm, apenas um comentário: só o que precisamos saber é o que Adam Powell tem feito nos últimos anos.
Ele ficou pulando de um partido para o outro, não foi? Mas queremos dar uma explicação que deixe as coisas claras. Essa explicação será melhor depois que nosso comitê que tem essa responsabilidade obtiver as informações. E em nossa reunião no próximo domingo à noite teremos isso. Sim, senhora?

(*Sobre marcar um encontro para discutir um problema.*) Você pode acertar no escritório do [Hotel] Theresa. Faça isso através do secretário lá. Eu não fujo das pessoas. Mas a razão pela qual eu nunca marco compromissos com muita antecedência é porque não quero uma situação em que eu tenha que cancelar com alguém. Agora, as coisas estão muito quentes para mim, vocês sabem. Ah, se estão.

Estou tentando me manter vivo, vocês entendem. Pode parecer piada, mas é sério. Eu venho dando pistas faz dois meses do que se trata e teve gente achando que eu estava louco. Mas agora tem umas coisas que estão começando a aparecer. E a imprensa branca não divulgou. Eles não falaram porque não queriam que aquela coisa desmoronasse. Toda vez que eles descobrem que tem algo colocando os negros num torno, eles querem que essa coisa exista. Se você notar, como regra qualquer coisa que se escreve – de novo, como o *Journal American* fez domingo passado; disseram que tínhamos seiscentas pessoas aqui. Veja, eles são mentirosos crônicos. E disseram que foi uma vitória esmagadora de Elijah Muhammad.

Bom, vocês sabem, odeio entrar nesse assunto. Vocês todos vão me perdoar se eu fizer isso. Mas disseram que eles esperavam 500 mil pessoas no Arsenal. E se eles tinham 10 mil, ora, boa noite, ainda faltam 490 mil, a menos que o relações-públicas tenha cometido um erro tipográfico ao divulgar o comunicado de imprensa. Então eu de jeito nenhum chamo isso de vitória. Mas eles gostam de nos usar um contra o outro. É isso que eles estão tentando fazer na verdade. E às vezes você pega a gente, somos burros o suficiente para nos deixar usar um contra o outro. Então, a secretária lá do escritório no Theresa vai providenciar isso. Lá, lá no fundo...

Você disse uma vez que a única solução para o chamado negro era, em última análise, retornar à África. Então, na última reunião, você disse que deveríamos nos voltar para a África cultural e espiritualmente, mas politicamente deveríamos permanecer neste país.

Vamos fazer uma pausa bem nesse ponto. A primeira declaração que fiz foi antes de ir eu mesmo para a África. Passei cerca de cinco semanas lá falando com todo tipo de líder africano a que pude ter acesso. E o resultado dessa viagem foi que, se nosso pessoal for, será bem-vindo. Mas aqueles que são politicamente maduros por lá dizem que seria mais sensato desempenhar um papel aqui neste momento. Se quisermos voltar, somos bem-vindos, mas o que fazemos deve ser para o bem de todos, não de poucos. Sempre que você restaura laços culturais ou espirituais entre nosso povo aqui e nosso povo lá, começamos a trabalhar juntos. Neste momento, é necessário ter alguém aqui para fazer um trabalho para o todo. E você e eu estamos na melhor posição para fazê-lo.

[Observação inaudível.]

Irmão, se todos nós quiséssemos voltar para a África, você não ia ficar satisfeito em voltar sozinho, eu sei disso. Seu desejo seria ver todos nós voltarmos, se eu entendi você corretamente. Então, como você criaria uma situação, número um, que faria todos nós termos a mente negra o suficiente para querer voltar, ou fazer todos nós termos um conhecimento profundo o suficiente de como é lá para querer voltar, ou deixar esse homem tão farto de nós que ele gostaria de nos mandar para lá? Como você faria isso? Como você faria para conseguir que 22 milhões de pessoas fossem para um lugar que eles acham que é uma selva podre e infestada de insetos? Como você faria para fazê-los voltar quando as pessoas se encolhem toda vez que você usa a palavra africano ou África? Que estratégia você usaria? Ou então você acabaria voltando sozinho.

Você não sabe que tem alguns nacionalistas aqui que não estão prontos para voltar? Eles vão falar, digo, falar é fácil, mas, quando se trata de ação concreta, isso é só conversa. Bom, vamos encarar a realidade. Nosso pessoal precisa ser levado ao ponto em que tenhamos conhecimento suficiente dos ativos que nos são devidos se voltarmos. E enquanto você não conseguir levar 22 milhões de pessoas a esse nível ou a esse ponto, enquanto você tentar apontar para eles essa direção, você precisa ao mesmo tempo ter algum tipo de programa que permita que eles tomem a vantagem máxima de cada oportunidade que existe aqui.

Eu quero voltar para a África. Mas o que posso fazer enquanto estou esperando para ir? Passar fome? Viver numa favela infestada de ratos? Mandar meus filhos para uma escola onde seus cérebros serão destruídos? Não, se nós vamos voltar, mas se vai se passar um tempo entre hoje e a nossa partida, então temos que ter um programa de longo prazo e um programa de curto prazo, um programa que seja projetado para nos levar nessa direção, mas ao mesmo tempo que nos permita tirar o máximo proveito de todas as oportunidades sob este teto onde estamos agora. Mais uma pergunta – sim, senhor?

Qual será a atitude desta organização em relação à intervenção americana na África?
O irmão quer saber qual será a atitude desta organização em relação à intervenção americana na África. Com isso você provavelmente está se referindo a esses fatos recentes, quando eles bombardearam nossos irmãos congoleses, quando pilotos americanos bombardearam nossos irmãos no Congo. Ora, isso foi pior do que os italianos fizeram com nossos irmãos na Etiópia.

Sempre que esse tipo de coisa acontece, você e eu devemos estar organizados de tal forma que o governo americano pense muito antes de dar qualquer passo para lançar bombas sobre os africanos que são nossos irmãos e irmãs. Por isso devemos nos organizar. Mas este punhado de pessoas aqui não significa nada. Temos que nos organizar e depois organizar a cidade e depois organizar o estado e depois organizar o país. Depois de fazer isso, o governo não vai intervir na África.

Andar pelo sul de Manhattan com um cartaz dizendo que protestamos contra o que foi feito no Congo não significa nada se você não for organizado. Temos que organizar casa por casa, rua por rua, cidade por cidade, estado por estado, cada homem negro de ascendência africana no Hemisfério Ocidental. E aí você e eu podemos impedir os atos de atrocidade não apenas no Mississippi, mas também no Congo. Mas primeiro você tem que se organizar. Vir a estas reuniões não é organização. Depois de vir, volte e faça uma associação para que possamos nos organizar, e assim, nestas reuniões de associação, podemos dizer como você pode nos ajudar a organizar outras. Então, se aqueles organizam outros e aqueles organizam outros, a primeira coisa que você sabe é que vamos organizar esta cidade. *Aí* você pode agir.

Fora isso, tudo é prematuro, é realmente prematuro. Você protesta, você se sente bem, seu peito está para fora. Mas o que você ganha? Nada. Porque, irmãos, o homem estuda todas essas ações antes de fazer sua jogada. Quando você vir os brancos intervindo no Congo e tiver coragem suficiente para contar à imprensa, para que eles digam ao público americano – prova disso, me dê o nome de um jornal negro que protestou. Diga o nome de um negro – agora uso a palavra negro de propósito –, nomeie uma organização negra que protestou. Cite um líder negro que protestou. O Departamento de Estado sabia de antemão o que estava fazendo. Eles não estão preocupados com essas organizações, ou com esses líderes. Mas esse punhado de pessoas [aqui] não significa nada. O que você e eu temos que fazer é organizar, organizar cada rosto negro que você encontrar. E garanto que eles vão saber com antecedência se estamos organizados, antes de fazer qualquer movimento no Congo ou em qualquer outro lugar.

Mas um dos piores tapas na cara que o homem negro neste país recebeu foi quando o Departamento de Estado teve a audácia de admitir na semana passada que pilotos americanos estavam bombardeando africanos indefesos no Congo. E nenhum clamor foi feito entre nosso povo. Os líderes negros estão muito ocupados falando sobre desordens nos metrôs. Veja só. Desordem entre negros no metrô, e pessoas negras estão sendo dilaceradas por bombas americanas lançadas por pilotos americanos de aviões americanos. Última pergunta.

[*A gravação termina quando o questionador começa a falar sobre assédio policial no Bronx.*]

Uma carta do Cairo

[CAIRO, 29 AGO. 1964]

No comício da OAAU em 5 de julho, Malcolm X incentivou o público a participar do comício seguinte, em 12 de julho, mas ele não estaria presente. Em 5 de julho ele também destacou que a Organização da Unidade Africana iria se encontrar no Cairo no dia 17 de julho e disse: "Devemos estar lá para que eles saibam que estamos vivendo um inferno nos Estados Unidos". Malcolm estava lá – reconhecido como um observador da conferência OAU – e apresentou um memorando que circulou entre os participantes informando que as recentes leis dos direitos civis aprovadas não haviam modificado de verdade as condições para os afro-americanos e apelando para o apoio deles em seu movimento para indiciar o governo dos Estados Unidos na ONU.[1]

Malcolm deixou Nova York em 9 de julho e só voltou em 24 de novembro. Ele passou a maior parte da primeira metade desse tempo no Cairo e a maior parte da segunda metade visitando outros países na África. Ele manteve anotações sobre suas viagens e discussões, esperando poder escrever um livro sobre isso, mas pouco foi escrito sobre esse período (e alguns dos poucos escritos são mais ficção do que fatos).

A carta a seguir é o único item neste livro da segunda viagem africana de Malcolm em 1964. Apesar de sua brevidade, é altamente reveladora – não sobre a experiência africana, e sim sobre Malcolm, seu personagem, suas visões em desenvolvimento e suas relações com seu movimento.

A carta reflete sua intensa preocupação com a internacionalização da luta e sua consciência dos perigos pessoais que isso significava para ele. Também atesta sua modéstia, sua objetividade e seu desejo

---

1   Ver Malcolm X, *Malcolm X fala*, org. George Breitman, trad. Marilene Felinto. São Paulo: Ubu Editora, 2021, pp. 108–14, para o texto do memorando, que é referido frequente e erroneamente como um discurso.

incessante de aprender e crescer ("o problema é maior e mais complicado do que muitos de nós imaginamos").

Além disso, oferece indícios sobre o tipo de movimento que ele estava tentando construir em seu último ano. Ele queria um movimento que não fosse apenas diferente da Nação do Islã (e de outras organizações criadas após sua morte supostamente para homenagear seu nome e sua tradição). O que Malcolm buscava era um movimento que fosse livre do culto à liderança, em que os membros pudessem expressar diferenças e queixas, e em que os líderes fossem responsáveis perante os membros. Ou seja, um movimento democrático e revolucionário.

Neste capítulo, o uso de reticências (...) é de Malcolm, e não representa omissões.

A carta foi originalmente impressa em uma publicação mimeografada do Harlem, a *Black Force*, sem data, mas publicada por volta do início de 1967.

CAIRO, EGITO
29 DE AGOSTO DE 1964

As-salamu alaikum.

Em nome de Alá, o Clemente, o Misericordioso...

Meus queridos irmãos e irmãs: Minha estadia aqui no Egito está terminando; minha missão aqui em seu nome está quase completa nesta parte da África. Nas próximas semanas, a menos que algo drástico aconteça para me forçar a mudar meus planos, viajarei por vários outros países africanos visitando e falando pessoalmente com vários líderes africanos em todos os níveis de governo e sociedade, dando a eles um conhecimento em primeira mão e a compreensão de nossos problemas, para que todos vejam, sem reservas, a necessidade de levar nosso problema à ONU neste ano, e por que devemos ter o apoio deles.

Não tenho dúvidas do apoio, mas aprendi que não se podem dar as coisas como garantidas e depois chorar quando nada se materializa. Devemos aprender que somos donos de nosso próprio destino, mas somente quando exercemos o máximo de esforços para fazer as coisas acontecerem. Não tome nada como garantido neste mundo e então teremos a certeza do sucesso.

Você deve perceber que o que estou tentando fazer é muito perigoso, porque é uma ameaça direta a todo o sistema internacional de exploração racista. É uma ameaça à discriminação em todas as suas formas internacionais. Portanto, se eu morrer ou for morto antes de voltar para os Estados Unidos, você pode ter certeza de que o que eu já coloquei em movimento nunca será interrompido. A fundação foi lançada e ninguém pode desfazê-la facilmente. Nosso problema foi internacionalizado. Os resultados do que estou fazendo se materializarão no futuro e então todos vocês poderão ver por que é necessário que eu esteja aqui por tanto tempo e para o que eu estava lançando as bases enquanto estive aqui.

Tive o prazer de receber cartas de muitos de vocês ultimamente, em especial por saber que vocês tiraram um tempo de seus muitos outros deveres e obrigações para me escrever. Pelo tom de algumas das cartas parece haver muita insatisfação e desunião entre vocês, e alguns parecem insatisfeitos até comigo. Isso soa como uma repetição da história. Quero que vocês saibam que isso é normal e, portanto, não me incomoda nem me preocupa. Não estou particularmente surpreso com aqueles em torno de quem tanta controvérsia e insatisfação parecem estar acontecendo, porque a experiência me ensinou a nunca dar nada ou ninguém como garantido.

Estar longe da América é uma bênção em mais de um sentido; permitiu que eu me desembaraçasse das fortes questões emocionais e desse um passo atrás e visse o quadro inteiro com mais objetividade do que eu poderia se estivesse ali. Posso até ver melhor os problemas que surgiram em nossa própria OAAU e na Mesquita Muçulmana.

Deixem-me reafirmar minha própria posição: acredito em direitos humanos para todos, e que nenhum de nós está qualificado

149

para julgar uns aos outros, e que nenhum de nós deve, portanto, ter essa autoridade. Não temos o direito de obrigar ninguém a caminhar conosco, nem temos o direito de condenar aqueles que querem partir, aqueles que ficam impacientes quando não nos veem obtendo resultados e, portanto, querem tentar outro caminho. Não podemos culpá-los e não temos direito de ficar bravos com eles. Se produzirmos resultados, as pessoas ficarão e todas apoiarão um bom programa que está obtendo bons resultados.

Se os irmãos quiserem fundar outra organização, estão no seu direito. Devemos aprender a desejar-lhes bem, e dizer isso. Nossa luta nunca deve ser um contra o outro. Não importa o quanto divergimos em coisas menores, nossa luta deve sempre ser dirigida contra o *inimigo comum*.

Se algum Muçulmano está insatisfeito, não pode ser obrigado a ficar entre nós e não pode ser condenado por nos deixar. Esse é o ponto que estou tentando passar para vocês. Só digo uma coisa para aqueles de vocês que partirem: tentem manter bons pensamentos em seu coração sobre nós, pois tentaremos pensar boas coisas sobre vocês.

Se algum de vocês quiser deixar a OAAU e formar outra coisa, eu lhes digo o mesmo que digo aos Muçulmanos. Mas aonde quer que você vá e faça o que fizer, lembre-se de que ainda somos irmãos e irmãs e ainda temos o mesmo problema. Não percamos tempo condenando uns aos outros e lutando uns contra os outros. Já perdemos muito tempo e energia fazendo isso no passado.

Conheço suas queixas, muitas das quais são justas, mas muitas delas também se baseiam na incapacidade de olhar para o problema como um todo. O problema é maior e mais complexo do que muitos de nós imaginamos. Nunca procurei ser o líder de ninguém. Há alguns de vocês que querem liderança. Fiquei afastado este verão e dei a oportunidade a todos aqueles que querem mostrar o que podem fazer. Quando eu voltar, trabalharei com qualquer um que pense que pode liderar... e só peço a Alá que vocês trabalhem comigo da mesma forma.

Espero que minha posição seja clara: não estou interessado em lutar contra Elijah Muhammad ou qualquer outro afro-americano. Eu nem quero discussões com eles. Se nosso próprio programa produzir resultados, nosso trabalho falará por si. Se não produzirmos resultados, não teremos argumentos de qualquer maneira. O irmão Benjamin é o melhor professor que deixei para trás: ele tem muitas falhas e muitas fraquezas, mas eu também tenho e muitos de vocês também.

Estarei ausente por pelo menos mais um mês. Durante esse tempo, vocês podem ignorar as pequenas diferenças que têm e progredir trabalhando uns com os outros, ou podem estar em desacordo e não progredir. Vocês podem fazer da Mesquita Muçulmana e da OAAU um sucesso, ou podem destruir ambas as organizações. Vocês decidem. Vocês têm mais um mês. Eu tenho tanta fé em Alá, e no direito, e no meu povo, que acredito que posso voltar e começar do zero se for necessário e desde que minha intenção seja boa, Deus vai me abençoar com sucesso e nosso povo vai me ajudar nesta luta. Amo todos vocês, e rezo para que Deus abençoe a todos vocês.

As-salamu alaikum,
Seu irmão e servo

Numa reunião em Paris

[PARIS, 23 NOV. 1964]

Voltando da África para casa, Malcolm X parou em Paris, onde falou na Salle de la Mutualité, em 23 de novembro de 1964, em uma reunião patrocinada pela Présence Africaine, a organização cultural africana. A única reportagem sobre a reunião na imprensa americana, de Ruth Porter, começava assim:

> Não havia um centímetro quadrado de espaço desocupado na sala de reuniões. Os assentos foram preenchidos uma hora antes do início da palestra. Os que chegaram "atrasados" ficaram de pé ou sentados no chão. Quando nenhum outro ser humano pôde ser espremido no salão, a multidão se espalhou pelos corredores, esperando ficar ao alcance da voz. Aqueles que chegaram a tempo não encontraram espaço nos corredores e tiveram que sair. O próprio orador mal conseguiu entrar na sala por cima das pernas variadas dos que estavam no chão. Africanos, americanos negros e brancos, esquerdistas europeus de todas as convicções, representantes da imprensa, todos estavam intensamente interessados no que Malcolm X diria. (*The Militant*, 7 dez. 1964)

As observações iniciais de Malcolm, publicadas como "The Black Struggle in the United States" [A luta negra nos Estados Unidos] na edição em inglês da *Présence Africaine*, n. 2, 1965, são omitidas aqui porque repetem material encontrado em outras partes deste livro, mas suas respostas a 24 perguntas, realizadas por interlocutores diversos, são apresentadas a seguir. Neste capítulo, as reticências [...] representam lacunas na gravação em fita cassete transcrita pela *Présence Africaine*.

Como é possível que algumas pessoas ainda estejam pregando a não violência?

Isso é fácil de entender – mostra o poder do dolarismo. O dólar torna tudo possível. Em mil novecentos e sess- (esqueci o ano em que ocorreu o Massacre de Sharpeville na África do Sul),[1] se você ler o depoimento de Mandela no tribunal, ele falou do fato de que naquele momento os irmãos na África do Sul começaram a perceber que precisavam entrar em ação, que a não violência estava ultrapassada: só ajudava o inimigo. Mas, ao mesmo tempo, o inimigo sabe que, se 11 milhões de pessoas deixarem de ser confinadas a uma abordagem não violenta contra 3 milhões, a situação muda. Eles tiveram que usar suas novas artimanhas modernas, então correram e pegaram um africano e deram a ele um glorioso prêmio da paz[2] por ser não violento, e isso deu força à imagem da não violência, para tentar mantê-los um pouco não violentos por mais algum tempo. E funciona do mesmo jeito nos Estados Unidos. O negro nos Estados Unidos começou a ver que a não violência é uma artimanha imposta a ele para impedir até mesmo que ele se defenda.

E assim há um número crescente de negros nos Estados Unidos que estão absolutamente prontos e dispostos a fazer o que for necessário para que suas vidas e suas propriedades possam ser protegidas por eles.

E aí lá vêm de novo os imperialistas, seja lá o nome que você use para eles, e dão outro prêmio da paz para tentar novamente

---

1 O Massacre de Sharpeville ocorreu em 21 de março de 1960, na África do Sul, quando a polícia abriu fogo contra manifestantes pacíficos que protestavam contra as leis do passe do Apartheid, matando 69 pessoas e ferindo mais de 180. O evento marcou um ponto de virada na luta contra o regime racista, levando à intensificação da resistência e a sanções internacionais contra o país. [N. E.]

2 Referência a Martin Luther King Jr., laureado com o Prêmio Nobel da Paz em 1964. [N. E.]

fortalecer a imagem da não violência. Essa é a maneira deles de fazer as coisas, mas nem sempre todo mundo aceita esses prêmios da paz.

Gostaria de fazer duas perguntas ao sr. Malcolm X. A primeira, qual é sua opinião sobre o problema judaico e sobre a solidariedade de judeus e negros contra o racismo? A segunda, se ele conhece os nomes de Lincoln, Wilberforce, Garrison, John Brown e outros, e qual é sua opinião sobre esses senhores?

A maioria das pessoas brancas que professam ser a favor da luta dos negros geralmente estão nessa luta desde que os negros não sejam violentos. E são essas pessoas que encorajam os negros a não serem violentos, a amarem seus inimigos e a oferecerem a outra face. Mas aqueles que genuinamente são a favor da liberdade do homem negro – no que nos diz respeito, são muito bons. Agora em relação à minha opinião sobre os judeus. Quando você está na frigideira não acho que seja inteligente se envolver ou se comprometer em tentar resolver os problemas de outra pessoa ou chorar por outra pessoa. Os negros americanos em especial foram manobrados para chorar mais pelos judeus do que por si mesmos.

Nos Estados Unidos os judeus eram segregados. Eles nunca foram "Cavaleiros da Liberdade". Eles não usaram essa tática para resolver seu problema – implorando, caminhando, andando. Sempre que eram impedidos de entrar em um bairro, eles reuniam seu poder econômico e compravam esse bairro. Se fossem impedidos de entrar em hotéis, eles compravam o hotel. Mas quando eles se juntam a nós, eles não nos mostram como resolver nosso problema dessa maneira. Eles nos mostram como entrar, rastejar e implorar. Então, sou a favor do judeu quando ele me mostra como resolver meu problema do mesmo modo como resolveu o dele.

Posso perguntar se você era muçulmano antes de se juntar aos "Muçulmanos Negros" ou se escolheu essa religião depois, e, se sim, por quê?

154

A escolha da religião de um homem é assunto pessoal, mas devo ir mais longe na sua pergunta. O cristianismo foi usado nos Estados Unidos, foi usado no nosso povo, não para nos levar ao céu, mas para nos tornar bons escravos, principalmente – roubando-nos o direito de nos defender em nome de Jesus.

Muitos americanos negros esperam que você seja o líder deles. Você tem um programa político determinado e eu gostaria de saber, se você tem um programa político já estabelecido, você se juntaria a uma nova organização que se chama "Liberdade Já" [Freedom Now]?

Primeiro, não pretendo ser o líder de ninguém. Eu sou um dos 22 milhões de afro-americanos, todos os quais sofreram as mesmas coisas. E provavelmente grito um pouco mais alto contra o sofrimento do que a maioria dos outros e, portanto, talvez seja mais conhecido.

Não afirmo ter uma solução política, econômica ou social para um problema tão complicado quanto o que nosso povo enfrenta nos Estados Unidos, mas sou um daqueles que está disposto a tentar *todos os meios necessários* para acabar com as injustiças que nosso povo sofre.

Uma das razões pelas quais eu digo que é difícil chegar e dizer "esta é a solução" ou "aquela é a solução" é que uma galinha não pode produzir um ovo de pato, e não pode produzir um ovo de pato porque o próprio sistema foi produzido por um ovo de galinha e só pode reproduzir aquilo que o produziu.

O sistema americano foi produzido a partir da escravização do homem negro. Esse sistema político, econômico e social dos Estados Unidos foi produzido como resultado da escravização do homem negro e esse sistema particular só é capaz de reproduzir aquilo a partir do que foi produzido. A única maneira de uma galinha produzir um ovo de pato é revolucionar o sistema.

A história dos Estados Unidos provou claramente que nenhum dos presidentes anteriores conseguiu resolver a integração. Agora eu gostaria de saber, sr. Malcolm, sua

155

posição no que diz respeito à última eleição e o que você acha em particular dos desdobramentos futuros sob o presidente Johnson?

É o mesmo sistema. Não é o presidente que pode ajudar ou prejudicar. E esse sistema não está apenas nos governando nos Estados Unidos – está governando o mundo.

Hoje em dia, quando um homem concorre à presidência dos Estados Unidos, ele não está concorrendo só à presidência dos Estados Unidos, ele tem que ser aceitável em todas as áreas do mundo aonde a influência dos Estados Unidos chega. Se Johnson estivesse se candidatando sozinho, ele não seria aceitável por si mesmo. A única coisa que o tornou aceitável para o mundo foram os capitalistas astutos. Os astutos imperialistas sabiam que a única maneira de fazer você correr voluntariamente na direção da raposa era mostrarem um lobo para você. Então eles criaram uma alternativa medonha e puseram o mundo inteiro, até os chamados intelectuais que se chamam marxistas e outras coisas, torcendo para que Johnson vencesse Goldwater.

Eu preciso dizer isso. Aqueles que afirmam ser inimigos do sistema estavam de joelhos esperando que Johnson fosse eleito porque ele supostamente era um homem de paz; e ele tem tropas invadindo o Congo agora e invadindo Saigon e lugares de onde outros países retiraram suas tropas. Johnson está enviando suas tropas. Estou apenas dizendo o que penso dele. Ele envia o Corpo da Paz[3] para a Nigéria e mercenários para o Congo.

Como solução para esse problema pode-se vislumbrar a criação de um Estado negro independente nos Estados Unidos?
Não! Eu não diria "não, não". Eu não fecharia a porta para nenhuma solução. Nosso problema nos Estados Unidos é tão deplorável que temos justificativa para tentar qualquer

---

3 Agência federal dos Estados Unidos, criada em 1961, que atua em países em desenvolvimento com agentes voluntários. [N. E.]

coisa – qualquer coisa. Outros Estados independentes foram criados. Eles estabeleceram Israel e não foram chamados de separatistas. Mas, quando começamos a falar sobre estabelecer algo em que possamos nos governar, somos rotulados de separatistas. Mas não somos separatistas, nem integracionistas. Somos seres humanos.

Irmão Malcolm, você consegue prever o dia em que a raça e a cultura negras serão respeitadas no mundo e até mesmo predominantes?

Se entendi sua pergunta, irmão, tenho que dizer "sim". Eu vejo o momento em que a cultura negra será a cultura dominante e em que o homem negro será o homem dominante. E ninguém deve ser contra o homem negro ser o homem dominante. Ele tem sido dominado. Acho que, se nos deixamos dominar, não seria errado mudar de posição de vez em quando. Servimos a todos os outros, provavelmente mais do que qualquer outro povo. Permitimos que nosso continente fosse estuprado e devastado. Permitimos que mais de 100 milhões de almas humanas fossem arrancadas do continente-mãe e enviadas para o exterior, muitas das quais perderam a vida no fundo do mar ou foram comidas por tubarões. Contribuímos para a economia de todos os países da face da Terra com nosso trabalho escravo. Então, se houver algum tipo de justiça, se houver algum tipo de julgamento, se houver algum tipo de Deus – então se ele está vindo para executar o julgamento ou fazer algum tipo de justiça –, temos algumas dívidas que não cobramos ainda.

Você é contra o amor entre um negro e um branco?

Como alguém pode ser contra o amor? Quem quer que uma pessoa queira amar, isso é problema dela – é como sua religião.

Mas você diz "odeie a árvore".

Eu não disse nada sobre "odiar a árvore". Eu disse que você não pode deixar de odiar as raízes e você odeia as raízes – não odiar a árvore – e eu disse isso em referência à maneira como eles nos ensinaram a odiar nossas raízes, o que significa o continente africano. O ponto é que muitos negros não conhecem suas raízes – eles pensam que quando você fala sobre raízes está falando sobre a Europa.

A maioria dos negros nos Estados Unidos são colonos [sooners].[4]

Miscigenados?

Dá na mesma.

Isso tudo vem de doutrinação, lavagem cerebral e treinamento, mas você vai descobrir que o afro-americano está se afastando disso agora. Houve um tempo – vou comentar sobre isso – em que você encontrava negros americanos que tinham orgulho de seu sangue branco – e não só negros americanos, mas em todo lugar. Porém isso aconteceu só porque a Europa estava em uma posição de poder e servia de símbolo de status. Mas, se você notar, a Europa está perdendo seu poder. Quando a Europa perdeu o controle na Ásia e na África, isso perturbou a economia desses países europeus, de modo que hoje eles enfrentam uma crise – não só uma crise econômica –, eles enfrentam uma crise política, uma crise social, uma crise moral e até mesmo uma crise militar. E, portanto, não é mais um símbolo de status ficar andando por aí se gabando de seu sangue escocês ou de seu sangue alemão ou desse outro tipo de sangue. Agora o pêndulo está mudando na outra direção. Você tem europeus falando sobre esse outro tipo de sangue.

Você prevê uma assimilação total com direitos iguais do afro-americano na comunidade branca dos Estados Unidos num futuro distante?

---

4 No contexto da história dos Estados Unidos, o termo se refere aos colonos que, no fim do século XIX, entraram ilegalmente no território de Oklahoma antes da abertura oficial das terras para assentamento em 1889. Na pergunta dirigida a Malcolm X, o termo é deslocado do sentido corriqueiro para descrever a mentalidade de uma pessoa negra que "se assenta" rapidamente na identidade dos brancos. [N. E.]

Não! Ninguém! Quem vai esperar um futuro distante? Fico feliz por você ter feito essa pergunta porque, veja bem, o oprimido nunca usa o mesmo critério que o opressor.

E é isso que o opressor não percebe. Em sua posição de poder, ele toma as coisas como garantidas e dá por certo que todo mundo usa seu critério. Bem, há muito tempo, nós, o povo oprimido, não só na América, mas também na África, na Ásia e em outros lugares, temos tido que usar o critério de outra pessoa. Quando eles diziam "rápido", o que era "rápido" para eles era "rápido" para nós, mas hoje em dia o critério mudou. Temos nosso próprio critério. E quando você fala nessa assimilação distante, ou nessa solução distante, o que você não percebe é que outras gerações usaram um critério diferente. Eles tinham paciência e você poderia falar para eles sobre um futuro distante e eles ficariam sentados por um longo tempo, mas os jovens que chegam agora perguntam "Por que ele deveria esperar? Por que ele deveria esperar pelo que outras pessoas têm quando nascem? Por que ele deveria ir a uma Suprema Corte ou a um Congresso, ou a um Senado, ou a algum tipo de corpo legislativo para saber que ele é um homem quando outras pessoas não precisam passar por esse processo para serem informadas de que são homens?". Então você tem uma nova geração chegando... necessário deixar o mundo saber agora que eles serão homens ou simplesmente não haverá um ser humano em nenhum outro lugar.

Existe um movimento negro nos Estados Unidos que deseja formar um Estado negro com os africanos?

Sim, eles são importantes. Há um número crescente de afro-americanos que querem migrar de volta para a África. Agora, se fosse amanhã, você provavelmente teria um número limitado. Então, na minha opinião, se você quisesse resolver o problema, teria que torná-lo mais palatável para um número maior de afro-americanos. A ideia é boa, mas aqueles que propagaram a ideia no passado a apresentaram ao público de forma errada e por isso não obtiveram o resultado desejado. Quem causou o maior impacto foi o honorável Marcus Garvey. E o governo dos Estados Unidos... o colocou na prisão e o acusou de fraude.

Uma "Volta à África" espiritual. Se nosso povo tentasse migrar de volta para a África culturalmente, primeiro tentasse migrar de volta cultural, filosófica e psicologicamente, eles ficariam onde estão fisicamente, mas essa migração psicológica, cultural e filosófica nos daria laços com nosso continente-mãe que fortaleceriam nossa posição no país onde estamos agora, e então estaríamos em posição de influenciar as políticas desse governo e impedi-lo de apoiar homens como Tshombe.

Irmão Malcolm, você não acha que há um perigo nos Estados Unidos de que os negros se diluam na maioria branca?

Sim, irmão, isso representa um perigo, mas você jamais poderá ter uma integração. Eles nunca terão integração naquele país. Neste momento, se um negro se muda para um bairro, os liberais brancos são os primeiros a sair. Eles não conseguem integrar as escolas da cidade de Nova York. Os diplomatas da ONU reclamam que apanham só por sua pele ser escura – na cidade de Nova York, não no Mississippi. A integração destruiria nosso povo, mas nunca a teremos naquele país.

Por que o sr. Malcolm X não utiliza sua influência para impedir que atletas negros participem dos Jogos Olímpicos?

Eles são atletas. Se eles não participassem, você nem veria os Estados Unidos nas Olimpíadas. Tudo o que eles nos deixaram fazer, fazemos melhor que eles.

Ele acredita verdadeiramente no nascimento do homem negro, como ele descreveu em sua autobiografia?

Não, eu não descrevi. Foi mal redigido pelo escritor. Se você ler com atenção, verá que essa era uma história que estava sendo contada para mim e não era sobre o nascimento do homem negro, era sobre o nascimento do homem branco.

Você não pode encontrar o começo do homem negro. Em qualquer lugar a que você vá, você encontra o homem negro, mas você encontra o momento em que os brancos pareciam

160

estar surgindo em cena. Quando você volta para a história antiga, geralmente você lida com pessoas de pele escura. A maioria dos arqueólogos, investigando os restos de civilizações antigas, passa a maior parte do tempo na África e na Ásia, raramente na Europa. Isso não diminui o europeu, mas a maioria das civilizações antigas altamente desenvolvidas estavam na Ásia e na África. Portanto, há mais indícios para apoiar o passado remoto dos povos da África e da Ásia; contudo, quando você volta para a área europeia, em geral acaba em cavernas.

Sr. Malcolm X, o senhor pode nos dizer neste exato momento como pretende apresentar o problema do afro-americano aos órgãos jurídicos internacionais e às Nações Unidas?
Eu não diria como planejamos. Eu não diria publicamente como pretendo fazer qualquer coisa. A única coisa que é necessário obter é a assistência de qualquer nação africana independente ou nação asiática ou nação europeia que seja membro das Nações Unidas.

Agora seria um pecado (ou, como dizemos no Harlem, "uma porcaria") se, com todas as nações africanas independentes, 22 milhões de afro-americanos tivessem dificuldade para levar seus problemas às Nações Unidas. Isso poria alguém nos holofotes. Vi estadistas na ONU debatendo a questão sul-africana, chorando a plenos pulmões pelo tratamento desumano, e depois voltando ao seu quarto de hotel, ligando a TV e assistindo ao noticiário e vendo negros, bem ali onde está a ONU, sendo mordidos por cachorros e tendo seus crânios esmagados por cassetetes da polícia e as roupas arrancadas de seus corpos por mangueiras de água, e voltam à ONU no dia seguinte e não dizem nada sobre isso. Você não pode me dizer nada sobre África do Sul, Moçambique, Angola ou qualquer outro lugar e me fazer acreditar que você é sincero se ficar calado sobre o que os Estados Unidos estão fazendo conosco naquele país.

Sr. Malcolm, você quer formar um movimento que seja extremista, e você disse que deve haver um movimento de afro-americanos em direção à África – um retorno filosófico, psicológico e cultural –, mas que a luta deve ocorrer nos Estados Unidos. Consequentemente, caso as demandas dos afro-americanos não sejam satisfeitas, que meios eles pensam em utilizar para um eventual retorno à África?

De que país você é?

Senegal.

[UMA VOZ] *Essa não é a opinião de todos os senegaleses.*

Número um, se somos extremistas, não temos vergonha disso. De fato, as condições que nosso povo sofre são extremas e uma doença extrema não pode ser curada com um remédio moderado. Não somos contra a migração física de nosso povo de volta à África. Aqueles que querem voltar e que têm algo a contribuir para o desenvolvimento da África, nós somos a favor deles, porque sentimos que uma África forte também nos torna fortes.

Na mesma medida em que a África for independente e respeitada, nós seremos independentes e respeitados, mas, à medida que somos desrespeitados, os africanos também são desrespeitados. Nossa origem é a mesma e nosso destino é o mesmo, gostemos ou não.

Aqueles de nós que estão no Ocidente foram vendidos. Não nos vendemos. Esse é o ponto que queremos que nossos irmãos, quando nos julgam, sempre tenham em mente. Nós não fomos para a América voluntariamente. Fomos vendidos, e alguns dos que nos venderam eram nossos amigos, e alguns dos que nos venderam eram nossos parentes. Na Bíblia e no Alcorão há uma história sobre um homem chamado José que foi vendido como escravo por seus irmãos, mas perdoou seus irmãos que o venderam como escravo porque estava em condições de perdoá-los.

Malcolm, da mesma forma que você disse que havia alguns negros que ajudaram na venda de seus próprios irmãos...

Eu não disse isso assim. Antes de entrar nisso, quero lembrá-lo de uma coisa. José perdoou seus irmãos. Nada lá diz que eles perdoaram o faraó que o comprou – o escravizou. O país que o comprou e o escravizou foi destruído.

Se foram nossos ancestrais brancos que compraram você e escravizaram você, nós somos filhos deles. Nós somos a nova geração. Por que você não nos chama de seus irmãos?

Um homem tem que agir como um irmão antes que você possa chamá-lo de irmão. Você apresentou um argumento muito bom, realmente, que precisa de alguns esclarecimentos. Se você é filho do homem que tinha uma propriedade rica e herda a propriedade de seu pai, deve pagar as dívidas que seu pai contraiu antes de morrer. A única razão pela qual a atual geração de americanos brancos está na posição de força econômica que está é porque seus pais fizeram nossos pais trabalharem por mais de quatrocentos anos sem remuneração. Por mais de quatrocentos anos trabalhamos a troco de nada. Fomos vendidos de plantação em plantação como se vende um cavalo, ou uma vaca, ou uma galinha, ou um alqueire de trigo. Foram seus pais que fizeram isso com nossos pais, e todo esse dinheiro acumulado com a venda de minha mãe e de minha avó e de minha bisavó é o que dá à atual geração de brancos americanos [a capacidade] de andar pela terra com o peito estufado; você sabe, como se eles tivessem algum tipo de engenhosidade econômica. Seu pai não está aqui para pagar suas dívidas. Meu pai não está aqui para cobrar. Mas estou aqui para cobrar e você está aqui para pagar.

Malcolm X, qualquer que seja a posição oficial dos governos que constituem a Organização da Unidade Africana no momento, é certo que todo o povo africano, todas as organizações e todos os homens progressistas cujo papel é entender sua posição só podem apoiar sua luta. Eu gostaria de perguntar se sua recente turnê na África lhe deu motivos para esperar que você seja compreendido e apoiado.

Sim. Devo salientar que fui ao Cairo, a Cartum, Adis Abeba, Nairóbi, Zanzibar (que é um lugar lindo), Dar es Salaam, Lagos,

Acra, Monróvia, Conakri, Argel, no continente africano; e depois no Oriente Médio fui a Meca, Kuwait, Beirute. Estou viajando há dezoito semanas. Estou indo para Nova York amanhã e não entrei em nenhum país africano onde encontrei mentes fechadas ou corações fechados ou portas fechadas. Só o que encontrei foi o espírito de fraternidade, compreensão e preocupação e estou muito entusiasmado com a turnê que fiz, e sei que o homem em casa está muito preocupado com a turnê. Espero que isso confirme sua pergunta.

O que eu quero dizer é que você está certo em dizer que o destaque que você dá à África é muito importante do ponto de vista psicológico, mas durante os quatrocentos anos de deportação dos negros nos Estados Unidos houve uma verdadeira militância dos negros porque houve 156 revoltas e houve pessoas famosas como Sojourner Truth ou Frederick Douglass. Você não acha que seria importante para a nova geração negra conhecer, do ponto de vista histórico, a militância dos negros nos Estados Unidos?

Sim, é importante, mas é ainda mais importante para nós restabelecermos nossas raízes e estarmos conectados a elas. Douglass foi ótimo. Preferiria que tivessem me ensinado sobre Toussaint L'Ouverture. Precisamos ser ensinados sobre pessoas que lutaram, que sangraram pela liberdade e fizeram os outros sangrarem.

O primeiro sujeito baleado na Guerra da Independência foi um negro.

Ele não foi baleado em nome dos negros. Ele foi baleado em nome dos Estados Unidos. Não quero diminuir Crispus Attucks, mas ele foi baleado. Ele era um escravo. Seu povo era escravo.

Podia ser um escravo, mas ele não estava de joelhos – estava de pé.

Senhor, você pode pegar um cachorro – um cachorro grande e feroz – e incitá-lo a atacar outra pessoa e ele fica destemido. Eu gostaria de lhe dar um exemplo. Não importa quão destemido seja um cachorro, você encontra com ele na rua, bate o pé; ele vai correr porque você está apenas ameaçando-o. O dono nunca treinou o cachorro para se defender; mas esse mesmo cachorro, se você passar pelo portão do dono, vai rosnar e morder. Por que ele vai rosnar e morder ali e não vai rosnar e morder aqui? Aqui ele está rosnando e mordendo para a defesa de seu dono e benefício de seu dono, mas, quando os interesses dele mesmo são ameaçados, ele não rosna. Não só Crispus Attucks, mas muitos de nós nos Estados Unidos morreram defendendo o país. Defendemos nosso dono. Somos os soldados mais violentos que os Estados Unidos têm quando eles nos mandam para a Coreia ou para o Pacífico Sul ou para Saigon, porém, quando nossas mães e nossa propriedade estão sendo atacadas, não somos violentos. Crispus Attucks deu sua vida pelo país, mas será que ele teria dado sua vida para impedir o homem branco nos Estados Unidos de escravizar os negros?

Então, quando você seleciona heróis sobre os quais crianças negras devem ser ensinadas, que sejam heróis negros que morreram lutando em benefício dos negros. Nunca fomos ensinados sobre Christophe ou Dessalines. Foi a revolta dos escravos no Haiti quando escravos, escravos negros, que amarraram os soldados de Napoleão e o forçaram a vender metade do continente americano para os americanos. Não nos ensinam isso. Esse é o tipo de história que queremos aprender.

Qual era o nome daquele homem que trabalhava para a ferrovia clandestina? Um grande herói, um negro?

OK. Ele é OK, mas nós queremos... Isso não diminui ninguém, mas estamos mais interessados no que Toussaint fez do que em como ele fez, porque ele montou a única república negra no Hemisfério Ocidental. O único lugar onde um homem negro se senta na cadeira principal é o Haiti e isso porque eles fizeram uma revolução. Em nenhum país o homem negro chegou ao topo – nem nas sociedades ditas socialistas, marxistas e de outros tipos houve um negro no topo.

[*Discurso muito longo em francês de alguém na plateia.*]
Eu gostaria de agradecer a todos vocês que foram tão pacientes esta noite e permaneceram aqui por tanto tempo. Espero que ninguém tenha a impressão de que, por levantar a voz de vez em quando, eu tenha sido desrespeitoso. Não é isso. É só que essa é a única maneira de enfatizar o quão deplorável a situação, que durou tanto tempo, realmente é. E uma das melhores maneiras de nos ajudar nos Estados Unidos é observar o problema de perto. E quando eles nos pegarem e nos prenderem, vamos mostrar, bem, que eles não deveriam ter feito isso.

Uma conversa sobre mortes no Congo

[NOVA YORK, 28 NOV. 1964]

Malcolm X voltou do exterior em 24 de novembro de 1964 e participou de uma discussão sobre a guerra civil no Congo no *Barry Gray Show* transmitido pela Estação WMCA em Nova York em 28 de novembro.

Os outros participantes foram o dr. Hugh H. Smythe, então do Brooklyn College; o dr. Sanford Griffith, então da New School for Social Research e da New York University; e o dr. James H. Robinson, da Igreja do Senhor no Harlem e chefe da Operação Crossroads Africa.

Os trechos a seguir, que incluem parte das observações iniciais de Malcolm e uma conversa subsequente com o dr. Griffith, são inéditos em livro até agora.

Eu estava pensando sobre o que o dr. Griffith disse sobre o benevolente governo belga do Congo e o tanto que foram capazes de exercer controle e reduzir as baixas ao mínimo. Eu estava lendo hoje um livro de Mark Twain chamado *O solilóquio do rei Leopoldo*, sobre a Bélgica. E dizia lá que, quando a Bélgica assumiu o controle, a população do Congo era algo como 30 milhões e foi reduzida para 15 milhões. Se não são vítimas, não sei o que são.

Mas, enquanto os belgas estavam massacrando os congoleses, você vai perceber que os historiadores não registraram toda essa preocupação, naquela época, com a perda de vidas humanas, desde que fossem vidas negras. Parece que eles não tinham tanto valor quanto o punhado de reféns brancos cujas vidas foram ameaçadas aqui no início da semana...

Acho que os jornais, os comentaristas e alguns desses supostos cientistas que se dizem autoridades gastam muito tempo

167

tentando provar que os congoleses são selvagens, que não estão totalmente desenvolvidos, que não são capazes de se governar. A maioria das coisas que vemos impressas geralmente são pensadas com essa finalidade, e isso na verdade não é feito exatamente para provar que eles são selvagens, mas sim para justificar o que as potências ocidentais estão fazendo no Congo, ou a presença das potências ocidentais no Congo, e principalmente a presença dos Estados Unidos.

A causa básica da maioria dos problemas no Congo neste momento é a intervenção de forasteiros – a luta que está acontecendo pela riqueza mineral do Congo e pela posição estratégica que o Congo representa no continente africano. E eles justificam isso à custa dos congoleses, tentando fazer parecer que o povo é selvagem. E eu acho, como um dos cavalheiros mencionados anteriormente, que, se há selvagens no Congo, então há selvagens piores no Mississippi, no Alabama e em Nova York, e provavelmente alguns em Washington também.

DR. SANFORD GRIFFITH *Me parece que há uma confusão de grau aqui que é lamentável. Em primeiro lugar, a declaração de Malcolm X, seus números sobre a história belga do Congo são grosseiramente distorcidos. Gostaria de salientar que houve duas fases de ocupação belga do Congo. O primeiro foi o período do governo do rei Leopoldo, que transcorreu de meados dos anos 1880 até cerca de 1912, e um segundo período desde então, em que o governo belga substituiu o rei Leopoldo e realmente fez uma tentativa séria, com considerável sucesso, de introduzir um tipo de governo colonial que tinha muitas qualidades a serem admiradas e não deploradas.*

Os números de baixas no Congo, os supostos assassinatos pelos belgas... eu diria duas coisas. Em primeiro lugar, a era pré-colonial, os séculos de escravidão, cobraram um preço terrível no Congo e as baixas foram enormes. Esse é um crime pelo qual não só os europeus e americanos, mas também os próprios africanos devem ser responsabilizados.

O período após o governo belga assumir o Congo, de 1908–12 em diante, foi um período de alto desenvolvimento administrativo, de atuação de um grande número de servidores públicos belgas conscienciosos e eficientes.

A crítica que se pode fazer ao regime belga no Congo a partir do período de 1912 é uma crítica à falta de compreensão por parte dos belgas de que seria de esperar que o povo congolês participasse e que deveria poder ter uma expectativa razoável de ver sua independência não num período tremendamente remoto; não se educou, não se deu aos congoleses uma oportunidade de desenvolver os talentos, e eles têm tanto talento natural quanto qualquer outro povo, para desenvolver os talentos que lhes permitiriam operar com sucesso nesse vasto país.

Ora, esse é um aspecto da situação que não deveria ser esquecido. E eu gostaria de salientar que a administração belga do Congo ainda em muitos aspectos dá um exemplo de boa administração que pode beneficiar os próprios congoleses e outras pessoas.

Por favor, só um pequeno comentário, dr. Griffith, você diz que eu exagerei no número de mortes. Eu disse que ele reduziu de 30 milhões para 15 milhões. Quantos milhões ele...

SG *Isso não foi, olhe, isso não foi...*

Se eu digo que houve 15 milhões de baixas e estou exagerando, me diga quantas foram?

SG *Em primeiro lugar, posso dizer isso?*

Senhor, você pode me dizer quantos milhões de baixas houve?

SG *Bem, você vai me dar uma chance de responder? Em primeiro lugar, não temos estatísticas. Usamos números redondos. Nós nem sabemos por dentro...*

Apenas me dê alguns números redondos.

SG *Perdoe-me, nem sabemos o número de escravos que foram retirados da África durante todo o período.*

Me dê uma estimativa.

SG *O número varia entre 10 e 20 milhões ao longo de um período de algumas centenas de anos. No que diz respeito ao Congo, deixe-me dizer isso. O rei Leopoldo...*

Me dê uma estimativa, senhor.

SG *Eu diria que provavelmente por meio dos concessionários que exploravam os nativos na coleta de borracha, sem dúvida houve muitos milhares de baixas, mas certamente não 100 mil e certamente não 50 mil.*

Eu não disse, eu disse que o livro de Mark Twain apontava...

SG *Mark Twain não é um historiador.*

Algumas dessas pessoas que você vê agora se autodenominando historiadores não são historiadores. Mark Twain destaca que a população foi reduzida de 30 milhões para 15 milhões por esse homem Leopoldo. Você diz que estou exagerando. Quantos milhões foram?

SG *Não foram milhões. Olha, os seringueiros de Leopoldo exterminaram muitos nativos que não cumpriam com suas cotas de borracha.*

Como ele os exterminou...

SG *Perdão, é chocante que uma coisa assim tenha acontecido, mas não se trata nem de perto dos assassinatos em massa que você está descrevendo.*

BARRY GRAY *Acho que vamos nos perder na história em vez de falar dos eventos atuais que estão ocupando as manchetes. Concordo que temos de conhecer um pouco dos antecedentes para tratar do presente, mas meu receio é de que o programa todo acabe falando do rei Leopoldo, e não do Congo.*

Um dos cavalheiros disse antes, acho que foi o dr. Robinson, que ele viu algo fervilhando, algo assim, algum sentimento muito forte e hostil, abaixo da superfície, nessas pessoas. E eu acho que a única justificativa para alguém condenar os congoleses da maneira que a imprensa está condenando agora, seria preciso voltar na história para descobrir o que fez essas pessoas agirem assim com esses europeus.

BG *Malcolm, não estou vendo ninguém fazer essa pergunta, então preciso fazer; estou curioso. Posso entender a reação normal e a raiva dos opressores quando os oprimidos têm a oportunidade de agir igualmente ou com força superior. Eu não entendo, porém, como essa raiva pode ser efetivamente demonstrada contra freiras, missionários etc. Agora isso está na imprensa.*

Certamente está na imprensa. Mas acho que também foi noticiado quando os opressores estavam cortando os seios de mulheres negras quando elas não produziam sua cota de borracha; decepando suas mãos, seus pés. Isso é fato histórico. E quando você começa a falar sobre o que os congoleses estão fazendo hoje em retaliação, eles têm fotos que são fato histórico, que Leopoldo tornou obrigatório que, quando um negro não produzisse certa cota de borracha, sua mão fosse decepada, seu pé fosse decepado, o peito de uma mulher negra fosse cortado. Foi o que aconteceu no Congo. E isso aconteceu por muito tempo.

É fácil encobrir tudo isso hoje e fazer parecer que os belgas entraram lá com algum tipo de intenção benevolente. Mas os congoleses são tão humanos, tão humanos e tão inteligentes quanto qualquer outra pessoa neste planeta. E quando eles refletem essa animosidade e hostilidade, acho que qualquer um que vá até lá e examine as razões descobre que é justificado. Na verdade, acho que eles mostraram uma contenção notável, dado o fato de que os paraquedistas conseguiram resgatar alguém.

O comício de regresso da OAAU

OAAU HOMECOMING RALLY [NOVA YORK, 29 NOV. 1964]

Malcolm X fez o seguinte discurso no Salão Audubon em 29 de novembro de 1964, no primeiro comício realizado pela OAAU depois de sua longa viagem à África e ao Oriente Médio. Está reproduzido aqui pela primeira vez.

As-salamu alaikum, meus irmãos e irmãs. Bem, nem sei bem como começar, mas posso antecipar que não vou mantê-los aqui por muito tempo esta noite. Primeiro preciso fazer uma confissão – quase não cheguei aqui hoje; algo aconteceu, uma situação apareceu e quase fez esta nossa pequena e breve conversa ser adiada para domingo. Mas graças a quem criou o universo – alguns o chamam de Deus; outros o chamam de muitas outras coisas; eu o chamo de Alá – estou agradecido de poder estar aqui.

Agora, irmãos e irmãs, só o que eu gostaria de fazer esta noite, e peço o perdão de vocês, é um breve rascunho ou esboço de algumas experiências que tive durante as últimas dezoito semanas. É realmente bom estar de volta, apesar de que não sei como um homem negro pode deixar o continente negro e voltar para um continente branco e dizer que é bom estar de volta. Gostaria de fazer uma breve descrição para vocês de algumas experiências que tive, algumas coisas que vi, algumas coisas que ouvi, para que vocês possam analisar por conta própria.

A razão pela qual é necessário ser breve é que tenho que deixar o país novamente esta semana. Estarei de volta no próximo domingo, mas estou envolvido em um debate na Universidade de Oxford na Inglaterra, perto de Londres, na quinta. Tenho que ir para lá por isso, e depois volto para cá para um evento que vamos realizar na noite do próximo domingo, quando vamos tentar conseguir alguns especialistas para vir aqui e nos apresentar um resumo do que exatamente aconteceu no Congo, para as pessoas negras do Harlem não ficarem numa situação na qual estaremos sentados na calçada tentando imaginar o que está acontecendo. Acho que você e eu devemos perceber que chegou o momento de mostrar ao mundo que não estamos interessados só em algum tipo de integração nos Estados Unidos, mas em assumir nosso lugar no palco mundial, e estamos interessados em qualquer coisa que envolva pessoas negras em qualquer lugar do mundo.

Seria um crime para você e para mim estarmos em uma cidade que tem mais negros do que qualquer outra cidade do mundo, Nova York, e ficarmos calados diante da ação criminosa do governo dos Estados Unidos em conjunto com a Bélgica no Congo. Ação criminosa, quero deixar claro, uma ação criminosa na qual este governo se envolveu. Lyndon B. Johnson – ele disse hoje, a culpa é dele. Ele não precisa dizer; sabemos que ele é culpado antes de ele dizer. Ele esperou até que as pessoas tivessem votado e ele estivesse eleito, e as coisas estivessem resolvidas. Então fez um acordo com a Bélgica – um dos piores governos racistas que já existiram na face da Terra, a Bélgica. Este governo, em conjunto com aquele governo, está desembarcando paraquedistas no Congo sob o pretexto de que se trata de algum tipo de operação humanitária.

Então, na noite do próximo domingo tentaremos trazer alguns de nossos irmãos africanos e alguns de nossos irmãos afro-americanos que conhecem bem os fatos da história do Congo [para contar] como o homem branco acabou lá, para começo de conversa, por que ele ainda está lá e por que acha tão difícil ir embora e, mais importante, quais os fatores por trás da profunda hostilidade em relação a eles que parece estar nos corações de nossos irmãos congoleses. Queremos saber se nossos irmãos são selvagens, como estão sugerindo, ou se sentimentos demonstrados por eles em relação a essas pessoas que estão na terra deles sem serem convidadas são justificados.

Não quero falar sobre isso, mas é isso que queremos para o próximo domingo, e vamos tentar conseguir alguma ajuda para determinar os incidentes que levaram à situação no Congo hoje. Mas nunca acredite no que se lê nos jornais – eles não vão contar a verdade. A verdade não está neles. Não quando se trata do Congo; eles não podem contar a verdade. Eu estava no rádio com um homem outro dia e ele teve a coragem de contar no ar algumas atrocidades congolesas e falou sobre a benevolência do governo belga, e como as atrocidades [belgas] nunca aconteceram. Não acreditei que um homem branco, tão inteligente, teria essa coragem em 1964. Podia imaginar o sujeito assumindo essa posição em 1924, ou em 1944, ou talvez 1954, mas não em 1964.

Então, irmãos e irmãs, quando saí daqui em 9 de julho, foi principalmente porque tinha acabado de ser bem-sucedido em fundar uma nova organização religiosa sobre a qual muitos de vocês já ouviram falar, a Mesquita Muçulmana, e também fomos bem-sucedidos em organizar uma nova organização não religiosa, a Organização da Unidade Afro-Americana. Uma das principais razões para começar nessa jornada era estabelecer a base. É impossível que qualquer grupo negro nos Estados Unidos se envolva em qualquer religião que não tenha raízes diretamente ligadas a alguma fonte no Oriente. E é impossível para qualquer grupo negro nos Estados Unidos se envolver em qualquer organização política que não tenha raízes diretamente ligadas com nossas raízes no continente africano.

É perda de tempo se envolver em qualquer tipo de organização que não esteja diretamente ligada a nossos irmãos e irmãs no continente africano. Posso provar? Sim. Houve uma época em que usavam neste país uma expressão sobre os chineses: "Mais ferrado que um chinês". Lembram quando diziam isso sobre os chineses? Hoje não ouvimos mais as pessoas falarem isso. Porque os chineses hoje estão menos ferrados do que eles. E, para piorar, os chineses têm as mesmas coisas que eles têm, e vão usá-las mais rapidamente que eles.

174

Foi só quando a China se tornou independente e forte que os chineses do mundo todo se tornaram respeitados. Eles nunca se tornariam respeitados por ficarem sentados, implorarem, rezarem, ajoelharem ou se rastejarem. Eles só se tornaram respeitados quando a China como nação se tornou independente e forte. E aí eles tinham algo para lhes dar proteção, tinham alguém para protegê-los. Depois que a China se tornou independente e forte e temida, sempre que você vê um chinês, ele é independente, forte, temido e respeitado.

É a mesma coisa comigo e com você. Podem aprovar todo tipo de lei imaginável na capital em Washington e você e eu nunca seremos respeitados, porque não temos nada para nos proteger. A lei não está do nosso lado. Washington não está do nosso lado. Nem o Congresso, o Senado e o presidente estão do nosso lado. Não temos nada neste país do nosso lado. Temos que colocar nosso povo ao nosso lado, nosso povo na nação, na nossa terra natal. Da mesma forma que a China forte produziu um chinês respeitado, uma África forte vai resultar num homem negro respeitado em qualquer lugar a que o homem negro for nesta terra. Só quando houver uma África forte, uma África independente e uma África respeitada, as pessoas de origem africana ou ascendência africana ou de aparência africana serão respeitadas.

Mas, enquanto a África não for respeitada, não faz nenhuma diferença se você é médico ou advogado – vão pendurar sua cabeça por um nó em um tronco, não importa aonde você vá. Posso provar? Sim. Enquanto eu estava na África, esse jovem educador negro [Lemuel Penn] na Geórgia – ele não era maltrapilho, não era grosseiro, não era incivilizado; era um educador, tão arrogante e teimoso quanto eles – e mesmo assim atiraram nele. Por quê? Porque ele não tinha nada para lhe dar sustentação. Sua educação não poderia salvá-lo, seus diplomas não poderiam salvá-lo, sua profissão não poderia salvá-lo. Não, porque ele não tinha nada para protegê-lo. O governo não o protegia. Mas, se a África fosse uma entidade forte e independente que fosse respeitada e

175

reconhecida por todas as outras potências da terra, então o irmão, que refletia todas as características de um africano, gostasse ou não, teria sido respeitado até mesmo pela Ku Klux Klan e por outras pessoas lá no Sul que supostamente são tão ignorantes e que não respeitam os direitos do nosso povo.

Então eu digo que precisamos ter uma África forte, e uma das minhas razões para ir à África foi porque eu sei disso. Você perde seu tempo neste país, em qualquer tipo de estratégia que use, se não está em contato direto com seu irmão no continente africano que tem sua independência. Ele tem problemas, mas ainda tem sua independência, e nessa independência ele tem voz; nessa voz há força. E, quando você e eu ligamos nossa luta com a luta dele, para que a luta dele apoie nossa luta, você descobrirá que este homem aqui prestará um pouco mais de atenção. Você pode se sentar na frente da porta dele o dia todo sem violência; ele vai lhe dar um pouco de atenção, mas não aquela que você quer.

Então, irmãos e irmãs, sobre as últimas 18 semanas: primeiro estive no Cairo, no Egito, que é na África, por dois meses. O Cairo é uma cidade muito interessante, na qual é possível encontrar mais sedes de organizações envolvidas nas lutas por liberdade dos asiáticos, africanos e latino-americanos do que talvez em qualquer outra cidade na Terra hoje. Não é coincidência que tantas conferências aconteçam lá. É uma cidade revolucionária.

E todas as pessoas pensantes hoje que foram oprimidas são revolucionárias. Toda vez que você encontrar alguém hoje que tenha medo da palavra "revolução", tire essa pessoa do seu caminho. Ela está vivendo na época errada. Está atrasada no tempo. Ela ainda não acordou. Esta é a era da revolução.

Agora preciso dedicar um tempo para esclarecer o que quero dizer antes que alguns desses tabloides me citem erroneamente, o que eles vão fazer de qualquer maneira. Você percebe que há dois anos a imprensa americana estava chamando a sua e a minha luta de revolução – "revolução dos negros, revolução dos negros". Muito bem, eles não se importavam em chamar assim, e não se importavam que você se referisse a isso assim, porque eles sabiam que o que estava acontecendo não era uma revolução. Mas, quando você começa a usar a palavra "revolução" em seu sentido real, eles ficam nervosos. Começam a classificá-lo como fanático, ou subversivo ou sedicioso, ou a dizer que você não cumpre a lei. Hoje, porém, estamos vivendo uma era de revolução, o que significa uma era de mudança, quando as pessoas que estão sendo oprimidas querem mudança. E elas não querem mudança gradual. Não querem a mudança que vem ano a ano, ou semana a semana, ou mês a mês. Querem uma mudança agora.

O Cairo é uma das cidades do mundo que mais abriga sedes de movimentos revolucionários, imagino. A propósito, quando cheguei lá, como se sabe, estava acontecendo a conferência da cúpula africana. Todos os nossos irmãos estavam lá, se reunindo, discutindo os problemas do mundo. Foi uma visão linda, especialmente quando se vive em um país onde você e eu podemos no máximo discutir uma xícara de café integrada ou a integração de um banheiro no Mississippi. Quando você vai para a África e encontra nações africanas independentes, chefiadas por seus líderes, seus chefes de Estado, sentando-se e discutindo problemas do mundo, os problemas econômicos, políticos e sociais do mundo, isso faz você se sentir bem, você ganha um novo sopro de vida.

Quando cheguei lá, já havia muita pressão em vários segmentos da comunidade africana para não abrir nenhuma porta, e a pressão era feita por *este* governo. Comecei a não falar deste governo, mas vou dizer a verdade do jeito que é, que seja.

Eles tinham homens lá correndo como loucos com o dinheiro deles, tentando impedir que qualquer negro americano fosse incluído de qualquer forma em qualquer conferência que tratasse de africanos, ou que tratasse de assuntos internacionais. Eles tentam dar a impressão de que você e eu não estamos interessados em assuntos internacionais, que você e eu estamos interessados apenas em integrar o Mississippi. Essa é a imagem muito habilmente espalhada no exterior sobre o negro americano, que você

177

e eu não podemos ver além das praias dos Estados Unidos – que nossas mentes e nossos pensamentos e nossos desejos e nossas esperanças estão limitados a tudo o que existe aqui.

Naturalmente, qualquer africano que acredite nisso fica chocado quando vê um afro-americano chegando a uma conferência internacional, especialmente uma conferência composta apenas de Estados africanos independentes. A alguns deles este governo tentou dar a impressão de que você e eu nem nos identificamos com a África. E alguns deles ficam chocados quando veem você e eu virando na direção deles.

Estou lhes dizendo, eles fizeram um trabalho cruel. Essa coisa que eles chamam de USIS, o Serviço de Informação dos Estados Unidos, é um dos órgãos mais cruéis já criados e enviados para qualquer lugar por qualquer país. Isso fará com que aquela máquina de propaganda que Goebbels tinha, sob Hitler, pareça brincadeira de criança.

Em todo país africano a janela do USIS tem fotos, mostrando a aprovação do Projeto de Lei dos Direitos Civis para fazer parecer que os problemas de todos os negros aqui foram resolvidos. Vá a qualquer país africano e você saberá antes de chegar lá o que vai estar na janela. Eles usam a aprovação do Projeto de Lei dos Direitos Civis para fazer parecer que os negros não estão mais sendo linchados, que o direito de voto dos negros não está mais sendo pisoteado, que a polícia não está mais batendo na cabeça dos negros com paus, e que nem estão usando cães e violência e mangueiras de água para nos empurrar ralo abaixo. Eles fazem parecer que a Lei dos Direitos Civis criou um paraíso nos Estados Unidos para os 22 milhões de negros. Isso é o que eles chamam de USIS. Faz um péssimo trabalho ao criar a imagem errada e dar a impressão errada.

Para mostrar a você como isso é vil – estou no meu direito de criticar; na verdade não estou criticando, estou só analisando. No dia 4 de novembro, data em que as eleições terminaram, o USIS circulou um documento sobre mim por todo o continente africano – me linchando, sabe. Aqui estou eu, só um pobre velho negro do Harlem, e eles vão desperdiçar todo o seu papel tentando dizer aos africanos: "Não ouçam o que esse homem diz, porque ele não representa nada, e não representa ninguém, e sempre foi desacreditado". Esse é o USIS. Faço uma oração por eles.

Quero dizer isso também, de passagem, para o benefício de nossos irmãos e irmãs muçulmanos que podem estar aqui vindos de alguns dos países muçulmanos, e que podem ficar um pouco nervosos com o que estou dizendo, e com a maneira como estou dizendo. Essa não é uma reunião religiosa. Quando chego a uma reunião patrocinada pela OAAU, que é a Organização da Unidade Afro-Americana, coloco minha religião neste bolso aqui e guardo aqui. E quando falo assim, não significa que sou menos religioso, significa que sou mais religioso. Creio em uma religião que acredita na liberdade. Sempre que tenho que aceitar uma religião que não me deixa lutar uma batalha pelo meu povo, mando essa religião para o inferno. É por isso que sou muçulmano, porque é uma religião que ensina olho por olho e dente por dente. Ensina a respeitar a todos e a tratar todos bem. Mas também ensina que, se alguém pisar no dedo do seu pé, você deve cortar o pé da pessoa. E eu carrego meu machado religioso comigo o tempo todo.

Você sabe que eles têm movimentos de liberdade no continente africano. Existem muitos movimentos de libertação; há movimentos de africanos da África do Sul, de Moçambique, do sudoeste africano, Bechuanalândia,[1] Suazilândia, Angola. Em todos os países, em todas as áreas do continente africano que não deixaram de lado os grilhões do colonialismo, eles desenvolveram um movimento de libertação, e o objetivo desses movimentos de libertação é se livrar do opressor.

Após a conferência de cúpula, os grupos mais respeitados foram esses combatentes da liberdade. Os chefes dos vários

---

1 Desde sua independência, em 1966, o Protetorado de Bechuanalândia adotou o nome de Botsuana. [N. E.]

movimentos de libertação das diferentes partes do continente africano estavam todos alojados em um navio ancorado no Nilo – um navio chamado Isis. Eles foram colocados lá para que todos pudessem estar juntos e discutir os problemas que tinham em comum. Ao mesmo tempo, foi excelente para fins de segurança, porque você não pode entrar em um barco com tanta facilidade.

Fui abençoado com a oportunidade de viver naquele barco com os líderes dos movimentos de libertação, porque eu representava um movimento de libertação afro-americano – combatentes da liberdade afro-americanos. E todos nós estávamos lá juntos. Isso me deu a oportunidade de estudar, ouvir e estudar o tipo de gente envolvida na luta – seu pensamento, seus objetivos, suas intenções e seus métodos. Abriu meus olhos para muitas coisas. E acho que consegui roubar algumas ideias que eles usaram, táticas e estratégias que serão mais eficazes na sua e na minha luta pela liberdade aqui neste país.

Alguns deles eram não violentos – esses eu não escutei por muito tempo. E outros realmente querem liberdade. Quando uma pessoa dá valor adequado à liberdade, não há nada sob o sol que ela não faça para adquirir essa liberdade. Sempre que você ouve um homem dizendo que quer a liberdade, mas no próximo instante ele lhe disser o que não fará para obtê-la, ou o que não acredita em fazer para obtê-la, esse homem não acredita na liberdade. Um homem que acredita na liberdade fará qualquer coisa sob o sol para conquistar ou alcançar sua liberdade, e fará qualquer coisa sob o sol para preservar sua liberdade. E a única razão pela qual você e eu aqui na América ainda não temos liberdade é que ainda não amadurecemos para esse estágio em que podemos ver que esse é o preço real, ou a atitude real, ou a abordagem real que devemos adotar.

Fiquei, como disse, no Egito, na República Árabe Unida, por dois meses, depois saí e fui para Meca, onde fiquei cerca de uma semana; fiquei na Arábia Saudita por cerca de uma semana e em Meca alguns dias. Saí de lá e fui para o Kuwait, onde está todo o petróleo, no Golfo Pérsico, e de lá para Beirute, no Líbano. Depois de passar dois meses lá, no Oriente Médio, fui para outras partes da África, a primeira parada foi Cartum, onde, desde então, eles tiveram muitos problemas – que deveriam ter tido. Agora tudo está resolvido; eles fizeram uma revolução e tiraram do poder pessoas que não deveriam estar no poder – é assim que se faz. E foi isso que eles fizeram, os estudantes.

Os estudantes de todo o mundo são os que trazem a mudança; os velhos não trazem mudança. Quero dizer, não estou dizendo isso contra ninguém que é velho – porque, se você está pronto para a ação, você não é velho, não me importa quantos anos você tem. Mas, se você não está pronto para a ação, não importa quão jovem você seja, você é velho. Contanto que você queira alguma ação, você é jovem. No entanto, toda vez que você começa a se sentar em cima do muro e seus dedos dos pés começam a tremer porque você tem medo de que a ação esteja passando do ponto, então você está velho demais; você precisa sair do caminho. Alguns de nós envelhecemos ainda na adolescência.

Então, passei por Cartum e fui até Adis Abeba, na Etiópia, que é um país maravilhoso. Tem seus problemas e mesmo assim é um país maravilhoso. Algumas das pessoas mais bonitas que vi estão na Etiópia, e as mais inteligentes e dignas, bem ali na Etiópia. Você ouve todo tipo de propaganda sobre a Etiópia. Mas sempre que uma pessoa tenta dizer a você, como disseram a você e a mim, que os etíopes não pensam que são iguais a nós, isso é parte da fabricação desse homem. Ele inventou isso. Você sabe a quem me refiro quando digo "esse homem". Eles são tão amigáveis conosco quanto qualquer outra pessoa.

Fiquei lá por cerca de uma semana e fui para o Quênia, um lugar que realmente me nocauteou. Se eu já vi um africano que parecia ter potencial para explodir, são nossos bons irmãos Kikuyu no Quênia. Eu estava discutindo minha opinião sobre o povo do Quênia, especialmente em Nairóbi, com alguns amigos enquanto estava lá, e disse a eles que estava olhando para o rosto dessas pessoas, e elas pareciam capazes de explodir. E elas explodem; elas parecem capazes de explodir, mais do que em qualquer lugar a que eu fui no continente. Dá para ver bem em seus rostos – energia. Agora, se você canalizar isso na direção certa, a energia vai na direção certa; se você deixar ir na direção errada, a energia vai na direção errada – mas eles têm a energia, essa é a coisa mais importante.

E como prova de que eles podem explodir, explodiram outro dia. Quando os Estados Unidos, com sua ação criminosa no Congo – e é disso que se trata, uma ação criminosa no Congo –, eles marcharam contra a embaixada lá em Nairóbi, atacaram a embaixada. E isso mostra o que os africanos sentem. Eles não gostam de ver ninguém explorando outro africano ou oprimindo outro africano; eles ficam juntos, e você e eu podemos aprender que é isso que nós devemos fazer. Quando algo acontece no Mississippi, não precisamos ir ao Mississippi – eles têm algumas pessoas que se parecem com as do Mississippi, bem aqui.

Meu argumento é que aqueles aqui são tão responsáveis pelo que está acontecendo lá no sul quanto aqueles lá no sul. E quando você e eu deixarmos que eles saibam que responsabilizamos todos eles, então todos eles começarão a agir corretamente. Vão manter os outros na linha. Mas, enquanto você e eu deixarmos que eles pensem que podem passar a responsabilidade, então eles estarão passando a responsabilidade, vão dizer, você sabe, "Mississippi", e eles estão fazendo a mesma coisa aqui.

Assim, quando saí do Quênia, fui para Zanzibar e Tanganica; que agora chama Tanzânia. E nunca fui a nenhum lugar que me agradasse mais do que aquele lugar. É lindo – toda a África é linda –, mas Tanganica é um lugar muito bonito. É quente, é como Miami, Miami é quente, e se essas pessoas pagam tanto dinheiro para morar em Miami, ora, você sabe, todo o continente africano aonde eu fui é como Miami Beach. E estão sempre dizendo a você e a mim, você sabe, como seria difícil tentar nos ajustar se fôssemos lá. Estou dizendo, se você quer se integrar, vá para a África.

Há mais brancos lá do que aqui. É onde todos eles estão. Estão ali vivendo como reis, tomando sol.

Quando saí de Tanganica, voltei para o Quênia, e do Quênia voltei para a Etiópia, e da Etiópia para a Nigéria, que é outra bela terra, mas na África Ocidental. Estive lá vários dias, depois fui para Gana, e de Gana para a Libéria, e da Libéria para Conacri, na Guiné, um país muito bonito – tem um dos melhores presidentes do continente africano – e de lá para Argel, na Argélia.

Na verdade, eu perdi meu avião. Eu deveria ter ido diretamente de Conacri via Bamaco para Argel pela Aeroflot, e perdi, não por minha própria vontade. A companhia aérea não me deu as informações corretas. Disseram que o avião partiria às 11h55. Cheguei ao aeroporto às onze horas e me disseram que tinha decolado às oito da manhã. Falei com eles em quatro idiomas, então na sexta-feira 13 eles me colocaram em um avião para me levar para Argel. Para mostrar como este mundo é pequeno, tomei café da manhã em Conacri na sexta-feira 13, almocei em Dacar no Senegal e jantei naquela noite em Genebra, fui dormir naquela noite em Paris e estava em Argel na manhã seguinte às 10 horas. Quando o homem fez esses aviões para você e para mim, ele os fez para que pudéssemos andar por aí e contar a nossos irmãos o que está acontecendo.

Então, irmãos e irmãs, digo isso a vocês para que vocês saibam que em todas as viagens que fiz, no Oriente Médio e na África, em todos os lugares a que fui, só encontrei mentes abertas, só encontrei corações abertos, e só encontrei portas abertas. Nosso povo nos ama; tudo o que eles querem saber é: nós os amamos?

Enquanto viajava, tive a oportunidade de falar com o presidente Nasser quando estava no Egito. Tive também a oportunidade de falar com o presidente Nyerere durante três horas enquanto estive em Dar es Salaam; ele é um homem muito inteligente e alerta, e sabe o que está acontecendo. Além disso, quando estava na Nigéria, tive a oportunidade de falar com o presidente Azikiwe em Lagos. E o presidente Nkrumah, que se mantém atualizado; ele pode contar tanto sobre o que está acontecendo no Harlem que você pensa que ele está na esquina com você. Dá para ver rapidamente por que esse homem não gosta dele – ele está na moda entre eles, irmãos.

Depois passei três dias na casa à beira-mar do presidente Sékou Touré, em Conacri, e descobri que ele é um homem que vive se mantendo bem-informado. Ele está muito preocupado com os problemas e com a situação do nosso povo neste país, e também tem excelentes conselhos para resolvê-los. Quando eu estava em Tanganica, tive a sorte de poder viajar no mesmo avião com o primeiro-ministro Jomo Kenyatta e o primeiro-ministro dr. Milton Obote, quando eles estavam em Uganda, quando estavam indo de Dar es Salaam para Zanzibar, de volta ao Quênia. Eu tinha minha câmera de vídeo e tive a chance enquanto estávamos em Zanzibar de filmar Kenyatta quando ele estava em uma coletiva de imprensa, o que foi lindo. Vou mostrar esses filmes aqui em algum momento nas próximas duas ou três semanas.

Eles mostram os jovens irmãos em Zanzibar. Quando você vê aqueles irmãos lá em Zanzibar, você sabe por que esse homem aqui está preocupado. Esses irmãos são muito inteligentes, irmãos, e não estão de brincadeira. Na verdade, poucos americanos chegam a Zanzibar. Eles não gostam muito dos americanos por lá. Isso não significa que eles sejam antiamericanos. Mas eles conhecem os americanos.

Meu tema principal, enquanto viajava com nossos irmãos no exterior, no continente africano, foi tentar convencê-los de que 22 milhões de nosso povo aqui nos Estados Unidos se consideram inseparavelmente ligados a eles, que nossa origem é a mesma e nosso destino é o mesmo, e que estamos separados há tempo demais.

Isso não significa que estamos nos preparando para fazer as malas e pegar um barco de volta à África. Essa não era a impressão que eu estava tentando dar, porque isso não é verdade. Você não encontra um grande número de nosso povo fazendo as malas voltando para a África. Isso não é necessário. Mas o que é necessário é que temos que voltar mentalmente, temos que voltar culturalmente, temos que voltar espiritual, filosófica e psicologicamente.

E quando voltamos nesse sentido, então esse vínculo espiritual que é criado nos torna inseparáveis, e eles veem que nosso problema é problema deles, e o problema deles é nosso problema. Nosso problema não vai ser resolvido até que o deles seja resolvido, o deles não vai ser resolvido até que o nosso seja resolvido. E quando podemos desenvolver esse tipo de relacionamento, significa que vamos ajudá-los a resolver seus problemas, e queremos que eles nos ajudem a resolver nossos problemas. E estando os dois trabalhando juntos, chegaremos a uma solução para esse problema. Só resolveremos esse problema trabalhando em conjunto.

Esta foi a essência de toda discussão – que os problemas são um só, que o destino é o mesmo, a origem é a mesma. Até as experiências são as mesmas; eles vivem o inferno, nós vivemos o inferno. E não importa quanta independência eles tenham, naquela terra, no continente-mãe, se nós não temos aqui, e não temos respeito aqui, quando eles vêm aqui são confundidos com um de nós e são desrespeitados também. Então, para que sejam respeitados, nós temos que ser respeitados.

E eu digo, irmãos e irmãs, eles estão começando a ver isso. Estão começando a ver que os problemas são um. Eles estão interessados em nossos problemas, mas ficaram chocados ao saber que nós também estávamos interessados nos problemas deles. E se eu tivesse algum conselho para dar ao nosso povo aqui no Hemisfério Ocidental, eu diria que foi quase criminoso da nossa parte, de todas as organizações que temos, não termos tentado fazer algum tipo de contato direto, de comunicação direta, com nossos irmãos no continente africano antes.

Nunca devemos deixar que o homem branco nos represente para eles, e nunca devemos deixar que o homem branco seja o representante de nossos irmãos. É nosso trabalho hoje representar a nós mesmos, como eles estão representando a si mesmos. Não precisamos de mais ninguém nos representando. Não queremos que

185

ninguém diga a alguém como pensamos. Vamos contar ao mundo como pensamos. Não queremos nenhum negro vendido criado pelo Departamento de Estado como nosso porta-voz,[2] dizendo ao mundo como pensamos; queremos que o mundo saiba como pensamos. Queremos que o mundo saiba que não gostamos do que o Tio Sam está fazendo no Congo com nossos irmãos e irmãs.

Devo dizer isso, rapidamente. Eu estava conversando com um irmão do Congo, que estava muito zangado. Eu estava em Tanganica, ele tinha acabado de chegar de Leopoldville e estava muito zangado porque me disse que, de todos os paraquedistas, ou oitenta paraquedistas – vocês precisam parar de me entregar essas coisas enquanto eu estiver aqui em cima; está ficando como a Grand Central Station, você manda minha mente para outro lugar. Ele estava me dizendo que estava muito zangado com os negros americanos. E ele estava falando sobre nós, vocês sabem, como se fala de um cachorro. Não de mim, porque ele sabe o que eu represento. A melhor coisa que o branco fez por mim foi me fazer parecer um monstro em todo o mundo. Porque posso ir a qualquer lugar do continente africano e nossos irmãos africanos sabem pelo que eu luto.

Ele estava zangado porque disse que a maioria dos paraquedistas, os soldados americanos que estavam protegendo esses transportes que Tshombe estava usando, eram negros; que eles colocaram soldados americanos lá. Nunca tive a oportunidade de conferir. Normalmente eu não me levantaria em uma reunião pública para dizer isso, mas quando ouvi pela primeira vez, e ouvi isso de um afro-americano que trabalha lá, fui atrás desse irmão do Congo. Ele é um cara muito inteligente, e ele disse que "sim", e sua fonte era quente, sabe. E aí me sentei com ele para

---

2 Malcolm X usa aqui o termo "*handkerchief-heads*", sem tradução equivalente em português. Designa um afro-americano que não se identifica com os negros, mas com os brancos, para ganho pessoal ou por medo. [N. E.]

dizer que nem todos nós pensamos assim. Que eles tiveram que percorrer os Estados Unidos com um microscópio e descobrir tantos negros burros o suficiente para se deixarem enviar para o Congo – imagine, um negro que se deixa enviar para o Congo! – de uniforme, contra pessoas que se parecem com ele. Ora, ele deveria ser fuzilado. Então eu o informei de que não éramos nós, que eram outras pessoas.

Além disso, irmãos e irmãs, vocês conhecem Tshombe. Vocês já ouviram falar dele. Pelo que entendi, Tshombe chega aos Estados Unidos na terça-feira. Ele tem muita coragem. A melhor coisa que fizeram por ele no Cairo foi quando o prenderam. Isso o protegeu. Porque Tshombe não pode ir a nenhum país onde existam verdadeiros negros, *verdadeiros* negros, e andar na rua em segurança. Esse é o pior africano que já nasceu. O pior africano que já nasceu. Esse é o homem que a sangue-frio, sangue-frio, cometeu um crime internacional – assassinou Patrice Lumumba, assassinou-o a sangue-frio. O mundo sabe que Tshombe assassinou Lumumba. E agora ele está na cama com Lyndon B. Johnson. Sim, um parceiro de cama. Eles estão dormindo juntos, eles estão dormindo juntos. Quando digo dormir juntos, não quero dizer literalmente. Mas, fora isso, eles estão na mesma cama. Johnson paga os salários, paga ao governo, sustentando o governo de Tshombe, esse assassino. É a administração de Lyndon B. Johnson, o homem em quem você votou – você estava louco, maluco, maluco, para votar em um homem assim; bêbado. Mas eu não culpo você, você foi enganado. Eu disse a vocês que uma raposa sempre terá negócios.

Então Tshombe chega aqui na terça. E muitos dos nossos irmãos que pertencem à associação estudantil africana pretendem dar as boas-vindas a ele. Puxa, eu tenho uma religião que acredita em hospitalidade. Todos devem ser bem-vindos – de acordo com seu mérito. Então, o irmão que está envolvido nisso, acho que Sidi Ali – onde ele está? Sidi Ali, venha fazer este anúncio. Este é nosso irmão, Sidi Ali, de Gana.

[*Sidi Ali, secretário da seção de Nova York da União Pan-Africana de Estudantes, fala sobre a situação no Congo e convida o público a participar da manifestação planejada contra Tshombe nas Nações Unidas. Malcolm continua.*]

Irmãos e irmãs, tenho alguns anúncios rápidos. Semana que vem o Audubon não está disponível, então nosso próximo encontro será no dia 13, que será daqui a duas semanas. O tema será "A Crise do Congo". Imagino que a crise não vai acabar. Porque a crise é de tal natureza que eles estão lá agora e não podem sair com as mãos limpas. É quase impossível que saiam. Eles foram lá e mataram pessoas; agora, quando saírem, o que irá acontecer? Não podem sair assim.

Uma coisa para ter em mente, como nosso irmão destacou, esses jovens irmãos na área de Stanleyville, Província Oriental,[3] não são rebeldes, como a imprensa continua a chamá-los. Eles se autodenominam Simbas,[4] que significa leões, sabe, algo que diz o que eles são. São combatentes da liberdade, e o seu e o meu coração deveriam estar com eles. São homens, eles são homens, a prova disso é que estão morrendo por sua liberdade. Estão matando também, mas e daí? Eles foram mortos – tudo o que fizeram foi acreditar em igualdade. O que é bom para um é bom para o outro.

Além disso, sempre tenham em mente que os únicos soldados congoleses que estão vencendo batalhas, ou que venceram batalhas, são aqueles irmãos que lutam pela liberdade. Os soldados congoleses que lutam por Tshombe não vencem batalhas. Eles

---

3   Antigo nome da atual cidade de Kisangani, na República Democrática do Congo. Passou a chamar-se Kisangani em 1966, depois que o país se tornou independente da Bélgica, em 1960. Atualmente, é a capital da província de Tshopo. [N. E.]

4   Combatentes de um dos grupos que lutaram na guerra civil da República do Congo (atual República Democrática do Congo) após a declaração de independência em 1960. Além de "leão", "simba" em suaíli significa "pessoa corajosa", "guerreiro invencível". [N. E.]

estão desistindo totalmente do Congo. Estão evacuando o lugar e os Estados Unidos ficaram desesperados. É por isso que foram buscar Tshombe, foram até a Espanha, onde Tshombe estava aposentado, já tinha desistido, estava vivendo a vida e o convenceram a voltar ao Congo e se tornar premiê.

Assim que o colocaram de volta no cargo de premiê, a primeira coisa que ele fez foi trazer alguns mercenários, assassinos – porque é isto que significa mercenário, significa um assassino contratado. E este governo, o governo dos Estados Unidos, paga o salário desses matadores de aluguel com o dinheiro de nossos impostos. Toda vez que você paga seus impostos, está pagando o salário daqueles assassinos de olhos azuis no Congo que estão matando os congoleses. Não há ninguém no Departamento de Estado que negue isso.

Na verdade, li no jornal hoje que Lyndon B. Johnson disse que assume total responsabilidade. Ele deve assumir total responsabilidade. Ele está fazendo o mesmo tipo de ato lá no Congo que eles têm feito no Texas contra você e contra mim nos últimos duzentos ou trezentos anos. Isso é um ato típico do Texas. Você sabe que tipo de coisa acontece no Texas. Mas eles não podem vencer porque a única maneira de Tshombe permanecer na liderança é com a ajuda de fora. Ele precisa obter ajuda branca. Então, enquanto Tshombe continuar sendo o primeiro-ministro do Congo, isso significa que o homem branco terá que continuar enviando soldados brancos para resgatá-lo. E ele vai perder todos os soldados brancos que tem, ele vai perdê-los lá.

Então, esses irmãos sabem o que estão fazendo – na verdade, o que você e eu precisamos fazer. O que você e eu precisamos fazer. Muitos de nós somos veteranos, tivemos todo tipo de experiência. Você já viu todo tipo de ação, não viu? Mas você nunca viu nenhuma ação que fosse para beneficiar você, e nunca viu nenhuma ação para alguém de sua própria espécie. Muitos de vocês estão desempregados. Podemos recrutar aqui mesmo no Harlem alguns mercenários negros para ir até lá e mostrar a eles o que fazer.

Vejam, há algum tipo de bloqueio cultural, psicológico na mente de nossos irmãos lá, ou esses mercenários brancos não teriam a vantagem. A única vantagem que eles têm é a vantagem psicológica. Eles não teriam isso contra você ou contra mim. Você e eu não temos esse bloqueio, não temos esse bloqueio cultural porque eles destruíram nossa cultura. Podemos pensar exatamente como eles pensam agora. Podemos fazer a mesma coisa que eles. Só me dê dez pretos e vamos engolir cinquenta desses brancos. Vamos engolir.

E não há nada de errado com isso. Por quê? Por causa deste governo, este mesmo governo recrutou o que eles chamam de "cubanos anti-Castro". O que significa que eles são americanos. E este governo os envia para lá para bombardear os congoleses. Mas eles têm medo de dizer que são pilotos americanos, então dizem que são pilotos cubanos anti-Castro. Certo, temos negros que podem pilotar aviões – nós os pilotamos para o homem. Em vez de você ficar sentado aqui dirigindo um ônibus, lembre-se de como você pilotava um avião para ele, vá lá e trabalhe para o lado certo. Se eles podem enviar brancos contra negros, podemos recrutar e enviar negros contra brancos. Sinceramente, acredito que seria mais emocionante. Eu sei que muitos afro-americanos iriam de graça – iriam por diversão. Não precisamos de dinheiro, só queremos ajustar contas.

Agora, vou dizer a vocês o que eles vão fazer, porque eu conheço essa gente. No jornal amanhã você vai ler que houve um monte de declarações frenéticas. Enquanto houver brancos indo para lá atirando em negros, nada é dito – eles os glorificam. Porém, quando você e eu começamos a falar como se quiséssemos fazer a mesma coisa com alguns deles, aí somos fanáticos, sanguinários. Mas acho que o homem branco deveria saber uma coisa – quando digo homem branco, não estou dizendo todos vocês, o que quer que sejam, porque alguns de vocês podem ser bacanas. E qualquer um de vocês que age bem comigo, acho você ótimo, desde que você aja bem. No entanto, se não agir bem, você não vai ser considerado bom. Tudo o que você precisa fazer para ficar bem comigo é agir bem. Mas não venha pensando que você é bacana só porque é branco.

Eu acho que é preciso dizer isso porque, se você não esclarecer, eles saem daqui dizendo que você é racista, que você é contra todos os brancos. Não somos contra todos os brancos. Somos contra todos aqueles que não agem certo, *todos* eles que não agem corretamente.

Nós propositadamente não teremos um momento para perguntas esta noite. Acho que não precisamos. Mas vamos fazer uma coleta de donativos porque pagamos por este salão e não poderemos voltar aqui daqui a duas semanas, a menos que paguemos por isso. E, quando digo que pagamos por isso, você sabe, nós. Só me dê cinco minutos, agora, vai ser rápido, antes que eu esqueça enquanto os irmãos estão vindo para fazer uma coleta.

E, de novo, assim que você começar a fazer uma coleta, você vai ler nos jornais amanhã de manhã: "o que eles fizeram – eles angariaram fundos". Eles escrevem como se estivessem com a cabeça em outro lugar. Eles sempre são inteligentes até que se trate de nós. Quando você lê o que eles escrevem em outro lugar, eles escrevem de forma inteligente. Mas, quando os deixamos entrar aqui e os deixamos escrever, eles escrevem coisas que nem são de interesse. [*Gritos da plateia.*] Você diz: "Por que deixar que eles entrem?". Em algum momento eu vou dizer por que eu deixei que eles entrassem. Mas se você não os quer aqui, então faça com que eles fiquem lá fora.

[*Durante a coleta, Malcolm faz novos anúncios. Ele relata a chegada de um professor muçulmano africano de Meca e diz quando e onde ele vai falar. Para compensar qualquer sentimento de favoritismo religioso, ele se oferece* "para fazer um anúncio para (qualquer) igreja a que você pertença, igreja ou sinagoga". *Ele promete que será feito um esforço para que acadêmicos e especialistas das Nações Unidas falem no próximo evento,* "para não termos que depender do que lemos nos jornais". *Então continua.*]

Acho que nosso irmão, Sidi Ali, fez um trabalho maravilhoso ao destruir esse mito sobre o canibalismo. O homem está sempre tentando fazer parecer que nosso povo é canibal. O único canibal que já vi, as únicas pessoas que já vi que comem pessoas, são essas pessoas. Não o nosso povo, essas pessoas. Não estou dizendo quem são "essas pessoas". E geralmente eles acabam tentando aplicar todas essas características a nós para esconder sua própria culpa. Eles não deveriam fazer isso. Deve ser enfatizado repetidamente por você e por mim que não somos racistas. Uma das piores coisas é deixar que eles classifiquem você de racista.

Eu não sou racista. Não julgo um homem por causa de sua cor. Suspeito de muitos deles e sou cauteloso com muitos deles – por experiência. Não por causa da cor, mas por causa do que a experiência me ensinou sobre seu comportamento geral em relação a nós. Então, por favor, nunca diga que somos contra as pessoas por causa de sua cor. Somos contra elas pelo que fazem conosco e pelo que fazem com os outros. Tudo o que eles precisam fazer para obter nossa boa vontade é mostrar sua boa vontade e parar de fazer todas essas coisas sujas com nosso povo. Está claro?

Além disso, nas próximas semanas, vamos explicar o tipo de apoio que recebemos em nosso esforço para levar os Estados Unidos à ONU e acusar o governo de violar nossos direitos humanos. Você e eu devemos levar este governo a um fórum mundial e mostrar ao mundo que este governo falhou absolutamente conosco, que não cumpriu seu dever. Falhou de Washington a Nova York. Eles falharam no dever que tinham com você e comigo. Falharam em nos proteger, falharam em nos representar, falharam em nos respeitar. E, uma vez que falharam, seja por vontade, seja por incapacidade, achamos que eles deveriam ser indicados para que o mundo possa vê-los como realmente são.

Agora, se este governo não quer que a roupa suja seja lavada em público, então damos a ele uma semana ou duas para colocar a casa em ordem. E, se não conseguir colocar tudo em ordem em duas semanas, então que se una a África do Sul e a Portugal e ao resto daqueles criminosos que estão explorando e abusando de pessoas de pele escura há tanto tempo. Estamos todos fartos. Certo? Certo.

[*Malcolm apresenta Jesse Gray, que sugere que o lugar para enviar mercenários negros é o Mississippi, e conclui:* "É sempre muito fácil para nós estarmos prontos para partir e prontos para falar e prontos para agir, mas, a não ser que a gente chegue de fato ao coração do gueto e comece a lidar com os problemas de empregos, escolas e outras questões básicas, seremos incapazes de lidar com qualquer perspectiva revolucionária, ou com qualquer revolução nesse sentido". *Malcolm continua.*]

Esse foi o nosso irmão Jesse Gray, o líder das greves do aluguel do Harlem, e o que ele disse é verdade. Quando falo de alguma ação para o Congo, essa ação também inclui o Congo que fica no Mississippi. Mas o ponto que eu gostaria de dizer a todo líder afro--americano é que não há nenhum tipo de ação neste país que dará frutos a menos que esteja ligada à luta internacional geral.

Você perde seu tempo quando fala com esse homem, só você e ele. Então, quando você falar com ele, que ele saiba que seu irmão está apoiando você, e que você tem mais alguns irmãos apoiando aquele irmão. Essa é a única maneira de falar com ele, é a única linguagem que ele conhece. Por que eu digo "Tenha certeza de que seu irmão está do teu lado"? Porque você vai ter que lutar com esse homem, acredite, sim, *você vai ter que lutar com ele.* Você vai ter que lutar com ele. Ele não conhece outra língua.

Você pode ir lá falar e ter aquela velha conversa bonita com ele, ele nem ouve você. Ele diz sim, sim, sim. Você sabe, não existe comunicação se um homem está falando francês e o outro está falando alemão. Os dois precisam falar a mesma língua. Bom, mas neste país você está lidando com um homem que fala uma língua. Descubra qual é essa língua. Depois de saber em que idioma ele fala, você pode falar com ele. E se você quer saber qual é a língua dele, estude sua história. A língua dele é sangue, é poder, é brutalidade, a linguagem dele é tudo o que é brutal.

E se você não puder falar assim, ele nem te ouve. Você pode falar aquela velha conversa doce, ou com aquela velha conversa de paz, ou aquela velha conversa não violenta – aquele homem não ouve esse tipo de conversa. Ele vai lhe dar um tapinha nas costas e dizer que você é um bom menino e dar um prêmio da paz para você. Como você vai conseguir um prêmio da paz quando a guerra ainda não acabou? Sou a favor da paz, mas a única maneira de preservá-la é estar preparado para a guerra.

Nunca deixe ninguém dizer a você e a mim que as probabilidades estão contra nós – nem quero ouvir isso. Aqueles que pensam que as probabilidades estão contra você, esqueça. As probabilidades não estão contra você. As probabilidades só estão contra você quando você está com medo. A única coisa que coloca as probabilidades contra você é uma mente assustada. Quando você se livra de todo esse medo, as probabilidades não estão contra você. Porque se um homem sabe que, quando começa a brincar com você, ele tem de matá-lo, esse homem não vai brincar com você. Mas se, quando está brincando com você, ele sabe que você vai recuar e ser não violento e pacífico e respeitável e responsável, ora, você e eu nunca sairemos das garras dele.

Deixe-o saber que você é pacífico, que você é respeitoso e que o respeita, e que você cumpre a lei, e que você quer ser um bom cidadão, e todas essas coisas razoáveis. Mas deixe-o saber ao mesmo tempo que você está pronto para fazer com ele o mesmo que ele está tentando fazer com você. E aí você sempre terá paz. Sempre terá. Aprenda uma lição com a história, aprenda uma lição com a história.

Devo dizer isso antes de encerrarmos. Eu não quero que você pense que eu estou voltando aqui para agitar a multidão, ou para incitar ninguém. Acho que ninguém precisa incitar nosso povo; o homem já nos incitou. E eu não quero que você pense que estou pronto para alguma ação não inteligente, ou alguma ação irresponsável, ou para qualquer coisa velha só para fazer alguma coisa. Não. Espero que todos nós possamos nos sentar com a cabeça fria e a mente clara e analisar a situação, na sala dos fundos, em qualquer lugar, analisar a situação; e depois de fazermos a análise adequada do que estamos enfrentando, então sejamos ousados o suficiente para tomar quaisquer medidas que a análise diga que devem ser tomadas. Assim que conseguirmos, vamos fazê-lo, e seremos capazes de obter algum tipo de resultado nessa luta pela liberdade.

Mas não deixe que ninguém que esteja nos oprimindo estabeleça as regras básicas. Não vá pelo jogo deles, não jogue o jogo pelas regras deles. Deixe que eles saibam agora que este é um novo jogo, e que temos novas regras, e essas regras significam que vale tudo, *vale tudo*. Vocês estão comigo, irmãos? Sei que estão comigo.

Então, mais uma vez agradeço e espero ver todos vocês aqui, se possível, daqui a duas semanas a partir desta noite, no dia 13 de dezembro. A propósito, quero dizer para vocês, eu estava em Paris segunda-feira à noite com o grupo de Alioune Diop, Présence Africaine. Muitos membros do nosso povo em Paris, assim como também no continente africano, estão se organizando e estão tão preocupados quanto você e eu com o que está acontecendo aqui. Você e eu temos que nos conectar com nosso pessoal que está em Paris – quando digo nosso pessoal, você sabe, nós –, temos que nos conectar com nosso pessoal em Londres, na Inglaterra. Temos muitos deles lá, irmãos, eu os vi.

Temos que nos conectar com nosso povo que está no Caribe, em Trinidad, na Jamaica, em todas as ilhas, e temos que nos conectar com nosso povo que está na América Central e na América do Sul. Onde quer que você veja alguém que se pareça conosco, temos que nos reunir. E quando estivermos reunidos, irmãos, poderemos agir, porque descobriremos que não somos o azarão. Todas essas probabilidades sobre as quais esse homem está falando não existem. Ele colocou isso na nossa cabeça – certo ou errado? Muito bem. Então, agradecemos e nos vemos em duas semanas. Que Alá abençoe vocês.

A entrevista para a *Young Socialist*

[NOVA YORK, 18 JAN. 1965]

A entrevista a seguir foi concedida por Malcolm X em 18 de janeiro de 1965 para Jack Barnes e Barry Sheppard, representantes da Aliança dos Jovens Socialistas [Young Socialist Alliance]. Depois de ser transcrito e um pouco reduzido, o texto foi mostrado para Malcolm, que pareceu satisfeito com a edição. É uma republicação da versão impressa na *Young Socialist*, março e abril de 1965.

A parte mais importante desta entrevista é quando Malcolm responde como ele define o nacionalismo negro. A resposta mostrou que Malcolm estava lidando com o problema do nacionalismo negro – não no sentido de rejeitá-lo, mas de reavaliá-lo, de maneira a descobrir como ele se encaixava em sua filosofia e estratégia. É uma prova extra de que mesmo no último mês de sua vida ele continuava, apesar da pressão que sentia se fechando sobre ele, a pensar e repensar os problemas enfrentados pelo movimento de libertação negra, e que não tinha vergonha de admitir que ainda não tinha todas as respostas.

Que imagem sua foi projetada pela imprensa?

Bem, a imprensa habilmente projetou de propósito minha imagem como um racista, um supremacista racial e um extremista.

O que há de errado com essa imagem? O que você realmente defende?

Primeiro, não sou racista. Sou contra qualquer forma de racismo e segregação, toda forma de discriminação. Acredito em seres humanos e que todo ser humano deve ser respeitado como tal, independentemente de sua cor.

Por que você rompeu com os Muçulmanos Negros?

Não rompi, foi uma separação. A separação aconteceu principalmente porque eles me excluíram, e me excluíram por causa de minha abordagem intransigente dos problemas que acho que deveriam ser resolvidos e que o movimento poderia resolver.

Senti que o movimento estava demorando a agir em muitas áreas. Não se envolvia nas lutas civis, cívicas ou políticas que nosso povo enfrentava. Tudo o que fazíamos era destacar a importância da reforma moral – não beba, não fume, não permita a fornicação e o adultério. Quando descobri que os próprios líderes não estavam praticando o que pregavam, ficou claro que essa parte do programa estava corrompida.

Então a única maneira para que isso funcionasse e fosse significativo na comunidade era fazer parte das facetas políticas e econômicas da luta negra. E a organização não faria isso porque a posição que teria que tomar seria muito militante, intransigente e ativista, e a liderança se tornou conservadora. A organização era motivada principalmente a proteger seus próprios interesses. Também devo salientar que, embora o Movimento Muçulmano Negro professasse ser um grupo religioso, a religião que eles adotaram – o islamismo – não os reconhecia. Então, religiosamente, a organização estava em um vácuo. E não participava da política, então não era um grupo político. Quando você tem uma organização que não é política nem religiosa e não participa da luta pelos direitos civis, que nome se pode dar a isso? Ela está no vácuo. Então, todos esses fatores levaram à minha separação da organização.

Quais os objetivos de sua nova organização?

Existem duas organizações – há a Associação da Mesquita Muçulmana, que é religiosa. Seu objetivo é criar uma atmosfera e instalações nas quais as pessoas interessadas no Islã possam ter melhor compreensão do Islã. O objetivo da outra organização, a Organização da Unidade Afro-Americana, é usar todos os meios necessários para criar uma sociedade na qual os 22 milhões de afro-americanos sejam reconhecidos e respeitados como seres humanos.

Como você define o nacionalismo negro, com o qual você se identificou?

Eu costumava definir o nacionalismo negro como a ideia de que o homem negro deveria controlar a economia de sua comunidade, a política de sua comunidade e assim por diante.

Mas, quando estive na África em maio, em Gana, conversei com o embaixador da Argélia, que é extremamente militante e revolucionário no verdadeiro sentido da palavra (e tem credenciais nesse sentido por ter levado a cabo uma revolução vitoriosa contra a opressão em seu país). Quando disse a ele que minha filosofia política, social e econômica era o nacionalismo negro, ele me perguntou com muita franqueza, bem, aonde isso o levou? Porque ele era branco. Ele era africano, mas era argelino e, ao que parecia, era um homem branco. E ele disse que, se eu definir meu objetivo como a vitória do nacionalismo negro, onde isso o deixa? Onde isso deixa os revolucionários no Marrocos, Egito, Iraque, Mauritânia? Então ele me mostrou onde eu estava alienando pessoas que eram verdadeiros revolucionários dedicados a derrubar custe o que custar o sistema de exploração que existe nesta terra.

Então, eu tive que pensar muito e reavaliar minha definição de nacionalismo negro. Podemos resumir a solução para os problemas enfrentados por nosso povo como nacionalismo negro? E se você notar, eu não uso a expressão há vários meses. Contudo eu ainda teria dificuldade em dar uma definição específica da filosofia geral que eu acho necessária para a libertação do povo negro neste país.

É verdade, como se costuma dizer, que você é a favor da violência?

Eu não sou a favor da violência. Se pudéssemos trazer reconhecimento e respeito ao nosso povo por meios pacíficos, muito bem. Todos gostariam de alcançar seus objetivos pacificamente. Mas também sou realista. As únicas pessoas neste país que são convidadas a serem não violentas são os negros. Nunca ouvi ninguém ir à Ku Klux Klan e ensinar-lhes a não violência, ou à Birch Society[1] e outros elementos de direita. A não violência só é pregada aos negros americanos e eu não concordo com ninguém que queira ensinar a não violência ao nosso povo até que alguém ao mesmo tempo esteja ensinando nosso inimigo a ser não violento. Acredito que devemos nos proteger usando de todos os meios necessários quando somos atacados por racistas.

O que é responsável pelo preconceito racial nos Estados Unidos na sua opinião?

Ignorância e ganância. E um programa habilmente desenvolvido de deseducação que anda lado a lado com o sistema americano de exploração e opressão.

Se a população americana inteira fosse apropriadamente educada – e por apropriadamente educada quero dizer receber a imagem real da história e das contribuições do homem negro –, acho que muitos brancos seriam menos racistas em seus sentimentos. Eles teriam mais respeito pelo homem negro como ser humano. Ao conhecer as contribuições do homem negro para a ciência e a civilização no passado, o sentimento de superioridade do homem branco seria pelo menos parcialmente negado. Além disso, o sentimento de inferioridade que o homem negro tem seria substituído por um autoconhecimento mais equilibrado. Ele se sentiria mais humano. Funcionaria mais como ser humano, numa sociedade de seres humanos.

Então é preciso educação para eliminar o racismo. E o simples fato de termos universidades e faculdades não significa que temos educação. As faculdades e universidades no sistema educacional americano são habilidosas em deseducar.

---

[1] Fundada nos Estados Unidos em 1958, a John Birch Society (JBS) é uma organização ultraconservadora de extrema direita, conhecida por seu anticomunismo radical e oposição ao governo federal. [N. E.]

Quais foram os melhores momentos de sua viagem à África?
Visitei Egito, Arábia, Kuwait, Líbano, Sudão, Etiópia, Quênia, Tanganica, Zanzibar (agora Tanzânia), Nigéria, Gana, Libéria, Guiné e Argélia. Tive encontros com o presidente Nasser do Egito, com o presidente Nyerere da Tanzânia, o presidente Jomo Kenyatta (que era, na época, primeiro-ministro) do Quênia, o primeiro-ministro Milton Obote de Uganda, o presidente Azikiwe da Nigéria, o presidente Nkrumah de Gana e o presidente Sékou Touré da Guiné. Acho que os melhores momentos foram os encontros que tive com essas pessoas porque me permitiram conhecer seus pensamentos. Fiquei impressionado com a análise deles do problema, e muitas das sugestões que eles deram contribuíram muito para ampliar minha própria visão.

Qual é o tamanho da influência que a África revolucionária tem no pensamento das pessoas negras neste país?
Toda influência do mundo. Não dá para separar a militância mostrada no continente africano da militância que se mostra aqui entre os negros americanos. A imagem positiva que está se desenvolvendo dos africanos também está se desenvolvendo nas mentes dos negros americanos e, consequentemente, eles desenvolvem uma imagem mais positiva deles mesmos. E a partir disso tomam passos mais positivos.

Então não dá para separar a revolução africana do humor do homem negro nos Estados Unidos. Assim como a colonização da África não pode ser separada da posição servil que o negro deste país se satisfez em ocupar por tanto tempo. Desde que a África conseguiu sua independência por meio da revolução, é notável o aumento do grito contra a discriminação que apareceu na comunidade negra.

Como você vê o papel dos Estados Unidos no Congo?
Criminoso. Provavelmente não há melhor exemplo de atividade criminosa contra um povo oprimido que o papel que os Estados Unidos tiveram no Congo, através de sua ligação com Tshombe e os mercenários. Não é possível ignorar o fato de que Tshombe

recebe dinheiro dos Estados Unidos. O dinheiro que ele usa para contratar esses mercenários – esses assassinos pagos importados da África do Sul – vem dos Estados Unidos. Os pilotos nesses aviões foram treinados pelos Estados Unidos. As próprias bombas que despedaçam corpos de mulheres e crianças vêm dos Estados Unidos. Então só posso ver o papel dos Estados Unidos no Congo como criminoso. E acho que os Estados Unidos vão ter de colher as sementes que estão plantando no Congo. As galinhas que soltaram por lá voltarão para casa. O feitiço vai se voltar contra o feiticeiro.

E o papel dos Estados Unidos no Vietnã do Sul?
A mesma coisa. Mostra uma ignorância real daqueles que controlam a estrutura de poder americana. Se a França, com todo tipo de armas pesadas, tão profundamente envolvida como estava no que então era chamado de Indochina, não pôde ficar lá, não vejo como alguém em sã consciência poderia pensar que os Estados Unidos podiam entrar lá – é impossível. Então mostra ignorância, cegueira, falta de visão de futuro e passado. A completa derrota dos Estados Unidos no Vietnã do Sul é mera questão de tempo.

Como você vê a atividade dos estudantes brancos e negros que foram para o Sul no último verão e tentaram registrar pessoas negras para votar?
A tentativa foi boa – devo dizer que a meta de registrar pessoas negras no Sul foi boa porque o único poder real que um homem pobre tem neste país é o poder do voto. Mas acho que mandá-los para lá e dizer a eles que fossem não violentos não foi inteligente. Sou a favor do esforço pelo registro de eleitores, porém acho que deveriam permitir que usassem qualquer meio à disposição para se defenderem dos ataques da Ku Klux Klan, do Conselho dos Cidadãos Brancos e de outros grupos.

O que você pensa sobre o assassinato de três trabalhadores dos direitos civis e sobre o que houve com seus assassinos?
Isso mostra que a sociedade em que vivemos não é como ela tenta se mostrar para o resto do mundo. Foi um assassinato e

o governo federal está perdido porque o caso envolve negros. Mesmo os brancos envolvidos estavam lá ajudando os negros. E como em tudo nesta sociedade que envolve ajudar os negros, o governo federal mostra uma incapacidade de funcionar. Mas consegue funcionar no Vietnã do Sul, no Congo, em Berlim e em outros lugares onde não deveria estar. Mas não consegue funcionar no Mississippi.

Num discurso recente você mencionou que conheceu John Lewis do Comitê Não Violento de Coordenação Estudantil na África. Você acha que os líderes jovens e mais militantes no Sul estão ampliando suas visões sobre a luta em geral?

Claro. Quando eu estava no Movimento Muçulmano Negro, falei em muitas universidades brancas e negras. Sabia já em 1961 e 1962 que a geração mais jovem era muito diferente da antiga, e que muitos estudantes eram muito mais sinceros em suas análises do problema e no seu desejo de resolvê-lo. Nos países estrangeiros, os estudantes ajudaram a fazer a revolução – foram os estudantes que fizeram a revolução no Sudão, que arrancaram Syngman Rhee do poder na Coreia, que derrubaram Menderes na Turquia. Os estudantes não pensam se as probabilidades estão contra eles, e não podem ser comprados.

Na América, as pessoas passaram a prestar atenção nos estudantes por se envolverem com invasões dos dormitórios femininos, alunos engolindo peixes dourados, vendo quantas pessoas cabem numa cabine telefônica – não por suas ideias políticas revolucionárias ou seu desejo de mudar condições injustas. Mas alguns deles estão se tornando mais como seus irmãos em todo mundo. No entanto, os estudantes foram enganados de certa forma sobre o que é conhecido como a luta pelos direitos civis (que nunca foi pensada para resolver o problema). Os estudantes foram manipulados de forma a pensar que o problema já estava analisado, então não tentaram analisá-lo por conta própria.

Na minha opinião, se os estudantes deste país esquecessem a análise apresentada a eles, e se juntassem e começassem a pesquisar esse problema do racismo por si mesmos, independentemente dos políticos e independentemente de todas as fundações (que fazem parte da estrutura de poder), e fizessem isso eles mesmos, algumas descobertas seriam chocantes, mas eles veriam que nunca seriam capazes de trazer uma solução para o racismo neste país enquanto dependessem do governo para isso. O próprio governo federal é tão racista quanto o governo do Mississippi e mais culpado por perpetuar o sistema racista. No nível federal eles são mais sagazes, racistas mais habilidosos, assim como o FBI é mais habilidoso que a polícia local. O mesmo com os políticos. Os políticos no nível federal são normalmente mais habilidosos que os políticos no nível local e, quando querem praticar o racismo, são mais habilidosos na prática do que aqueles da administração local.

Qual é sua opinião sobre o Partido Democrata?

O Partido Democrata é responsável pelo racismo que existe neste país, junto com o Partido Republicano. Os líderes racistas neste país são democratas. Goldwater não é um líder racista – ele é um racista, mas não um líder racista. Os racistas que têm influência em Washington, na capital, são democratas. Se você for conferir, sempre que qualquer tipo de legislação é sugerido para mitigar as injustiças que os negros sofrem neste país, vai descobrir que as pessoas que se aliam contra ela são membros do partido de Lyndon B. Johnson. Os dixiecratas[2] são democratas. Os dixiecratas são apenas uma subdivisão do Partido Democrata, e o mesmo homem que manda nos democratas manda nos dixiecratas.

---

2   "*Dixiecrat*", fusão de "*dixie*" – jargão para a região Sul dos Estados Unidos, em particular os estados confederados – com "democrata", é um termo que surgiu para designar os membros do States' Rights Democratic Party (SRDP), uma dissidência do Partido Democrata estadunidense, sulista, segregacionista e contrária ao Movimento pelos Direitos Civis dos Negros. [N. E.]

Que contribuição a juventude, especialmente estudantes, que estão enojados com o racismo nesta sociedade, dão à luta negra por liberdade?

Brancos que são sinceros não conseguem nada ao se juntar a organizações negras e fazer com que elas se tornem integradas. Brancos sinceros deveriam se organizar entre eles e descobrir alguma estratégia para desmontar o preconceito que existe nas comunidades brancas. É aí que eles podem atuar de maneira mais inteligente e mais efetiva, na própria comunidade branca, e isso nunca foi feito.

Que parte a juventude tem na revolução mundial e que lições isso dá à juventude americana?

Se estudarmos os prisioneiros capturados e mantidos pelos soldados americanos no Vietnã do Sul, veremos que esses guerrilheiros são jovens. Alguns são só crianças e alguns nem chegaram à adolescência. A maioria é adolescente. São os adolescentes no exterior, em todo o mundo, que estão se envolvendo de verdade na luta para eliminar a opressão e a exploração. No Congo, os refugiados indicam que muitos dos revolucionários congoleses são crianças. Na verdade, quando executam revolucionários presos, executam até crianças de sete anos – isso foi publicado na imprensa. Porque os revolucionários são crianças, pessoas jovens. Nesses países, os jovens são os que mais rapidamente se identificam com a luta e com a necessidade de eliminar as condições maléficas que existem. E aqui neste país, pude observar que, quando estamos numa conversa sobre racismo e discriminação e segregação, você encontra pessoas jovens mais enfurecidas com isso – elas sentem uma pressão mais urgente para eliminar esses problemas.

Acho que os jovens podem encontrar um exemplo poderoso nos jovens Simbas no Congo e nos jovens guerrilheiros no sul do Vietnã.

Outro ponto: enquanto as nações de pele escura desta terra se tornam independentes, enquanto elas se desenvolvem e se tornam mais fortes, isso significa que o tempo está do lado do negro americano. Neste momento o negro americano é ainda hospitaleiro e amigável e inclinado a perdoar. Mas, se ele é ainda continuamente enganado e iludido e assim por diante, e se ainda não houver solução para seus problemas, ele se tornará completamente desiludido, e irá se dissociar dos interesses dos Estados Unidos e de sua sociedade. Muitos já fizeram isso.

Qual é sua opinião sobre a luta mundial em andamento entre o capitalismo e o socialismo?

É impossível para o capitalismo sobreviver, principalmente porque o sistema capitalista precisa de sangue. O capitalismo era como uma águia, mas agora parece mais um corvo. Antes era forte o bastante para sugar o sangue de alguém, fosse forte ou não. Mas se tornou mais covarde, como um corvo, e suga só o sangue dos desamparados. À medida que as nações do mundo se libertam, o capitalismo tem menos vítimas, menos para sugar, e se torna cada vez mais fraco. É apenas uma questão de tempo, na minha opinião, até que entre em colapso completo.

Qual é o panorama da luta negra em 1965?

Sangrenta. Foi sangrenta em 1963, foi sangrenta em 1964, e todas as causas que criaram esse derramamento de sangue ainda permanecem. A Marcha de Washington foi pensada para servir de um respiradouro ou válvula para a frustração que produziu esta atmosfera explosiva. Em 1964 eles usaram a Lei dos Direitos Civis como uma válvula. O que podem usar em 1965? Não há nenhuma artimanha que os políticos possam usar para conter a explosividade que existe bem aqui no Harlem. E olhe para Murphy, o comissário de Polícia de Nova York. As manchetes dizem que ele quer criminalizar até mesmo o ato de prever que vamos ter problemas. Isso mostra o calibre do pensamento americano. Vai acontecer uma explosão, mas não fale sobre isso. Todos os ingredientes que produzem explosões existem, mas não fale sobre isso, ele diz. É como dizer que 700 milhões de chineses não existem. É a mesma abordagem. O americano se tornou tão cheio de culpa e de medo que, em vez de enfrentar a realidade de qualquer situação, ele finge que a situação não existe. Sabe, neste país é quase um crime dizer que existe um lugar chamado China – a menos que você esteja falando de uma pequena ilha chamada Formosa. Pela mesma razão é quase um crime dizer que as pessoas no Harlem vão explodir porque a dinamite que existia no ano passado ainda está aqui. Então acho que 1965 será mais explosivo – mais explosivo do que foram 1964 e 1963. Não há nada que eles possam fazer para conter isso. Os líderes negros perderam o controle sobre seu povo. Então quando o povo começar a explodir – e sua explosão é justificada, não injustificada –, os líderes negros não poderão contê-la.

Sobre ser barrado na França

[LONDRES, 9 FEV. 1965]

Duas semanas antes de sua morte, Malcolm X foi a Londres para discursar no primeiro congresso do Conselho de Organizações Africanas. De Londres, ele deveria voar para Paris para falar no Congresso dos Estudantes Africanos. Mas, quando seu avião pousou em Orly, em 9 de fevereiro de 1965, Malcolm foi informado de que não poderia desembarcar. Mais tarde naquele dia, de volta a Londres, ele deu a seguinte entrevista por telefone a um apoiador da reunião que ele deveria comandar em Paris (reproduzido de *The Militant*, 20 fev. 1967).

Depois que Malcolm foi assassinado no Salão Audubon em Nova York em 21 de fevereiro de 1965, pessoas próximas a ele expressaram a crença de que o governo francês havia decidido no início do mês não aceitar a entrada dele no país por achar que ele poderia ser assassinado em solo francês, e por não quererem arcar com o ônus de tal escândalo.

Eric Norden, um jornalista freelance, escreveu na publicação *The Realist* (fevereiro de 1967):

> Esta suposição é mais do que vã especulação. Em abril de 1965, meu interesse pela morte de Malcolm foi despertado por um diplomata norte-africano de alto escalão. Esse funcionário, que insiste no anonimato, disse que o Departamento de Inteligência de seu país foi discretamente informado pelo Departamento Francês de Documentação Estrangeira e Contraespionagem que a CIA havia planejado o assassinato de Malcolm, e a França temia que ele fosse liquidado em seu solo... "A CIA está começando a assassinar seus próprios cidadãos agora", ele comentou em um francês elegantemente modulado.

Malcolm, Malcolm, tudo bem? Um monte de gente apareceu no aeroporto para encontrar você, e nós vimos você saindo e acabamos de cancelar a reunião hoje à noite – você acha que a gente não deveria ter cancelado?

Não, vá em frente e faça a reunião.

Você diz ir em frente e nos reunirmos? Bom. Como você está, irmão? Olha, irmão, estamos gravando isso, então nos dê uma declaração. Só fale.

Fiquei surpreso quando cheguei em Paris, desci do avião e fui preso. Eu achei que se houvesse um país na Europa que fosse liberal em sua abordagem das coisas era a França, então fiquei chocado quando cheguei lá e não consegui desembarcar. Não me deram nenhuma desculpa ou explicação. A princípio pensei que fosse o Departamento de Estado Americano. A única resposta parecia ser que a França tinha se tornado um satélite de Washington.

Na verdade, eu estive no mundo todo – e estive no Alabama e no Mississippi – e é a primeira vez na minha vida que fui parado sem rodeios. Eles não me deram nenhuma explicação, nem me permitiram telefonar para meus amigos lá em Paris, nem me permitiram telefonar para a embaixada americana.

Pedi permissão para telefonar para a embaixada americana e eles nem isso deixaram, e me deu a impressão de que era a embaixada que tinha pedido para não me deixarem entrar. Ficavam tentando sugerir que era culpa da embaixada americana para tirar o peso de si mesmos.

E, devo salientar, não pensei que isso aconteceria em Paris. Então, como disse às forças de segurança de lá, se eu tivesse ido para a África do Sul ou a Joanesburgo, ou a algum lugar onde o racismo é praticado abertamente pelo governo, eu não teria ficado surpreso, mas ver um oficial francês representando um governo supostamente liberal me tratando de uma maneira pior do que eu seria tratado se fosse para a África do Sul, e levando em consideração o fato de que Tshombe, um assassino a sangue-frio e déspota da pior espécie, foi recebido na França. Ele foi recebido pelo governo francês. E todo tipo de gente de baixo nível teve permissão para vir para a França.

E, francamente, acredito que se o povo da França permitir que esse tipo de governo continue a existir, será uma humilhação, uma desonra e uma vergonha diante de todo o mundo. Então, sabe, dei às forças de segurança de lá um centavo, um centavo inglês, sabe, e disse a eles para entregar isso a De Gaulle, porque, do meu ponto de vista, o governo dele e seu país valiam menos de um centavo.

Me diga, você sente que o governo dos Estados Unidos de fato tem algo a ver com isso? O que você pensa sobre isso?
Bem, sabe o que realmente não consigo entender? Quando pedi a alguém hoje para ligar para a embaixada americana e a embaixada americana divulgou uma declaração [*inaudível*] que não podiam fazer nada sobre isso, sendo que ao mesmo tempo a mesma embaixada americana estava disposta a enviar tropas para o Congo para resgatar um homem chamado Carlson que não era nem diplomata, mas um dos missionários de lá. Nesse caso eles podem fazer algo. A mesma embaixada americana tem tropas no Vietnã do Sul e eles podem fazer o que quiserem em todo o mundo, mas, se ao mesmo tempo não podem fazer nada por um homem negro maltratado, então acho que tem algo errado.

Se a embaixada se envolveu ou não – se eles ajudaram a dar ordens diretas ao governo francês, não sei.

Entendo, irmão. Qual você acha que será a reação do mundo não branco, principalmente dos países africanos, à ação do governo francês?
Bem, não sei – como você sabe, estive em Londres na noite anterior ao discurso do primeiro congresso do Conselho de Organizações Africanas, e, quando voltei a Londres, havia representantes de cerca de quinze organizações africanas diferentes esperando por mim no aeroporto porque pensaram que eu tinha sido

vítima de jogo sujo e estavam se preparando para se manifestar. Agora o que eu sei com certeza: já me disseram que um protesto será lançado em todo o continente europeu e em outras partes do mundo em relação a essa ação tão criminosa e grosseira por parte do governo francês.

Eles lhe deram alguma explicação nesse sentido?

Bem, os jornais franceses saíram esta noite dizendo que o governo francês fez isso porque o discurso que você fez aqui em novembro foi muito "violento". É bastante irônico, sabe, porque foi um dos mais moderados...

No entanto, agora estamos nos preparando para convocar a reunião para esta noite. E estamos gravando seu discurso agora no telefone porque gostaríamos que você falasse hoje à noite na reunião. Eles não vão frustrar nossos planos. Só deixe a reunião acontecer.

Eu não defendo a violência, na verdade a violência que existe nos Estados Unidos é a violência da qual o negro na América foi vítima e eu nunca defendi que nosso povo saísse e iniciasse qualquer ato de agressão contra brancos indiscriminadamente.

Mas eu digo que o negro é uma vítima contínua das ações violentas cometidas por elementos organizados como a Ku Klux Klan, e se o governo dos Estados Unidos se mostrou relutante ou incapaz de nos proteger, nossas vidas e nossas propriedades, eu disse que é hora de nosso povo se organizar, se unir e se proteger, para nos defendermos dessa violência. Agora, se isso é defender a violência, fico chocado com a falta de compreensão adequada por parte de quaisquer elementos que tenham essa atitude.

Também há aqueles que me acusaram de ser racista. Não sou racista de forma alguma, e acredito em tomar uma posição intransigente contra quaisquer formas de segregação e discriminação baseadas na raça. Eu mesmo não julgo um homem pela cor de sua pele. A medida que uso para julgar um homem são seus atos, seu comportamento, suas intenções. E a imprensa muito habilmente projetou em mim a imagem de um racista simplesmente porque tomo uma posição intransigente contra o racismo que existe nos Estados Unidos. Penso que é uma injustiça, não só comigo, mas também com o público francês, ou qualquer outro público, que esteja sendo enganado dessa forma pela imprensa, especialmente a uma altura em que estão sendo feitos esforços por pessoas bem-intencionadas para unir vários grupos raciais na tentativa de criar uma atmosfera de melhor compreensão.

Então, em geral, acho que a única maneira de resolver nossos problemas é perceber que as pessoas que pensamos serem liberais não são tão liberais quanto professam; e as pessoas que achamos que estão conosco, quando as colocamos à prova, elas não estão realmente conosco, não são realmente defensoras dos oprimidos como pensamos. E espero que a comunidade afro-americana em Paris, assim como em outras partes da Europa, perceba a importância de nos unirmos em fraternidade e fazermos algo para resolver nossos próprios problemas, e se houver brancos bem-intencionados também interessados em ajudar, acho que deveriam perceber que também aceitaremos a ajuda deles, mas a atitude de muitos elementos torna duvidosa a sinceridade daqueles que professam querer ajudar.

Você diz que esteve em Londres, irmão, antes de vir para Paris. O que você estava fazendo em Londres?
Bem, eu vim para Londres a convite do Conselho de Organizações Africanas, com sede aqui em Londres. Eles estavam realizando um congresso, o primeiro congresso, e havia uma série de seminários sobre a revolução africana.

Eles me convidaram aqui para descrever o progresso dos americanos negros em nossa luta pelos direitos humanos, e também me convidaram para descrever o estágio ou tipo de relações raciais que existem entre os americanos negros e brancos e se houve ou não progresso nas relações raciais. E eu acho que eles mostraram interesse pelos irmãos e irmãs lá no continente americano, convidando um afro-americano para este congresso

211

para atualizá-los. Vim a Paris esta manhã com esse propósito e ia tentar transmitir a mesma mensagem.

Como é a situação nos Estados Unidos, irmão Malcolm? Você estava em Selma?

Sim, estive em Selma na quarta-feira passada. Fui convidado pelo Instituto Tuskegee e falei para 3 mil estudantes negros na noite de terça-feira e eles insistiram que eu fosse a Selma na manhã seguinte. Eu fui lá. Eu vi a Ku Klux Klan e outros elementos desfilando por lá. E eu vi uma garotinha chamada Judy [*inaudível*] que tinha doze anos de idade que eles prenderam e [*inaudível*] de manhã eles me contaram como eles a estavam tratando brutalmente na prisão e como pegaram aqueles aguilhões de gado e colocaram em sua cabeça e ela estava [*inaudível*].

Portanto, o tratamento dos negros em Selma, Alabama, é extremamente brutal, mas o que entendo é que o dr. Martin Luther King saiu da prisão e queria ir à capital Washington, ver Lyndon B. para pedir a ele algum reconhecimento adicional do direito de voto dos negros. Receio que isso mostre que o Projeto de Lei dos Direitos Civis aprovado no ano passado não significa nada, porque já estão pedindo uma nova legislação, o que mostra a falta de clareza em seus objetivos e a pura hipocrisia por parte do governo em relação aos direitos dos negros nos Estados Unidos.

Certo, irmão, e quais são as perspectivas para a luta nos Estados Unidos que você vê para este ano?

Bem, 1965 provavelmente será o verão mais longo, mais quente e mais sangrento já visto nos Estados Unidos desde o início da revolução negra, principalmente porque as mesmas causas que existiam no inverno de 1964 ainda existem em janeiro – em fevereiro de 1965. Estamos falando de habitação de má qualidade, emprego de má qualidade, educação de má qualidade – todos os males de uma sociedade falida ainda existem no que diz respeito aos negros americanos, e o ressentimento que existe aumentou tremendamente, e agora que as próprias nações africanas demonstraram apoio aberto à luta negra na América e em nossos esforços para estabelecer nossos direitos humanos, isso nos dá um incentivo adicional para intensificar nossa luta e, como eu disse, 1965 será o verão mais longo, quente e sangrento de toda a revolução negra.

Gostaríamos de saber o que você acha que a comunidade afro-americana pode fazer na luta geral?

Você quer dizer a comunidade afro-americana na França?

Isso mesmo, e em outras partes da Europa.

A comunidade afro-americana na França e em outras partes da Europa deve se unir à comunidade africana, e esta era a mensagem que eu ia levar a Paris esta noite – a necessidade da comunidade negra no Hemisfério Ocidental, especialmente nos Estados Unidos e um pouco na região do Caribe, percebendo de uma vez por todas que devemos restaurar nossas raízes culturais, devemos estabelecer contatos com nossos irmãos africanos, devemos começar a partir de hoje a trabalhar em unidade e harmonia como afro-americanos junto a nossos irmãos africanos.

(Essa) unidade dará à nossa luta um tipo de força de espírito que nos permitirá fazer algum progresso real e concreto, seja na Europa, seja na América ou no continente africano. Queria mostrar aos nossos irmãos em Paris a necessidade de formarmos uma coalizão, uma comunidade de trabalho, com nossos irmãos do continente africano. Embora o tema da minha palestra fosse a importância da unidade entre os negros do Hemisfério Ocidental e os do continente africano, seria uma abordagem regionalista – que eu acho que não é diferente do que eles têm lá na Europa, o que eles chamam de Mercado Comum Europeu.

O Mercado Comum Europeu busca os interesses comuns dos europeus e da economia europeia. Considero necessário que aqueles de nós que foram levados do continente africano e que hoje sofrem exploração e opressão no Hemisfério Ocidental estendam as mãos e se unam novamente com nossos irmãos e irmãs, onde quer que estejamos, e depois trabalhem em unidade e harmonia para um programa positivo de benefício mútuo.

Unidade – então esse era o tema de sua palestra esta noite, certo? Eu gostaria de saber o que mais você gostaria de ter dito às comunidades africanas e afro-americanas aqui em Paris.

Minha palestra inteira teria sido baseada na importância da unidade, a unidade entre o... [*a fita cassete acaba*].

Operador, operador!

[OPERADOR] *Você terminou?*

Não, não terminamos, operador.

[OPERADOR] *Só um momento, você foi cortado pela central telefônica.*

A central? Olá! Olá! Por que o telefone foi desconectado?

[TELEFONISTA] *Não sei – foi desligado no hotel...*

Alô! Acho melhor terminarmos, irmão.

Sim, sim, irmão. Só queria ouvir se tem mais alguma coisa que você tem a nos dizer.

Só a importância da unidade, irmãos.

Bom, tudo bem, irmão, obrigado e você sabe que nossos corações, irmão, nossos corações, nossas almas, nossos corpos e mentes estão com você – você sabe que somos apenas um.

Sim, eu sei disso.

Esta é a mensagem que eu, em nome dos outros irmãos aqui na França, gostaria de transmitir a você.

[VOZ DE MULHER] *E irmãs.*

DECLARAÇÕES CURTAS

A seguir, uma seleção de declarações feitas por Malcolm X em vários discursos, entrevistas e respostas a perguntas entre 1964–65, seu último ano de vida. Todos são inéditos em livro.

Como chegamos aqui

REUNIÃO DO GRUPO DE LIDERANÇA AVANÇADA, DETROIT, 12 ABR. 1964

Você não estaria neste país se algum inimigo não tivesse sequestrado você e trazido para cá. Por outro lado, alguns de vocês acham que chegaram aqui no Mayflower.[1]

Lute ou esqueça

LONDON SCHOOL OF ECONOMICS, LONDRES, FEV. 1965

Digo sem rodeios que houve uma geração de africanos que realmente acreditava que poderia negociar, negociar, negociar e, no longo prazo, obter algum tipo de independência. Mas há uma nova geração que está crescendo agora, e eles estão começando a pensar com suas próprias mentes e ver que não se pode negociar a liberdade hoje em dia. Se algo é seu por direito, então lute por isso ou cale a boca. Se não pode lutar por isso, então esqueça.

---

1   Navio que, em 1620, transportou os primeiros colonos da Inglaterra para os Estados Unidos. [N. E.]

Um mundo estranho

PROGRAMA LONG JOHN NEBEL, RÁDIO WOR, NOVA YORK, 20 JUN. 1964

Malcolm disse a um outro participante de um debate em um programa de rádio: "Você tem menos problemas se disser afro-americano hoje em dia do que se disser negro", e o debatedor respondeu que afro--americano, como ítalo-americano e teuto-americano, é uma expressão estranha.

Bem, estamos vivendo num mundo estranho. Acho que o problema racial como um todo tornou as relações na América estranhas. Então é preciso inventar termos estranhos para descrever uma situação estranha.

O que eles querem dizer com violência

FÓRUM HARYOU-ACT, NOVA YORK, 12 DEZ. 1964

Você está louco se não acha que há um elemento racista no Departamento de Estado. Não estou dizendo que todo mundo no Departamento de Estado é racista, mas estou dizendo que com certeza há alguns – muitos deles lá. Eles os colocaram em posições poderosas lá. Esse é o elemento que se preocupou com a mudança de humor dos negros e a mudança de comportamento dos negros, especialmente se esse humor e esse comportamento se tornam aquilo que eles chamam de violência. O que eles chamam de violência é quando um homem negro se protege contra os ataques de um homem branco. Isso é o que eles querem dizer com violência. Não o que você quer dizer por violência.

Porque eles nem usam a palavra violência até que alguém dê a impressão de que você está prestes a explodir. Quando chega a hora de um negro explodir, chamam isso de violência. Mas os brancos podem estar explodindo contra os negros o dia todo, e isso nunca é chamado de violência. Alguns de vocês até vêm falar comigo e me perguntar, eu sou a favor da violência? Eu sou a vítima da violência e você é a vítima da violência. Mas você foi tão vitimizado por isso que não consegue reconhecer mais essa violência.

Como conquistar aliados

DEBATE DA SOCIEDADE DOS SINDICATOS DE OXFORD, OXFORD, 3 DEZ. 1964

Malcolm X foi à Inglaterra em 3 de dezembro de 1964 para participar de um debate organizado pela Sociedade dos Sindicatos de Oxford [Oxford Union Society] e transmitido pela BBC. A questão debatida foi "O extremismo na defesa da liberdade não é um vício, a moderação na busca da justiça não é uma virtude", um tema que gerou um debate acalorado quando foi proposto no início de 1964 pelo senador Barry Goldwater, o candidato republicano conservador à presidência. Havia três oradores de cada lado, Malcolm sendo o orador final para a defesa. Apesar dos esforços contínuos, não conseguimos obter mais do que um fragmento da transcrição. (Veja também "Juventude em Tempo de Revolução", na p. 225.)

Minha razão para acreditar no extremismo, no extremismo inteligentemente dirigido, extremismo em defesa da liberdade, extremismo em busca da liberdade, é porque acredito firme- mente em meu coração que no dia em que o homem negro der um passo intransigente e perceber que está dentro de seus direitos, caso sua própria liberdade esteja sendo ameaçada, ao usar todos os meios necessários para conquistar sua liberdade ou acabar com essa injustiça, eu acho que ele não estará sozinho. Eu moro nos Estados Unidos, onde há apenas 22 milhões de negros, contra provavelmente 160 milhões de brancos. Uma das razões pelas quais não estou de forma alguma relutante ou hesitante em fazer o que for necessário para garantir que os negros façam algo para se proteger é que eu honestamente acredito que, no dia em que eles o fizerem, muitos brancos terão mais respeito por eles, e haverá mais brancos do lado deles do que agora com essas estratégias insossas de amar o inimigo que têm sido usadas até agora.

E se eu estiver errado, então vocês são racistas.

Acusações de racismo

FÓRUM HARYOU-ACT, NOVA YORK, 12 DEZ. 1964

Se você notou, a imprensa americana durante a última semana tem acusado os africanos nas Nações Unidas de racismo. Você tem notado isso? Por quê? Porque pela primeira vez na história da ONU, cada um desses ministros das Relações Exteriores ou representantes da África que vai lá para falar sobre a questão do Congo não está só falando sobre o Congo, mas está falando sobre Mississippi e Alabama e a cidade de Nova York. E vocês vão ver isso, irmãos, cada vez mais.

Educação

FÓRUM DE MILITÂNCIA TRABALHISTA, NOVA YORK, 29 MAIO 1964

Sem educação, você não vai a lugar nenhum neste mundo.

Política

REUNIÃO DO GRUPO DE LIDERANÇA AVANÇADA, DETROIT, 12 ABR. 1964

Sempre que você apoia um partido político que controla dois terços do governo, e esse partido não pode cumprir as promessas que fez durante as eleições e você é burro o suficiente para continuar a se identificar com este partido político, você não é só um idiota, é um traidor da sua raça.

Não há por que ser vingativo

DEBATE EM CHICAGO, 23 MAIO 1964

Os 22 milhões de afro-americanos ainda não estão cheios de ódio ou desejo por vingança como a propaganda dos segregacionistas pode querer fazer acreditar. A lei universal de justiça é suficiente para condenar os brancos que são culpados de racismo. Ela vai também punir aqueles que se beneficiaram das práticas racistas de seus antepassados e não fizeram nada para reparar os danos causados. Os brancos mais inteligentes admitirão sem hesitar que já estão sendo punidos pelas maldades cometidas contra os afro-americanos por seus pais. Assim, não é necessário que a vítima – o afro-americano – seja vingativa. As próprias condições que os brancos criaram já os atormentam com a insanidade e a morte. Eles estão colhendo o que plantaram. Nós, os 22 milhões de afro-americanos – as vítimas – faremos melhor se gastarmos nosso tempo removendo as cicatrizes de nosso povo, cicatrizes deixadas por quatrocentos anos de tratamento desumano na América.

O papel das mulheres

ENTREVISTA EM PARIS, NOV. 1964

A visão de Malcolm sobre o papel e o lugar das mulheres passou por uma mudança considerável em seu último ano de vida, especialmente depois de sua segunda viagem à África em 1964, quando ele começou a considerar o assunto não em termos morais tradicionais, mas do ponto de vista de mobilização das forças necessárias para revolucionar a sociedade. As observações a seguir, feitas depois da segunda viagem africana, são marcadamente diferentes daqueles sobre mulheres que aparecem na *Autobiografia*.

Algo que percebi em minha viagem recente pela África e o Oriente Médio é que, em cada país visitado, normalmente o nível de progresso nunca pode ser separado da situação da mulher. Se você está num país progressista, a mulher é progressista. Se está num país consciente da importância da educação, é porque a mulher tem consciência da importância da educação. Mas em todos os países atrasados você verá que as mulheres são atrasadas, e em todos os países onde a educação não é enfatizada é porque as mulheres não têm educação. Então, uma das coisas de que me convenci completamente em minhas viagens recentes é da importância de dar liberdade à mulher, dar-lhe educação e incentivá-la a colocar esse mesmo espírito e compreensão em seus filhos. E, francamente, estou orgulhoso das contribuições que nossas mulheres fizeram na luta pela liberdade e sou uma pessoa que lhes dá toda a margem de manobra possível, porque elas deram uma contribuição maior do que muitos de nós, homens.

Religião

REUNIÃO DO GRUPO DE LIDERANÇA AVANÇADA, DETROIT, 12 ABR. 1964

Esta tarde não é nossa intenção falar sobre religião. Vamos esquecer a religião. Se falarmos sobre religião, entraremos numa discussão. E a melhor maneira de manter distância de discussões e diferenças, como disse antes, é deixar sua religião em casa, no armário, entre você e seu Deus. Porque se a religião não fez nada mais por você do que já fez, você precisa esquecê-la de qualquer maneira.

Contra quem lutar

FÓRUM HARYOU-ACT, NOVA YORK, 12 DEZ. 1964

Enquanto nós perdemos tempo e tentamos parecer mais morais do que qualquer outra pessoa levando uma surra sem revidar, ora, as pessoas continuarão a se referir a nós como pessoas muito morais e pessoas muito disciplinadas, mas ao mesmo tempo daqui a cem anos estaremos na mesma situação em que estamos hoje. Portanto, acredito que lutar contra aqueles que lutam contra nós é o melhor caminho em qualquer situação. Não lutando contra qualquer um, mas lutando contra quem luta contra nós.

Intelectuais e socialismo

ENTREVISTA EM PARIS, NOV. 1964

No passado, o intelectual afro-americano ou negro americano talvez se permitisse ser usado de uma maneira que não era realmente benéfica para a luta afro-americana em geral. Mas acho que hoje esses intelectuais começaram a fazer uma nova avaliação do problema, estão olhando para ele como realmente é, e estão começando a vê-lo mais no contexto intelectual, a relação que ele tem com a luta africana. E o intelectual africano está começando a olhar para o problema no contexto africano e ver que o que pode ser bom em um país, para ser usado em outro país, tem que ser reorganizado. Pense no socialismo africano. Muitos intelectuais africanos que analisaram a abordagem do socialismo começam a ver que o africano deve usar uma forma de socialismo que se encaixe no contexto africano; a forma que é usada no país europeu pode ser boa para esse país europeu em particular, mas não se encaixa tão bem no contexto africano. Então eu acho que o intelectual africano está fazendo essa contribuição e ele está fazendo isso bem.

Um senhor professor do ódio

LONDON SCHOOL OF ECONOMICS, LONDRES, FEV. 1965

Tem gente que tem coragem, alguns brancos têm a audácia de se referir a mim como um mestre do ódio. Se estou ensinando alguém a odiar, eu o estou ensinando a odiar a Ku Klux Klan. Mas aqui e nos Estados Unidos eles nos ensinaram a nos odiar. Odiar nossa pele, odiar nosso cabelo, odiar nossas feições, odiar nosso sangue, odiar o que somos. Ora, o Tio Sam é um senhor professor do ódio, tanto que faz alguém pensar que está ensinando Direito quando está ensinando ódio. Quando você fez um homem odiar a si mesmo, você realmente conseguiu o que queria e vai embora.

Aqui mais do que no exterior

FÓRUM HARYOU-ACT, NOVA YORK, 12 DEZ. 1964

Se eu entendi, você está dizendo que, se esse homem, que atualmente vive em lugares espalhados por toda a terra que não são seu lugar, é expulso e volta aqui, que continua não sendo o lugar dele, a insatisfação dele será tão intensa que ele não terá mais como escondê-la – é isso que você está dizendo? – e então ele começará a mostrar seu verdadeiro rosto? Bem, ele mostra seu verdadeiro rosto aqui agora mais do que quando está no exterior. Ele provavelmente o fará, irmão, à medida que os tempos ficam difíceis no exterior; será mais difícil para ele esconder o que ele quer, e sua atual posição indefensável no Congo é um sinal disso... Quando eles são trazidos de volta para cá, depois de terem sido empurrados para lá, é verdade que eles têm mais animosidade.

Juventude em tempo de revolução

DEBATE DA SOCIEDADE DOS SINDICATOS DE OXFORD, OXFORD, 3 DEZ. 1964

Não acredito em nenhuma forma de extremismo injustificado, mas acredito que, quando um homem está sendo extremista, um ser humano está sendo extremista, em defesa da liberdade para seres humanos, não é nenhum vício. E quando alguém é moderado na busca por justiça para seres humanos, digo que se trata de um pecador. E posso acrescentar na minha conclusão – na realidade, os Estados Unidos são um dos melhores exemplos, quando se lê sua história, quando falamos de extremismo. O velho Patrick Henry disse "Liberdade ou morte" – isso é extremo, muito extremo.

Li uma vez, de passagem, sobre um homem chamado Shakespeare – só li sobre ele de passagem, mas me lembro de uma coisa que ele escreveu e que me comoveu. Ele colocou na boca de Hamlet, acho, que disse: "Ser ou não ser" – ele estava em dúvida sobre algo – "se era mais nobre na mente sofrer as fundas e flechas da fortuna ultrajante" – moderação – "ou pegar em armas contra um mar de problemas e, ao se opor, acabar com eles". E é essa a minha escolha. Se você pegar em armas, vai acabar com isso. Mas se você se sentar e esperar que aquele que está no poder decida que ele deve acabar com isso, você vai esperar muito tempo.

E na minha opinião a geração jovem de brancos, negros, pardos, seja lá o que for, está vivendo em um momento de extremismo, um momento de revolução, um momento em que precisa haver uma mudança. As pessoas no poder o usaram mal, e agora é preciso que haja uma mudança e um mundo melhor tem que ser construído, e a única maneira para que ele seja construído é com métodos extremos. Eu, pelo menos, me unirei a qualquer um, não importa a cor, desde que queira mudar essa condição miserável que existe nesta terra. Obrigado.

Sou um negro do campo

SELMA, ALABAMA, 4 FEV. 1965

Tenho que dizer isto, depois vou me sentar. Na época da escravidão, quando alguém como eu falava com escravos, não matavam os escravos, mandavam um negro da casa-grande em seguida para desfazer o que foi dito. É preciso ler a história da escravidão para entender isso.

Havia dois tipos de negros. Havia o negro da casa-grande e o negro do campo. E o negro da casa-grande sempre cuidava de seu senhor. Quando os negros do campo saíam da linha, ele os colocava de volta no lugar. Colocava de volta na senzala.

O negro da casa-grande podia fazer isso porque vivia melhor que o negro do campo. Ele comia melhor, se vestia melhor e vivia numa casa melhor. Vivia logo ao lado de seu senhor – no ático ou no porão. Ele comia a mesma comida que o senhor e vestia as mesmas roupas. E podia falar igual ao seu senhor – boa dicção. E amava seu senhor mais do que seu senhor amava a si mesmo. Era por isso que ele não queria que seu senhor se machucasse.

Se o senhor se machucasse, ele diria: "Qual o problema, patrão, estamos doentes?". Quando a casa do senhor pegava fogo, ele tentava apagar o fogo. Ele não queria que a casa de seu senhor fosse queimada. Ele nunca quis que a propriedade de seu senhor fosse ameaçada. E ele a defendia mais do que seu senhor. Esse era o Negro da casa-grande.

Mas também havia alguns negros do campo, que viviam em choupanas, que não tinham nada a perder. Eles vestiam o pior tipo de roupas. Comiam a pior comida. E eles viviam no inferno. Eles sentiam a dor do chicote. Eles odiavam seu senhor. Ah, eles realmente odiavam seu senhor. Se o senhor ficasse doente, eles rezariam para que morresse. Se a casa do senhor pegasse fogo, rezariam para que um vento forte chegasse. Essa era a diferença entre os dois.

E hoje ainda temos negros da casa-grande e negros do campo. Sou um negro do campo. Se não posso viver na casa como um ser humano, rezo para que o vento venha. Se o senhor não me tratar bem e estiver doente, mandarei o médico em outra direção. Mas se todos nós vamos viver como seres humanos, então sou a favor de uma sociedade de seres humanos que possam ser fraternos.

Mas, antes de eu me sentar, quero agradecer por me ouvirem. Espero não ter constrangido ninguém. Não pretendo incitar ninguém e levar você a fazer algo que você não teria feito de qualquer maneira.

Peço a Deus que abençoe vocês em tudo o que vocês fazem. Rezo para que vocês amadureçam intelectualmente, para que possam entender os problemas do mundo e qual seu lugar nele. E oro para que todo o medo que é evidente em seu coração seja retirado, e quando você souber que aquele homem – se você souber que ele não passa de um covarde, você não o temerá. Se ele não fosse um covarde, ele não iria conspirar contra você. É assim que eles funcionam: eles funcionam em multidões – assim são os covardes. Eles se vestem com mantos para que você não saiba quem eles são – assim são os covardes.

Vai chegar o momento em que essa folha será arrancada. Se o governo federal não arrancar, nós arrancaremos. Obrigado.

ÍNDICE DE NOMES

ANÍBAL (247–183 AEC), general e estadista cartaginês. É considerado um dos maiores estrategistas militares da história, tendo liderado as forças cartaginesas durante a Segunda Guerra Púnica contra Roma. [P. 79]

ATTUCKS, Crispus (c. 1723–70), considerado o primeiro mártir da Revolução Americana, foi a primeira pessoa afro-americana morta no Massacre de Boston (1770), confronto entre soldados britânicos e colonos estadunidenses que acirrou os rumos à independência dos EUA. [PP. 164–65]

AZIKIWE, Nnamdi (1904–96), líder nacionalista nigeriano e primeiro presidente civil da Nigéria após sua independência do Reino Unido, exercendo o cargo de 1963 a 1966. [P. 183]

BARNES, Jack (1940–), político e escritor, tornou-se secretário nacional do Partido Socialista dos Trabalhadores dos EUA em 1972. Publicou obras importantes a sobre Malcolm X, como *Malcolm X, Black Liberation, and the Road to Workers Power*. New York: Pathfinder, 2009. [P. 196]

BEN BELLA, Ahmed (1916–2012), líder revolucionário argelino e primeiro presidente da Argélia após a independência do país. [P. 71]

BENJAMIN 2X (Karim, Benjamin) (1932–2005), ministro mulçumano e autor estadunidense, conhecido por ser o principal assistente de Malcolm X durante o Movimento pelos Direitos Civis nos Estados Unidos. [PP. 118, 136, 151]

BONAPARTE, Napoleão (1769–1821), militar e estadista francês, foi protagonista central das transformações políticas da França pós-revolucionária. Ascendeu como general durante as guerras revolucionárias, ganhando prestígio por suas campanhas vitoriosas na Itália e no Egito. Em 1799, liderou o golpe de 18 de Brumário, que pôs fim ao Diretório e o levou ao poder como primeiro cônsul. Em 1804, coroou-se imperador, instaurando um regime autoritário com ambições imperiais que redefiniriam o mapa da Europa nas décadas seguintes. [P. 165]

BROWN, John (1800–59), abolicionista branco estadunidense que defendeu o fim da escravidão nos EUA e praticou ações armadas com esse objetivo. Preso em outubro de 1859, foi enforcado em dezembro do mesmo ano. [PP. 119–20, 136–37, 154]

CARLSON, Paul (1928–64), médico e missionário estadunidense que serviu no Congo. Morto durante a rebelião de Simba, em 1964, quando foi acusado de ser espião dos Estados Unidos. [P. 209]

CASTRO, Fidel (1926–2016), revolucionário político cubano que liderou Cuba de 1959 a 2008, servindo como primeiro-ministro e, mais tarde, como presidente, estabelecendo o primeiro estado comunista no hemisfério ocidental. Encontrou-se com Malcolm X em 1960, no Hotel Theresa, no Harlem, Nova York. [PP. 22, 190]

CHRISTOPHE, Henry (1767–1820), líder revolucionário haitiano e primeiro rei do Haiti de 1811 até 1820. Desempenhou um papel fundamental na Revolução Haitiana (1791–1804), que resultou na independência do país. [P. 165]

CLEAGE JR., Albert B. (1911–2000), pastor estadunidense, líder comunitário e ativista do Movimento pelos Direitos Civis em Detroit durante as décadas de 1960 e 1970, era defensor da autodeterminação negra. Fundou o Movimento Nacionalista Cristão Negro [Black Christian Nationalist Movement] e a Igreja Cristã Ortodoxa Pan-Africana [Pan African Orthodox Christian Church]. Nos anos 1970, mudou seu nome para Jaramogi Abebe Agyeman. [PP. 113-14]

DAWSON, William Levi (1886–1970), político e advogado estadunidense que representou o distrito de Chicago, Illinois, de 1943 até sua morte em 1970. Em 1949,

tornou-se o primeiro afro-americano a presidir um comitê no Congresso. [P. 111]

DE GAULLE, Charles (1890–1970), estadista francês e líder da resistência, desempenhou um papel central na história da França durante e após a Segunda Guerra Mundial. [P. 209]

DESSALINES, Jean Jacques (1768–1806), líder revolucionário haitiano e primeiro imperador do Haiti de 1804 até 1806. Foi atuante na Revolução Haitiana (1791–1804), que culminou na abolição da escravidão em 1804. [P. 165]

DIEM, Ngo Dinh ver **NGO DINH DIEM**

DIOP, Alioune (1910–80), escritor, editor e político senegalês, reconhecido por seu papel central no movimento da *Négritude*. Em 1947, fundou em Paris a revista *Présence Africaine*, revista literária, cultural e política que articulou expressões importantes da cultura e do pensamento africano e afro-diaspóricos. [P. 195]

DONOVAN, James B. (1916–70), advogado, oficial da Marinha dos EUA e negociador político. É conhecido por seu papel em negociações durante a Guerra Fria. [PP. 114, 127]

DOUGLASS, Frederick (1818–95), abolicionista, orador e escritor afro-americano que se tornou uma das figuras mais influentes na luta pela abolição e pelos direitos civis nos EUA. [P. 164]

DULLES, Allen (1893–1969), advogado, diplomata e primeiro diretor civil da CIA, exercendo o cargo de 1953 a 1961. Supervisionou o golpe de Estado no Irã (1953) e o golpe na Guatemala (1954). Após deixar a CIA, integrou a Comissão Warren, responsável por investigar o assassinato do presidente John. F. Kennedy. [P. 105]

DUMOND, Dwight Lowell (1895–1976), historiador estadunidense e professor na Universidade de Michigan entre 1930 e 1965. Destacou-se como uma das principais autoridades do século XX sobre a escravidão e o movimento abolicionista dos EUA. [P. 61]

EDMONDS, Lez (1932–2017), filósofo, jornalista, ativista dos direitos civis, jornalista e acadêmico afro-americano, foi membro da OAAU, desempenhando um papel significativo no Movimento pelos Direitos Civis nos EUA. [PP. 95, 113]

ENGELS, Friedrich (1820–95), filósofo, economista e teórico político alemão, foi o principal colaborador de Karl Marx e cofundador do socialismo científico. [P. 24]

EVERS, Medgar (1925–63), ativista pelos direitos civis, veterano da Segunda Guerra Mundial e primeiro secretário de campo da NAACP no Mississippi em 1954, tornou-se figura central na luta contra a segregação racial no sul dos EUA ao liderar campanhas de registro de eleitores, boicotes econômicos e protestos contra a segregação em espaços públicos. [PP. 58, 61, 63]

FORMAN, James (1928–2005), líder afro-americano do Movimento pelos Direitos Civis e secretário executivo do SNCC de 1961 a 1966, desempenhou papel crucial na organização de campanhas como os Freedom Rides, o Movimento de Albany, a Campanha de Birmingham e as marchas de Selma a Montgomery. [P. 104]

GALAMISON, Milton Arthur (1923–88), pastor presbiteriano do distrito do Brooklyn, Nova York, combateu a segregação racial no sistema de escolas públicas da cidade de Nova York e organizou boicotes pela integração e pela reforma educacional. Em 1968, tornou-se membro do Conselho Educacional da Cidade de Nova York. [PP. 47–48]

GANDHI, Mohandas Karamchand (Mahatma) (1869–1948), líder espiritual e político indiano, foi o principal arquiteto da independência da Índia em relação ao domínio britânico, utilizando métodos de resistência não violenta. [P. 39]

GARRISON, William Lloyd (1805–79), jornalista, editor e reformador social estadunidense, foi uma das vozes mais influentes do movimento abolicionista nos EUA. Iniciou sua carreira como tipógrafo e, aos 25 anos, engajou-se ativamente na causa antiescravista. Em 1831, fundou o jornal *The Liberator*, que se tornou um dos principais veículos de defesa da abolição imediata da escravidão. **[P. 154]**

GARVEY, Marcus (1887–1940), líder político, jornalista e ativista jamaicano, foi uma das figuras mais influentes do nacionalismo negro e do pan-africanismo no século XX. Fundou em 1914 a Associação Universal para o Progresso Negro e Liga das Comunidades Africanas [Universal Negro Improvement Association and African Communities League, UNIA-ACL], com o objetivo de promover a união e o orgulho dos povos africanos e da diáspora. Em 1916, mudou-se para os EUA, estabelecendo a sede da UNIA-ACL no Harlem, Nova York, onde organizou o maior movimento de massa da história afro-americana, com mais de setecentas filiais em 38 estados até o início da década de 1920. **[PP. 37, 97, 160]**

GOEBBELS, Joseph (1897–1945), Ministro da Propaganda da Alemanha Nazista e um dos principais arquitetos da máquina de comunicação do Terceiro Reich. **[P. 178]**

GOLDWATER, Barry Morris (1909–98), político branco conservador e anticomunista da ala de extrema direita do Partido Republicano. Votou contra a Lei dos Direitos Civis. Exerceu o cargo de senador por cinco mandatos pelo estado do Arizona e concorreu à presidência dos EUA em 1964, mas perdeu para o democrata Lyndon B. Johnson. **[PP. 20, 128, 156, 203, 219]**

GRAY, Barry (1916–96), radialista estadunidense. Ao longo de sua carreira, iniciada na década de 1940, destacou-se como mediador de um programa de entrevistas ao vivo com celebridades e figuras públicas, um formato inovador na época. Apresentou programas noturnos em estações como Wor e WMCA, em Nova York, onde entrevistou personalidades como Malcolm X e Jackie Gleason. **[P. 167, 170]**

GRAY, Jesse (1923–88), ativista e político afro-americano, destacou-se por liderar movimentos de inquilinos no Harlem, Nova York, durante as décadas de 1950 e 1960. Também fundou o Conselho Comunitário de Habitação [Community Council on Housing] e a Organização Nacional de Inquilinos [National Tenants Organization], ampliando a luta por moradia digna em nível nacional. Em 1964, proferiu o discurso "The Black Revolution, A Struggle for Political Power", criticando movimentos de classe média negra por não representarem as necessidades das massas urbanas. Na política, foi eleito para a Assembleia Estadual de Nova York pelo Partido Democrata em 1972, servindo até 1974. **[PP. 85, 113–14, 193]**

GREGORY, Dick ver **GREGORY, Richard Claxton**

GREGORY, Richard Claxton (1932–2017), comediante, ator, empresário, escritor, crítico e ativista negro pelos direitos civis. Utilizava-se do humor para quebrar barreiras sociais e foi pioneiro, nos anos 1960, em comédias *stand-up*, nas quais criticava abertamente o racismo e o preconceito nos EUA. Começou se apresentando em clubes segregados, apenas para negros, mais tarde tornou-se o comediante negro de maior sucesso na época, inclusive para o público branco, apresentando-se em programas na televisão e gravando discos de comédia. Foi preso diversas vezes por seu ativismo político e, em uma delas, fez greve de fome como forma de protesto. **[P. 38]**

GROSS, Calvin E. (1919–87), educador e administrador escolar estadunidense, conhecido por seu trabalho como superintendente das escolas públicas de Nova York e Pittsburgh durante as décadas de 1950 e 1960, teve uma carreira marcada por esforços de integração escolar e melhorias no sistema educacional. Em Nova York, liderou o sistema escolar durante um período desafiador, buscando melhorar as condições das escolas, mas sua gestão enfrentou resistência política, resultando em sua saída após dois anos. **[PP. 114, 127]**

GUEVARA, Ernesto Che (1928–67), revolucionário marxista, médico, escritor, diplomata e guerrilheiro argentino. Em 1955, conheceu Fidel Castro e se juntou ao movimento revolucionário cubano. Após o triunfo da Revolução Cubana em 1959, ocupou cargos importantes no governo cubano e por fim deixou Cuba para apoiar movimentos guerrilheiros na África e na Bolívia. Em 1967, foi capturado e executado pelo exército boliviano com apoio da CIA. **[P. 22]**

HALEY, Alex (1921–92), escritor e jornalista estadunidense, conhecido como autor de obras que retratam a história e a experiência afro-americana. Realizou com Malcolm X a entrevista que resultaria no livro *The Autobiography of Malcolm X* [A autobiografia de Malcolm X], publicado em 1965. **[P. 16]**

HENRY, Patrick (1736–99), um dos "Pais Fundadores" dos EUA por sua atuação na luta pela independência do país. Foi o primeiro governador do estado da Virgínia após o período colonial. Conhecido por sua oratória, cunhou a célebre frase "Give me liberty, or give me death!" [Liberdade ou morte!], por ocasião da Guerra de Independência dos Estados Unidos. **[PP. 124, 133, 226]**

HITLER, Adolf (1889–1945), político e militar austríaco que se tornou o líder do Partido Nazista e ditador da Alemanha entre 1933 e 1945. **[PP. 33–34, 178]**

JOHNSON, Lyndon Baines (1908–73), foi vice de John F. Kennedy entre 1961 e 1963 pelo Partido Democrata, tendo assumido a presidência após o assassinato de Kennedy. Eleito nas eleições de 1964, governou de 1963 a 1969. [**PP. 20-21, 72, 76, 100, 105, 125, 128, 156, 173, 187, 189, 203**]

JONES, Ray ver **RAYMOND JONES, John**

KASAVUBU, Joseph (1915-69), foi o primeiro presidente da República do Congo (atualmente República Democrática do Congo), exercendo o cargo de 1960 a 1965. Iniciou sua trajetória política como líder da Aliança dos Bakongo [Alliance des Ba-Kongo, Abako], movimento cultural que se transformou em uma força política regionalista. Durante o processo de independência, formou uma coalizão com o Movimento Nacional Congolês [Mouvement National Congolais, MNC] de Patrice Lumumba, resultando na eleição de Kasavubu para a presidência. [**P. 50**]

KEELER, Christine (1942-2017), modelo e *showgirl* britânica, conhecida por seu envolvimento no escândalo Profumo, que abalou a política britânica nos anos 1960. Em 1961, Keeler iniciou um caso com John Profumo, então Secretário de Estado para a Guerra do Reino Unido. Ao mesmo tempo, manteve um relacionamento com Yevgeny Ivanov, adido naval soviético, o que gerou preocupações de segurança nacional. O caso foi revelado em 1963, quando Profumo negou inicialmente as alegações no Parlamento, mas depois admitiu a mentira, levando à sua renún-

cia e ao colapso do governo de Harold Macmillan. [**PP. 113, 127**]

KENNEDY, John F. (1917-1963), 35º presidente dos EUA, serviu de 1961 até seu assassinato por Lee Harvey Oswald em 1963. Antes de sua presidência, Kennedy foi eleito para a Câmara dos Representantes em 1946 e para o Senado em 1952. Em 1960, aos 43 anos, tornou-se o presidente mais jovem eleito e o primeiro católico a ocupar o cargo. [**PP. 15, 31, 47**]

KENYATTA, Jomo (1894-1978), combatente pela independência do Quênia e líder nacionalista queniano, é considerado fundador do Quênia. De 1952 a 1961, ficou preso sob a acusação de cumplicidade com os Mau-Mau. De origem quicuio, ao sair da prisão passou a articular as diversas etnias que compunham a região por meio da União Nacional Africana do Quênia [Kenya African National Union, Kanu]. Em dezembro de 1963, quando o país conquistou a independência do Reino Unido, passou a ocupar o cargo de primeiro-ministro, no qual permaneceu até o ano seguinte. De 1964 a 1978, atuou como primeiro presidente do Quênia. [**PP. 71, 184, 200**]

KILLENS, John Oliver (1916-87), escritor e ativista afro-americano, reconhecido por suas contribuições literárias e pelo papel fundamental no Movimento das Artes Negras nos EUA. Após a Segunda Guerra Mundial, dedicou-se à escrita e à educação, lecionando em diversas universidades, como Fisk, Howard e Columbia. Em 1952, fundou o Clube dos Escritores de Harlem [Harlem Writers Guild], um coletivo que se tornou um ponto de encontro para escritores afro-americanos e desempenhou um papel crucial na promoção da literatura negra. Ele também foi mentor de diversos escritores, incluindo Maya Angelou e Nikki Giovanni. **[P. 94]**

KING, Martin Luther (1929–68), pastor batista e ativista político, foi a personalidade mais proeminente do Movimento pelos Direitos Civis nos EUA. Tendo como inspiração o cristianismo e o líder indiano Mahatma Gandhi, defendia a não violência e a desobediência civil. Em 1955, após a prisão da trabalhadora negra Rosa Parks, que se recusara a ceder seu assento no ônibus para brancos, King liderou o boicote aos ônibus em Montgomery, Alabama, que durou mais de um ano e resultou em uma decisão da Suprema Corte pelo fim da segregação racial no transporte público. Em 1957, fundou a SCLC, que permanece atuante na luta pela erradicação do racismo. Em 1963, foi um dos líderes das manifestações antirracistas massivas por trabalho e liberdade que tomaram os EUA e culminaram na Marcha sobre Washington, reunindo milhares de pessoas na capital do país, onde ele pronunciou seu famoso discurso "I Have a Dream" [Eu tenho um sonho]. Em 1964, no mesmo ano em que foi aprovada a Lei dos Direitos Civis,

King recebeu o Prêmio Nobel da Paz. Em 1965, insatisfeito com a persistente dificuldade de acesso de pessoas negras ao voto, organizou as marchas de Selma a Montgomery; no mesmo ano, a Lei dos Direitos de Voto foi sancionada pelo presidente Lyndon B. Johnson. King foi duramente perseguido pelo FBI ao longo da vida. Foi assassinado em 1968, aos 39 anos. **[PP. 23, 43, 55, 104, 115, 153, 212]**

KLUNDER, Bruce (1937–64), ministro presbiteriano e ativista dos direitos civis dos EUA, reconhecido por seu sacrifício em prol da igualdade racial. Em 1961, envolveu-se ativamente no Movimento pelos Direitos Civis em Cleveland, Ohio, tornando-se líder local do Core. Em 7 de abril de 1964, aos 27 anos, morreu durante uma manifestação contra a construção de uma escola segregada em Cleveland. **[PP. 57, 61]**

LÊNIN, Vladímir Ilitch (1870–1924), revolucionário, político e teórico marxista, líder da Revolução de Outubro de 1917 e fundador do Estado soviético. Em 1917, liderou os bolcheviques na Revolução de Outubro, que depôs o governo provisório e estabeleceu o primeiro Estado socialista do mundo. **[P. 24]**

LEOPOLDO II (1835–1909), Rei dos Belgas de 1865 a 1909, é amplamente lembrado por sua exploração brutal do Estado Livre do Congo, que governou como propriedade pessoal de 1885 a 1908. Durante

237

esse período, milhões de congoleses morreram devido a trabalhos forçados, violência e doenças. [PP. 167-68, 170-71]

LEWIS, John (1940–2020), líder proeminente do Movimento pelos Direitos Civis nos EUA, serviu como congressista pelo estado da Geórgia de 1987 até sua morte em 2020. Nos anos 1960, destacou-se como presidente do SNCC, sendo um dos organizadores e oradores da Marcha sobre Washington em 1963. Em 1965, liderou a marcha de Selma a Montgomery, onde foi brutalmente agredido pela polícia na Ponte Edmund Pettus, episódio conhecido como "Domingo Sangrento" [Bloody Sunday]. No Congresso, continuou sua defesa pelos direitos civis, promovendo legislações como o Ato Emmett Till para reabrir casos não resolvidos de crimes raciais. Em 2016, liderou um raro protesto no plenário da Câmara dos Representantes em favor do controle de armas. Recebeu a Medalha Presidencial da Liberdade em 2011, concedida pelo presidente Barack Obama. [P. 202]

LINCOLN, Abraham (1809–1865), 16º presidente dos EUA, exerceu o cargo de 1861 até seu assassinato em 1865. Sua eleição em 1860 provocou a secessão de estados do sul, levando à Guerra Civil Americana. Durante seu mandato, Lincoln emitiu a Proclamação de Emancipação em 1863, que declarou livres os escravizados nos estados confederados. Promoveu também a aprovação da 13ª Emenda à Constitui-

ção dos EUA, que aboliu a escravidão no país. [P. 154]

L'OUVERTURE, Toussaint (1743–1803), líder revolucionário haitiano e figura central na Revolução Haitiana, que levou à independência do Haiti e à abolição da escravidão na ilha. Nascido escravizado, foi libertado e tornou-se estrategista militar e político. Em 1801, proclamou uma constituição que o nomeava governador vitalício da então ilha de Saint-Domingue. Foi preso pelos franceses em 1802 e morreu na prisão, mas sua liderança abriu caminho para a independência do Haiti em 1804. [PP. 79, 118, 164]

LUMUMBA, Patrice (1925–61), líder congolês anticolonialista e anti-imperialista, alinhado ao pan-africanismo e defensor da solidariedade entre os povos da África. Foi primeiro-ministro da República do Congo (atualmente República Democrática do Congo) e acabou assassinado em 1961 por um complô internacional envolvendo a Bélgica, os Estados Unidos e aliados locais congoleses. [PP. 50, 58, 60-61, 103, 187]

MALLORY, Mae (1927–2007), ativista afro-americana pelos direitos civis e do movimento Black Power, conhecida por sua defesa da dessegregação escolar e do direito à autodefesa armada. Em 1956, cofundou o grupo "Harlem 9", composto de mães negras que protestavam contra a segregação nas escolas públicas de Nova

York. Em 1961, foi acusada de sequestro em Monroe, Carolina do Norte, após apoiar o ativista Robert F. Williams; sua condenação foi posteriormente anulada porque a composição racial do júri (inteiramente branca) foi considerada ilegal. Mallory também participou de protestos contra a Guerra do Vietnã e foi organizadora do Sexto Congresso Pan-Africano em 1974. [P. 43]

MANDELA, Nelson (1918–2013), líder sul–africano que se destacou na luta contra o apartheid e se tornou o primeiro presidente negro da África do Sul. Formado em Direito, ingressou no Congresso Nacional Africano [African National Congress, ANC] e fundou a Liga Jovem do ANC em 1944, defendendo a resistência contra o regime segregacionista. Inicialmente adepto da não violência, passou a apoiar a luta armada após o massacre de Sharpeville em 1960. Em 1962, foi preso e condenado à prisão perpétua em 1964, permanecendo 27 anos encarcerado. Durante esse período, tornou-se símbolo global da resistência contra o apartheid. Libertado em 1990, Mandela liderou negociações para o fim do apartheid e foi eleito presidente em 1994, cargo que ocupou até 1999. Recebeu o Prêmio Nobel da Paz em 1993, junto com Frederik de Klerk, por seus esforços na transição pacífica para a democracia. [PP. 22, 24, 153]

MARX, Karl (1818–83), filósofo, economista, historiador e revolucionário alemão, é reconhecido como o principal teórico do socialismo científico e do comunismo moderno. Em parceria com Friedrich Engels, Marx desenvolveu a teoria do materialismo histórico, que analisa a história como resultado das lutas de classes. [PP. 24, 53, 54]

MENDERES, Adnan (1899–1961), político turco e primeiro-ministro entre 1950 e 1960, foi uma figura central na transição da Turquia para a democracia multipartidária. Fundador do Partido Democrata [Demokrat Parti, DP] em 1946, liderou o país após vencer as eleições de 1950, encerrando décadas de domínio do Partido Republicano do Povo [Cumhuriyet Halk Partisi, CHP]. [PP. 60, 202]

MORRISON, Allan (1916–96), jornalista afro-americano, foi o primeiro correspondente de combate negro do *Stars & Stripes* na segunda Guerra Mundial e, a partir de 1948, editor-chefe de Nova York da revista *Ebony*. [P. 107]

MUHAMMAD, Elijah (1897–1975), cujo nome de batismo era Elijah Poole, foi um ativista afro-americano e líder religioso do grupo Nação do Islã. Apresentava-se como "Mensageiro de Alá" para seus fiéis e foi mentor intelectual e espiritual de importantes personalidades afro-americanas que se converteram ao islamismo, como Malcolm X, Louis Farrakhan e Muhammad Ali. [PP. 13–17, 19, 21, 23, 31–36, 67, 101, 105, 142, 151]

MURPHY, Michael J. (1913–90), comissário de polícia de Nova York, liderou o departamento de polícia da cidade entre 1961 e 1965, durante um período de intensas tensões raciais e urbanas. Nomeado pelo prefeito Robert F. Wagner Jr., tornou-se conhecido por sua postura pública durante protestos pelos direitos civis e confrontos entre a polícia e a população afro-americana. **[PP. 65, 86]**

NAGUIB, Muhammad (1901–84), militar e estadista egípcio, foi o primeiro presidente da República Árabe do Egito, ocupando o cargo entre 1953 e 1954. Figura central da Revolução Egípcia de 1952, que pôs fim à monarquia de Farouk I, tornou-se o rosto público do novo regime. Após a proclamação da república, acumulou também o cargo de primeiro-ministro, mas entrou em conflito com Gamal Abdel Nasser e acabou sendo afastado da vida política em 1954, vivendo sob prisão domiciliar durante anos. Seu papel foi posteriormente reconhecido como crucial na transição do Egito para uma república moderna. **[P. 51]**

NASSER, Gamal Abdel (1918–70), militar e estadista egípcio durante a Segunda Guerra Mundial, serviu no Sudão e fundou, junto a outros oficiais, a sociedade secreta "Oficiais Livres", com o objetivo de derrubar a monarquia egípcia e pôr fim à influência britânica no país. Em 1952, Nasser participou do golpe que depôs o rei Farouk I, instaurando um regime republicano. Inicialmente, o general

Muhammad Naguib assumiu a presidência, mas, em 1954, após uma tentativa de assassinato contra Nasser, ele assumiu a liderança, tornando-se primeiro-ministro e, posteriormente, presidente em 1956. **[PP. 49–51, 71, 183, 200]**

NGO DINH DIEM (1901–63), primeiro presidente da República do Vietnã do Sul, servindo de 1955 até sua morte. Após a divisão do Vietnã em 1954, foi nomeado primeiro-ministro pelo imperador Bao Dai e, em 1955, assumiu a presidência após um pleito controverso, no qual obteve 98% dos votos, amplamente considerado fraudulento. A crescente insatisfação interna e a percepção de ineficácia do regime levaram a um golpe militar em 2 de novembro de 1963, no qual Diem foi deposto e assassinado. **[P. 60]**

NKRUMAH, Kwame (1909–72), primeiro presidente de Gana e figura central na luta pela independência africana. Em 1951, tornou-se primeiro-ministro da então chamada Costa do Ouro, liderando o país à independência em 6 de março de 1957. Após a independência, Nkrumah implementou reformas sociais e econômicas, incluindo a construção de infraestrutura, expansão da educação e promoção da unidade africana. Em 1960, Gana tornou-se uma república e Nkrumah assumiu o cargo de presidente vitalício. No entanto, seu governo tornou-se cada vez mais autoritário, com a supressão de opositores e a centralização do poder. Em 1966, foi deposto por um golpe militar durante uma viagem ao exterior. Morreu em 1972, no exílio, em Bucareste, Romênia. **[PP. 71, 107, 126, 183, 200]**

NORDEN, Eric (1921–88), jornalista e escritor estadunidense, conhecido por suas entrevistas incisivas na revista *Playboy* e por suas investigações sobre política e inteligência. Em 1967, publicou o artigo "The Murder of Malcolm X" [O assassinato de Malcolm X]. **[P. 207]**

NYERERE, Julius (1922–99), professor e político, foi o primeiro presidente da Tanzânia, governando o país entre 1964 e 1985. Conduziu a união política entre Tanganica (nação da qual também foi presidente) e Zanzibar, que levou à formação da República Unida da Tanzânia em 1964. Ficou conhecido por sua política de justiça social e unidade nacional (chamada de "socialismo africano"), apoiando ativamente a luta de países africanos pela independência das potências europeias. Foi um dos fundadores da OAU. **[PP. 71, 183, 200]**

OBOTE, Milton (1924–2005), político ugandense, foi o primeiro primeiro-ministro de Uganda após a independência em 1962 e o segundo presidente, servindo de 1966 a 1971 e novamente de 1980 a 1985. Liderou Uganda à independência do domínio britânico, mas seu governo foi marcado por autoritarismo, políticas socialistas e conflitos internos. Foi deposto por Idi Amin em 1971 e retornou ao poder em 1980, mas foi novamente derrubado em 1985. **[PP. 71, 184, 200]**

PARKER, Mack (1936–59), afro-americano vítima de linchamento no Mississippi. Em 24 de abril de 1959, foi sequestrado da prisão de Poplarville por uma multidão branca, acusado de estuprar uma mulher branca grávida. Foi espancado, baleado e jogado no rio Pearl. Seu corpo foi encontrado dias depois, e o caso é considerado um dos últimos linchamentos da era dos direitos civis nos EUA. **[P. 58]**

PENN, Lemuel A. (1915–64), tenente-coronel afro-americano da Reserva do Exército dos EUA, educador e veterano da Segunda Guerra Mundial. Em 11 de julho de 1964, foi assassinado por membros do Ku Klux Klan em Madison County, Geórgia, enquanto retornava de treinamento militar em Fort Benning. O ataque ocorreu nove dias após a promulgação da Lei dos Direitos Civis de 1964. **[P. 175]**

PORTER, Ruth (1915–67), ativista afro-americana de St. Louis, foi cofundadora e primeira secretária executiva do Greater St. Louis Committee for Freedom of Residence, criado em 1961 para combater a segregação habitacional. Seu trabalho culminou no caso Jones v. Mayer, decisão histórica da Suprema Corte dos EUA que proibiu a discriminação racial na venda de imóveis. Em 1965, foi eleita Mulher do Ano pela NAACP. **[P. 152]**

POWELL JR., Adam Clayton (1908–72), pastor batista e político estadunidense, deputado pelo Harlem, em Nova York, na Câmara dos Representantes dos EUA, ao longo de doze mandatos. Foi o primeiro afro-americano a ser eleito por Nova York para o Congresso. [PP. 107, 110–12, 131–32, 138, 142]

RAYMOND JONES, John (1889–1991), conhecido como "A Raposa" [The Fox], foi um vereador negro do bairro nova-iorquino do Harlem. Como líder distrital nos anos 1960, seu foco foi registrar e organizar eleitores afro-americanos na área do Harlem e colocar funcionários negros no sistema judiciário. Para tanto, formou um clube político a fim de ajudar a criar espaço para os afro-americanos. Em 1961, apoiou a eleição de Robert F. Wagner Jr. para um terceiro mandato como prefeito da cidade de Nova York. [P. 133]

RHEE, Syngman (1875–1965), primeiro presidente da Coreia do Sul, governou com poderes ditatoriais entre 1948 e 1960 por meio de reeleições sucessivas. Em 1960, após alegar ter obtido 90% dos votos na eleição, foi confrontado por uma forte reação estudantil, que obteve o apoio da ONU e dos EUA. Após renunciar, exilou-se no Havaí. [PP. 60, 202]

RICHARDSON DANDRIDGE, Gloria (1922–2021), formou-se em sociologia pela Howard University em 1938, época em que começou a militar por melhores condições de vida para pessoas negras. Foi líder do movimento de luta pelos direitos civis em Cambridge, Maryland, no início dos anos 1960, onde atuou em marchas e protestos pela igualdade de acesso a habitação, educação, emprego e saúde. Em 1963, durante um desses protestos, interrompido pela polícia, Richardson foi fotografada segurando e empurrando o rifle de um soldado branco da Guarda Nacional, numa imagem que se tornou icônica. [PP. 38, 113–14]

ROBINSON, James H. (1907–72), pastor presbiteriano, humanitário e ativista político afro-americano que desempenhou um papel significativo no Movimento pelos Direitos Civis nos EUA. Fundou a Igreja Presbiteriana de Morningside Heights, em Nova York, e o programa Operação Encruzilhadas África [Operation Crossroads Africa], que promoveu intercâmbios culturais e voluntariado entre estadunidenses e africanos, servindo de modelo para o posterior Peace Corps. Seu trabalho enfatizava a cooperação internacional e o desenvolvimento comunitário como meios para combater a desigualdade racial. [PP. 167, 170]

ROCKEFELLER, Nelson A. (1908–79), político e empresário estadunidense, membro da influente família Rockefeller. Foi o 41º vice-presidente dos EUA (1974–77) durante o governo de Gerald Ford. Antes disso, atuou como governador de Nova York (1959–73), onde implementou políticas progressistas, como a expansão da State University of New York (Suny) e a construção do Empire State Plaza. Também ocupou cargos federais, incluindo secretário assistente de Estado para Assuntos do Hemisfério Ocidental e subsecretário de Saúde, Educação e Bem-Estar. **[P. 88]**

ROCKWELL, George Lincoln (1918–67), fundador do Partido Nazista Americano [American Nazi Party, ANP] em 1959, buscou reviver o nazismo nos EUA, adotando táticas de propaganda e confrontos públicos para promover a supremacia branca. Ele cunhou o termo "White Power" e publicou um manifesto com esse título em 1967. Nesse mesmo ano foi assassinado por John Patler, ex-membro do ANP, que tinha sido expulso da organização. **[P. 17]**

ROOSEVELT, Eleanor (1884–1962), ativista, diplomata e primeira-dama dos EUA (1933–45), transformou o papel tradicional da primeira-dama ao se engajar ativamente em causas sociais e políticas. Após a morte de seu marido, o presidente Franklin D. Roosevelt, ela continuou sua atuação pública, destacando-se como presidente da Comissão de Direitos Humanos da ONU, onde liderou a redação da Declaração Universal dos Direitos Humanos, adotada em 1948. Eleanor também foi uma defensora dos direitos civis nos EUA, apoiando a integração racial e promovendo a igualdade de gênero. **[P. 57]**

SANKARA, Thomas (1949–87), militar, revolucionário marxista e pan-africanista, foi presidente de Burkina Faso de 1983 até seu assassinato em 1987. Liderou uma revolução que promoveu reformas sociais, econômicas e ambientais significativas. **[P. 24]**

SCHUYLER, George S. (1895–1977), jornalista, romancista e crítico social afro-americano, foi uma figura proeminente do Renascimento do Harlem [Harlem Renaissance]. Inicialmente alinhado ao socialismo, a partir da década de 1930 passou a defender o conservadorismo e o individualismo. **[P. 107, 111]**

SHAKESPEARE, William (1564–1616), dramaturgo, poeta e ator inglês, amplamente considerado o maior escritor da língua inglesa e o dramaturgo mais influente da história. **[P. 226]**

SHEPPARD, Barry (1938–2024), líder trotskista e jornalista político estadunidense, foi membro destacado do Partido Socialista dos Trabalhadores e da Aliança dos Jovens Socialistas nas décadas de 1960–80. Participou de campanhas pelos direitos civis e contra a Guerra do Vietnã, publicando análises sobre Malcolm X e o internacionalismo negro. **[P. 196]**

SMYTHE, Hugh Heyne (1913–77), sociólogo, antropólogo e diplomata afro-americano, Smythe destacou-se como o primeiro embaixador negro dos EUA em um país do Oriente Médio, servindo na Síria de 1965 a 1967, e posteriormente em Malta de 1967 a 1969. [P. 167]

SPELLMAN, A. B. (1935–), poeta, crítico de jazz, administrador cultural e figura central do Movimento das Artes Negras nos EUA. Iniciou sua carreira como crítico musical em 1959 e também atuou como administrador no Fundo Nacional para as Artes [National Endowment for the Arts], promovendo o jazz e as artes afro-americanas. [PP. 17–18, 31–33]

SPENGLER, Oswald (1880–1936), filósofo e historiador alemão, conhecido por sua obra seminal *A decadência do Ocidente* [*Der Untergang des Abendlandes*], publicada em dois volumes entre 1918 e 1922. Nessa obra, Spengler propõe uma visão cíclica da história, comparando as culturas a organismos vivos que nascem, se desenvolvem e declinam. [P. 54]

TILL, Emmett (1941–55), adolescente afro-americano assassinado aos 14 anos no Mississippi, tornou-se símbolo do terror racial nos Estados Unidos. Em agosto de 1955, durante uma visita a parentes no Sul segregado, foi acusado de assobiar para uma mulher branca, Carolyn Bryant. Dias depois, foi sequestrado, torturado e assassinado por dois homens brancos, que foram absolvidos por um júri totalmente branco. Fotos de seu corpo mutilado, publicadas após sua mãe insistir em um funeral com caixão aberto, chocaram

o país e galvanizaram o Movimento pelos Direitos Civis. [P. 58]

TOURÉ, Ahmed Sékou (1922–84), líder sindical, nacionalista e primeiro presidente da Guiné, governou de 1958 até sua morte em 1984. Figura central na luta anticolonial africana, foi um dos primeiros líderes a rejeitar a dominação francesa, estabelecendo uma república independente. [PP. 51, 71, 184, 200]

TRÓTSKI, Liev (1879–1940), revolucionário marxista russo e teórico político, foi uma das principais lideranças da Revolução Russa de 1917 e fundador do Exército Vermelho. Inicialmente aliado de Lênin, rompeu com Stálin após sua ascensão ao poder, sendo expulso do Partido Comunista, exilado da União Soviética e posteriormente assassinado a mando de Stálin. [P. 24]

TRUTH, Sojourner (c. 1797–1883), nascida Isabella Baumfree em Nova York, foi uma ativista afro-americana que lutou pela abolição da escravidão e pelos direitos das mulheres. Após escapar da escravidão em 1826, tornou-se a primeira mulher negra a vencer um processo judicial contra um homem branco para recuperar seu filho. Em 1843, adotou o nome Sojourner Truth e passou a viajar pelos EUA promovendo igualdade racial e de gênero. Seu discurso mais famoso, "Ain't I a Woman?", proferido em 1851, destacou as interseções entre racismo e sexismo. Durante a Guerra Civil Americana, auxiliou no recrutamento de soldados negros para o Exército da União e, após o conflito, defendeu a concessão de terras aos ex-escravizados. **[P. 164]**

TSHOMBE, Moise (1919–69), político congolês anticomunista e pró-Ocidente que fazia oposição à atuação política de Patrice Lumumba, primeiro-ministro da República do Congo (atualmente República Democrática do Congo) por um curto período em 1960. Tshombe é tido como um dos responsáveis pelo assassinato de Lumumba, em 1961. **[PP. 50, 60, 160, 186–89, 200, 208]**

TURNER, Nat (1800–1831), escravizado afro-americano e pregador cristão, liderou em agosto de 1831 um levante que resultou na morte de cerca de 55 pessoas brancas. Após semanas foragido, foi capturado, julgado e executado. A revolta provocou forte repressão, centenas de negros foram mortos e leis mais duras contra pessoas negras, livres ou escravizadas, foram instituídas. **[PP. 79, 118]**

TWAIN, Mark (1835–1910), pseudônimo de Samuel Langhorne Clemens, escritor e humorista estadunidense considerado o "pai da literatura estadunidense", é autor de obras como *As aventuras de Tom Sawyer* (1876) e *As aventuras de Huckleberry Finn* (1884). **[PP. 167, 170]**

WAGNER JR., Robert Ferdinand (1910–91), político branco do Partido Democrata, foi prefeito de Nova York entre 1954 e 1965. Embora tenha liderado a cidade durante um período-chave da luta pelos direitos civis, seu governo foi criticado por adotar uma postura ambígua diante das demandas do movimento negro e por não enfrentar com firmeza as práticas discriminatórias nas áreas de habitação, emprego e policiamento. **[PP. 113, 127]**

WASHINGTON, George (1732–99), primeiro presidente dos EUA, entre 1789 e 1797. É considerado um dos "Pais Fundadores" do país, por ter liderado as forças militares que saíram vitoriosas na Guerra de Independência contra a Inglaterra (1775–83). **[P. 61]**

WECHSLER, James (1915–83), jornalista e editor liberal estadunidense, foi editor-chefe do *New York Post* e uma voz destacada contra o macartismo. Ex-membro da Liga Jovem Comunista, rompeu com o comunismo nos anos 1940 e denunciou publicamente os abusos antidemocráticos do senador Joseph McCarthy. **[PP. 53, 57–58]**

WILBERFORCE, William (1759–1833), político britânico e líder do movimento abolicionista, dedicou sua vida à luta contra o tráfico transatlântico de escravizados. Ingressou no Parlamento em 1780, onde se tornou aliado de William Pitt e defensor de causas sociais. Em 1787, uniu-se a ativistas como Thomas Clarkson e Granville Sharp para combater a escravidão. Sua campanha parlamentar culminou na aprovação da Lei de Abolição do Tráfico de Escravos em 1807, que proibiu o comércio de escravizados no Império Britânico. Wilberforce também apoiou a criação de uma colônia livre em Serra Leoa e a fundação da Sociedade para a Prevenção da Crueldade contra os Animais. Faleceu em 1833, poucos dias após a aprovação da Lei de Abolição da Escravidão. [P. 154]

WILLIAMS, Robert F. (1925–96), ativista afro-americano dos direitos civis, foi presidente da filial da NAACP em Monroe, Carolina do Norte, onde defendeu a autodefesa armada contra-ataques do Ku Klux Klan. Em 1958, liderou a campanha que resultou na libertação de dois meninos negros injustamente acusados de assédio, conhecido como "Kissing Case". [PP. 43, 62]

LISTA DE SIGLAS

ANC African National Congress [Congresso Nacional Africano]

ANP American Nazi Party [Partido Nazista Americano]

BBC British Broadcasting Corporation [Companhia Britânica de Radiodifusão]

CIA Central Intelligence Agency [Agência Central de Inteligência]

Core Congress of Racial Equality [Congresso de Igualdade Racial]

FBI Federal Bureau of Investigation [Departamento Federal de Investigação]

Goal Group on Advanced Leadership [Grupo de Liderança Avançada]

Haryou-Act Harlem Youth Opportunities Unlimited – Associated Community Teams [Oportunidades Ilimitadas para a Juventude do Harlem – Equipes Comunitárias Associadas]

KKK Ku Klux Klan

MMI Muslim Mosque, Inc. [Associação da Mesquita Muçulmana]

NAACP National Association for the Advancement of Colored People [Associação Nacional para o Progresso de Pessoas de Cor]

NOI Nation of Islam [Nação do Islã]

OAAU Organization of Afro-American Unity [Organização da Unidade Afro-Americana]

OAU Organization of African Unity [Organização da Unidade Africana]

ONU Organização das Nações Unidas

SDS Students for a Democratic Society [Estudantes por uma Sociedade Democrática]

SNCC Student Nonviolent Coordinating Committee [Comitê Não Violento de Coordenação Estudantil]

SWP Partido Socialista dos Trabalhadores [Socialist Workers Party]

USIS Serviço de Informação dos Estados Unidos [United States Information Services]

WCC White Citizens' Council [Conselho dos Cidadãos Brancos]

SOBRE O AUTOR

Malcolm X nasceu Malcolm Little em 19 de maio de 1925, em Omaha, nos Estados Unidos. Filho de pais ativistas, sua família foi sistematicamente perseguida por grupos supremacistas brancos, culminando com o assassinato de seu pai. Marcado pela fome e pela pobreza, Malcolm passou a cometer pequenos furtos e acabou levado pela assistência social. Pouco depois, sua mãe foi internada em um hospital psiquiátrico. Após alguns anos em um centro de reabilitação, já adolescente, Malcolm se mudou para Boston para viver com uma irmã. Vítima de racismo, abandonou a escola e passou a trabalhar em subempregos. Em janeiro de 1946, foi preso por roubo. Permaneceu encarcerado por quase sete anos. Nesse período, seus irmãos, convertidos ao islamismo, introduziram-no à Nação do Islã. Malcolm passou a estudar os ensinamentos do líder Elijah Muhammad, além de história, filosofia e questões raciais. Ao sair da prisão, em agosto de 1952, mudou seu sobrenome para "X", rejeitando a herança escravocrata de "Little", e foi nomeado ministro da Nação do Islã. Em 1958, casou-se com a educadora Betty Sanders (depois Shabazz), com a qual teve seis filhas. Em 1964, decepcionado com a Nação do Islã, deixou o grupo para fundar a Associação da Mesquita Muçulmana. No mesmo ano, realizou uma peregrinação a Meca, quando adotou também o nome El-Hajj Malik El-Shabazz, e viajou por diversos países do continente africano, estreitando relações com líderes e movimentos revolucionários. Ao retornar ao seu país, Malcolm fundou a Organização da Unidade Afro-Americana, uma entidade sem vínculos religiosos. Em meio a atritos com membros da Nação do Islã, com grupos supremacistas brancos e na mira do FBI, da CIA e do Departamento de Polícia de Nova York, passou a receber ameaças de morte. Em 1965, sua casa em Nova York foi incendiada. Na semana seguinte, durante uma palestra no Salão Audubon, em Manhattan, Malcolm foi assassinado aos 39 anos de idade. Até hoje não há respostas conclusivas sobre a autoria do crime.

OBRAS SELECIONADAS

The End of White World Supremacy: Four Speeches [1971]. New York: Arcade Publishing, 2020.

Custe o que custar [1970], trad. Rogério Galindo. São Paulo: Ubu Editora, 2025.

Malcolm X Talks to Young People: Speeches in the United States, Britain and Africa [1969]. New York: Pathfinder Press, 2002.

Malcolm X on Afro-American History [1967]. New York: Pathfinder Press, 1992.

Malcolm X: The Last Speeches [1968]. New York: Pathfinder Press, 1989.

Malcolm X fala [1965], trad. Marilene Felinto. São Paulo: Ubu Editora, 2021.

The Autobiography of Malcolm X [1965]. New York: Ballantine Books, 2015.

The Ballot or The Bullet [1964]. Seattle: Createspace Independent Publishing Platform, 2018.

Dados Internacionais de Catalogação na Publicação (CIP)
Bibliotecário Odilio Hilario Moreira Junior – CRB-8/9949

Malcolm X
  Custe o que custar / Malcolm X; organizado por George
  Breitman; traduzido por Rogério Galindo;
  apresentação de Allan da Rosa; introdução de Steve
  Clark. Título original: By any means necessary
São Paulo: Ubu Editora, 2025. 256 pp.
ISBN 978 85 7126 218 8

I. Política. 2. Direitos civis. 3. Antirracismo.
4. Ativismo. 5. Movimento negro americano.
6. Luta racial. 7. Relações raciais. 8. Malcolm X.
I. Breitman, George. II. Galindo, Rogério. III. Título.

| 2025-1732 | CDD 305.896 CDU 316.347 |

Índice para catálogo sistemático:
I. Relações raciais 305.896
2. Relações raciais 316.347

© Ubu Editora, 2025
© 1970, 1992 by Betty Shabazz and Pathfinder Press

FOTOS [capa, pp. 2, 4–7] Malcolm X fala no evento de fundação da OAAU, em Nova York, em 28 de junho de 1964. [pp. 16–17] Malcolm X desconstruindo o termo "negro" durante o evento no Harlem, Nova York, em agosto de 1963. Pictorial Press Ltd / Alamy / Fotoarena / [p. 253] Everett Collection / Fotoarena

PREPARAÇÃO DÉBORA DONADEL
REVISÃO CLÁUDIA CANTARIN
PRODUÇÃO GRÁFICA MARINA AMBRASAS

EQUIPE UBU
DIREÇÃO FLORENCIA FERRARI
DIREÇÃO DE ARTE ELAINE RAMOS; JÚLIA PACCOLA
   E NIKOLAS SUGUIYAMA (ASSISTENTES)
COORDENAÇÃO ISABELA SANCHES
COORDENAÇÃO DE PRODUÇÃO LIVIA CAMPOS
EDITORIAL GABRIELA RIPPER NAIGEBORIN
   E MARIA FERNANDA CHAVES
COMERCIAL LUCIANA MAZOLINI E ANNA FOURNIER
COMUNICAÇÃO / CIRCUITO UBU MARIA CHIARETTI,
   WALMIR LACERDA E SEHAM FURLAN
DESIGN DE COMUNICAÇÃO MARCO CHRISTINI
GESTÃO CIRCUITO UBU / SITE CINTHYA MOREIRA, VIC FREITAS E VIVIAN T.

UBU EDITORA
Largo do Arouche 161 sobreloja 2
01219 011 São Paulo SP
ubueditora.com.br
professor@ubueditora.com.br
[f] [O] /ubueditora

FONTES TIEMPOS e KNOCKOUT
PAPEL PÓLEN BOLD 70 g/m²
GRÁFICA MARGRAF